Die Kleidung unsere zweite Haut

Paulus Johannes Lehmann

Die Kleidung unsere zweite Haut

Paulus Johannes Lehmann

Access Verlag
6240 Königstein-Falkenstein

Die Deutsche Bibliothek – CIP-Einheitsaufnahme

Lehmann, Paulus Johannes:
Die Kleidung, unsere zweite Haut/Paulus Johannes Lehmann – 3., stark überarb. Aufl. – Königstein: Access-Verl., 1992
ISBN 3-927027-05-7

3. stark überarbeitete Auflage 1992
Copyright by Access Verlag, 6240 Königstein 2, Feldbergstr. 2
Alle Rechte der Verbreitung und Vervielfältigung, auch durch Film, Fernsehen, Funk, fotomechanische Weitergabe, Tonträger jeder Art und auszugsweise Nachdruck, sind vorbehalten.
Gesamtherstellung: Brühlsche Universitätsdruckerei, Gießen
ISBN 3-927027-05-7
Printed in Germany

Inhalt

Vorwort	15
Einleitung: Die physiologische Funktion der Bekleidung von Dr. Werner Kaufmann	17

Teil I: Der Mensch und seine Körperfunktionen

Vom Wesen des Menschen	27
Die eigene Persönlichkeit	28
Der Mensch – ein Geruchswesen?	29
Die persönliche Ausstrahlung	29
Die Haut als Spiegelbild	30
Jedem seine eigene Haut	31
Klimaanlage Haut	31
Mitte des Menschseins	32
Kontaktpflege	33
Strahlen oder Schwitzen	34
Minipumpe Schweißdrüse	34
Wenn der Schweiß wandert	35
Schwitzen ist gesund	36
Passives oder aktives Schwitzen	37
Mit Haut und Haaren	37
Weniger Haare – weniger Schutzemulsion	38
Körpermassage mit Schweinsborsten oder Kürbisgewebe	39
Endlich Klarheit bei Hausstaubmilben?	40
Körperhygiene in früheren Zeiten	41
Hautpflege heute	42
Kleidung – Partner der Haut	43
Kleidung als Temperaturregler	43
Aus der Textilforschung	44
Die Haut muß atmen können!	44
Es kommt auch auf den Schnitt an	45
Kleidung für unterschiedliche Klimazonen	46
Körper, Klima, Kleidung	48

Teil II: Herkunft und Einteilung der Textilfasern

Tierische Eiweißfasern	55
Wolle	55
Wolle ist Ur-Stoff	55
Zunächst etwas Wollkunde	56

Wo die Wolle wächst	56
Die Wollfaser im Feinbau	57
„Haarologisches"	59
Das gefürchtete Filzen der Wolle	61
Haar normalisiert sich rasch	61
Zusammensetzung der Rohwolle	62
Wieviel Wolle ist in der Rohwolle?	63
Zwei Arten von Fettschweiß	64
Wollfett macht schön	65
Vorteile des Wollfettes	66
Industrielle Reinigung der Rohwolle	66
Woher kommen unsere Schafe?	66
Die wichtigsten Schafrassen	67
Wollqualitäten	68
Nur Wolle vom Schaf darf sich „Wolle" nennen!	70
Kaschmirziege	70
Haus- und Mohairziegen	71
Angora-Ziegen, -Kaninchen, -Katzen und -Schafe	72
Von Kamelen und Lamas	73
Die „richtigen" Kamele kommen aus dem Osten	74
Roßhaar	75
Haare von verschiedenen Tieren	75
Menschenhaare für Menschenkleidung?	76
Schurwolle	77
Schafschurtips vom Hobby-Schäfer	77
Wolle frisch ab Hof	78
Haut- und Gerberwollen	78
Kleidung aus Lumpen	80
Seide	**81**
Im alten China	81
Die Seidenstraße – von Changan bis Byzanz	83
Maulbeerplantagen in Deutschland	83
Japan-Seide	84
Verschiedene Spinn-Tiere	85
Zuchtseide vom Maulbeerspinner	86
Der Kokon	87
Schappe- und Bouretteseide	88
Die Wildseidenspinner (Saturniden)	88
Tussahseide	89
Yamamaiseide	90
Mugaseide	90
Eriafaserstoffe	90
Anaphefaserstoffe aus Nesterseide	91
Die Kokons der Wildseidenspinner	91

Zusammensetzung der Rohseide	92
Das Weben des Seidenstoffes	92
Seide – bei Säuren hart im Nehmen	93
Seide für viele Zwecke	93
Qualität hat ihren Preis	94

Pflanzliche Fasern und Fäden für Textilien 97
Leinen 97
Der Flachsstengel unter dem Mikroskop	99
Elastischer als ein Schornstein	99

Baumwolle 100
Baumwoll-Edict anno 1721	101
Der Siegeszug der Baumwolle	102
Ein Kapitel Biologie	102
Neue Anbaumethoden – doppelte Erträge	103
Chemische Entlaubung	104
Rückstände in Baumwollwäsche	106
Ökologische Problematik des chemisierten Baumwollanbaus	106
Hoffnungsschimmer: ökologischer Baumwollanbau	107
„Green Cotton" ist mehr als ein Markenzeichen	107
Entkörnen – früher ein Jahr, heute drei Minuten	108
Qualitätsmerkmale der Baumwolle	109
Pluspunkte der Baumwolle	110
Die andere Seite	111

Andere Pflanzenfasern 112
Pflanzenhaare	112
Stengel- oder Bastfasern	113
Und die Torffaser?	118

Chemiefasern 121
Friedrich Schönbeins unfreiwilliges Experiment	121
Ein Graf macht Furore	121
Chemiefasern erobern den Weltmarkt	122
Chemiefasern aus natürlichen und synthetischen Rohstoffen	123
Die „natürlichen" Chemiefasern und ihre Eigenschaften	123
Synthetics – Fasern nach Maß	124
Synthetische Fasern und Wohlbefinden	125
Starke elektrostatische Aufladung	125
Die Hautatmung wird behindert	126
Synthetics geben nur geringen Wärmeschutz	126
Fazit	127

Teil III: Be- und Verarbeitung von Textilien und Fellen

Fasern im Vergleich — 131
Von der Wolle zum Faden — 137
Spinnen — 139
   Seit alters her wird gesponnen — 139
   Vorteile des Handspinnens — 140
   Das Wollspinnrad – Mechanik und wiegende Harmonie — 142
   Handspinnen als Therapie und Ausgleich — 144
   Spinnen heißt Drallen — 145
   Spinnereien von B (Baumwolle) bis S (Streichgarn) — 146
   Die Stapellänge bestimmt die Fadenstärke — 147
   Maße und Gewichte bei Garnen — 147
   Die Zwirnerei — 149
   Verschiedene Garnarten — 149
   Spinnen und Weben in einem Zug — 150

Weben — 153
   Vom Flechten zum Weben — 153
   Der Webrechen – ein vielseitiges Handgerät — 153
   „Gewebte Luft" und „Abendtau" — 154
   Tüftler, Bastler und 23.828 Patente — 154
   Arbeitsgänge beim Weben — 156
   Bindungsmuster auf der Patrone — 157

Gewirke und Gestricke — 161
   Wirkerei und Wirkmaschinen — 161
   Die neue Masche — 163

Ausrüsten und „Veredeln" — 165
   Walzendruck und glühende Stäbe — 165
   Dauerhafter Glanz durch Merzerisieren — 166
   Kunstharz macht fest — 166
   Knitterfrei für Pflanzenfasern — 167
   Pflegeleicht durch geringere Quellfähigkeit — 167
   Weichmacher für Griffigkeit — 168
   Wasserabstoßend durch Silikone — 168
   Imprägnieren contra Schmutz — 168
   Rauhe Garne „schieben" nicht — 169
   Anti-Filz-Ausrüstung — 169
   Verhinderung der elektrostatischen Aufladung — 171
   Flammenhemmend — 171
   Gegen Bakterien und Schimmel — 171
   „Mottenecht" gegen Wollschädlinge — 171
   Was ist „Eulan"? — 172

Gift in der Kleidung? 174

Von Farben und vom Färben 175
Farbstoffe aller Art 175
Färben mit Kohlenteerprodukten 175
Naturfarbstoffe – von Blauholz bis Purpur 176
Der Wert der Naturfarbstoffe 177
Aus der Naturfärbpraxis 178
Wurzeln mehr – Blüten weniger kochen 178
Was umweltbewußte Textilfärber meinen 179
Alte Färber-Rezepte und Öko-Bilanz 181
Pflanzenfarben für die Industrie? 182
Jede Pflanzenfärbung ist einmalig 183
Pflanzenfarben stärken den Astralleib 183
Krank durch Textilfarben? 184

Mensch, Farben und Kleider 185
Der HPM-Color-Test 187
Messung der menschlichen Farbenergien 188
Ausbildung zum Farbberater und -therapeuten 189
Von Farben – Resonanzen – Harmonien 190
Die Geburtsfarben 190
Was ist Farbe – wissenschaftlich gesehen? 191
Photonen und Biophotonen 192
Farben sehen und fühlen lernen 192
Farb-Ton-Symphonie des Waldes 193
Bei Kranken falsche Energieschwingungen? 194
Die sieben Heilfarben 194
Rot macht den Faulen fleißig 195
Orange kontra „Morgenmuffel"? 195
Gelb stärkt die Nerven und macht schmunzeln 196
Grün bringt Zufriedenheit und Frieden 197
Blau – die Farbe der Ruhe 197
Blaulicht vertreibt die Fliegen 198
Violett-Purpur für geistige Kraft und Erkenntnis 198
Die Farben nutzen! 198
Muß Trauerkleidung bedrückend sein? 199
Deutsche Autofahrer sehen rot 199
Farben essen, trinken und in ihnen baden ... 200
Die Sonne schafft es in der halben Zeit 200
Farbstrahlen aus der Sonne oder der Glühbirne 201
Tageslicht – Abendbeleuchtung 201
Wachsfarben und Seidentherapie 202
Farben für Seele, Geist und Körper 202
Ästhetik, Farben und Sterne im Textilsortiment 203

Felle, Leder, Pelze	205
Seit Adam und Eva	205
Dickes Fell auf dünner Haut	205
Von Rauchwarenhändlern, Zurichtern und Kürschnern	206
Was sind Rauchwaren?	207
Schon bei den alten Germanen	207
Pelze in der Wohlstandsgesellschaft	208
Pelzwaren von „Ariranha" bis „Zobel"	209
Pelzpflege ist Bestandspflege	211
Leder – gegerbte Tierhaut	212
Hautfunktion – Ledervorzüge	212
Die Gerbung	213
Fußbekleidung ist wichtig	215
Doch wie es drinnen aussieht	216
Das äußere Schuhwerk soll nicht nur schön aussehen	217
Lederbekleidung exklusiv	218

Teil IV – Einkauf und Pflege

Einkauf von Textilien	221
Warenkunde, Kennzeichen und Symbole	221
Kennzeichnungspflicht	221
Wie muß gekennzeichnet werden?	222
Wo ist die Kennzeichnung zu finden?	224
Die Konsequenzen	227
Synthetik-Etiketten bei Naturtextilien	227
Wolle von A bis Z	228
Schurwolle	228
Wollsiegel als internationales Wertsymbol	230
Gewebe aller Arten	231
Seide von A bis Z	233
Das Seiden-Zeichen	233
Seidenwaren – Begriffe, Gewebe	233
Baumwolle von A bis Z	236
Das Baumwoll-Zeichen	236
Baumwollwaren	236
Leinen	238
Was es sein muß und was es nicht sein darf	238
Neue Leinen-Zeichen	238
Pflege von Textilien und Leder	241
Textilpflege – seit alters her	241
Reinlichkeitsfimmel oder nicht?	241
Kleidung kann Schmutz abweisen oder auch anziehen	243

Die Sumerer wuschen mit Pottasche	244
Revolution in der Wäschepflege	245
Für jede Wäsche das richtige Mittel	246
Weiches Wasser, hartes Wasser	247
Waschmittel und Umwelt	248
Seifenflocken – das derzeitige Optimum	249
Für den Waschtag von morgen	251
Waschmittel- und Waschmaschinen-Trends	252
Wassertemperatur und Keimtötungseffekt?	253
Geschirrspülen – maschinell und biologisch?	253
Textilien richtig gepflegt	254
Die Bedeutung der Pflegesymbole	254
Waschen statt Chemischreinigen	256
Naturtextilpflege	**257**
Die Woll- und Seidenpflege	257
Woll- und Seiden-Handwäsche	258
Die Woll-Maschinenwäsche	259
Die Wolltrocknung	260
Die Baumwollpflege	261
Gebügelt mehr Glanz	262
Grundregeln der Fleckentfernung	262
Mottenschutz	**263**
Nur die Larven der Motte sind gefährlich!	263
„Mottenklee" und Zeitungspapier	264
Arvenöl aus der Zirbelkiefer	265
Zedernholz und Wucherblume	265
Lederpflege	**266**
Zur Pflege der Lederbekleidung	266
Leder als Möbelbezug	267
Bei der Möbelleder-Reinigung gilt	267
Lederpflege allgemein	268
Für schweres Allwetterschuhwerk	269
Was tun bei Salz- und Schneerändern?	269
Leitfaden zur biologisch-ökologischen Lederpflege	270

Teil V Körperfunktionsgerechte Bekleidung

Fußbekleidung	**275**
Fußleiden durch falsche Schuhe	275
Kinderschuhe ein ernstes Problem	276
Fußdruck im Normalfalle	276
Fußreflexzonen – Gesundheitszentren	277
„Ge(h)danken" rund um den Naturschuh	277

Verschiedene Absatzphilosophien	278
Fußtraining durch Minusabsatz	279
Ohne Absatz geboren	280
Schuhe mit abgetretenen Absätzen optimal?	281
Vom richtigen Sitzen und optimalen Gehen	283
Falsches Gehen und widersinniges Schuhwerk	285
Was das Schuhmaterial abgibt	286
Wissenschaftler appellieren an Schuhhersteller	287
Alternativen im Schuhbereich?	287
Schuhe selbstgemacht	288
Nun noch zu den Sport-Laufschuhen	288
Rund um die Sportbekleidung	**291**
Vitalisierungseffekt durch richtige Kleidung	291
Bekleidung für Expeditionen	292
Wolle trainiert den Körper	294
Erlebte Wildnis	294
Kompromisse bei der Sportbekleidung?	295
Tragedauer und Hautnähe	296
Verständnis für Krawatten-Muffel	296
Die Natur überspurtet?	297
Gute Kinderkleidung ist lebenswichtig	**299**
Baldachin aus Purpurfarben	299
Überwärmung kann für Babys tödlich sein!	300
Wollene Windelhosen	301
Woll-Wohlbefinden ist unbezahlbar	302
Vom Baden und Stillen	303
Jugendliche in Seide kleiden	303
Kleidung als Therapie	**305**
Haltungsschäden durch Jeans	305
Auch Kleidungsstoffe können krank machen	305
Pluspunkte für die Schurwolle	306
Aus der Naturheilpraxis	308
Naturwolle immer auf die nackte Haut!	308
Schurwolle für Ihre Hausapotheke	309
Seide als Heilmittel?	310
Unübertroffene natürliche Regenerierungsfähigkeit	311
Wolltaschentücher gegen Schnupfen	312
Neue Handtuch-Hygiene?	313
Od förderlich – Od hinderlich	313
Mode und Gesundheit	**315**
Auffallen ist nicht alles	316

Teil VI Wie man sich bettet, so liegt man

Im Schlaf sind wir passiv	319
„Den Seinen gibt's der Herr im Schlaf ..."	320
Warum schläft man überhaupt nachts?	320
Der „Naturzeitschlaf"	321
Mit dem Kopf nach Norden	322
Spielwiese und Allerheiligstes	323
Nur der Freie lag	323
Jedem Menschen sein Bett	324
Schlaf gut – in modernem Bettkomfort?	324

Unsere Bettumhüllungen — 327

An den Grenzen der Meßtechnik	327
Das Nachtlager des Woll-Jaegers	328
Das Ideal: nackt in Wolle oder Seide	329
Nacktschlaf-Hygiene	329
Naturfarben auch nachts ideal	330
Nachts: Kamelhaar vor Schafwolle	330
Statt Tierfäden – Tierfedern?	331

Die richtige Matratze — 333

Vorsicht Erdstrahlen!	333
Antwort auch ohne Rute	334
Schlafplatz nach Maß	335
Matratze aus Roßhaar?	335
Strohkernmatratzen statt Strohsack?	336
Vielleicht billig – aber preiswert?	337
Vergiftung durch billige Matratzen	337
Baumwollfutons – der neueste Hit?	338
Naturlatex – sind Träume Schäume?	338
Neueste Trends	339

Das richtige Bettgestell — 341

Lattenroste als Komfortträger	341
Das Pyramiden-Bett	342
Thermalbett – Traumbett der Zukunft?	342

Ganzheitliches Körpertraining: Trampolin-Effekt — 345

Nachwort — 346
Betrachtungen und Ausblick aus ganzheitlicher Sicht
von Prof. Dr. Anton Schneider — 347

Anhang
Literaturquellen 351
Bildquellenverzeichnis 358
Bezugsquellen / Veranstalter / Infostellen 354
Verzeichnis der Tabellen und Abbildungen 371
Stichwortverzeichnis 373

Vorwort

Zur dritten, überarbeiteten Auflage
Die Sensibilität der Menschen für das, was sie umhüllt, womit sie sich umgeben und was auf sie einwirkt, nimmt offensichtlich zu.

Zum einen ist das wohl auf die Möglichkeit zurückzuführen, sich leichter als früher informieren zu können. Wissende Menschen können die Zusammenhänge, die Ursachen und ihre Auswirkungen leichter erkennen und eher handeln, als wenn sie alles schicksalergeben hinnehmen.

Auch die derzeit leider immer noch zunehmenden Umweltbelastungen lassen Gesundheitsorientierte gezielt nach Hintergründen, Ursachen, Zusammenhängen, Folgewirkungen und Abhilfe suchen.

Dabei sind die Übergänge von der ersten, unserer eigentlichen Haut, zur zweiten, künstlichen Haut – unseren Umhüllungen – und schließlich zur dritten Haut, unserem näheren und weiteren Umfeld, Wohnung und Haus fließend und schwerlich exakt abzugrenzen.

Das Bett, unsere Schlafstätte, ist ein sehr direkter Kontaktpunkt zwischen Mensch und Einrichtungsmöbel. Da es sehr wichtig ist, daß wir uns nächtlich gut regenerieren und grundlegend erholen, habe ich diesen Lebensbereich bei meiner Bearbeitung einbezogen.

Ich danke allen Autoren und Verlegern der hier zitierten Werke und Ausarbeitungen für das, was sie als Grundlage oder Aspekt freundlicherweise zur Verfügung gestellt haben. Wer im Detail mehr wissen möchte, sollte die im Anhang aufgeführte Literatur studieren. Leider wird manches der genannten Werke nur noch antiquarisch oder in einzelnen Bibliotheken zu finden sein.

Ich danke aber auch allen Menschen, welche durch persönliche Erfahrungen, wertvolle Hinweise und mit wohlwollenden Gedanken dieses Vorhaben begleitet und auch dadurch gefördert haben.

Orientierungshilfe aus diesem Buch und Freude beim Lesen wünscht Ihnen

Paulus Johannes Lehmann
Achberg, im Juli 1991

Einleitung

Die physiologische Funktion der Bekleidung

Alles, womit wir uns umgeben, womit wir uns kleiden, betten und umhüllen, hat seine Ein- und Auswirkungen auf uns Menschen. Es werden dadurch Körperreaktionen ausgelöst, die uns bisher meist nicht bewußt waren. Gesundheit oder gar Wohlbefinden – was mehr sein soll –, unsere Stimmungslage oder gar Störungen, schließlich Unwohlsein, Krankheit und Siechtum haben in vielen Fällen im Umfeld des Menschen ihre Ursachen und erfahren dadurch Verstärkung oder Minderung.

Das Fazit: „Sage mir, womit du dich umgibst – und ich sage dir, warum du dich so fühlst!"

Das sind Tatsachen und Fakten, auch wenn sie noch wenig bekannt und noch nicht überall anerkannt sind. Mit diesen Ursachen und Wirkungen wird sich dieses ungewöhnliche Buch sehr eingehend beschäftigen. Ich darf einleitend einige markante Beispiele zitieren, die schlaglichtartig deutlich werden lassen, worum es in diesem weitgeschlagenen Bogen neuartiger und erstmals so zusammengefaßter Erkenntnisse und dieses noch wenig verbreiteten Wissens in unserem menschlichen Umfeld mit aller Tragweite geht.

Der Mensch hatte in der freien Natur mit seinen nackten Füßen den besten Kontakt zu dieser Erde, aus der unser physischer Körper stammt. In unserer modernen Zivilisation unterbrechen wir diesen unmittelbaren Kontakt unbeabsichtigt, sehr oft auch gedankenlos und in Unkenntnis der ursächlichen Zusammenhänge. Naturfremde, das heißt mehr oder weniger künstliche Stoffe – wie Kunststoff-Boden, Kunststoff-Schuhe, Kunststoff-Strümpfe, Kunststoff-Matratzen usw. – unterbinden diese ursächliche und wesentliche Erd-Verbundenheit mehr und mehr. Wie soll sich da noch ein natürliches Wohlbefinden einstellen?

Warum das so nachhaltig nachteilig für uns Menschen sein muß, hat bereits etwa 1939 der Chefarzt Dr. med. Schliemann im Stadtkrankenhaus Wolfsburg durch Versuche festgestellt. Er hat bewiesen, daß die Patienten fortwährend elektrische Energie zur Erde abgeben, wenn er ihnen Kupfergaze unter das Bettuch legte und diese über ein hochwertiges Meßinstrument erdete.

Wer die nervalen Bezugspunkte der Fußsohle kennt – auch die Fußreflexzonen-Therapie nach Ingham/Marquardt lehrt das seit langem – spürt sehr schnell, daß diese Nervenenden mit den einzelnen Körperorganen in direkter Beziehung stehen. So ist es auch erklärlich, daß vom Boden, das heißt der Erde, aufsteigende Reize als Signale weitergegeben werden, und umgekehrt die Körperorgane ihrerseits über die Nerven und durch die Füße Informationen als Energieströme nach unten wieder abgeben.

Es ist in der Medizin bekannt, daß allein durch unsere Fußsohlen in 24 Stunden rund 250 Kubikzentimeter Schweiß ausgeschieden werden können. Mit jeder Atmung wird Feuchtigkeit ausgeschieden, also Wasserdampf, Kohlensäure, Sauerstoff und Spurenelemente. Im Winter sehen wir den Atem als Nebelschwaden aus Mund und Nase ausströmen. Genauso, wenn auch unmerklicher und feiner verteilt, dunstet unsere ganze Haut ständig aus, ja muß sie ausdunsten, wenn wir uns wohlfühlen sollen.

Mit jeder Ausscheidung des Menschen geht jedoch auch eine Ladung einher – eine Aufladung oder Entladung. Wir nehmen dabei verschieden geladene Luft mit der Lungen- und Porenatmung auf. Diese löst in unserem Körper bestimmte Reaktionen aus, nicht nur durch die Sauerstoffaufnahme allein. Aber gerade die Sauerstoff-Aufnahme ist ein Ladungsvorgang, der einen Elektronenaustausch bewirkt und davon beeinflußt wird, ob der Mensch einerseits galvanischen, natürlich abfließenden Energiekontakt zum Boden hat und ob ihn seine Kleidung andererseits statisch unnatürlich und zusätzlich auflädt oder eben nicht.

In der UdSSR wurden etwa um 1950 Versuche gemacht, bei denen von der Wurzelbasis einer Pflanze bis zu ihrer Spitze die galvanische Spannung gemessen werden konnte. Man hat dann diese Pflanze unter eine Glasglocke gesetzt und den Sauerstoff abgepumpt. Sofort war die galvanische Spannung weg. Das bedeutet für uns, davon ausgehen zu müssen, daß auch unser menschlicher Körper von einer spezifisch orientierten Sauerstoffhülle umgeben ist, die sich an der Polarität der einzelnen Organe orientiert.

Der Sauerstoff ist übrigens das einzige bisher bekannte paramagnetische Gas, welches sich im erdmagnetischen Feld einerseits und im biomagnetischen Körperfeld des Warmblüters gezielt orientieren kann. Fachleute erklären das so, daß beim Sauerstoff (O_2) beide Elektronen im gleichen Spin laufen.

Wird der Sauerstoff nun durch fremdstoffliche Materialien und Energiestau – beispielsweise durch sich statisch aufladende Kunststoffbekleidung – in seiner automatisch richtigen und natürlichen Orientierung gestört, tritt sehr schnell eine Desorientierung und Fehlladung, letztlich aber eine Funktionsstörung im Körper ein. Das ist sogar seit langem schon meßbar durch die Reaktionsgeschwindigkeit des Menschen. Bereits zehn Prozent Kunststoffanteil im Gewebe ergaben meßbare Reaktionsverzögerungen.

Man hat übrigens die alten Versuche von Professor Dr. Gustav Jaeger, Stuttgart, der vor bald hundert Jahren als Woll-Jaeger berühmt, aber danach leider von fast allen Textilkundlern rasch vergessen wurde, vor wenigen Jahren mit neuen Meßinstrumenten nachgeprüft. Er hatte damals untersucht, wie schnell der Mensch in unterschiedlicher Bekleidung auf Lichtsignale reagiert. Bei den neueren Versuchen stellte man nun eine Abweichung von fünf Prozent fest. Sollte sich der als penibel genau bekannte Professor wirklich geirrt haben? Genauere Untersuchungen des Bekleidungsmaterials ergaben aber dann, daß man die neuen Versuchspersonen zwar auch „in Wolle" gekleidet hatte, die Spitzen der Socken und die Fersen jedoch mit Kunstfasern verstärkt waren. Genau dieser an sich geringe Anteil verursachte aber nachprüfbar diese Reaktionsverzögerung.

Sonnenlicht, das durch verschieden gefärbte Gläser fällt, kommt doch nur in der Farbe dieses Glases durch. Die übrigen Ursprungsfarben werden weggefiltert, das heißt geschluckt. Man kann daher auch annehmen, daß sich bei gefärbten Bekleidungsstücken ähnliches abspielt. Daraus resultiert andererseits auch, daß man mit Farben heilen kann. Jede Farbe hat nämlich ihre physische Wirkung auf das Auge und eine physiologische Wirkung über die Haut auf unseren Hormonstoffwechsel. Die direkt auf der Haut getragene Unterwäsche – erst recht und verstärkt die gefärbte! – hat deshalb auch eine direkte und indirekte Wirkung auf den Menschen und auf seine Polarisierung.

Bei allem, was der Mensch doppelt hat – Augen, Hände, Füße und selbst Brüste und Hoden –, sind wir zweipolig, also bipolar polarisiert. Mann und Frau sind im Normalfalle verschieden polarisiert.

Daher die Anziehung! Nur dadurch ist auch eine Fortpflanzung möglich, solange nämlich diese Polarisierung gegeben ist. Wenn die beiden Brustdrüsen der Frau durch Kunststoff-BH beeinflußt und in ihrer Polarität gestört sind, wird auch die Durchblutung behindert. Stoffwechselstörungen und weitere Folgen sind dann erklärlich.

Der Hormonhaushalt des Menschen steuert einerseits seine Polarisation. Die Störung der Polarisation, durch Umwelteinflüsse verschiedener Art, stört andererseits wieder den Hormonhaushalt.

Bei meinen Forschungen in Bad Endbach wollte ich herausbekommen, was sich bei dem „Kneippschen Wassertreten" in punkto Polarisation abspielt. Ich mußte feststellen, daß Mann und Frau durch das Wassertreten jeweils verschieden unipolar werden. Erst beim anschließenden Barfußlaufen auf natürlich gewachsener Erde (Wiese) erhielten sie ihre differenzierte Polarität wieder zurück.

Ein anderes Beispiel: Schutzhelme aus Kunststoff wirken sowohl durch das Material und ihre Form, aber auch durch ihre Farbe auf den Träger. Manche Träger klagen über Kopfschmerzen. Schutzhelme werden aber aus Sicherheitsgründen heute in vielen Berufen verlangt, ohne daß anscheinend jemals geprüft wurde, welche wahrscheinlichen Reaktionsverzögerungen dadurch unbewußt ausgelöst werden und zu neuen Gefährdungen führen können. Wenn kunststoffverstärkte Socken schon eine fünfprozentige Verzögerung bewirken, ist bei Vollkunststoffhelmen über dem besonders reaktionsempfindlichen Kopf mit viel größeren Abweichungen zu rechnen. Ähnliches gilt sinngemäß für die Vollkunststoffkleidung bei Autobahnarbeitern, Kindern und für Regen- oder Schutzkleidung überhaupt. Gründliche Untersuchungen erscheinen überfällig!

Man hat – um ein weiteres Praxisbeispiel zu erwähnen – an Werkzeugmaschinen aus hygienischen Gründen die alten Holzgriffe gegen schmucke Bedienungshebel aus Vollkunststoff ausgewechselt. Das Ergebnis? Die Arbeiter luden sich – zusätzlich verstärkt durch kunststoffhaltige Schutzanzüge – an den Maschinen immer schon unmerklich statisch auf, konnten sich durch die isolierenden Bedienungsgriffe nun aber nicht mehr kontinuierlich entladen. Kam das Bedienungspersonal nun mit der blanken Hand irgendwo an eine Metallfläche der Maschine, entlud sich die gestaute Energie mit einem plötzlichen Schlag, was unwillkürliche Reaktionen, falsche Bewegungen und gehäufte Unfälle zur Folge hatte. Man brachte notgedrungen die alten Holzgriffe wieder an, die mit ihrer Restfeuchtigkeit im Holz einen gleichmäßigen Energieabfluß zuließen, und – die Unfallursache war behoben.

Es gibt andere Beispiele, so aus der Raumheizung. Man möchte heute Energie sparen und läßt möglichst wenig Frischluft in die Räume. Der Mensch braucht aber ständig frischen Sauerstoff, so wie er draußen in der Natur durch die ultraviolette Strahlung der Sonne, auch noch an Regentagen, aktiviert wird.

Dabei ist Sauerstoff nicht gleich Sauerstoff. Er kann vom einfachen O_2 bis zum Ozon (O_3) rund zweitausend verschiedene Energieabstufungen haben! Diese sind für die Vielfalt des Lebens auf dieser Erde sehr wertvoll – in der Physik auch lange schon bekannt, von der Physiologie bisher aber offiziell kaum zur Kenntnis genommen.

Bei diesem weitgefächerten Therm-Schema des Sauerstoffspektrums atmet der Mensch nicht nur Sauerstoff ein, der in seinem Körper oxidiert, verbrannt wird. Vielmehr entnimmt er über diese bekannten viereinhalb Prozent hinaus aus dem gesamten Sauerstoffangebot auch eine differenzierte Höherwertigkeit, die den Sauerstoff als Energieträger für Elektronen, sozusagen als „Elektronenschlepper" ausweist.

Hier sind also wieder der Ladungszustand des Menschen und ursächlich sein Kontakt, seine Leistungsfähigkeit und Verbindung zum natürlichen Boden oder doch biokonformen Ersatzstoffen (wie Holz, Stein usw.) maßgebend, wie gut er diesen Energieträger nutzen kann. Dieser naturvorgegebene vielschichtige Sauerstoffaustausch (auch Utilisation genannt) ist heute leider keineswegs mehr selbstverständlich, aber in seinem feinstofflichen Zusammenwirken des menschlichen Körpers mit einer biologisch noch aktivierenden Atemluft und all ihren wesentlichen Bestandteilen für sein Wohlbefinden maßgebend.

Blasen wir nämlich die Atemluft erst durch einen Ventilator oder Filter bzw. durch Heiz- und Kühlelemente, wie es bei der modernen Klimatisierung immer mehr üblich wird, dann entmischt sich die Luft künstlich derart, daß sie unipolar wird und dem Menschen nicht mehr zur wirkungsvollen energetischen Aufladung helfen kann. Er fühlt sich zunehmend unwohler, wird anfälliger gegen Erkältungskrankheiten, schließlich immer häufiger krank, je nach seiner persönlichen Verfassung und Belastbarkeit.

Der Mensch braucht also gemischt geladene, sogenannte multipolare Atemluft. Deshalb bekommt er in der freien Natur und bei einer ihn ganz umgebenden Lufthülle so gut wie nie eine Erkältung. Die Freikörperkultur hat hier in ihrem ursächlichen Sinn in rundum gegebener Verbindung mit Sonne, Luft oder Wasser ihren höchsten Wert (vgl. *Heliand* und die darin von Werner Zimmermann zitierten Sonnen-, Luft- und Wasserengel).

Blasen wir den Menschen andererseits nur durch einen Spalt an – was als typische Zugerscheinung bezeichnet wird – , muß er meist sofort niesen. Er zeigt damit Depolarisationserscheinungen. Das optimale Ladungsverhältnis der Luft schwankt in der Natur übrigens zwischen positiver und negativer Ladung, wie etwa 48 zu 52. Im umbauten Raum und begrenztem Luftaustausch kann sich das wesentlich ändern. Je nach Stärke der Abweichung vom Optimum wird entweder der Wasser- oder aber der Zuckerhaushalt des Menschen gestört, wie ungarische Forscher unlängst berichteten. Die Bekleidung ihrerseits soll den natürlichen Ladungsaustausch zwischen Mensch und Umwelt nicht zusätzlich noch erschweren oder gar negativ beeinflussen.

Noch ein Hinweis zur Haut und Schweißabsonderung: Menschen, die keinen oder zu wenig Schweiß absondern können, neigen besonders häufig zu Hautentzündungen, besonders in den Hautfalten. Auch Kleinkinder mit Kunststoffwindeln und dem dadurch behinderten Feuchtigkeits- und Luftaustausch neigen häufig zu Hautentzündungen. Selbst Nieren- und Gallensteinbildung können durch mangelhafte Ausscheidungen begünstigt werden. Daher wird die Haut oft als die größere Niere bezeichnet.

Viele biologische Vorgänge im menschlichen Körper werden vom Kosmos und von der Erde aus gesteuert. Wenn man die „biologische Uhr" betrachtet, nach der sich bereits die alten Chinesen richteten, kann man leicht erkennen, daß jedes Körperorgan seine bestimmte Arbeits- und Ruhezeit hat („rund um die Uhr"!). Der bekannteste kosmisch-biologische Steuerungsvorgang ist die periodische Hormonsteuerung bei der Frau. Auch das menschliche Herz erhält sein Steuersignal aus dem Kosmos und empfindet deshalb Sonnenflecken, Hochnebelschichten und Wetterwechsel häufig als belastend. Nach den Untersuchungen der Universität Gießen (1939) ist bewiesen, daß ultraviolette Strahlungen durch das Auge gehen, die lebenswichtige physiologische Steuerungen im Körper bewirken. Sonnenbrillen können diese lebenserhaltenden Steuerungsimpulse weitgehend unterbinden.

Die Haut ist also nicht nur ein Schutz- und Ausscheidungsorgan, sondern in hohem Maße auch eine Antenne und ein Medium (Mittler) für biologische Vorgänge. An ihrer Durchblutung kann man – nach Hickethier und Schüssler – direkt den Gesundheitszustand und Mineralsalzmangel des Menschen ablesen.

Auf der Hautoberfläche wird außerdem über die erwähnten UV-Strahlen aus dem Pro-Vitamin das Vitamin D gebildet und dieses durch die Haut selbst auch aufgenommen. Hygienisch überbesorgte Mütter, die ihre Kinder sehr häufig mit Seife waschen, können ungewollt einen ständigen Vitamin-D-Mangel verursachen, weil das Provitamin dabei mitabgewaschen wird. Ein Schönheitstip für Frauen lautet denn seit langem auch: Keine Seife im Gesicht verwenden!

Die Lebenseinflüsse fangen nicht erst mit der Haut an und enden auch nicht dort. Alle biologischen Systeme, so auch wir, schwingen ständig mehr oder weniger stark, strahlen Schwingungen aus und nehmen solche auf. Was vor wenigen Jahren noch als esoterische Phantasterei abgetan wurde, leuchtet aufgeschlossenen Menschen unserer Zeit heute vielfach schon ein und wird immer mehr von sich reden machen. Spätestens seit Infrarotstrahlungen in Nachtzielgeräten verwendet und zur Körperorgandiagnose eingesetzt werden, nimmt man auch frühere Aussagen von Aura-Sichtigkeit (Energiefelder um den Menschen) zunehmend ernster.

Bei neuartigen Meßgeräten des Anthroposkops nach Dr. Machts wird der Körper als elektromagnetische Antenne mit einem Sender verbunden, und man kann solche feinstofflichen Schwingungen als sogenannte „Feldstärken" um den Körper herum exakt messen. Bei der lange Zeit unbeachteten Zeileis-Methode wird der Körper durch einen Tesla-Transformator unter Hochspannung gesetzt und durch ein mit Aktinium gefülltes Glasrohr die Energiefelder um den Körper herum abgetastet. Aus der etwaigen Verformung des Körperenergiefeldes werden Rückschlüsse auf den Gesundheitszustand des Menschen möglich. Mit der bereits legendären Kirlian-Fotografie wird das Körperenergiefeld – allgemein auch als Aura oder Auren bezeichnet – heute schon in Farbe sichtbar gemacht.

Diese vielfältigen und hier nur andeutungsweise darstellbaren Erkenntnisse zeigen bereits, wie lebenswichtig und hautnah dieses neuartige Bekleidungsbuch mit allen Rand- und Rahmenerscheinungen für die Menschen unserer Zeit ist. Der nachhaltige Wert einer menschengemäßen Bekleidung und ihrer Wirkungen auf lebenswichtige Funktionen unseres Körpers wird deutlich. Es wird klar herausgearbeitet, daß diese unsere Kleidung nicht nur schlichte Schutzfunktionen gegenüber den Umwelteinflüssen wie Kälte und Hitze, Wind und Regen erfüllen muß. Die Wechselbeziehungen zwischen unserer ersten und eigentlichen und der zweiten Haut als Bekleidung oder gar der dritten Haut als Wohn- und Arbeitsumfeld werden mit Recht im Zusammenhang gesehen und dargestellt.

So kann dieses Buch eine dem Leben verbundene und das Wohlbefinden der Menschen fördernde Aufgabe erfüllen und den suchenden Menschen unserer Zeit ein wesentlicher Wegweiser sein.

Dr. Werner Kaufmann, Environtologe
Gießen-Atzbach, im Juli 1991

Teil I

Der Mensch und seine Körperfunktionen

Vom Wesen des Menschen

Wer als Mensch das Optimum des Einsseins zwischen sich und seiner Umwelt einmal unbekleidet, auf gewachsenem Boden, unter freiem Himmel erlebt hat, bei angenehmer Umgebungstemperatur und in unbeschwerter Ferienfreude, kennt von da an den paradiesischen Zustand. Alles andere sind Kompromisse, mit denen wir leben müssen, mit denen wir ohne Schaden für Gesundheit und Wohlbefinden auch leben können, wenn wir es gelernt haben, alle heute bekannten, auf den Menschen einwirkenden Faktoren bewußt und sinnvoll zu beachten. Eine Rolle spielen unter anderem sein eigenes Wesen, die feinstofflichen Schwingungen aller ihn umgebenden Dinge, die Erdstrahlen und die Atmosphäre.

Ja, wir müssen das erst lernen. Aber die Erkenntnisse darüber, die als Kernaussagen von Prof. Dr. med. Gustav Jaeger runde hundert Jahre existieren, sind weithin unbekannt und werden uns leider (noch) nicht in der Schule und auch selten durch das Elternhaus vermittelt. Dieses allgemeinverständliche Nachschlagewerk soll helfen, die Wissensbasis erheblich zu erweitern.

In den Breitengraden Mitteleuropas gehen wir die meiste Zeit des Jahres zu rund neunzig Prozent umhüllt, bekleidet. Das ist mehr als ein Kompromiß, es ist fast das Gegenteil des nackten Optimums. Moralische Aspekte sind hier völlig unberücksichtigt. Nacktheit ist im übrigen oft ernüchternder als durchscheinende Verhüllung oder gar verführerisch geweckte Vermutung.

Das „Paradies" muß gar nicht unbedingt in heißen Klimazonen gelegen haben. Nach Ot Hoffmanns Sondierungen laufen die Grön- und Feuerländer, die für unsere Vorstellungen in unwirtlichen Gegenden leben, auch bei sehr tiefen Temperaturen nackt herum – also unbekleidet wie „Adam und Eva".

Grundsätzlich müssen wir mehr über uns selbst erfahren, wenn wir beurteilen möchten, welche Umhüllung uns – ersatzweise für die allen anderen Säugern obligatorische Körperbehaarung – zweckmäßig und hilfreich sein könnte.

Deshalb beschäftigt sich dieses Buch einführend ausführlich mit unserer eigenen Haut und mehr oder weniger spärlichen Behaarung.

Erst danach kommen die Ersatzstoffe ins Visier, die Textilfasern mit Grundaussagen zu ihrer Wesensart, ihrer Herkunft, ihrer technischen Verarbeitung und ihrer Einwirkung auf den Menschen.

Nicht so direkt zu Haut und Haaren scheinen die Düfte, Körpergerüche und Naturinstinkte zu gehören, die aber – ob wir es wahrhaben wollen oder nicht – auch einen ganz wesentlichen Teil unserer Persönlichkeit darstellen. Und genau hier beginnt auch schon die Schwierigkeit des Bekenntnisses zu unserer einmaligen, unverwechselbaren Persönlichkeit und des meist mangelhaft ausgebildeten Selbstverständnisses.

Die eigene Persönlichkeit
Warum wollen so viele Menschen anders duften, als es ihrem natürlichen Geruch entspricht? Können sie sich selbst „nicht mehr riechen" – oder wollen sie jemand ganz anderes sein, als sie sind? Vor was verstecken sie sich, ihre Wesensart, ihre Ausstrahlung? Warum bekennen sie sich nicht zu sich selbst?

All das ging mir durch den Sinn, als ich „zufällig" in der Frankfurter Stadtbücherei auf ein sehr altes Buch mit dem Titel *Die Entdeckung der Seele* stieß. In diesem mehrhundertseitigen Grundwerk legt der geniale Gustav Jaeger – um die Jahrhundertwende Gymnasialprofessor im damals noch kleinen Stuttgart – dar, daß jedes Tier und genauso jeder Mensch seinen Individualgeruch hat, durch den beispielsweise der Hund jeden einzelnen aus der Familie exakt herausfinden kann. Darüber hinaus hat jede Familie ihren Familiengeruch. Das mag durch ähnliche bis gleiche Eß- und Lebensgewohnheiten geprägt sein, aber sicher nicht nur dadurch allein.

Noch weiter gefaßt ist nach Jaeger der Rassegeruch arttypisch. Er hat wahrscheinlich den Sinn, daß Artgleiche ein deutliches Zusammengehörigkeitsgefühl entwickeln können, das Fremdeinmischungen als unerwünscht signalisiert.

Sicher sind solche Aspekte eher sinnenbetont und stammen aus früheren Entwicklungsphasen. Für den geistig aufgeschlossenen Weltbürger sollten die unbewußten Reize eine untergeordnete Rolle spielen. Ich glaube auch nicht, daß der massive Verbrauch von heute üblichen, synthetischen Duftwässern und Kosmetika als echtes Grund- und Lebensbedürfnis einzuordnen ist.

Der Mensch – ein Geruchswesen?
Die duftwissenschaftliche Lehrmeinung kennt nur wenig Duftklassen, etwa blumig, ätherisch, stechend, faulig, moschus oder kampferartig. Lediglich die Weinkenner differenzieren etwas genauer.

Manche Tiere riechen mit ihren Supernasen schon wenige Moleküle auf einen tausendstel Liter Luft. Der Mensch ist dagegen relativ „geruchsblind". Es können zehn Millionen Moleküle vorhanden sein, bis er etwas merkt. Bei einigen Stoffen genügen allerdings auch bei ihm wenige Moleküle, um im Stammhirn Reize auszulösen.

Wenn wir uns die Nase beim Schmecken zuhalten oder „verschnupft" sind, können wir geschmacklich kaum eine Apfelscheibe von einer rohen Kartoffel unterscheiden. Werden die Düfte jedoch normal eingesogen, gelangen sie in der Nase zunächst in ein schwammartiges Gewebe, das die Atemluft erwärmt und anfeuchtet (warme Luft gibt immer mehr Gerüche frei als kältere). Aufsteigend gelangen die Duftmoleküle in der oberen Nasenmuschel und der angrenzenden Nasenscheidewand auf zwei kragenknopfgroße, feuchte Hautlappen, die Riechschleimhaut. Von hier leiten die kleinen, wimpernähnlichen Enden der Geruchsnerven die Duftbotschaft an den Riechlappen des Gehirns weiter.

Das Stammhirn als Hauptgefühlsorgan aus entwicklungsgeschichtlich alten Zeiten verbindet die Gerüche mit Erinnerungen und Gefühlen, die entsprechende Vorstellungen, Wünsche oder Befürchtungen auslösen.

Die „olfaktorischen" Möglichkeiten, wie die Fachleute sagen, sind also bei weitem noch nicht ausgeschöpft. Die heute so sehr auf visuelle Wahrnehmungen geprägten Zivilisationsbürger sollten wieder lernen, sich bewußter und zugleich instinktiver auf ihre Nase zu verlassen.

Die persönliche Ausstrahlung
Neben dem sachlichen Nutzen und Zweck spielen bei der Auswahl und Bewertung der Körperhüllen die Empfindungen der Seele, unser Gefühlsleben und die tief in uns verankerten Naturinstinkte eine größere Rolle als den meisten Menschen bewußt ist.

Diese Gefühlsebene, emotional vom Alt- oder Stammhirn gesteuert, wird ergänzt durch die Impulse unseres Groß- oder Neuhirns, durch das Denken schlechthin. Diese Gedanken- und Gefühlsimpulse schließlich sind Energieschwingungen, die wir über die Aura oder, neudeutsch und technischer ausgedrückt, über das Körper-Energiefeld laufend abstrahlen.

Ob diese Ausstrahlung positiv und aufbauend oder negativ und niederziehend auf andere wirkt (natürlich in erster Linie auch auf uns und unsere nächste Umgebung, auf Pflanzen, die wir berühren, auf Tiere und Partner), hängt von der Qualität und dem Niveau unserer Gedanken und dem Programm unserer Grundgefühle ab. Wer darauf achtet, kann dies bald selbst feststellen.

Schließlich und endlich geht diese von uns ausgesandte Lebensenergie auch in die Kleidung, die wir tragen. Deshalb ist getragene Kleidung, trotz aller Wasch- und Reinigungsvorgänge, nicht mehr das neue, ungebrauchte, aber auch unpersönliche Wäschestück. Sie ist von uns geprägt und führt all das mit sich, was wir bewußt oder unbewußt haben hineinfließen lassen.

Gleiches gilt für die dritte Haut, das Umgebungsfeld und die Behausung des Menschen. Wenn beispielsweise zehn Familien vom gleichen Architekten nach gleichen Plänen und vom gleichen Bauhandwerker auf einem jeweils unbelasteten Bauplatz erstellte Häuser ein Jahr lang bewohnt haben, sind es nicht mehr die gleichen zehn Häuser.

Die Häuser nehmen an und auf, was sich darin abgespielt hat, ob gesungen und gelacht oder geschimpft und geflucht wurde; was die Menschen gegessen und getrunken und was sie sich und anderen angetan haben. All das ist dann „im" Haus – vor allem in einem Haus mit Naturmaterialien!

Wir sollten uns also mehr bewußt werden, daß nicht nur die umgebenden Dinge so oder anders auf uns einwirken, sondern daß eben auch wir auf die Materialien, wie auf die Stimmungen und Schwingungen, unseren nachhaltigen Einfluß ausüben, ob wir es wissen und wahrhaben wollen oder nicht.

Die Haut als Spiegelbild
Wir alle tragen „unsere eigene Haut zu Markte", und das ist sicher gut so. In „anderer Leute Haut zu stecken", wäre wohl kaum der Sinn unseres Lebens – und doch richten sich zahllose Menschen bei dem, was sie tragen, vor allem nach anderen und dem, was „in" ist.

Sich wohlzufühlen in der eigenen Haut drückt sich durch mehr aus als nur das Tragen gesunder Kleidung. Es signalisiert ein generelles Sichwohlfühlen, gerade auch in seelischer Hinsicht.

Wichtig sind also nicht nur die äußeren Umstände, wie die mehr und mehr verschmutzte Luft, sondern eben auch das, was wir von innen spüren, wie wir uns fühlen. All dies macht unser Wohlbefinden insgesamt aus.

Grundsätzlich sollten wir unserer Haut die rechte Aufmerksamkeit schenken. Wer Hautprobleme hat und diese nur mit Kosmetik behandeln und bepflastern möchte, um sie zu lösen, wird nicht weit kommen. Die Physio-Psychotherapeutin Gertrud Claus stellte das Gesicht und die Haut des Menschen als „Spiegel seiner Seele – und seiner Möglichkeiten" dar.

Jedem seine eigene Haut
Ob unsere Haut nun grob- oder feinporig, eher fettend oder mehr trocken ist – ich bin überzeugt, daß jeder Mensch die für ihn richtige Haut hat. Wenn Ernährung und Hautbehandlung vernünftig sind, entspricht sie seinem Typ. Insofern sind manche „Hautprobleme" eher psychologisch bedingt – weil man lieber eine andere Haut hätte, als man eben hat; ein anderer sein möchte, als man ist!

Die Haut – von den Chinesen als „verlängerter Teppich unseres Gehirns" bezeichnet – ist ein Wunderwerk: äußere Schutzhülle, Wärme- und Feuchteregulator und ein hochsensibles Gefühls-, Tast- und Streichelorgan. Dies schließt das Fingerspitzengefühl ebenso ein wie die Reaktion auf Streicheleinheiten, Temperaturveränderungen und sicher manches mehr, was wir noch gar nicht wissen.

Klimaanlage Haut
Unsere Haut als Körperoberfläche weist um die 250.000 Kälte-Rezeptoren und nur etwa 30.000 Wärme-Rezeptoren auf. Kälte ist also für den Warmblüter Mensch um fast zehnfach gefährlicher als etwa zuviel Hitze.

Die Körpertemperatur, bekanntlich am Rumpf und dessen Öffnungen normalerweise um plus 37 Grad Celsius, liegt in den Extremitäten wie Armen und Händen oder Beinen und Füßen nur bei circa plus 32 Grad Celsius, ohne daß dies als Krankheitssymptom gelten könnte. Im Gegenteil, die im Körper durch Nahrungsumsetzung erzeugte Wärme muß abfließen können, damit ein ständiger Energiekreislauf aufrechterhalten werden kann. Deshalb fühlen wir uns unter einer die Wärmeabgabe zu sehr bremsenden Plastikhaut grundsätzlich nicht wohl. Auch sind Fußbodenheizungen nach Ansicht der Baubiologen nicht besonders gesundheitsfördernd, weil sie den Energieabfluß über die Füße hemmen. Diese Körperprozeßenergie und das erwähnte abstrahlende Energiefeld (Aura) fließen ineinander über. Es muß alles im Fluß sein können, wenn wir uns ringsum wohlfühlen wollen.

Mitte des Menschseins

Die äußerste Schicht der Oberhaut (Epidermis) besteht im wesentlichen aus abgestorbenem Zellmaterial, dem Eiweißstoff Keratin. Aus Keratinen etwas anderer Struktur bestehen auch die Haare, menschliche wie tierische. Dies müßte sie eigentlich als optimale Haut- und Körperumhüllung erscheinen lassen – allerdings wird diese Erkenntnis kaum vermittelt.

Geht man davon aus, daß die Haut sowohl die äußere Grenze des grobstofflich-körperlichen Daseins bildet als auch die Verbindung des inneren Menschen mit seiner Außenwelt, ist der Gedanke von Albert Gessler verständlich, der die Haut als „Mitte des Menschseins" bezeichnet. Die Haut ist zugleich Schaufenster des Menschen. Wie durchlässig und sensibel unsere Haut ist, läßt sich daran ersehen, daß Medikamente ins Körperinnere gebracht werden können, indem mit dem Wirkstoff versehene Pflaster auf die Hautoberfläche geklebt werden.

Hautwiderstandsmessungen sind in der psychologischen Therapie seit langem gang und gäbe. Die Spitze der medizinischen Transformation stellt derzeit wohl die „Hochpotenzierte Mikromagnetik"-Therapie nach Prof. Dr. med. Wilhelm Langreder aus Hagen dar, der seine Patienten bis zu dreitausendfach verdünnte homöopathische Medikamente in Glasfläschchen in die Hände nehmen läßt und selbst bei Einwirkungszeiten von nur wenigen Sekunden schon nachhaltige Wirkungen im Körper und Befinden der Behandelten auslösen kann. Allerdings setzt dies ein sehr umfassendes Wissen und viel praktische Erfahrung voraus.

Kontaktpflege

Die äußere Körperhaut bedeckt beim Erwachsenen etwa 1,6 bis zwei Quadratmeter der Körperoberfläche und ist mehrere Millimeter dick. Ihr Gewicht macht etwa ein Sechstel des Gesamtkörpergewichtes aus. Die Haut schützt uns im allgemeinen ausreichend gegen mechanische, thermische und chemische Einwirkungen (soweit diese von alters her bestehen und als naturgegeben betrachtet werden können). Sie schützt uns zugleich weitgehend einerseits gegen Austrocknen und andererseits gegen Eindringen von Wasser und Krankheitserregern.

Nicht nur übertriebene Sonneneinwirkung zeigt sich auf der Haut, auch körperliche Reaktionen wie Allergien äußern sich hier oft durch Veränderung und Beeinträchtigung. Hautkrankheiten sind überwiegend Anzeiger für gestörte Prozesse im Körper und bedürfen von daher oft einer grundlegenden und tiefgreifenden Korrektur der Lebenshaltung, anstatt nur oberflächlicher Bepflasterungen und Beseitigung der Erscheinungszeichen (Symptome).

Es ist inzwischen bekannt, daß allein chemisch rot gefärbte Unterwäsche bereits eine Hautallergie in Form eines Ekzems auslösen kann, das in wenigen Tagen verschwindet, wenn die verursachende Kleidung nicht mehr getragen wird.

Wie empfindlich die Haut auf Kontakt reagiert, zeigt sich auch in einem anderen Zusammenhang:

Nach Prof. Dr. Helmut Pauls, Coburg, leiden Babys seelisch und körperlich, wenn sie zuwenig Hautkontakt haben. Er ermuntert die jungen Väter, mit ihren Kleinstkindern nicht nur über Blicke und Ansprechen Kontakt aufzunehmen, sondern auch durch Hautberührung. Dies wird von den Müttern offenbar instinktiver und selbstverständlicher praktiziert. Die Psychologin Liedloff berichtet in dem wunderbaren Büchlein *Auf der Suche nach dem verlorenen Glück* über die neurosevermeidenden Körperkontakte eines Indianerstammes.

Das Bedürfnis nach mehr oder weniger direkter Berührung scheint allerdings unterschiedlich ausgeprägt zu sein, zumindest beim Erwachsenen. Es gibt die „stammhirngeprägten Kletten" ebenso wie die „großhirngeprägten Distanzierten" und dazwischen – nach dem Psychologen Rolf Schirm – die „zwischenhirnbestimmten Dominanten", die als Praktiker und Macher oft deutlich in Erscheinung treten.

Neurotische Berührungsängste, wie sie bei hochsensiblen Menschen auftreten können, die entweder im Kleinkindalter zu wenig Berührung erfahren oder ihre Bedürfnisse unterdrücken mußten, sind ein anderes Kapitel.

Strahlen oder Schwitzen
Auf einen einfachen Nenner gebracht, unterscheiden wir grundsätzlich zwei Arten von Wärmeabfluß aus dem Körper:
○ den abstrahlenden Wärmefluß des Körpers in seine Umgebung, sozusagen in trockener Form als „Konvektionswärme" (Wärmestrahler-Effekt durch Luftbewegung) und
○ den Verdampfungs-Wärmefluß als Feuchteabgabe des Körpers an die Umgebung.

Er entsteht, indem das von unseren Schweißdrüsen ausgeschiedene Wasser auf der Haut verdampft. Die Verdunstung des Schweißes entzieht dem Körper die Kalorien, die notwendig sind, um eine Flüssigkeit in Dampf überzuführen. Wir empfinden dies als Abkühlung, der Thermo-Fachmann spricht von Verdampfung.

Ist die Außentemperatur um uns herum sehr hoch und trocken, kann unser Körper natürlich kaum noch Wärme nach außen abstrahlen. Müssen wir uns unter solchen Voraussetzungen anstrengend betätigen, genügt die normale, die „trockene" Wärmeabgabe durch die Atmung nicht lange. Die Körpertemperatur steigt rasch an und unser Zentralnervensystem funkt den Schweißdrüsen sofort „Schwitzen". Dies bedeutet Wasserabsonderung, Feuchtigkeitsfilm auf der Haut, Wasserverdunstung und damit Abkühlung (ein Liter Schweiß bewirkt 672 Watt Abkühleffekt!).

Benetzen wir beim Baden unsere Haut von außen, haben wir den gleichen Abkühleffekt. Deshalb verspürt man auch bei schwülwarmem Wetter mit hoher Luftfeuchtigkeit weniger Neigung zum Baden, als wenn es trocken heiß ist!

Minipumpe Schweißdrüse
Ein normaler Mensch hat etwa zwei Millionen Schweißdrüsen. Sie ziehen sich zusammen, wenn sie die entsprechenden Steuerungsimpulse erhalten, und dehnen sich auch wieder aus. Dadurch erzielen diese Minipumpstationen einen Überdruck, der den Schweiß ausfließen läßt.

Menschlicher Schweiß ist eine klare Angelegenheit; er enthält über 99 Prozent Wasser und weniger als ein Prozent Salze organischer und anorganischer Zusammensetzung (einschließlich Stoffwechselschlacken, die gegebenenfalls Giftstoffe sein können). Er ist neutral bis leicht sauer, wenn er die Schweißdrüsen verläßt. Auf der Hautoberfläche bildet er einen natürlichen, kaum wahrnehmbaren Säure- und Feuchtigkeits-Schutzfilm. Es leuchtet ein, daß ein- bis zweimal tägliches Duschen, Seifen und Rubbeln mit „natürlicher Hautpflege" wenig zu tun haben kann, dagegen viel mit übertriebenen Hygienevorstellungen, die oft seelische Ursachen haben oder sauberkeitsfanatische Erziehungsgewohnheiten sind.

Bei den Schweißsalzen überwiegt das für die Körperfunktion sehr wichtige Natriumchlorid (Kochsalz) mit achtzig Prozent der kristallenen Bestandteile. Die trockene Haut ist immer mit kleinsten Salzkristallen übersät. Mit dem Schweißabgang werden etwa fünfzig Milligramm Salz pro Quadratmeter und Tag ausgeschieden, im Sommer mehr. Wer viel schwitzt, darf ruhig etwas salzhaltiger auftanken. Kräutersalz – oder notfalls spezielle Salztabletten, beispielsweise für abnorm viel schwitzende Läufer – sind bedingt empfehlenswerter als reines Kochsalz.

Wenn der Schweiß wandert
Das Schwitzwasser transportiert die Salze nach außen. Die Haut kann aber entlang der Haarfollikel auch feinverteilte Stoffe resorbieren, also nach innen führen. Es wurde schon öfter von Rückvergiftung gesprochen, im Gegensatz zum Entschlackungs- und Entgiftungsvorgang mit dem Schweißfluß nach außen.

Der Gasaustausch geht sowohl aus- wie auch einwärts; über ihn findet die beachtliche Hautatmung statt, als Sauerstoffaufnahme und Kohlendioxidabgabe.

Es ist längst erwiesen, daß die Haut relativ mühelos Kampfer, Salicylsäure, Schwefel, Jod, aber auch ätherische Öle und Narkotika aufnimmt, die durch Lunge, Niere und Darm ausgeschieden werden. Schon deshalb darf es uns nicht gleichgültig sein, mit welchen „Veredelungs"-Verfahren und Farbstoffen die Kleidung behandelt wurde, die wir direkt auf der Haut tragen, oder was wir beispielsweise mit Kosmetika aufbringen.

Die Schweißdrüsen lassen sich in zwei Gruppen unterteilen: die eigentlichen Schweißdrüsen und die Duftdrüsen. Der Unterschied besteht vor allem in Größe, Funktion und Verteilung. Die Schweißdrüsen sind ziemlich über die gesamte Hautoberfläche verteilt, weil sie den Körper bei Bedarf großflächig abkühlen müssen. Sie sind wesentlich kleiner als die Duftdrüsen, die sich bevorzugt in den Achselhöhlen, Leistenbeugen, an den Brustwarzen, Geschlechtsorganen und am After befinden, also offenbar vorwiegend der sexuellen Anziehung dienen und auch weitgehend den Individualgeruch des Menschen bestimmen.

Die Schweißdrüsen sitzen in der Unterhaut. Ihre gewundenen Gänge ziehen sich zur Hautoberfläche und öffnen sich dort als Poren. Den Schweiß filtern sie aus dem Blutwasser heraus und geben ihn als Wasserdunst ständig an die Oberfläche ab, auch dann, wenn kein Schweiß sichtbar rinnt.

Über das vegetative Nervensystem wird die Schweißabsonderung angepaßt. Bei höheren Außentemperaturen als die Körpertemperatur, bei körperlicher Anstrengung und durch seelisch-nervöse Einflüsse (Angst) kommt es zum fließenden Schwitzen, wodurch bis zu zwei Liter Flüssigkeit ausgeschieden werden, während es im normalen Tagesablauf die Hälfte oder auch nur ein Viertel davon ist. An den Hand- und Fußflächen, aber auch in den Achselhöhlen und Leistenbeugen schwitzt man am stärksten.

Der Schweiß hat zwei entscheidende Funktionen: einerseits die Regulation der Körpertemperatur, andererseits die Entgiftung des Körpers zu unterstützen. Bei Darmträgheit oder Nierenschwäche wird wesentlich mehr als normal über die Haut ausgeschieden, was zu Hautentzündungen usw. führen kann. Auch Entschlackungsphasen wie Fasten und Extrembelastungen, falsche Ernährung oder besondere Umweltgifteinwirkungen (ausdünstender Wohnbereich oder gefärbte Wäsche) können die Haut überfordern. Sie reagiert dann entsprechend.

Schwitzen ist gesund
Schweißbildung sollte man niemals unterdrücken. Es gibt sogar Tees und homöopathische Mittel, welche die Schweißbildung anregen können. Neben Luft- und Wasserbädern wird auch Barfußlaufen zur Anregung der Schweißbildung oder deren Regulierung empfohlen.

Besonders Frauen haben zum Teil Probleme, richtig zu schwitzen. Oft sind es Spannungstypen, die auch zu Migräne neigen. Dies sollte man als Warnzeichen sehen und baldigst naturheilkundliche Abhilfe schaffen.

Wen der entstehende Duft nach dem Schwitzen stört: Ganz wichtig sind Art, Material und Naturbelassenheit der Unterwäsche. Die Eiweißfasern Wolle und Seide nehmen den Körper- und Schweißgeruch sehr gut auf und lassen ihn durch Lüften wieder „verduften", während ihn Pflanzenmaterialien oder gar Kunstfasern festhalten oder gar summieren. Den unangenehmen Geruch löst weniger der Schweiß als solcher aus, sondern er resultiert vielmehr aus den Stoffwechselprodukten der Bakterien, die sich bei Feuchtigkeit bzw. Schweiß besonders rasch vermehren; dies eben vor allem in pflanzlichen und synthetischen Fasern, die als Nährboden für diese Bakterien wesentlich besser geeignet sind als Tierhaare wie Wolle oder Seide. Sporenflecken (Stockflecken) gibt es daher nur in zu lange feucht gebliebener Pflanzenfaserwäsche!

Passives oder aktives Schwitzen
Passiv oder aktiv Schwitzen bedeutet auf die Kurzform gebracht: Sauna-Schweiß oder Anstrengung. Sicher hat das passive Saunaschwitzen seine Vorteile, wie Entspannung bei Verkrampfung, Entlastung bei Stoffwechselerkrankungen, Erkältungskrankheiten und Rheuma. Selbst bei Lungentuberkulose sollen wesentliche Entschlackungsvorgänge ausgelöst und begünstigt werden.

Mir erscheint trotzdem das aktive Schwitzen aus zwei Gründen beim gesunden Menschen wirkungsvoller zu sein: einmal wegen der aktiven Durcharbeitung der Muskeln, aus denen sich Schlacken dann besser lösen können, und zum anderen, weil während des Trimmlaufs, beim Holzhacken usw. in der freien Natur auch die frische Luft in vollen Zügen eingeatmet wird. Frische Luft ist durch nichts zu ersetzen!

Mit Haut und Haaren
Die Außenschicht der Haut besteht aus abgestorbenen und verhornten Zellen. Der Feuchtegehalt dieser toten Hautzellen schwankt stark, je nachdem, wie feucht die umgebende Luft an diesen Körper-

stellen gerade ist und was die Schweißdrüsen in der näheren Umgebung abgeben.

Sinkt der Feuchtegehalt der ständig „umnebelten" Hautzellen nicht unter zehn Prozent ihres eigenen Gewichtes, so bleiben sie elastisch, was für ihre Reaktion und die Kontraktion der Haarbalgmuskeln von Bedeutung ist.

Bei einer relativen Feuchte von mehr als sechzig Prozent wird die ganze Hornschicht beim unbekleideten Menschen in längstens zwei Tagen abgestoßen – aber wer badet freiwillig solange ununterbrochen?

An Stellen, die mit Haaren bedeckt sind, bildet sich ein fettiger Talgschutzfilm, für den die Talgdrüsen verantwortlich sind. Sie bilden täglich insgesamt ein bis zwei Gramm Talg. Eine etwas andere Hautfett-Emulsion entwickelt sich aus dem natürlichen Zerfall der verhornten Zellen, die von innen her ständig erneuert werden, allerdings nur etwa ein fünfzigstel Gramm am Tag. Der Hauttalg enthält verschiedene Fette, Wasser, Salze und außerdem Eiweißbausteine, Harnstoff und andere Substanzen.

Diese wichtige Schutzschicht wird durch das enthaltene Cholesterol auch wasserlöslich, so daß bei entsprechender Einwirkungsdauer und -intensität allein durch Wasser eine Reinigung möglich ist. Auch starkes Schwitzen schwemmt den Fettfilm weg, wenn durchlässige Unterkleidung mit großem Porenvolumen getragen wird. Der Körper reinigt sich so auf natürliche Weise.

Weniger Haare – weniger Schutzemulsion
Mit dem verbreiteten Rückgang der menschlichen Behaarung sinkt auch die Anzahl der an das Haar gekoppelten Talgdrüsen, die der Schweißdrüsen steigt dagegen. Es wird damit weniger Schutzemulsion abgesondert, und die Hornhaut blättert entsprechend schneller ab.

Nebenbei bemerkt: Den frühzeitigen Ausfall und auch das Ergrauen des Kopfhaares führt Arnold Ehret in seinem Buch *Vom kranken zum gesunden Menschen durch Fasten* auf einen krankhaften Vergiftungsprozeß durch innere Fäulnis zurück. Er meint auch, daß diesen Haaren der typische Wohlgeruch abhanden gekommen sei und sie, wie der restliche Körper unangenehm, riechen. Bei dieser Theorie darf man sicher nicht den Aspekt der Vererbung vernachlässigen; man weiß aber auch von tibetischen Lamas, denen nach Fasten und dem Genuß von frischer Bergmilch vermengt mit Wildkräutern sowohl die Haare als auch dritte Zähne gewachsen sein sollen!

Wenn heute weniger Behaarung und Talgdrüsen, aber mehr Schweißdrüsen die Regel sind, so bedeutet das, daß die Anpassung an höhere Umgebungstemperaturen im allgemeinen leichter möglich ist, dafür an Kälte aber schlechter.

Bei kaltem Wetter bekommen wir zu spüren, daß wir insgesamt „dünnhäutiger" geworden sind. Übermäßig häufiges Waschen, tägliches Duschen, Schrubben und die direkten Einwirkungen von Chemikalien, Seifen und Entspannungsmitteln überstrapazieren die Haut, sie bekommt Risse, wird überempfindlicher und in ihrer Schutzfunktion wesentlich beeinträchtigt.

Hilft da Hautcreme? In gewissen Grenzen ja. Sie können aber auch des Guten zuviel tun.

Dr. Paul C. Bragg schreibt in *Wasser, das größte Gesundheitsgeheimnis* von 96 Millionen Poren, die ein Durchschnittsmensch haben soll. Durch diese Körperöffnungen findet ein ständiger Gas- und Feuchtigkeitsaustausch von innen nach außen und umgekehrt statt (Hautatmung). Wird die Haut mit Substanzen zugepflastert – die alle direkte Wirkungen auf diese und den ganzen Körper haben – kann diese lebenswichtige Hautatmung behindert oder sogar unterbunden werden. Verbrennungen dritten Grades, die ein Drittel der Hautoberfläche übersteigen, sind bekanntlich tödlich.

Körpermassage mit Schweinsborsten oder Kürbisgewebe

Unter Hautpflege sollte man nicht nur die kosmetische Behandlung der Außenhaut durch Cremes, Salben und Tinkturen verstehen, sondern auch die trockene Bürstenmassage, die am besten morgens vor dem Aufstehen, in der Reihenfolge der Kneippanwendungen, erfolgen kann und sehr sinnvoll für das Anregen des Kreislaufs ist. Außerdem wird die Haut abgehärtet gegen Witterungseinflüsse und Temperaturunterschiede, besser durchblutet, zur Regeneration angeregt und sogar etwas desensibilisiert, so daß Naturwollunterwäsche nicht gleich als zu rauh oder gar kratzig empfunden wird.

Für die Körpermassage gibt es ein mannigfaltiges Angebot, nicht immer biologischer Art. Massagebänder und Rauh-Handtücher aus Baumwolle habe ich selbst nur relativ kurze Zeit benutzt. Langjährig bewährt haben sich dagegen die Körpermassagebürste aus Schweinsborsten (Tölle, Chungkingborsten) und neuerdings die Naturschwamm-Handschuh-Version, die Luffa als getrocknetes Kürbis-Gefäßbündelnetz handlich in verschiedenen Variationen anbietet, auch als Massageband oder aufsteckbar als Handschuhbürste für den „Siegfried-Fleck" auf dem Rücken. Diese Naturstoffkombination hat sich auch als luftige Schuheinlegesohle bewährt.

Körpermassagen haben noch einen weiteren Effekt: Sie beseitigen die Hautschuppen, die in Matratzen und Polstermöbeln die bevorzugte Mahlzeit von Hausstaubmilben sind. Da mir auf meinen vielen Vorträgen landauf, landab immer wieder Fragen nach den Hausstaubmilben gestellt werden, als ob diese eine Entdeckung der Neuzeit wären, hier ein kurzer Exkurs.

Endlich Klarheit bei Hausstaubmilben?

Unter diesem Titel veröffentlichte der *Wollsiegel-Dienst* in „Wohnung und Gesundheit", 3/90, nachfolgende Meldung:

„Von den 61 untersuchten Wohnungen waren 18 milbenfrei bzw. milbenarm und selbst für hochgradige Hausstaubmilben-Allergiker unbedenklich.

Auf der anderen Seite waren in 53 Wohnungen in mindestens einem Objekt (in der Regel in der Matratze oder in der Polstergarnitur) mehr als zehn Milben pro Gramm Staub zu finden. Die milbenfreien Wohnungen waren in Süddeutschland häufiger als in Norddeutschland. Keine signifikanten Unterschiede ergaben sich bei dem Vergleich der Materialien (Wolle, Chemiefasern und Federn/Daunen).

Insgesamt wird deutlich, daß das Milbenvorkommen in Heimtextilien nicht vom verwendeten Material abhängig ist, sondern wahrscheinlich die klimatischen Innenraumbedingungen hierfür verantwortlich zu machen sind. Dies widerlegt die übliche Aussage, wonach Milben bevorzugt in Naturprodukten vorkommen sollen.

Textile Bodenbeläge können von Milben besiedelt sein. Die Ausbreitung innerhalb einer Wohnung geht jedoch zunächst von Matratzen im Schlafzimmer und von Polstermöbeln im Wohnzimmer aus.

Milben leben weder von Naturfasern noch von Chemiefasern, sondern ernähren sich von Hautschuppen, die sich überall im Staub einer Wohnung befinden. Sie übertragen keine Krankheiten und sind für die meisten Menschen daher ungefährlich. Probleme können nur bei entsprechend disponierten Personen (Hausstaubmilben-Allergiker) entstehen, die auf Allergene reagieren, die in den Ausscheidungen der Milben vorhanden sind.

Die Lösung des Hausstaubmilben-Problems für den Kreis der speziell betroffenen Allergiker kann in einer Reihe von Maßnahmen bestehen:
○ *Anpassung des Raumklimas an Bedingungen, die den Milben weniger sympathisch sind (also nicht zu feucht und nicht zu warm).*
○ *Häufiges Absaugen von Matratzen, Polstermöbeln, Teppichböden und Teppichen.*
○ *Bei Bettwaren (aus waschbaren Materialien) regelmäßige Wäsche bei sechzig Grad. Aber auch für nicht waschbare Artikel führt eine Chemischreinigung mit einer Trocknungstemperatur von sechzig Grad Celsius zur Eliminierung der Milben."*

Von einer Lösung des Hausstaubmilben-Problems im ursächlichen Sinne kann nach diesem Artikel leider nicht gesprochen werden. Es wird übersehen, daß es diese Milbenart schon immer gegeben hat und (hoffentlich) auch weiter geben wird. Das Immunsystem der überzivilisierten, teils erbgutgeschädigten, teils durch zunehmend negative Umwelteinflüsse belasteten Menschen (beim einen schon mehr, beim anderen noch weniger) ist die eigentliche Ursache! Echte, anhaltende Lösungen wären also hier wie sonst (AIDS) in der Stärkung des Immunsystems einerseits und der strikten Reduzierung der immer weiter zunehmenden Umweltbelastungen andererseits zu suchen – und zu finden! Nun aber wieder zur Körperhygiene.

Körperhygiene in früheren Zeiten
Das Thema Körperhygiene kann nicht nur unter dem Gesundheits- und Reinigungsgedanken betrachtet werden, sondern man muß auch die jeweiligen Vorstellungen, Gewohnheiten und Üblichkeiten berücksichtigen, die gesellschaftlich akzeptiert werden.

So war im frühen Mittelalter in Mitteleuropa eine sehr ausgeprägte Körperpflege und Badekultur selbst in einfachsten Bevölkerungskreisen selbstverständlich, bis die sogenannte Franzosenkrankheit – die Syphilis – aufkam. Sie wurde auf die ziemlich lockeren Badesitten und deren Folgen zurückgeführt.

Leider wurde mit den darauf folgenden kritischen (kirchlichen) Stimmen über die Badegewohnheiten das Nacktsein überhaupt verteufelt, so daß vom 16. bis ins 18. Jahrhundert das Baden generell so in Verruf geriet, daß sich die bis dahin selbstverständliche Körperpflege bis zu unvorstellbarer Hygienelosigkeit einschränkte. Man wusch sich so gut wie überhaupt nicht mehr, sondern puderte sich bestenfalls und „überdeckte" damit alles, was eigentlich einer Körperreinigung bedurft hätte.

Der „zwischenmenschliche Gestank" muß bestialisch gewesen sein, selbst in den besten Kreisen und feinsten Gesellschaften. Paul Tournier berichtet vom Schloß Versailles, wo unvorstellbare Gerüche die Schloßkorridore durchzogen haben, weil jedermann seine Notdurft erledigte, wo er sich gerade befand.

Erst in diesem Jahrhundert, seit die Badewanne oder Dusche kein Gesellschaftsereignis, auch kein Privileg einiger wohlhabender Herrschaften mehr ist, sondern zum Standard für jeden Neubau wurde, ist Baden in dieser Weise selbstverständlich geworden.

Man muß jetzt eher warnen, weil die natürliche Körperhygiene durch eine Flut von Kosmetika und teils recht problematischen Substanzen übertrieben wird. Lieber vergiften sich die Zeitgenossen heute mit allen denkbaren Chemikalien (vom Pseudo-Fichtennadelduft in der Toilette bis zu sehr problematischen Haarfärbemitteln), bevor sie von anderen etwa als „nicht sauber" angesehen werden könnten.

Körperhygiene und Wäschepflege gehen dabei ineinander über, denn was wir in die Wäsche geben, das tun wir auch unserer Haut und damit dem Körper an! Dazu aber später mehr.

Hautpflege heute
Zur Hautpflege geben Kenner unter anderem folgende Tips: Duschen, Massagen und Kräuterbäder haben ihren Wert, wenn sie dosiert, überlegt und mit dem erforderlichen Wissen um Zusätze und Heilkräuterwirkung angewandt werden.

Bei trockener Haut werden pflanzliche Hautfunktionsöle empfohlen, bei normaler Haut sind Pflanzenschleime beziehungsweise -tinkturen aus Wallwurz (Symphitum officinale, Beinwell) und Stiefmütterchen besonders empfehlenswert. Symphitum peregnium (Germanium), die sibirische Abart von Wallwurz, soll von japanischen Ärzten sogar gezielt bei Hautkrebs eingesetzt werden – mit Erfolg.

Kleidung – Partner der Haut

Wir wissen nun recht genau, was die Haut ist, welche Aufgaben sie erfüllt, was wir von ihr erwarten können und was wir berücksichtigen müssen. Vor diesem Hintergrund ergeben sich einige Grundforderungen an unsere Bekleidung, die nicht umsonst als „zweite Haut" bezeichnet wird.
1. Sie soll den Körper gegen Kälte schützen.
2. Sie soll die Hautfeuchte und den Schweiß nach außen durchlassen.
3. Sie soll die für unser Wohlbefinden so wesentliche Hautatmung ermöglichen.
4. Sie soll die Aufgabe der Haut, als Antenne und Energieimpulsaufnahme- und -abgabe-Organ wirken zu können, möglichst wenig behindern.

Kleidung als Temperaturregler
Grob gesprochen liegt der Temperaturbereich, in dem wir uns wohlfühlen, zwischen „noch nicht frieren" und „noch nicht schwitzen". Je größer die Schwankungen des uns umgebenden Klimas und je unterschiedlicher unser Aktivitätsgrad, desto wichtiger wird die Kleidung als zusätzlicher Temperaturregulator.

Ein Kenner der Materie hat einmal gesagt: „Man muß nur an einem kühlen Tag in ein überhitztes Kaufhaus gehen, dann stellt man rasch fest, ob man mit der gleichen Kleidung drinnen wie draußen richtig angezogen ist!" So zeigt sich, ob sie die Temperatur ausgleicht.

In der Sprache der Experten: „Eine Kleidung ist thermophysiologisch brauchbar, wenn sie ihrem Träger über einen möglichst weiten Bereich unterschiedlicher Wärmeproduktion und unterschiedlicher Klimabedingungen angenehme Trageeigenschaften und Wohlbefinden vermittelt, mit anderen Worten, Tragekomfort bietet."

Wesentliche Voraussetzung dafür sind die Wärmeisolationswirkung und die Feuchtedurchlässigkeit des Gewebes.

Der Kälteschutz hängt von mehreren Faktoren ab:
○ einmal vom Material: Tiereiweißfasern wie Wolle und Seide wärmen im allgemeinen angenehmer als beispielsweise Pflanzen- bzw. Holzfaserstoffe oder Synthetics;

- sodann von der Verarbeitung des Stoffes: gekräuselter Stoff schließt mehr isolierende Luft ein als glatter;
- schließlich von den Luftschichten, die sich zwischen Ober- und Unterkleidern sowie Kleidung und Körper bilden.

Aus der Textilforschung
Das Bekleidungsphysiologische Institut Hohenstein vermittelt nach Versuchsreihen folgende Erfahrungen:

Eine guten Tragekomfort haben vor allem solche Textilien, deren Fasern möglichst gleichmäßig im Gewebe verteilt sind. Luft ist zwar der beste Isolator, sie haftet aber nur an der Oberfläche der Fasern. Bei „Luftlöchern", also stellenweise zu weiten Geweben, entweicht die isolierende Luft und es entstehen Kältelöcher in der Isolationshülle. Die ideale Bekleidung darf diese isolierende Luft auch bei äußerer Belastung (Druck, beispielsweise bei Schlafsäcken!) nicht zu leicht entweichen lassen, soll also eine ausreichende Bauschfähigkeit aufweisen.

Der Feuchtetransport durch die Textilporen, die Zwischenräume im Gewebe, spielt die größte Rolle. Er wird wesentlich von der Gesamtfaseroberfläche des Textils und der Fasereinheit bestimmt.

Die Textilfläche soll nicht voll und platt am Körper aufliegen, damit der unangenehme „Löschblatt-Effekt" von klebender Unterwäsche vermieden wird. Das setzt voraus, daß ausreichend feine Faserhärchen so viel Abstand zwischen Haut und Unterkleidung halten, daß die Luft gut zirkulieren und die Schweißfeuchte ausgleichend an weniger benetzte Stellen transportiert werden kann. Mit Wolle, Seide und auch Baumwolle ist dieser Effekt wesentlich leichter zu erreichen als mit Synthetics. Deshalb sollte Unterwäsche auch nicht hauteng anliegen!

Die Haut muß atmen können!
Der Schweiß, der die überschüssige Körperwärme ableiten soll, „kann in dieser Richtung nur wirksam werden, wenn er nach der Absonderung aus der Haut ohne Umstände verdunsten kann; sonst ergibt sich unter der Kleidung eine feucht-warme Dunstkammer und im Körper eine ungesunde Wärmestauung".

Dr. Simonis erklärt weiter: *„Die Fortleitung der Feuchtigkeit in der Kleidung hängt wesentlich von den feinen Zwischenräumen oder*

'Kapillaren' im Gewebe ab. Sie entstehen durch die Techniken des Spinnens, Webens oder Wirkens und der Verarbeitung.

Daß auch die Eigenart der Textilfaser dabei eine wichtige, oft ausschlaggebende Rolle spielt, ist bekannt. Wolle zum Beispiel ist im Gegensatz zu den Polyamid-, Polyacrylnitril- und Polyesterfasern leicht benetzbar, das heißt sie vermag relativ viel Feuchtigkeit zu absorbieren, ohne daß der Träger es spürt und dadurch belästigt wird...

Die Haut atmet. Von der Hautatmung hängt die Gesundheit des Menschen wesentlich ab. Was in diesen Atemvorgängen an der Körperperipherie vor sich geht, wie beispielsweise die Kohlensäurebildung, muß fortgeleitet werden. Die Hautausscheidungen in der Hautatemluft, in dem Schweiß, dürfen von der Haut nicht wieder aufgesogen werden, was bei ungeeigneter Kleidung geschieht. So ist die 'Belüftung der Körperoberfläche' durch geeignete Kleidungsstoffe auch ein wesentlicher Faktor für die Wärmeregulation."

Es kommt auch auf den Schnitt an

Die Luftschichten zwischen Körper und Kleidung sind keine in sich geschlossenen Kreisläufe. Durch die Kleidungsöffnungen, beispielsweise am Kragen oben, an den Hosenbeinen unten und an den Ärmeln vorne, findet laufend ein Luftaustausch statt. Bei größerem Wärmebedürfnis im Winter kann er durch Schals oder Stülphandschuhe sinnvollerweise verringert, bei größerer Hitze und erwünschtem stärkeren Luftaustausch durch Kragenöffnung usw. verstärkt werden.

Wissenschaftler haben gemessen, daß im allgemeinen bis zu 25 Prozent – je nach Gestaltung und Schnitt der Kleidung – an Wärme und Feuchtigkeit durch die Kleideröffnungen nach außen gelangen können, bei besonders luftigem Kleiderschnitt noch erheblich mehr! Bei „wasserdampfdichter" Regenschutzkleidung muß der gesamte Wärme-Feuchte-Strom auf dem verbliebenen Kleideröffnungsweg entweichen!

Man kann sich die Wirkung von wasserdampfdichten Gummistiefeln vorstellen, wenn sie oben, wie bei den verschnürbaren Modellen üblich, möglichst dicht geschlossen werden, damit ja kein Schmutz und Wasser von außen hineingelangen. Wo sollen Wärmestau und Feuchtigkeit von innen hin? Daß das ein idealer Nährboden für Fußpilz und Hauterkrankungen ist, dürfte klar sein, ganz abgesehen davon, aus welchen Materialien die Strümpfe beschaffen sein mögen.

Heute verstehen wir den vor etwa hundert Jahren lebenden Professor Dr. med. Gustav Jaeger besser, der seinerzeit dafür plädierte, generell einen weiten und am Hals schließenden Kleidumhang zu tragen – wie er bei Asiaten, Afrikanern und allen alten Kulturen selbstverständlich war. Diese Gewänder reichten bis zum Boden. Darin bzw. darunter konnte jedweder erforderliche Wärme- oder Luftaustausch ungehindert vonstatten gehen.

Als Alternative, die heutigen Gewohnheiten näher kommt, empfahl Jaeger Bekleidungsstücke von höchster Faserreinheit und -qualität. Diese seien voll wärmend und schützend und könnten bei Bedarf dosiert, den Körperbedürfnissen nach optimal Wärme und Luft abgeben. Zugerscheinungen, Unterkühlungen usw. bräuchten dabei nicht befürchtet werden. „Halbe Lösungen", wie offene Hosenbeine und zu kurze T-Shirts (die es damals noch nicht gab – er hätte ganz schön dagegen gewettert), waren ihm ein Greuel. So unrecht hat er wohl nicht gehabt. Dies erkennen inzwischen auch die modernen Bekleidungsphysiologen, und die Nierenleiden bei jungen Menschen bestätigen es zunehmend...

Kleidung für unterschiedliche Klimazonen

Die Wirkung der Sonne, des wichtigsten Klimafaktors, kann nach Fourt und Harris (1949) allein schon durch die Textilstruktur und durch die Farbe unserer Bekleidung um bis zu siebzig Prozent beeinflußt werden – natürlich nur in unmittelbarer Körpernähe, was aber für unser Wohlbefinden ausreicht.

Unter extremen Klimaverhältnissen muß die Bekleidung ganz bestimmte Eigenschaften aufweisen, die über die normalen Anforderungen zum Teil weit hinausgehen. Wir wollen das stichwortartig festhalten:
○ **Heißtrockenes Wüstenklima**: Tagsüber bis +50 °C, nachts bis –25 °C, Luftbewegung 5 m/s, Luftfeuchte um 10 mm/Hg.
Ideale Kleidung: dicker und langer Burnus der Araber; ansonsten tagsüber Wärmeisolation und nachts Schutz vor Abkühlung. Bodenwärme für die Nacht dadurch erhalten, daß *vor* Sonnenuntergang der Boden mit einer Decke bedeckt wird.

- **Feuchtwarmes Tropenklima**: Temperatur etwa +25 °C, Wind 0,4 m/s, Feuchte 18 bis 16 mm/Hg, nachts bis 100 % relative Luftfeuchte.
  Ideale Bekleidung: keine – jedoch nach Bedarf leichter Sonnenschutz, dünne, aber dichte Webwaren, weit und zweiteilig zu tragen, als Fußbekleidung dünne Socken mit Wollsohle, Insektenschutz.
- **Subtropisches Klima**: Mittlere Temperatur um +15 °C, Wind 2,5 m/s, Feuchte bei 10 mm/Hg.
  Bekleidung: Regenschutzkleidung mit ausreichender Entlüftung, keine kühlende Unterwäsche, mittlere Wärmeisolation ausreichend.
- **Feuchtkühles Winterklima**: Temperatur 0 bis 10 °C, Winde mit zyklonischem Charakter bis Sturm, 2 bis 9 mm/Hg Luftfeuchte, Nebel und längere Regenperioden möglich.
  Bekleidung: Gegen die Gefahr von Erfrierungen winddichte Außenbekleidung vorsehen, innen Strickwaren mit sehr guter Isolierfähigkeit, am Rumpf bis 20 mm Textiliendicke, an den Gliedmaßen sind etwa 0,6 mm ausreichend. Kopfbedeckung meist unentbehrlich, Fußisolation von 10 mm mit schweißsaugenden Wollsocken ist ratsam.
- **Kalttrockenes Winterklima**: Temperaturen zwischen 0 und –10 °C, Windstille bis Sturmstärke, weniger als 4 mm/Hg Luftfeuchte, Niederschlag gelegentlich als Schnee.
  Bekleidung: am Rumpf 25 bis 35 mm Dicke, für die Gliedmaßen rund 20 mm, Füße 25 und Hände etwa 10 mm Dicke. Unterbekleidung aus dicken Wollhemden und -hosen (auch Brynje-Weste: lose geknüpfter Pullunder von etwa 10 mm Dicke) und dickem Pullover; Außenbekleidung aus winddichtem, wasserabweisendem Gewebe. Kopfschutz: Wollmütze mit Ohrenklappen, Kapuze; zwei Paar dicke, jedoch nicht enge Socken, Überziehschuhe nach Bedarf. Dicke, gut wärmende und nicht feuchtende Handschuhe, Schneebrille, Schlafunterlage mit 20 mm Wärmeisolation zum Boden.
- **Subarktisches Winterklima**: Temperatur –10 bis –20 °C, gelegentlich bis –40 °C abfallend, Wind nur um 1 m/s, kaum Luftfeuchte, eventuell feinflockiger Schnee.

Bekleidung: noch mehr Wärmeschutz, am Körper 40 bis 50 mm dick, Kopf um 20, Beine gut 30, Füße und Hände bis 20 mm Dicke. Die Verdunstung nach außen darf trotz der Kleiderdicke nicht behindert werden!
- **Arktisches Winterklima**: Temperaturen von −20 °C abwärts. Bewegung sehr wichtig, Ruhepausen gefährlich, zusätzliche Heizquellen unerläßlich, ebenso ausreichend energiereiche Ernährung. Eine sehr gute körperliche Konstitution ist entscheidend.

Körper, Klima, Kleidung
Wenn wir nun das Verhältnis des Körpers zu seinem Umgebungsklima und der ihn umhüllenden Kleidung zusammenfassen, können wir feststellen:
- Der Körper produziert bei verschiedener Belastung (Ruhe – Arbeit – Bewegung) sehr unterschiedliche Wärmemengen, hat aber selbst ein sehr enges Temperaturoptimum um plus 37 Grad Celsius.
- Das Umgebungsklima stellt durch Temperatur, Feuchte und Luftbewegung bestimmte Voraussetzungen, die als gegeben so hingenommen werden müssen.
- Die Kleidung schließlich stellt die am ehesten variable Größe dar. Sie sollte deshalb so beschaffen sein, daß sie sowohl die schützende Wärmeisolation und regulierende Wärmeabgabe als auch bei Bedarf einen Feuchtedurchgang oder -widerstand im gewünschten Maße ermöglicht, und zwar mit oder ohne Körperbewegung, wie mit oder ohne Luftzirkulation.

Teil II

Herkunft und Einteilung der Textilfasern

Wer vor hundert Jahren einen Stoff kaufen wollte, hatte es zumindest in einer Hinsicht einfacher als wir: Es genügte, wenn er über die Eigenschaften einiger weniger Textilfasern Bescheid wußte. Die angebotenen Textilien waren fast ausschließlich aus Wolle, Baumwolle oder Leinen.

Wie anders heute, wo selbst Fachleute Schwierigkeiten haben, die vielen neuen Stoff- und Garnarten auseinanderzuhalten. Begonnen hat diese Entwicklung zur verwirrenden Vielfalt um die Jahrhundertwende, genaugenommen im Jahr 1891, als der Franzose Graf Hilaire de Chardonnet die erste Kunstseidenfabrik eröffnete. Von nun an kamen immer mehr Kunststoffe auf einen Markt, der bisher allein den Naturfasern gehört hatte.

Die Chemiefasern lassen sich in zwei Gruppen einteilen:
1. Zellulosische Kunstfasern (Cellulosics), deren Ursprungsmaterial zwar die Pflanzenfaser ist, die aber erst durch chemische Verfahren in Fadenform gebracht werden.
2. Synthetische Fasern, deren Ausgangsmaterial mineralischer oder fossiler Herkunft ist und künstlich dazu gemacht wurde. Sie stehen damit der Natur noch ferner. Im Grunde handelt es sich um völlig neue Stoffe mit neuen Eigenschaften.

Die Naturfasern haben angesichts dieser Konkurrenz etwas an Boden verloren, was jedoch nichts über ihren Wert aussagt. Gerade wer sich in seiner Kleidung wirklich wohlfühlen möchte, wird früher oder später wieder zu ihnen zurückfinden. Auch bei den Naturfasern können wir zwei Gruppen bilden:
1. Tierische Fasern (Wolle und Seide), deren Hauptbestandteile Eiweißkörper sind;
2. Pflanzliche Fasern (Baumwolle, Leinen, Ramie, Jute, Sisal usw.), die aus Zellulosefasern bestehen.

Es gibt noch weitere Textilfasersorten, die allerdings im Angebot keine große Rolle spielen, beispielsweise mineralische Fasern, Glasfasern, Metallfasern und Milcheiweißfasern (aus Kasein).

P.A. Koch hat die Faservielfalt übersichtlich zusammengefaßt. Wegen der vorrangigen Bedeutung der tierischen Eiweißfasern gegenüber den pflanzlichen Fasern wurde entsprechend umgestellt (Tab. 1 und 2).

Zu den Kunstfasern (Tab. 2) einige Erläuterungen:

Polymere sind chemische Verbindungen, deren Moleküle ein Mehrfaches der Molekularstruktur einer anderen Verbindung sind (poly = viel, meros = Teil). Im Textilbereich werden Polymere erzeugt, um Materialien durch chemische Behandlung zu einer spinnbaren Masse zu verarbeiten. Daraus entstehen dann die synthetischen Textilfasern.

Bei der Polymerisation werden reaktionsfähige Kleinmoleküle gleichen oder artgleichen Aufbaus zu langen Ketten zusammengefügt, den sogenannten Groß- oder Makromolekülen (vgl. die Abbildungen auf den Farbtafeln).

Bei der Polykondensation werden mehrere niedrigmolekulare organische Verbindungen zu Großmolekülen zusammengeführt, wobei ein Nebenprodukt (meist Wasser) abfällt.

Die Polyaddition ähnelt der Polykondensation, doch erfolgt dabei keine Abspaltung.

Soweit zu den Tabellen, die uns auch in den nächsten Kapiteln noch als Überblick dienen können. Durch die nun folgende Vorstellung der unterschiedlichen Textilfasern werden sie mit „Leben" erfüllt werden.

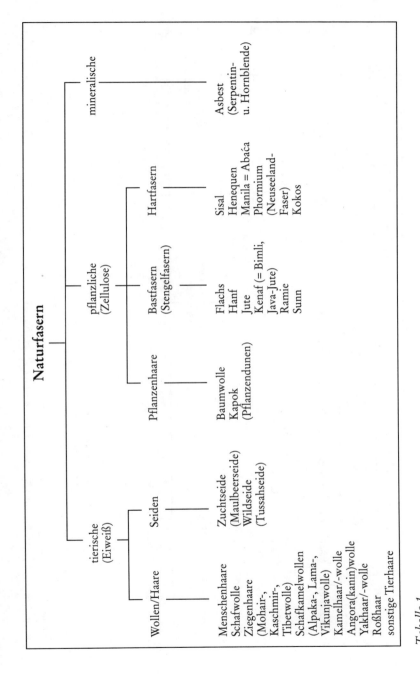

Tabelle 1
Einteilung der Fasermaterialien: Naturfasern (nach P.-A. Koch, aktualisiert von P.J. Lehmann 1991

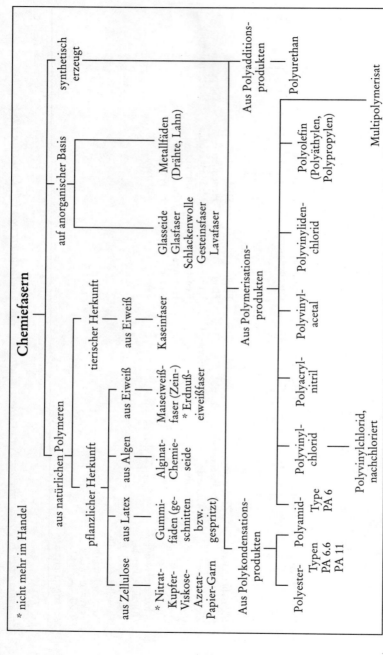

Tabelle 2
Einteilung der Fasermaterialien: Chemiefasern (nach P.-A. Koch)

Tierische Eiweißfasern

Wolle

Wolle ist eben Wolle! Im Englischen „wool", im Französischen „laine" und im Italienischen „lana" genannt – man kann vielerlei darunter verstehen, weil das Angebot an Wollwaren und -stoffen verwirrend vielfältig ist. Im allgemeinen, und auch nach dem Textilkennzeichnungsgesetz, versteht man darunter die Haare vom Fell des Schafes, welcher Rasse auch immer.

Wolle ist Ur-Stoff
Wolle zählt zu den ältesten Spinnfasern der Welt. Speziell Wollfilze können als die urtümlichste Stoffart angesehen werden. Es gab sie schon zu einer Zeit, als man noch kein Spinnrad und keinen noch so primitiven Webstuhl kannte. Historischen Berichten zufolge, sollen sie schon rund fünftausend Jahre vor unserer Zeitrechnung in Ägypten verbreitet gewesen sein – das ist nun bald siebentausend Jahre her.

Auch die Chinesen verwendeten zunächst Wollfilze für ihre Kleidung, aber auch für Schutzschilde, Boote, Hüte und Matten. Teilweise waren sie schon gefärbt. In Europa fand man in Baumsärgen und Hügelgräbern Textilreste aus der Bronzezeit, die also über dreitausend Jahre alt sind. „Fossile Textilien" aus der darauffolgenden Eisenzeit wurden auch an Moorleichen gefunden; die Humussäure ist ein guter Konservator.

Als Urheimat der Wolle gilt das an großräumigen Weideflächen reiche Hochland von Mesopotamien. Aus den Schriften des Alten Testaments geht hervor, daß damals zwischen der weißen Schaf- und der schwarzen Ziegenwolle unterschieden wurde. Aus letzterer weben die Beduinen bis heute ihre Zelte.

In den Höhlen der Seitentäler rings um das Tote Meer, wohin die Juden nach dem großen Aufstand gegen die Römer (132 bis 135 n. Chr.) mit ihrer Habe und besonders wertvollen Dokumenten geflüchtet waren, fand man 1960/61 unter anderem auch Gewebe, Garne und noch ungesponnene Textilfasern aus Wolle und Leinen. Daraus können wir schließen, daß Wolle seinerzeit für fast alle Kleidungsstücke, für Unterkleider und Mantelkleid, für Schals und Tücher verwendet wurde.

Zunächst etwas Wollkunde

Dieses Wollkapitel liegt mir sachlich und gefühlsmäßig besonders am Herzen. Ich habe versucht, alles Wesentliche über Wolle auszuwerten und nun extraktweise vorzulegen. Damit können Sie als Leser sich selbst ein Urteil bilden, worauf es ankommt, welche Wolle Sie für welche Zwecke bevorzugen sollten, und was Sie von welchen Wollarten und -sorten erwarten, aber auch, was Sie nicht erwarten können. Danach können Sie leichter entscheiden, was Sie wann und warum kaufen und womit Sie sich kleiden wollen: bewußt und betont oder intuitiv und von innen her überzeugt, äußerlich kühl oder warm – ganz wie Sie wollen, denn Wolle macht es möglich, sie so zu verwenden, wie Sie es für richtig halten.

Wo die Wolle wächst

Einmal abgesehen von der Baumwolle – die zwar auch „Wolle" genannt wird, aber eine Pflanzenfaser ist –, wachsen Wollen grundsätzlich auf Tieren.

Die Bausteine der Wolle – und der Haare ganz allgemein – sind vor allem Eiweißstoffe, die Proteine (gesprochen: prote-ine). Proteinfasern kommen im Tier- und auch im Pflanzenreich sehr häufig vor, wenn auch in verschiedenen Formen. Der Grundsubstanz nach zählt Seide ebenso zu den Eiweißfasern wie Haare oder Wolle.

Auch für die Muskelsubstanz des menschlichen und tierischen Körpers sind Eiweiße und ihre Vorstufen notwendig. Wir finden sie auch im Weiß des Eies, wo sie den Hauptbestandteil ausmachen (daher der Name).

Unter den Dutzenden, wenn nicht gar Hunderten von Eiweißformen interessieren uns hier besonders die Keratine, vor allem deshalb, weil diese Eiweiß-Gerüstsubstanzen sich durch ihre Zähigkeit und Widerstandskraft gegenüber biochemischen und chemischen Einflüssen hervorheben. Aus Keratin bestehen auch die Haare von Tier und Mensch, außerdem Nägel, Klauen, Hufe und – neben den sonstigen Hornsubstanzen – auch die Vogelfedern. Die genaue Zusammensetzung interessiert den Fachmann mehr als den Laien. Trotzdem in nackten Zahlen ausgedrückt:

Wolle enthält im Durchschnitt 50 Prozent Kohlenstoff, ca. 24 Prozent Sauerstoff, rund 16 Prozent Stickstoff, sieben Prozent Wasserstoff und gut drei Prozent Schwefel. Damit wollen wir das chemische Zahlenspiel bewenden lassen.

Die Wollfaser im Feinbau

Zwischen dem Haar des Menschen und dem Pferdeschweifhaar gibt es beträchtliche Unterschiede. Der umfangreichste Teil des Haares wird durch den Faserstamm gebildet, der sich wiederum aus Fibrillen zusammensetzt. Diese Fibrillen sind beim Menschen 24 bis 33 Mikrometer (ein Mikrometer ist ein tausendstel Millimeter), beim Schafhaar 90 bis 100 Mikrometer, beim Kamelhaar 130 Mikrometer und beim Pferdeschweifhaar sogar bis 400 Mikrometer stark, oder richtiger dünn bzw. dick.

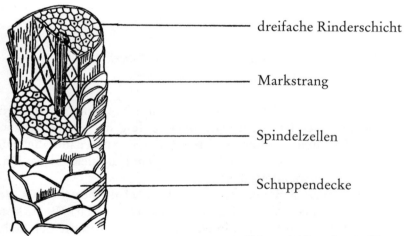

dreifache Rinderschicht

Markstrang

Spindelzellen

Schuppendecke

Abb. 1: *Aufbau des Wollhaares*

Das Haar als sogenanntes Oberhautgebilde besteht zunächst aus der Haarwurzel. Die Fellhaare haben hier einen Haarbalgmuskel, der automatisch in Funktion tritt, wenn sich „die Haare zu Berge stellen". Das kann unwillkürlich aus Angst, Wut oder Angriffslust geschehen.

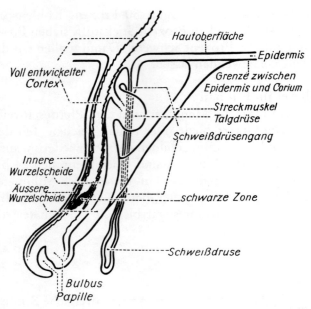

Abb. 2
Der Wollfollikel im Längsschnitt (Schema nach Auber)

Dabei entleert sich häufig das eng damit verbundene Talgdrüsensäckchen. Der fettige, duftstoffhaltige Talg hat eine mehrfache Wirkung: Er hält die verhornten Epidermiszellen und damit die Haut schlechthin geschmeidig, verleiht ihr und dem Haarkleid Glanz, Duft und zusätzliche Standfestigkeit.

Der von seiner Kuticula bedeckte Haarschaft besteht aus der Haarrinde und bei gröberen Haaren zusätzlich aus Mark. Beide können den Haarfarbstoff Melanin enthalten. Je nach Stärke der Melanin-Einlagerung erscheint die Pigmentierung (Haarfarbe) von weißblond bis schwarz. Silbergraues Haar hat die Fähigkeit der Pigmenteinlagerung eingebüßt – aus welchen Alterungs-, Ernährungs- oder psychologischen (Schockwirkung!) Gründen auch immer. Unter ganz besonderen Umständen, durch Fasten, Pflanzenseife oder „Jungbrunnen" sollen die Haare einzelner Menschen allerdings wieder ihre frühere jugendliche Farbe angenommen haben – und sogar nachgewachsen sein.

Das anfangs dünne und zunächst marklose neue Haar verlängert sich bis zu einer arttypischen Wachstumsgrenze. Der tägliche Zuwachs beträgt beim Menschen im Mittel täglich um 0,4 Millimeter.

Bei den Schafen ist der Haarwechsel nicht nur witterungsbedingt, sondern auch abhängig von der Rasse. Primitive Landrassen wechseln ihre Haare meist regelmäßig im Frühjahr und Herbst, höher gezüchtete Rassen im allgemeinen seltener. Bei den Zuchtrassen wirkt die Schafschur sicher über Generationen hinweg künstlich regulierend.

Abb. 3: Zwei Zellarten der Wollfaser
Unter dem Elektronenmikroskop wird deutlich, daß die Wollfaser aus zwei Arten von Zellen besteht, die sich spiralförmig umeinanderwinden und sich unterschiedlich verhalten:
Die Zellen mit Parastruktur nehmen etwa zwei Prozent weniger Feuchtigkeit auf als die Zellen mit Orthostruktur, die zugleich empfindlicher sind gegen Alkalien. Dringt nun der Feuchtigkeitsdunst in das Faserinnere, quillt die eine Hälfte der Faser stärker als die andere. Da beide fest miteinander verbunden sind, entsteht Bewegung in der Faser.

„Haarologisches"
Wir finden bei Tierhaaren das stark gekräuselte feine Merino-Wollhaar und das glattere Ziegen- und Angora-Haar. Beide Wollformen haben – aus alter Tradition und aus Erfahrung – spezielle Nutzungsmöglichkeiten.

„Haarologen" unterscheiden die verschiedenen Haararten nach Tasthaaren an allen natürlichen Körperöffnungen, einzeln stehendem

Grannenhaar, weichem Flaumhaar und dem darüberliegenden Deckhaar bei festen Fellen von Pferd, Rind, Ziege, Schwein und fast allen Fleischfressern sowie den eigentlichen Wollhaaren, die kurz und fein, mehr oder weniger gekräuselt und meist markfrei sind. Sie stehen in oft spiralig gewundenen Haarbälgen gruppenweise in der mittleren Schicht der Lederhaut.

Zwischen den einzelnen Haarbüscheln finden wir stärkere Binderhaare, die die Strähnen bilden. Diese wiederum ergeben weitflächigere Wollstapel und alles in allem ein durch die Kräuselung zusammengehaltenes Wollvlies. Ein routinierter Schafscherer schafft es, das ganze Vlies eines Schafes zusammenhängend zu scheren. Dann kann der spezialisierte Wollsortierer die einzelnen Wollqualitäten vom gleichen Vlies mühelos erkennen, auseinandernehmen und richtig zuordnen.

Abb. 4
Die wichtigsten Wollqualitätsfelder. Feinheit und Güte der Wolle nehmen mit zunehmender Zahl ab. Die Wollfelder sind beispielhaft eingezeichnet auf einem Leineschaf (nach Dietrich Mozen).

Das gefürchtete Filzen der Wolle

Das Filzen ist auf ein starkes Ineinanderschieben der schuppenartigen Zellen um den Haarschaft zurückzuführen. Die Schuppen können sich bei starker mechanischer Einwirkung oder hoher Temperatur (heißes Wasser!) und schockartiger Abkühlung durch kaltes Wasser in der Waschmaschine so ineinander verhaken, daß sie sich anschließend nicht mehr in ihre ursprüngliche Lage auseinander bewegen können. Verfilzte Wolle ist daher kürzer und kleiner, aber auch dichter und stärker in der Materialsubstanz. Filz- oder Walk-Wolle wird für bestimmte Verwendungszwecke (Wollfilze und -loden) entsprechend behandelt, um das sonst unerwünschte „Eingehen" gezielt zu erreichen. Zur Wollbehandlung allgemein – „Ausrüstung" nennt es der Fachmann – wird noch einiges zu sagen sein.

Werden Wollfäden eine Zeitlang in Wasserdampf oder heißem Wasser gedehnt gehalten, dann verhaken sich die schuppenartigen Wollzellen unter Umständen schon bei hundert Grad Celsius so stark, daß sie danach eine größere Länge als ursprünglich behalten. Auch das kann gewollt sein! Bei Kaltwellen (Dauerwellen), bei Dauer-Bügelfalten und beim Plissieren von Wollstoffen wird dieses Prinzip angewandt, meist chemisch ausgelöst und verstärkt.

Kaltes Wasser greift Wolle nicht an, wenn es frei von Chemikalien ist. Allerdings quellen Wollfasern in Wasser auf – und zwar in der Länge um nur etwa 1,2 Prozent, in ihrer Dicke allerdings um bis zu 18 Prozent!

Trockene Wolle zersetzt sich bei langsamer Erhitzung im Luftstrom nicht wesentlich, wenn 150 Grad Celsius und eine Stunde Dauer nicht überschritten werden. Unter Kochbedingungen (100 Grad) ist Schafwolle am stabilsten, wenn das Wasser gerade einen Säuregehalt von pH 3,5 aufweist.

Haar normalisiert sich rasch

Gespannte, gedehnte oder sonst deformierte Wollfasern, die nicht über 60 Grad Celsius erwärmt wurden, können diese Formveränderung später wieder ausgleichen und sich normalisieren. Dies geschieht am günstigsten durch mäßiges Erwärmen der entspannten Ware in feuchter Umgebung. Diese Kenntnis ist für die Wollpflege wichtig, denn wenn Sie die Grenzwerte unter Extrembedingungen kennen, können Sie sicherer angemessene und wollschonende Verfahren einhalten.

Schafwolle ist, wie alle Keratine, gegen eiweißabbauende Fermente ziemlich widerstandsfähig, nicht jedoch gegenüber dem Fermentsystem, das beispielsweise Kleidermotten und andere Wollschädlinge in ihrem Darmtrakt entwickeln. Doch dazu später mehr.

Zusammensetzung der Rohwolle

Die Rohwolle[*] enthält unmittelbar nach der Schur folgende Bestandteile: die Wolle als solche, Wollfett, Wollschweiß, Schmutz und Feuchtigkeit; neuerdings leider auch oft Rückstände von Insektiziden, die bei australisch-neuseeländischen Schafen obligatorisch vor der Schafschur eingesetzt werden und das Wollfett belasten oder sogar unbrauchbar werden lassen (vergiften!).

Die Wolle als solche, das Wollfett und der Wollschweiß sind Erzeugnisse des tierischen Stoffwechsels, während der Schmutz und die Feuchtigkeit von außen angesammelte Fremdsubstanzen darstellen.

Fettschweiß ist das Gemisch von Wollfett und dem Schweiß des Tieres, eine Emulsion der Ausscheidungen von Talg- und Schweißdrüsen der Schafhaut.

Das Wollfett ist der Teil dieses Fettschweißes, der durch organische Lösungsmittel, beispielsweise Äther, löslich wird. Wollfett ist besonders wertvoll; es setzt sich aus Säure-Estern mit hohem Molekulargewicht zusammen (unter Estern versteht man die Verbindung von Säuren mit Alkoholen unter Wasseraustritt). Außerdem enthält es freie, ungebundene Säuren, Alkohole und Kohlenwasserstoffe, die zur großen Gruppe der organischen Kohlenstoffe zählen.

Der Schweiß schließlich ist der verbleibende, wasserlösliche Teil des Fettschweißes und besteht aus Kaliumsalzen von Fettsäuren und Peptiden (aus zwei oder mehreren Aminosäuren gebildetes, neues Molekül).

Der Schweiß wird bei körperlicher Anstrengung, Hitze und sicher auch bei seelischen Belastungen (Angst) von den Schweißdrüsen

---

[*]Nach Prof. Dr. H. Doehner und H. Reumuth wird „Rohwolle" fachgerecht als „Schweißwolle" bezeichnet.

abgesondert. Er zieht teilweise in die Wollfaser ein und verdunstet allmählich, was die erwünschte Abkühlung bringt.

An weniger behaarten oder kahlen Stellen treten Fett und Schweiß direkt auf die Hautoberfläche. Diese Schmiere schützt sie vor atmosphärischen Einwirkungen und hält sie geschmeidig.

Im Kräuselungs-, Haarstapel- und Vliesverband ist der Woll-Fettschweiß für den Zusammenhalt des Ganzen verantwortlich.

Der klebrige Fettschweiß hält Verunreinigungen besonders gut fest – daher der relativ hohe Anteil an Fremdbestandteilen in der Rohwolle, der rassebedingt, aber auch stark haltungsabhängig schwanken kann und schlichtweg als Schmutz bezeichnet wird.

Nimmt man alle Nicht-Woll-Bestandteile der Rohwolle zusammen, so können diese 15 bis 80 Prozent betragen.

Wieviel Wolle ist in der Rohwolle?
Die Mittelwerte der Fremdbeimengung liegen (s. Abb. 5 und 6) zwischen vierzig und fünfzig Prozent. Bei den Vierbeinern ist die Fettschweißproduktion an Bauch und Rücken am stärksten und an den Schultern am geringsten. Außerdem: Böcke erzeugen mehr Fett als die weiblichen Tiere. Überraschenderweise ist der Gehalt an reiner Wolle bei den feinwolligen Rassen (Merino) um gut zehn Prozent geringer als bei den grobwolligen. Dies, weil bei dichter stehenden, fei-

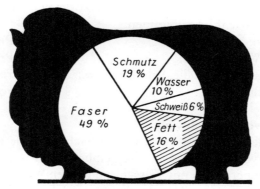

Abb. 5
Anteile von Schmutz, Wasser, Schweiß, Fett und Faser im Vlies des australischen Merinos (Woll Science Review 7/51)

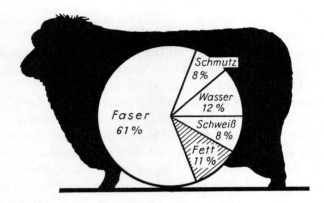

Abb. 6
Anteile von Schmutz, Wasser, Schweiß, Fett und Faser im Vlies des australischen Crossbred-Schafes (Woll Science Review 7/51)

nen Wollhaaren auch mehr Talg- und Schweißdrüsen pro Fläche sind und somit mehr Fett und Schweiß erzeugt wird. Dieses Mehr an Fettschweiß bindet mit seiner „Fliegenfängerwirkung" dann mehr Schmutz und Fremdsubstanzen im Wollhaarkleid. Die reinen Weideschafe in Übersee wiederum haben weniger verschmutzte Haare als die zur Winterzeit hierzulande in Einstreu gehaltenen und zusätzlich gefütterten Inlandrassen.
Nach statistischen Ermittlungen setzt sich die Roh- oder Schweißwolle wie folgt zusammen:
○ Wollfasern: 15 bis 72 Prozent
○ Wollfett, Wollschweiß: 12 bis 47 Prozent
○ Pflanzliche Bestandteile, Schmutz usw.: 3 bis 24 Prozent
○ Feuchtigkeit: 4 bis 24 Prozent

Zwei Arten von Fettschweiß
Bei den modernen Zuchtrassen ist der leicht lösliche und gutartige Fettschweiß vorherrschend. Er ist gelblich-weiß und läßt sich bei niedrigen Temperaturen mit Wasser und milden Waschmitteln relativ leicht auswaschen. Zuviel davon deutet auf falsche Haltung und zu energiereiche Fütterung hin, zuwenig läßt das Vlies leicht auseinanderfallen, da er für den Zusammenhalt wichtig ist.

Rohwolle mit dem wertvollen Wollfett und auch Schmutz, wie sie vom frischgeschorenen Schaf kommt.

Ein Merino-Wollschaf (Ovis aries), mit feinster Wollqualität, kurz vor der Schur und sein nur wenige Tage altes Lamm.

Kamelhaar hat sich durch Strapazierfähigkeit und geringes Gewicht einen Namen gemacht. Rechts die zweihöckerigen Trampeltiere, links ein einhöckeriges Dromedar.

Lamas leben nur im südlichen Amerika, meist in zwei- bis viertausend Meter Höhe. Hier die größte Rasse „Lama glama" aus Peru, welche pro Jahr und Tier etwa drei Kilo gröbste Lamawolle liefert.

Das Guanaco-Lama (auch Huanaco genannt) bildete einstmals die Lebensgrundlage einiger seßhafter Indianerstämme. Es hat eine relativ feine Wolle.

Das in den peruanischen Anden lebende Vikunja-Lama wird nur rund 80 cm groß, lebt wild und liefert nur etwa 300 g feinster Lamawolle pro Jahr, die ihm ausgekämmt wird (Foto aus dem oberen Rimac-Tal).

Angorakaninchen liefern – solange sie in natürlichen Verhältnissen gehalten werden – eine sehr leichte weiße Wolle, die im Haar innen hohl ist und somit besonders gut wärmen kann. Sprichwörtlich ist ihre Schutz- und Heilwirkung bei rheumatischen Erkrankungen und besonderem Wärmebedürfnis. Ein Kaninchen liefert bis fünfhundert Gramm Wolle pro Jahr, die in drei Schuren oder durch Auskämmen gewonnen wird.

Im Gegensatz dazu läßt sich der unerwünschte, harzig-wachsige oder gar rostfarbene Fettschweiß mit Wasser kaum herauslösen. Die erforderlichen schärferen Mittel beeinträchtigen den Wert der Wollfaser zum Teil erheblich.

Dies alles, damit Sie beim möglichen Rohwolleinkauf zur Schurzeit wissen, was Sie sich außer Wolle einhandeln können...

Wollfett macht schön
Nochmals zum Wollfett, das in vielfacher Hinsicht sehr interessant ist, obwohl die Wissenschaftler bis heute seine biologische Funktion (außer der fettenden Schutzwirkung für Wolle und Haut) kaum näher erklären können. Von „Heilwirkungen" war keine Rede in den vielen Fachbüchern, die ich durchgearbeitet habe.

Persönlich vermute ich aber, daß gerade das Wollfett maßgeblich an vielen Heilwirkungen beteiligt ist. Wenn bereits Schweine- und Gänseschmalz als altes Hausmittel bewährt sind, wieviel mehr muß dann das milde Wollfett der sanften Schafe – die sich bekanntlich vegetarisch ernähren – zu heilen vermögen.

Wofür kann man Wollfett verwenden, was wird heute schon damit gemacht? Über das Zentrifugen-Trennverfahren wird es ungereinigt für Rostschutzmittel und Schmiermittelzusätze verwertet. Wesentlicher ist jedoch die gereinigte Wollfettsubstanz, die als „adeps lanae puriss" oder „Lanolinum anhydricum puriss" (Lanolin) als Salbengrundlage in der Pharmazie und im Bereich der Kosmetika für Haarcreme, Shampoos, Gesichtscreme, Feinseifen, Kleiebäder usw. dient.

Auch durch Säureeinsatz kann ein Ausfällen des Wollfettes erreicht werden. Die so gewonnenen Wollfette gehen über Destillation als Textilöle oder Stopffette in den Handel oder nach Verseifung in die kosmetische Industrie bzw. Hormonherstellung. Ein Teil wird nach Neutralisation schließlich weiterverarbeitet in Korrosionsschutzmitteln, Riemenfetten, Kitten und Imprägnierungsmitteln. Durch trockene Verseifung kann man aus Wollfett auch das Ausgangsmaterial für Schmierfett, Wasserfarben und ähnliches mehr gewinnen. Eine vielfältige Palette.

Vorteile des Wollfettes
Wollfett zeichnet sich durch seine schwierige Verseifbarkeit aus und dadurch, daß es – im Gegensatz zu den meisten anderen Fetten tierischen und pflanzlichen Ursprungs – nicht ranzig wird! Gleichzeitig ist es gut emulgierbar, hervorragend hautverträglich und leicht durch die menschliche Haut aufzunehmen. Das erklärt manches.

Ein Schäfer wies mich darauf hin, daß er frische Wolle am stärkeren „Tiergeruch" sofort von älterer, überjähriger unterscheiden könne. Bei „alter" Wolle verharzt das Fett allmählich.

Industrielle Reinigung der Rohwolle
Die Rohwolle – Schweißwolle also – wird in aller Regel auch heute noch vor der industriellen Verarbeitung in warmer, wäßriger Waschmittellösung gewaschen. Organische Lösungsmittel über Extraktion finden erst vereinzelt Eingang.

Die Säurefällung ist auch bei uns in Europa vorherrschend. Der Restwollfettgehalt in der gewaschenen Wolle sollte mindestens noch ein halbes, besser ein Prozent des Wollgewichtes betragen. Schon deshalb sollten Sie bei den späteren Pflege- und Waschvorgängen einen weiteren Fettentzug möglichst vermeiden, das heißt konkret: Achten Sie nach der Reinigung, die möglichst mit biologisch wertvollen Waschmitteln vorgenommen werden sollte und nicht mit den industrieüblichen mineralischen, auf ausreichende Rückfettung durch Lanolin (siehe unter Wollpflege).

Woher kommen unsere Schafe?
Nach Meinung der Experten ist das Schaf schon Jahrtausende Hausgenosse und Wegbegleiter des Menschen. Man nimmt allgemein an, daß Heidschnucken und Schafrassen mit größerem und längerem Wollhaar ursprünglich vom Mufflon (ovis ammon musimon), einem Wildschaf, abstammen, während die mehr feinwolligen Arten wie das weltberühmte Merinoschaf der Linie des Arkal (ovis ammon arkal) entsprossen sind, einem Wildschaf osteuropäischer und asiatischer Steppen. Durch Veränderung der Erbmasse (Mutation) ergaben sich besondere Merkmale, nach denen dann weitergezüchtet werden konnte.

Spanien war vor allem im Mittelalter das berühmteste Schafzuchtland. Ursprünglich mit vorderasiatischen Tieren, später mit den von den Arabern nach Spanien mitgebrachten feinwolligen Rassen, züchtete man auf feinste Wollen, die als einzigartig in der Welt galten. Dieses Monopol – jede Ausfuhr von Schafen war bei Todesstrafe verboten – wurde über zweihundert Jahre gehalten und ständig ausgebaut. Erst um die Mitte des 18. Jahrhunderts wurden spanische Merinos nach Frankreich, Sachsen, Preußen und Österreich geliefert.

Auch die Briten entwickelten sich zu erfolgreichen und berühmten Schafzüchtern, was die Rassenamen heute noch erkennen lassen (Crossbred usw.). Welche wirtschaftliche Rolle die Exportschafwolle für das Britische Commonwealth nach wie vor spielt, wird auch dadurch dokumentiert, daß der britische Parlamentspräsident auf einem „Wollsack" sitzt.

Die Zuchtexperten unterscheiden neben der Wollart auch nach schwarz- und weißköpfigen Fleischschafen und sehr stark nach regionalen Bereichen. So haben die Heidschnucke, das Leineschaf, das Württemberger- und das Rhönschaf – um nur einige zu nennen – ihre örtliche Bedeutung, denn Landschaft, Boden und Pflanzenwuchs prägen ein solches Tier über Jahrzehnte ebenso wie Klima und Haltung (Stall/Weide).

Die wichtigsten Schafrassen

In der Bundesrepublik werden Schafrassen in vier Hauptgruppen unterteilt:
- die feinwolligen, anspruchsvollen „Merino-Wollrassen",
- die wegen ihrer mitbestimmenden Fleischnutzung als „Fleischrassen" bezeichneten Schafe,
- die „Milchschafe", die auch noch Milch geben, und
- die „Landschafrassen" mit einfachen Ansprüchen und in sehr verschiedenartigen Kreuzungen.

Uns interessiert, welche Rassen und Arten es auf der Erde gibt und welche Wollqualitäten sie liefern. Weltweit werden drei Hauptgruppen mit recht unterschiedlichen Wollqualitäten unterschieden:

Merino-Wollschafe: Ihre feine, schön gekräuselte und weiche „A/B-Wolle" erzielt die höchsten Preise. Sie leben – ursprünglich als Höhentiere bekannt, die ein ausgeglichenes, warmes Klima wünschen – heute vor allem in Australien, dem typischen Schaf- und Woll-Land, sodann in Südafrika (Kap-Wollen) und in Südamerika. Merinoschafe liefern etwa vierzig Prozent des Weltwollaufkommens.

Die Stapellänge ihres Wollvlieses liegt zwischen vierzig und hundertvierzig Millimeter, was erstaunlich kurz ist. Die Stärke (Feinheit) ihres Haares liegt zwischen 12 und 37 Mikrometer (ein Mikrometer ist ein tausendstel Millimeter).

Fleischschafrassen: Die schwarz- und weißköpfigen Fleischschafrassen stellen Kreuzungsgruppen dar, deren Wolle oft als „Crossbred-Wollen" bezeichnet werden. Ihr kräftiges, leicht gekräuseltes Wollhaar mit C/D-Qualität weist Stapellängen von 100 bis 350 Millimeter auf.

Heute überwiegen diese Kreuzungsrassen bei weitem. Sie leben vor allem in Neuseeland, in Australien (neben Merinos), in Südamerika und Großbritannien. Neuseeland liefert über zwanzig Prozent der Welt-Crossbred-Wolle und ist damit Spitzenlieferant. Dort werden nahezu fünfzig Millionen Schafe gehalten – bei zwei Millionen Einwohnern! Die Haardicke der neuseeländischen Schafe liegt bei dreißig bis achtzig Mikrometer.

Landrassen: Werfen wir noch einen Blick auf die zahlenmäßig große Gruppe der Landrassen mit E/F-Wollqualitäten. Sie machen zwar rund fünfzig Prozent des geschätzten Weltschafbestandes aus, liefern aber nur 25 Prozent des Weltwollaufkommens. Dabei handelt es sich grundsätzlich um gröbere bis grobe Wolle aus kargen Gegenden. Diese Wolle kann in der Regel nur als Streichgarn und für Teppiche verwertet werden.

Crossbredwolle dient hauptsächlich als Rohware für grobe Maschenwaren, Tuche und Sockengarne, während die Merinowolle bevorzugt für Webartikel und feinere Unter- und Oberbekleidung genommen wird.

Der Schafbestand weltweit nähert sich langsam der Milliardengrenze. Der Schurertrag je Schaf schwankt jedoch gewaltig. Er soll in der Sowjetunion 2,7 Kilogramm, in Australien dagegen 4,7 je Vlies betragen!

Wollqualitäten

Die Qualitätsbezeichnungen richten sich nach der Feinheit des Haares, der Zahl der Kräuselungsbogen auf einen Zentimeter und der Haarlänge. Sie erfolgt in Klassen, die in den einzelnen Ländern unterschiedliche Bezeichnungen (lateinisch, englisch, amerikanisch, deutsch) haben und denen nicht verbindlich festgelegte Mikrometerbereiche zugerechnet werden (Doehner, *Wollkunde*). Als Richtschnur können die in Tabelle 3 angeführten Feinheitsgrade dienen (J. Lösch, *Fachwörterbuch Textil*).

Deutsch		Englisch 'S	Faser-dicke µm	Faser-länge mm	Aus-spinnung nm
	Merino extra super	90 'S	bis 15	bis 60	über 90
AAA	Merino supra	80 'S	16-17,0	60- 70	78-90
AA	sehr gute Merinos	74 'S	18-19,0	80-100	64-72
A	gute Merinos	64 'S	20-21,0	80-100	48-56
A/B	gewöhnliche Merinos	60 'S	22-22,5	110-120	40-44
B	feine Crossbreds	56/60 'S	23-24	90-120	36-40
C I	zieml. feine Crossbreds	56/58 'S	25-26	110-140	30-32
C II	gute mittl. Crossbreds	56/50 'S	27-28	100-170	28-32
D I	mittlere Crossbreds	50-48 'S	29-30	150-200	24-28
D II	gröbere Wollen	48-46 'S	32-33	150-250	22-24
E I	grobe Wollen	40 'S	34-35	250-300	18-20
E II	sehr grobe Wollen Cheviot Landrassen	36 'S	36-40	250-320	12

Tab. 3: *Faserdicke der verschiedenen Wollqualitäten*
Die Feinheit in Mikrometer (1/1.000 Millimeter, µm) wird mittels eines Lanameters gemessen. 80 'S besagt beispielsweise, daß dieser Wollfaden bis zu einem 80er Garn versponnen werden kann. Die Ausspinnung wird in Nanometer gemessen (1/1.000.000 Millimeter, nm).

Wir können Wollhaare nach ihrer Feinheit in Gruppen einteilen:
    Flaumhaar   0 bis 30 Mikrometer
    Übergangshaar   31 bis 52 Mikrometer
    feines Grannenhaar   53 bis 74 Mikrometer
    grobes Grannenhaar   ab 75 Mikrometer

Das naturbelassene Wollhaar ist in der Regel mehr oder weniger stark gekräuselt. Van Gorp hat 1955 Messungen durchgeführt und dabei ermittelt, wie lang die Haare bei den verschiedenen Schafrassen sind: zunächst im natürlichen Zustand und dann bei Streckung. Er kam auf Werte um vier Zentimeter bei Merino- und 23 Zentimeter bei Leicester-Rohwolle, im gestreckten Zustand dann jeweils auf 6,4 beziehungsweise 31 Zentimeter Länge.

Nur Wolle vom Schaf darf sich „Wolle" nennen!
Wenn wir nun die verschiedenartigen Tierhaare und -wollen betrachten, ist es zweckmäßig, von den mit den Richtlinien der Europäischen Gemeinschaft abgestimmten Festlegungen des bundesdeutschen „Textil-Kennzeichnungs-Gesetzes" (TKG) auszugehen. Das TKG wurde 1972 neu gefaßt und ist amtlich für alle hier angebotenen und eingeführten Textilien maßgebend. Man muß anerkennen, daß hier im Interesse des Verbrauchers eine sehr gründliche und eindeutige Regelung getroffen wurde, auch wenn sie sich etwas schwer liest, weil sie im Beamten-Deutsch verfaßt ist.

Der Käufer hat ein Anrecht auf die Einhaltung der Kennzeichnung; er sollte mehr als bisher danach fragen und auf unmißverständlichen Bestandteilsangaben bei Textilien bestehen. Nur so werden die Händler beim Einkauf ihrerseits immer mehr darauf achten und die Textilien „durchsichtig" ausgezeichnet anbieten.

Laut TKG dürfen nur „die Fasern vom Fell des Schafes (ovis aries)" als „Wolle" oder „Haar" ohne einen Zusatz bezeichnet werden.

Alle anderen Haare von Felltieren müssen immer mit einer Zusatzbezeichnung – der Tierart oder Herkunft entsprechend – versehen sein, also „Kamelhaar", „Kaschmirwolle", „Angorawolle", „Vikunjawolle", „Tibetwolle", „Kapwolle" usw. Diese Herkunftsnamen dürfen allerdings auch für sich stehen, also „Kamel", „Kaschmir", „Angora", „Vikunja" usw.

Damit wir wissen, woher diese und andere Haare kommen und auf welchen Tieren sie wachsen, aber auch, was damit heute bei der Textilherstellung alles gemacht werden kann, wollen wir sie näher erläutern. Die Reihenfolge stellt dabei natürlich keine Wertung dar.

Kaschmirziege

Kaschmirwolle (vornehm englisch „Cashmere") stammt von der Kaschmirziege, die als Haustier vorwiegend in Kaschmir, aber auch in Kleinasien bzw. der Türkei, Kirgisien und im südlichen Bengalen gehalten wird. Eine im Tibetgebiet (Nordindien und China) noch wild lebende Art ist als „Tibetziege" bekannt.

Das Haarkleid der Kaschmirziege besteht aus gröberen Grannen und den feinen Unterhaaren. Die meist sehr feine und sorgfältig sortierte Flaumwolle unterbietet mit sieben bis 26 Mikrometer noch die

Feinheit feinster Merinowollen, ist glänzend, glatt und sehr haltbar. Die durch Ausraufen oder Kämmen gewonnene Wolle ist weiß, grau oder braun. Scheren verbietet sich wegen der Witterungsunbilden. Die Ausbeute beträgt so je Tier und Jahr nur etwa drei- bis vierhundert Gramm, was auch den hohen Preis erklärt.

Die circa vier bis 13 Zentimeter langen und steifen Grannenhaare werden gern zur Herstellung von groben Stoffen verwendet. Die sehr feinen Wollhaare dagegen – die nach der ersten Wollreinigung nur etwa zehn Prozent der Rohwolle ausmachen – ergeben vor allem leichte Schals, feine Damenartikel und dünne Garne für Strick- und Wirkwaren.

Die Elastizität der Kaschmirwolle ist sprichwörtlich. Sie können Ihren Kaschmirschal ruhig in der Hand zusammendrücken, er knittert nicht. Außerdem ist der „Kaschmir-Ring-Schal" dadurch berühmt, daß er mühelos durch einen Fingerring gezogen werden kann. Allerdings ist Kaschmirwolle gegenüber Säuren und Bakterienbefall empfindlicher als Schafwolle. Ihrer Beliebtheit tut dies keinen Abbruch.

„Kaschmirgewebe" ist inzwischen zu einem allgemeinen Begriff für weiche, leichte und leichtglänzende Wollstoffe geworden, selbst wenn keine eigentliche Kaschmirwolle darin enthalten sein sollte.

Haus- und Mohairziegen

Die Haare unserer in Europa gehaltenen Hausziege sind relativ grob und bis etwa zehn Zentimeter lang, Ziegenbarthaare bis zu 30 Zentimeter und relativ steif. Die Haare der Hausziege sind kaum gekräuselt. Sie werden zu Haargarnen und Haarfilzen verarbeitet und in der Regel aus Fellen gewonnen, da die Ziegenschur bei uns nicht üblich ist.

Die Mohair- oder Angoraziege liefert die als Handelsnamen bekannte Mohairwolle, wobei man, um Verwechslungen mit den Haaren der Angora-Kaninchen zu vermeiden, bei dieser Ziegenwolle grundsätzlich den Begriff „Wolle" verwendet und nicht von „Haar" spricht. Mohair-Ziegen stammen aus dem asiatischen Hochland (bis tausend Meter Höhe), werden aber heute auch in Amerika, in der Kapprovinz von Südafrika und Südeuropa gehalten. Wegen der meist kargen Nahrung liefert ein Tier in asiatischen Regionen nur etwa 1,5

Kilogramm Wolle im Jahr, in Südafrika etwa das Dreifache, allerdings bei geringerer Qualität. Mohairziegen werden wie Schafe geschoren.

Ihr seidig glänzendes, schlichtes und damit kaum gekräuseltes Haar in den Farbtönen gelbliches Weiß, Grau und Schwarz wird bis dreißig Zentimeter lang. Es hat die Feinheit der mittleren bis gröberen Crossbredwolle, von 15 bis 90 Mikrometer schwankend, ist aber glänzender und steifer als jene. Es kann nicht gewalkt werden, eignet sich jedoch hervorragend für Plüsch- und Kleiderstoffe, Effekt- und Mischgarn, beispielsweise für Damenmäntel, aber auch als Wollgarn für Stoffe, Decken, Teppiche, Futterstoffe und Lüsterjacken.

Angora-Ziegen, -Kaninchen, -Katzen und -Schafe
„Angora", der frühere Name der türkischen Hauptstadt Ankara, hat den dort weitverbreiteten echten Angora-Mohair-Ziegen ihren Namen gegeben. Außer Angora-Kaninchen und Angora-Katzen gibt es englische Angora-Schafe, über deren Bedeutung als Wollieferanten jedoch keine näheren Angaben vorliegen.

Unter Angorahaaren verstehen wir die bis zu dreimal im Jahr durch Auskämmen oder Scheren gewonnenen Haare von Angora-Kaninchen, die in fast allen europäischen Ländern, in Nordamerika und einigen asiatischen Ländern gezüchtet und gehalten werden. Sie liefern bis zu fünfhundert Gramm Wolle je Tier und Jahr. Die Unterhaare sind sehr fein, seidenartig glänzend, weich, pelzartig und bis zu sieben Zentimeter lang. Sie werden zu verschiedenen Strick- und Wirkwaren, aber auch zu Geweben für Kleider- und Mantelstoffe verarbeitet.

Ulrich Bauer, Deizisau, bezeichnet dieses Kaninchen als „Schaf des kleinen Mannes". Er verarbeitet als derzeit (1990) wohl einziger Anbieter Angorawolle noch ohne synthetische Beimengungen.

Das weiße Haar des Angora-Kaninchens und die Wolle der Angora-Ziege sind durch die bei natürlicher Haltung hohlen Wollfasern sehr leicht und warm. Wegen des dadurch möglichen Wärmerückhaltevermögens sind sie speziell als rheumalindernde „Angorawäsche" bekannt geworden. Die Hauptexportländer für Angorawolle sind derzeit die Volksrepublik China und die Tschechoslowakei. Die chinesische Produktion wird – bei über vier Millionen Angoraziegen – auf rund zweitausend Tonnen pro Jahr geschätzt. Außerhalb Chinas werden höchstens dreihundert Tonnen erzeugt. Der Verbrauch an

Angorawolle in der Bundesrepublik dürfte sich knapp unter zweihundert Tonnen im Jahr bewegen. Hauptverwendung finden gröbere Garne, die im Gesundheitswäschesektor gefragt sind. Der Verein der Angora-Feinstgarnverarbeiter bemüht sich jedoch, mit neuen Markennamen (wie „Angostar") das Rheuma- und Krankenschein-Image zu beseitigen. Dabei scheut er sich keineswegs, Angora auch als Mischgewebe nicht nur mit Schaf- oder Baumwolle, sondern auch mit Synthetikfasern „anzureichern"; auch im Sportkleidungssektor. Nicht nur die Olympiamannschaft der USA soll angeblich Angorawäsche tragen. Ob schmerzlindernde „Heilwäsche" nun prophylaktisch und ständig getragen werden sollte oder nicht, darüber gehen die Meinungen von Kennern erheblich auseinander.

Von Kamelen und Lamas
Die Familie der Kamele (Camelidae) läßt sich in vier Arten unterteilen: einerseits in die typischen Kamele wie Dromedar und Trampeltier in Asien und andererseits die Lama-Arten Vikunja, Guanako, Alpaka und Lama, die aus Südamerika stammen.

Vikunja: Das Vikunja, das zierlichste Tier aus dieser Gruppe, ist nur etwa achtzig Zentimeter hoch und liefert die feinste der Kamelwollen, allerdings nur etwa dreihundert Gramm im Jahr. Seit 1963 ist es geschützt und wird so vor der Ausrottung bewahrt. Es lebt in den Anden, vor allem in Peru.

Guanacos: Die Guanacos (oder Huanacos, Lama guanicoe) bildeten einst die Existenzgrundlage einiger seßhafter Indianerstämme. Heute sind noch etwa eine halbe Million Exemplare zu finden, hauptsächlich in Argentinien. Sie bevorzugen das Flachland und Höhen bis dreitausend Meter. Ihre Haare sind von mittlerer Qualität und haben nur örtliche Bedeutung. Auf dem Handelsplatz in Buenos Aires erscheinen von ihnen heute mehr Felle als Wolle.

Alpakas: Die Wolle des Alpakas (Lama pacos) ist überwiegend weiß, grau oder braun. Sie besteht aus der feineren und wertvolleren, seidig glänzenden Unterwolle (Flaum) von fünf bis fünfzehn Zentimetern Länge sowie den bis zu dreißig Zentimetern langen Grannen- oder Deckhaaren. Diese sind gröber und weniger elastisch und gelten als minderwertig. Sie kommen daher kaum in den Handel, sondern werden meist schon im Erzeugungsgebiet zu Teppichen und Säcken verarbeitet. Die leicht gewellten, sehr feinen Unterhaare sind als

Spinnmaterial geschätzt und werden zu Garnen, Geweben und Effektmaterial verarbeitet. Heute leben etwa vier Millionen Alpakas im Andenhochland Südamerikas, vor allem in Peru.

Lama: Das Lama (Lama glama) liefert die gröbste Wolle, langstapelig, in verschiedenen Farben und bis zu drei Kilogramm im Jahr. Lamahaar wird hierzulande meist zu Decken, in den südamerikanischen Staaten heute noch zu handgewobenen Kleiderstoffen und Teppichen verarbeitet. Seine Heimat sind die Höhen von zwei- bis viertausend Metern, vor allem in Bolivien, sodann Peru und vereinzelt noch Argentinien.

Die „richtigen" Kamele kommen aus dem Osten

Die etwa zwei Meter hohen und rund drei Meter langen „richtigen" Kamele, so wie wir sie aus Zoo oder Zirkus kennen, kommen aus Asien, vor allem China, aber auch aus der Sowjetunion. Dabei ist das einhöckerige Dromedar (Camelus dromedarius) mehr im flachen Land, in Vorderasien, Afrika und vor allem im arabischen Kulturraum zu Hause.

Das zweihöckerige Kamel (Camelus ferus) wird selbst von Brehm als Trampeltier bezeichnet und ist mehr in Ost- und Mittelasien beheimatet. Seine Wolle ist wertvoller; da es mehr Kälte verträgt, wird es auch noch in höheren Regionen gehalten. Ein Kamel liefert drei bis vier Kilogramm Haare (Wolle) im Jahr. Aus der Volksrepublik China kommen die bestsortierten Kamelhaarlieferungen. Das Haar neigt wenig zum Filzen und knittert kaum. Das Kamel wird nicht geschoren, sondern die Treiber sammeln die herabfallenden Wollbüschel auf.

Aber es ist nicht alles wirklich Kamelhaar, was landläufig so genannt wird. „Kamelhaar" ist ein Stoffartbegriff geworden, der nicht vor Imitationen gefeit ist. Wer aber auf den Zusatz „Schurwolle" achtet, hat grundsätzlich die Garantie für schurfrisches, echtes Tierhaar.

Unter Kamelhaar versteht man die meist hellbraunen (gelegentlich auch grauen) vier bis sechs Zentimeter langen, leicht welligen feinen Flaumhaare und die dunkelbraunen bis schwarzen, gröberen, bis fünfzehn Zentimeter langen Deck- oder Grannenhaare.

Die feine Grund- oder Flaumwolle wird meist zu Kammgarn verarbeitet, aber auch als Handstrickgarn und für Kleiderstoffe gern genommen. Weitere Verwendungsbereiche sind feinere Schlafdecken,

Schuhstoffe und Loden. Kamelhaarmäntel und -decken sind bekannt und berühmt, weil sie leicht sind, sehr gut wärmen und überdies nicht filzen.

Die gröberen Grannenhaare gehen in Wollfilze, grobe Decken und wärmende Hausschuhe, zum Teil auch in die Treibriemenindustrie.

Roßhaar

Roßhaarmatratzen sind ein Begriff – aber teuer und schwer, werden manche Benutzer ergänzen. Roßhaar wird von Mähne und Schweifhaar der Pferde gewonnen. Roßhaar ist besonders stark und drahtig, achtzig bis vierhundert Mikrometer dick und sehr verschieden lang. Meist ist es glatt, die Mähne mancher Rassen allerdings leicht bis stärker gewellt. Weil dies für die „Springlebendigkeit" im Matratzenkern nicht ausreicht, bekommen sie nachträglich maschinell den richtigen Drall. Die von Gerbereien gelieferten Fell-Haare (vom toten Tier) lassen sich zu Haargarnen verspinnen.

Roßhaar ist eine Eiweißfaser, wie alle Woll- und Haarfasern von Tieren. Die Vorliebe für „Roßhaarmatratzen" (denen angeblich bis zu siebzig Prozent Kuhhaare beigemengt sein dürfen) liegt an ihrer Festigkeit und Elastizität – Matratzen mit diesem Kern legen sich kaum durch und bleiben in Form.

Haare von verschiedenen Tieren

Kuh- und Kälberhaare werden nur in Gerbereien gewonnen, und zwar durch Raufen. Sie sind den Grannenhaaren des Kamels ähnlich, jedoch größer im Durchmesser, ein bis vier Zentimeter lang und etwa zwanzig Mikrometer dick. Sie werden zu groben Decken (Woilachs), Filzen, Haargarnteppichen und Fußabstreifern verarbeitet.

Die Wolle des außergewöhnlich langhaarigen tibetanischen Grunzochsen Yak (Jak) spielt in Europa bislang kaum eine Rolle. Er ist in den Hochebenen seiner Heimat als Last-, Reit-, Milch- und Wollrind unentbehrlich.

Kaninchen- und Hasenhaare werden durch Scheren oder Kämmen, neuerdings auch durch biologische Enthaarungsverfahren von Fellen gewonnen (letzteres betrifft vor allem die Feld-, Wiesen- und Stallhasen, nicht das bereits genannte Angorakaninchen). Das ein bis drei Zentimeter lange, etwa 12 bis 14 Mikrometer dünne Flaumhaar ist sehr fein, seidig, leicht und geschmeidig. Die Grannen- und Deckhaare sind steif und länger. Diese Haare werden, ebenso wie Katzenhaare, nahezu ausschließlich zur Filz- und Hutfabrikation, gelegentlich auch zu Polsterzwecken verwendet. Sie filzen jedoch erst nach einer Beize.

Gern hätte ich dem Katzenhaar oder Katzenfell ein paar Zeilen mehr gewidmet, doch war darüber wenig zu erfahren. Wie weit Katzenhaare mit den traditionell als „rheumalindernd" geltenden Angorahaaren Gemeinsamkeiten haben, kann ich derzeit nicht beurteilen. Auch lebenden Katzen sagt man ja in dieser Hinsicht eine „heilende" (zumindest wärmende) Wirkung nach.

Menschenhaare für Menschenkleidung?

Menschenhaare werden – außer zu Perücken – wenn überhaupt, dann in der Regel zusammen mit Schafwolle, Kuh- oder Ziegenhaaren zu Haargarn verarbeitet. Im Vergleich mit Tierhaaren ähnelt es am ehesten dem der Ziege.

Wenn ich davon ausgehe, daß jeder Mensch die seinem Typ und seiner Wesensart entsprechend „richtigen Haare" haben müßte, liegt der Gedanke nicht fern, daß seine Haare eigentlich auch als seine Kleidung optimal sein müßten.

Mit Sicherheit haben sie die richtige feinstoffliche Schwingung, nämlich „seine"! Wenn sich aber jemand selbst nicht leiden mag, kann es zunächst schwer sein, neben der eigenen Haut nun auch noch die eigenen Haare zu Markte zu tragen...

Aus Köln bekam ich eine sehr originelle Zuschrift. Die Absenderin schilderte mir, wie sie direkt nach dem Kriege aus Mangel an Schafwolle notgedrungen langes Menschenhaar von vielen Verwandten versponnen hatte. Weil es meist sehr dünn war, überdrehte es leicht, weshalb sie es mit etwas kürzeren Hundehaaren mischte. Daraus sind einige Kleidungsstücke entstanden.

Unerfindlich ist mir, warum man eigentlich nicht selbst das eigene Haar sammelt und, vorsichtig gewaschen, dem eigenen Kopfkissen einverleibt. Das eigene Haar müßte für jeden Menschen doch eigentlich das verträglichste und idealste Ruhekissen sein, weil es arteigener gar nicht sein kann. Es sei denn, es ist durch Chemikalien, künstliche Farben und Färben so schlecht behandelt worden, daß es für solche Zwecke unbrauchbar wurde. Sodann muß man sich aber fragen lassen: „Und so etwas tragen Sie über Jahre, tags wie nachts, auf dem eigenen Kopf?"

Schurwolle
Schafwolle wird auf verschiedene Arten gewonnen. Sie sollten die unterschiedlichen Möglichkeiten kennen, um die Wollqualität besser beurteilen zu können.

Die normale Art der Wollgewinnung ist die Schur, das heißt das Abschneiden beziehungsweise Scheren der Wollhaare vom lebenden Tier. Wer selbst scheren will und kann, sollte darauf achten, daß die Haut nicht verletzt wird und daß das Vlies zur leichteren Sortierung zusammenhält. Der Arbeitsplatz muß sauber gehalten werden, damit die Wolle nicht zusätzlich verschmutzt. Nach dem Scheren wird das Vlies meist so „berissen", daß die Vorder- und Hinterteile und schließlich die Seitenteile nach innen eingeschlagen werden können. Das Ganze kann danach nochmals zusammengefaltet und von hinten aus zusammengerollt werden.

Schafschurtips vom Hobby-Schäfer
Zur Schafschur gab mir Hobby-Schäfer Dietrich Mozen aus Schnega ein paar wertvolle Tips:
- Schafe werden geschoren, wenn die Wolle „reif" und trocken ist. Regennasse Schafe sollte man vor der Schur besser „trockenhüten".
- Vor den Eisheiligen im Mai wird grundsätzlich nicht geschoren. Schließlich stehen die Tiere plötzlich unbekleidet da und sollen draußen bleiben!
- Will man möglichst saubere Wolle gewinnen, kann man die Schafe mindestens vierzehn Tage vor der Schur baden (höchstens handwarm und ohne alle chemischen Zusätze!), so daß sie danach noch ausreichend neues Wollfett in das Haarkleid abgeben können. Gerade das macht ja die Rohwolle so wertvoll und heilsam.
- Scheren will gelernt und gekonnt sein, damit es zügig geht, die Tiere nicht mehr behindert werden als nötig und Verletzungen vermieden werden. Also: Zuschauen, wie es richtig gemacht wird, dann unter Anleitung probieren und schließlich lernen, es richtig zu machen.

○ Frisch geschorene Wolle sollte zunächst auslüften, damit die Körperwärme abgehen kann. Trocken sollte sie ohnehin sein, sonst muß sie nachgetrocknet werden, bevor sie, als ganzes Vlies oder nach Qualität sortiert und von groben Verunreinigungen (Kletten, Stroh usw.) befreit, in luftig lockere Jutesäcke oder in Wellpappe-Kartons mit Luftlöchern (nicht in Plastiktüten!) eingepackt und trocken gelagert wird. Wolle muß sauber sein, wenn sie aufbewahrt und versponnen werden soll.
○ Dank des Wollschweißes und Wollfettes gehen vorerst keine Motten in die Rohwolle! Vielleicht hält sie der noch frische Tiergeruch ab. Trotzdem sollte die Wolle im gleichen Jahr verarbeitet werden. Wenn sie auch nicht ranzig wird, so wird sie durch langes Lagern doch nicht wertvoller. Wer zuviel Wolle hat und abgeben möchte, sollte sich an die „Grünen Läden" oder die amtlichen Wollsammelstellen der Deutschen Wollverwertung wenden, auch wenn der Erlös leider relativ bescheiden ausfällt.

Das gewickelte Vlies präsentiert dem Beschauer seine beste Partie, die Wolle der Schultern. So vorbereitet, werden sie im kommerziellen Bereich nach dem Erkalten in Ballen gepreßt und verkauft.

Wolle frisch ab Hof
Nun hat nicht jeder Naturwollinteressierte die Möglichkeit und den Willen, sich selbst ein Schaf zu halten. Zum Glück gibt es mittlerweile eine ausreichende Zahl von Anbietern, bei denen man naturbelassene Schafwolle beziehen kann. Ein Beispiel von vielen: Die Schäfereigenossenschaft Finkhof in Arnach bei Bad Wurzach/Allgäu bietet ein breites Sortiment an selbst erzeugten Wollwaren an. Auf dem Finkhof leben rund 30 Menschen zusammen, hüten die große Schafherde und verkaufen (neben Schaffleisch) pflanzengefärbte Strickwolle, Roh-Schweißwolle als Heilwolle, Wollfett, Webwolle, kardierte Schafwolle, ganze Wollvliese, naturgegerbte Schaffelle noch mit Wollfett (nicht waschbare alaungegerbte und die waschbaren chromgegerbten), außerdem Web- und Strickzubehör bis hin zum Spinnrad.

Haut- und Gerberwollen
In Gerbereien fallen bei der Bearbeitung der Schaffelle große Materialmengen an. Sie werden meist als Hautwollen bezeichnet. Je nach

Art des Arbeitsverfahrens ist ihre Qualität einwandfrei bis gering. Die gebräuchlichsten Entwollungsmethoden sind:
- Scheren der Felle, was nur selten üblich ist. Zur Entfernung der verbliebenen Haarstümpfe wäre ein zweites Entwollungsverfahren notwendig, das sehr schwierig durchzuführen wäre.
- Beim Schwödeverfahren, das in der Regel angewandt wird, weicht man die eingesalzenen, trockenen Felle in Wasser auf und bestreicht dann die Fleischseite mit einer Kalk-Schwefelnatrium-Suspension von zähflüssiger Beschaffenheit (Schwöde). Dadurch werden die Haare lockerer und können auf der Haarseite entfernt werden.
- Das Schwitzverfahren wird ebenfalls durch das Einweichen der Felle eingeleitet. Nach der Vorreinigung erfolgt das Schwitzen in dunklen, heißen Räumen. Nach etwa 24 Stunden ist die Haut so weit aufgelockert, daß Haarlässigkeit eintritt. Die Mazamet-Wollen aus Südfrankreich werden so gewonnen.
- Gerber- und Kalkwollen werden durch Äschern mit einer konzentrierten wäßrigen Lösung von Ätzkalk gewonnen. Vielfach pflegt man dem Äscher noch Natriumsulfid (früher häufiger auch Arsenik) zum „Anschärfen" beizugeben. Das Fell verbleibt etwa zwei Tage in diesem stark alkalischen Bad. Ist die Haarlässigkeit eingetreten, werden die praktischen Entwollungsarbeiten durchgeführt.

Nach Ansicht der Fachleute ist eine ausgesprochene Schädigung des Wollmaterials lediglich beim Äschern zu befürchten, weil das Haar hierbei direkt mit Chemikalien in Berührung kommt. Kalkwollen haben daher ein stumpfes Aussehen und sind nicht so reißfest und dehnbar. Außerdem sind sie recht barsch im Griff, weil meist Kalkreste in der Wolle zurückbleiben.

Den häufig vorgebrachten Einwand, daß Hautwollen „tot" sein müßten, weil sie erst nach dem Tod des Tieres gewonnen werden, kontern Wollkenner mit folgendem Argument: Genaugenommen müßte man jedes natürlich gewachsene Haar als „biologisch abgestorben" betrachten. Das ausgewachsene und verhornte Haar, das die Epidermis verlassen hat, könne auch bei lebenden Tieren nicht mehr von der Wurzel mit Nahrung versorgt werden.

Andere behaupten, daß die Kräuselung und damit die Elastizität des Wollhaares nur bei Haaren von lebenden Schafen so stark sei.

Wir müssen die Frage im Augenblick offenlassen. Es fehlen einfach fachgerechte und neutrale Untersuchungen darüber, wie sich beispielsweise Schafwollhaare verhalten, wenn sie vom lebenden Tier gewonnen wurden, von einem verendeten Schaf oder von einem geschlachteten Tier stammen.

Wolle von verendeten, natürlich gestorbenen Tieren soll wertlos und für die weitere Verarbeitung untauglich sein. Wenn dies zutrifft, was Tierhalter immer wieder versichern, dann kann die Wolle von geschlachteten Tieren nur deshalb relativ „besser" sein, weil sie zu einem Zeitpunkt gewonnen wird, bei dem das Tier noch seine volle Lebenskraft und Vitalität hatte. Ob sie auch die Qualität von Schurwolle erreicht? Und die psychologisch ethische Seite des Tötens?

Allerdings kommen wir damit schon in den Bereich der Tierhäute, Felle und Pelzwaren, der bei der Bekleidung gesondert behandelt werden soll.

Kleidung aus Lumpen
Es ist bekannt, daß man aus gebrauchten textilen Geweben und Gewirken erneut Stoffe und Garne herstellt. Offenbar ist vor allem die Wolle als Ursprungsmaterial so wertvoll, daß solche Verarbeitungs- und Aufbereitungs-Techniken vordergründig zu lohnen scheinen. Wenn Sie mich fragen, so möchte ich nicht ohne wirkliche Not Kleidung aus Lumpen tragen. Wer weiß, was die früheren Besitzer darin schon alles erlebt, erlitten und an die Kleidung abgegeben haben. „Das bleibt nicht im Anzug stecken" – ein alter Spruch, der das Gegenteil meint. Ich gehe davon aus, daß in Wirklichkeit immer mehr im Anzug stecken bleibt, als man weiß und als alle „Weiß-Macher" der Welt einem ausreden möchten.

Für mein persönliches Empfinden ist es ein fundamentaler Unterschied, ob man Altpapier zu Neupapier aufbereitet oder ob man die von fremden Menschen getragene, durchschwitzte und mit allen waschbaren und unwaschbaren Stoffen durchtränkte Bekleidung anzieht – nach welchen radikalen technischen Zerreiß- und chemischen Aufbereitungsmethoden auch immer. Dabei darf so aufbereitete „Reißwolle" immer noch als Schafwolle, allerdings nicht mehr als Schurwolle bezeichnet werden.

Seide

Sie hängt an einem seidenen Faden, die Geschichte der Seide, die über Jahrtausende vom Fernen Osten bis Europa und neuerdings sogar bis Südamerika gesponnen werden kann. Warum es gerade ein „seidener" Faden ist, an dem im Volksmund so manches hängt? Vielleicht, weil er von Natur aus so dünn ist? Oder weil er im Verhältnis zu seiner Dünne der stärkste Naturfaden ist, wie Kenner im Vergleich festgestellt haben? Sei's drum.
Die Geschichte der Seide, des edelsten Naturfadens, beginnt mit einer Sage, in der wohl mehr als ein Körnchen Wahrheit steckt...

Im alten China
Vor rund fünftausend Jahren ging die chinesische Kaiserin Si Ling Chi mit ihren Hofdamen in ihren Gärten spazieren. Am Fuße eines Maulbeerbaumes ruhte sie vom langen Weg aus. Ihre geschulte Beobachtungsgabe und ihr asiatisch tiefgründiges Empfinden, das den Symbolgehalt der Dinge wahrnahm, ließ sie auch dort manches erkennen und beobachten.

So sah sie über sich eine Raupe, die sich behende und unbeirrbar in einen glänzenden Faden einzuhüllen begann. Ihr gefiel das Lichtgespinst sehr wohl, und sie dachte, wie schön es doch sein müsse, sich selbst in ein Gewand aus solch luftigem und schimmerdem Gewebe einzuhüllen. So ließ sie ihre eifrigen Dienerinnen diesen und weitere Kokons einsammeln. Bald fanden sie den Anfang des Fadens, haspelten ihn ab und woben kaiserliche Gewänder daraus. Man pflanzte mehr Maulbeerbäume an und züchtete die Seidenraupen in den ausgedehnten Gärten. Die Kaiserin und viele ihrer Nachfolgerinnen wurden Schutzpatroninnen der Seidenraupen. Man hütete das Geheimnis der Seidenerzeugung jahrtausendelang sorgfältig und mit großer Strenge.

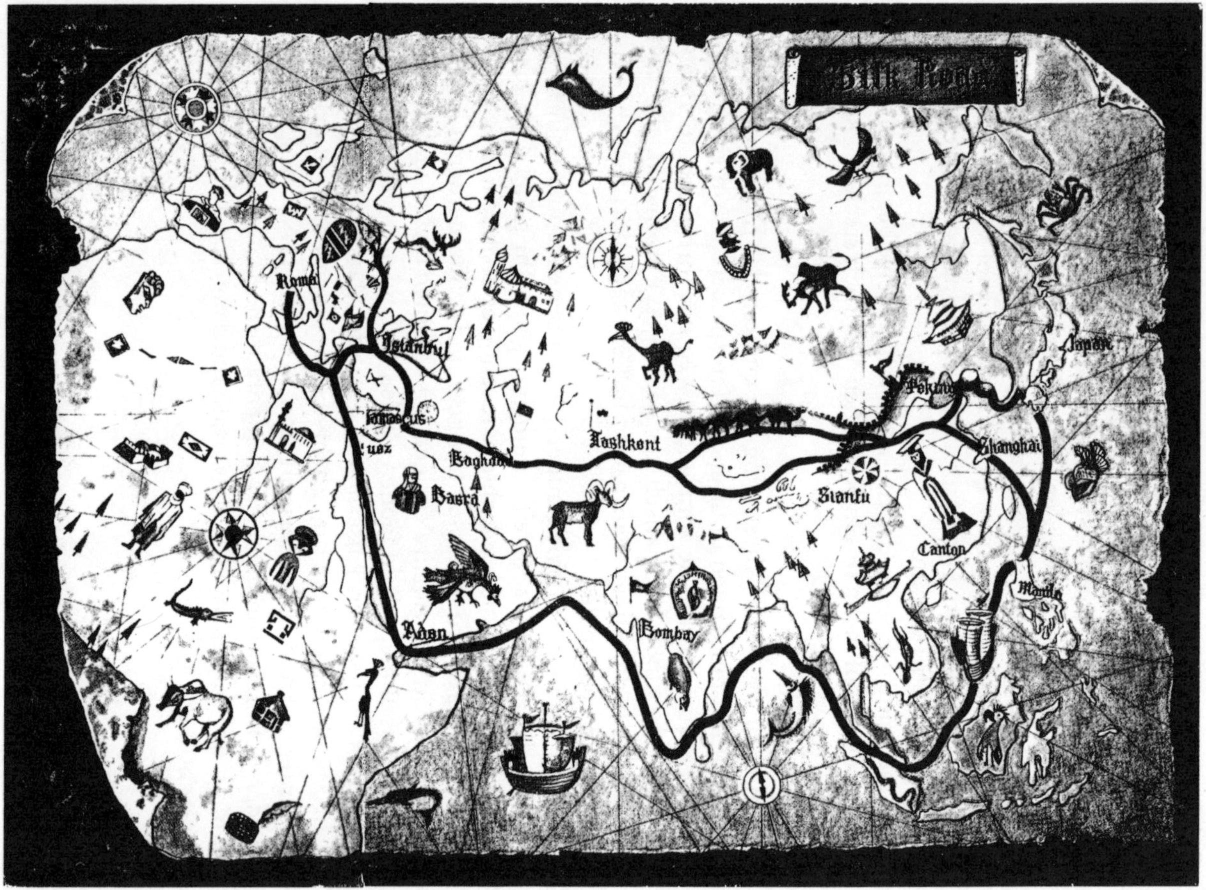

Abb. 7: Die Seidenstraße – von Changan bis Byzanz

Die Seidenstraße – von Changan bis Byzanz
Rund fünfhundert Jahre vor Christi Geburt wurde die Seide über Tibet und Kleinasien in den westlichen Kulturkreis eingeführt. Der griechische Philosoph Aristoteles (384 bis 322 v. Chr.) berichtete als erster eingehend über sie. Allmählich entwickelte sich die „Seidenstraße", die von der chinesischen Seidenstadt Changan sechstausend Meilen nach Westen führte – bis zum nordöstlichen Mittelmeer, nach Byzanz, und schließlich nach Rom. Die Karawanen mußten dabei weite Wüsten durchqueren und hohe Berge überwinden. Diese Handelsstraße spielte eine bedeutende Rolle. Erst als im 15. und 16. Jahrhundert der Schiffsverkehr regelmäßiger international einsetzte, verlor die Seidenstraße mehr und mehr ihre Bedeutung. Umschlagplätze und Handelsorte am Wege wurden unwichtig und versanken im Sand.

Bis jetzt war nur von der fertigen Seide die Rede, die in aller Regel erst als Gewebe transportiert, gehandelt und erworben wurde. Diese Seide aus China war zunächst nur für Kaiserhöfe und Fürstentümer erreichbar und erschwinglich. Sie war wertvoll wie Gold. Das wird auch der Grund gewesen sein, weshalb der oströmische Kaiser Justinian um 550 n. Chr. Forscher auf „Seiden-Gold-Suche" schickte. Sie sollten die hochentwickelte asiatische Seidenkultur auskundschaften. Und in der Tat gelang es ihnen nicht nur, wesentliche Einzelheiten über Anbau, Aufzucht, Pflege und Seidenverarbeitung zu erfahren – in hohen Bambus-Pilgerstäben versteckt, brachten sie überdies die Brut des klassischen Maulbeerspinners zu ihrem Herrscher und damit nach Europa.

In den folgenden Jahrhunderten breitete sich die Seidenraupenzucht besonders stark im Mittelmeerraum aus: in Nordafrika und Spanien durch die Araber, in der Poebene Norditaliens und unter Heinrich IV. auch in der Provence.

Maulbeerplantagen in Deutschland
In Bayern begann die Seidenraupenzucht nachweislich um 1670. Auch in anderen Landstrichen verbreitete sich um diese Zeit diese neue Erwerbsquelle, unter anderem in der Pfalz, wo seinerzeit achtzigtausend Maulbeerbäume gepflanzt wurden.

Während Friedrich der Große (1740 bis 1786) den Baumwoll-Import nach Preußen rigoros zu unterbinden versuchte, um den einheimischen Woll- und Leinenwebern keine Konkurrenz erwachsen zu lassen, öffnete er dem Seidenanbau Herz und Land. Er zahlte sogar staatliche Prämien zur Förderung und ließ selbst Maulbeerplantagen anlegen. Schon 1795 konnte Preußen, bei einer Rekordernte von vierzehntausend Pfund Grège (gehaspeltes Seidengarn aus drei bis acht Kokonfäden, nur durch den Seidenleim zusammengehalten), bereits ein Drittel seines Seidenbedarfs aus heimischer Produktion sicherstellen. Daran ist aber auch erkennbar, daß der Seidenanbau politisch abhängig war. Der Seidenbedarf und -verbrauch blieb dagegen vor allem eine Wohlstandsfrage. Die Nachfolger des Alten Fritz wollten nicht mehr soviel von der Seide wissen. Erst in den zwanziger Jahren dieses Jahrhunderts lebten Seidenanbau und -verarbeitung erneut in Deutschland auf.

Celle, am Rande der Lüneburger Heide, wurde durch die Einrichtung eines Seidenverarbeitungswerkes, genannt „Spinnhütte", als deutsche „Seidenstadt" bekannt, dies soweit es Produktion und Verarbeitung betraf. Krefeld am Niederrhein machte sich später durch Import und Handel ebenfalls einen Namen als Seidenstadt. Noch vor wenigen Jahren gab es in Celle eine Maulbeerallee aus den Zeiten Friedrich des Großen.

In den dreißiger Jahren waren es wieder politische Gründe, die dem Seidenanbau zusätzliche Impulse gaben. Die militärische Aufrüstung führte zu einem steigenden Bedarf an Fallschirmseide, Fliegerbekleidung und ähnlichem. Celle wurde die Metropole für eine zentrale Kokon-Verarbeitung. Die dort untergebrachte Reichsforschungsanstalt für Kleintierzucht betreute im damaligen Reichsgebiet viele örtliche Seidenbauern und deren Ortsgruppen.

Nach dem Kriege wurde diese fachliche Tradition zunächst fortgesetzt. So konnte der bekannte Zoologe Dr. Robert Gleichauf mit seinem „Celler Weiß-Spinner" beachtliche Zuchterfolge erzielen. Die Kokons hatten – dank spezieller Auslese-Zuchtverfahren – eine respektable Fadenlänge, hochwertige Qualität und verhältnismäßig wenig Seidenleim, so daß sie sich leichter abhaspeln ließen.

Japan-Seide
Den historischen Rückblick auf die Seidenraupenzucht im allgemeinen möchte ich mit einem Hinweis auf die weltweite Entwicklung bis heute abschließen: Mitte des zweiten Jahrhunderts nach Christus

kam die Seide, wie viele chinesische Errungenschaften, über Korea nach Japan. Im fünften Jahrhundert wurden die Seidenraupen in diesem Inselreich eingeführt. Kaiser und Adelsklasse, aber auch das Volk beschäftigten sich nachhaltig mit Seidenraupenzucht und deren Verbreitung. 1868 wurde im Rahmen der allgemeinen Industrialisierung eine regelrechte Seidenindustrie eingeführt, die Japan bis 1913 zu einem der wichtigsten Weltseidenlieferanten aufsteigen ließ.

Heute sind China, Japan, Korea, Pakistan und Indien führend. Neuerdings haben auch Südafrika, Brasilien, Thailand und die südliche Sowjetunion die Seidenerzeugung verstärkt. Diese Regionen sind jetzt dabei, alte und neue Märkte zu erobern.

In Europa spielt der Seidenanbau keine nennenswerte Rolle mehr. Trotzdem wird er, wegen Frankreich und Spanien, in der Europäischen Gemeinschaft berücksichtigt – übrigens im Referat „Pflanzliche Erzeugnisse", obwohl Seide ein Tiereiweißfaden ist!

Verschiedene Spinn-Tiere
Man glaubt zunächst kaum, daß es so viele „Spinner" im Tierreich gibt. Seidenfäden im weitesten Sinne sind eine lebendige Substanz, die aus Tierkörpern hervorgeht und an der Luft erstarrt.

In den warmen Meeren des Südens leben gesellig Steckmuscheln der Sippe „Pinna". Sie erreichen Längen bis zu einem halben Meter. Diese Muscheln sondern Byssus ab, einen schwarzbraunen Seidenfaden, der in Süditalien vor allem in Geflechten, Stickereien und auch Geweben verarbeitet wird. Auch die echten Perl- und Miesmuscheln haben Spinndrüsen.

Vergleichbares gibt es auch bei Spinnen, deren kunstvolle Fäden wir hierzulande kaum als wertvoll, eher als lästig empfinden – obwohl sie schön und in jedem Falle interessant sind! Die Kreuzspinne (Aranea diadema) spinnt einen Kokon, der so wertvolle Fäden birgt, daß diese lange Zeit für die „Fadenkreuze" in optisch-nautischen Instrumenten eingesetzt wurden.

Außer spinnenden Ameisen und Tausendfüßlern gibt es die verschiedensten spinnenden Schmetterlinge und Falter, wie Prozessionsspinner, Weißlinge und Gespinstmotten.

Wenden wir uns nun den bekannten klassischen Seidenspinnern zu. Sie durchleben alle eine Metamorphose, daß heißt eine Umwandlung vom Ei zur Raupe, zur Puppe, zum Falter und schließlich wie-

der zum Ei. Ansonsten unterscheiden sie sich durch recht verschiedene Arteigenheiten. Von Fachleuten werden sie in zwei große Klassen eingeteilt:
○ die stark gezüchteten, mottenähnlichen „Maulbeerspinner" (Bombyx mori)
○ die Familie der Nachtpfauenaugen (Saturniidae)
Zunächst zu den ersteren.

Zuchtseide vom Maulbeerspinner
Dieser Spinner spinnt natürlich keine Maulbeeren ein, sondern lebt als Raupe von den jungen Blättern und später von den beblätterten Zweigen des ursprünglich aus Ostasien stammenden weißen Maulbeerstrauches (Morus alba). Er muß davon beträchtliche Mengen verzehren, wenn der Seidenertrag gut sein soll. Aus Japan wird berichtet, daß man jetzt ein Fertigfutter entwickelt hat, das erstmals nach Jahrtausenden eine andere, wohl rationellere (aber auch biologisch bessere?) Ernährung des Falters ermöglichen soll.

Der Maulbeerspinner ist ein kleiner graubeigefarbener Schmetterling, der genaugenommen zu den Nachtfaltern zählt. Seine Flügelspanne beträgt vier bis fünf Zentimeter (siehe Farbtafeln). Die Kokons liefern die sogenannte „reine Naturseide" oder „Maulbeerseide".

Der Maulbeerspinner existiert inzwischen in einer großen Anzahl von Rassen, die aus gezielten Züchtungen bzw. zufälligen Mutationen entstanden sind. Über rund vier Jahrtausende ist er so intensiv gehalten und gezüchtet worden, daß man getrost von einem Haustier sprechen kann. In seiner wilden Stammesform lebt er noch in der Mandschurei und in Japan.

Einer der Hauptunterschiede der verschiedenen Zuchtrassen, der wirtschaftlich bedeutungsvoll ist, ist die Zahl der möglichen Brutfolgen in einem Jahr. Diese können, wie allgemein gehandhabt, durch Staffelung der Brutzeit gelenkt werden. Je nach Entnahme der überwinternden Eier aus dem Kühlschrank kann man bis in den Sommer hinein Räupchen zum Schlüpfen bringen und zwei bis drei Schlupf-Staffeln zeitlich hintereinander legen. Es gibt andere Rassen, die von Natur aus mehrere Generationen in einem Jahr hervorbringen, dann aber oft kleinere Kokons liefern.

Auch die Aufzucht vom Ei bis zum fertigen Kokon variiert zwischen fünfundzwanzig und fünfzig Tagen, je nach Temperaturbedingungen. Wenn das schwarzbehaarte Räupchen aus dem Ei schlüpft, macht es sich sofort an die aufgelegten zarten Blättchen. Es muß fünfmal täglich mit Maulbeerblättern gefüttert werden und vertilgt während der Aufzucht das sieben- bis neuntausendfache seines Geburtsgewichts.

Der Kokon

Das Raupenleben gliedert sich in fünf Entwicklungsstufen, die jeweils mit einer Häutung enden. Nach der fünften Stufe spinnt sich die Raupe ein und bildet einen Kokon. Dabei vollbringt sie eine gewaltige Leistung. Aus zwei Drüsen am Kopf preßt sie einen sich verbindenden Doppelfaden und spinnt daraus zunächst ein Geflecht aus verworrenen Fäden, eine Art Hängematte oder Unterlage, die Flockenseide.

Alsdann entsteht – in rund sechsunddreißig Stunden – durch achterförmige Bewegung des Kopfes das eigentliche Seidengehäuse, der Kokon. Der vollkommen gleichmäßigen Arbeit der Raupe ist es zu danken, daß dieser Kokon eine so regelmäßige ovale Form annimmt.

Die Farbe des Maulbeerspinnerfadens ist weiß oder gelblich, bei den „Gold-Spinnern" fast goldfarben, je nach Herkunft. Im Kokon verwandelt sich die Raupe zur Puppe und erwartet ihre Umwandlung zum Schmetterling. Nach etwa drei Wochen weicht der Schmetterling mit einer ätzenden Drüsenflüssigkeit den Kokon auf, so daß er ausschlüpfen kann. So weit läßt man bei den Zuchtspinnern aber nur die kräftigsten Kokons kommen, die der Nachzucht dienen sollen, denn beim Durchbrechen der Kokonhülle wird das Gespinst an einem Ende des Kokons teilweise zerstört, so daß kein lückenloses Abwickeln des Fadens mehr möglich ist. Deshalb werden die Puppen der Kokons durch Dampf oder Heißluft vorher abgetötet, um den ununterbrochenen Faden gewinnen zu können. Der Einzelfaden der echten Seide ist sehr fein und weist eine Stärke von 1,5 bis vier Denier[*] auf.

---

[*] Die Feinheit von Fasern, Garnen, Seilen usw. wird in Nummern angegeben, beim Denier-System in den (1 den = 1 g/9000 m), beim internationalen Tex-System in tex (1 tex = 1 g/1000 m).

Schappe- und Bouretteseide
Aus den Kokons, aus denen Schmetterlinge geschlüpft sind, gewinnt man Seidenfäden längeren Stapels, die nach dem Schappe-Spinnverfahren (franz. échapper: ausschlüpfen) zu dem als zweitklassig bewerteten Seidengarn versponnen werden.

Die kurzen und wirren Faserteile der innersten und äußeren Umhüllung des Kokons verwertet man verschiedentlich auch als Seidenwatte für Kissen und Polsterfüllungen. In der Regel werden sie aber zusammen mit Seidenfaserabfällen im Schappespinnverfahren zu Bouretteseide verarbeitet. So wird schließlich der Kokon vollständig verwertet.

Einen Faden von ungleichmäßiger Struktur, Doupion genannt, erhält man von Doupion-Kokons, bei denen zwei Seidenraupen gemeinsam einen Kokon gebildet haben – an sich ein Kuriosum, das von Seidenbauern nicht gern gesehen wird.

Nachtfalter dieser Arten leben als Schmetterlinge nur ganze vier Tage, während denen das Weibchen durchschnittlich sechshundert vom Männchen vorsorglich befruchtete Eier legt. Die Falter fressen während ihrer Lebenszeit nicht, sondern leben von dem Fett, das sie als Raupe angesammelt und als Puppe bewahrt haben.
Nun zur zweiten Gruppe der Seidenspinner.

Die Wildseidenspinner (Saturniden)
Die Saturniden zählen zu den schönsten und größten Nachtschmetterlingen der Erde. Sie haben eine Flügelspannweite von bis zu 28 Zentimetern (siehe Farbtafeln). Die Raupen ernähren sich vorwiegend von verschiedenen Laubbaumarten, darunter vom Götterbaum, von verschiedenen Eichen (deshalb auch Eichenspinner genannt), ersatzweise aber auch von den Blättern des Flieders, Ligusters und anderer Sträucher. Die Seide dieser Kokons wird vielfach als „Wildseide" bezeichnet, weil die Gespinste dieser früher wild lebenden Art seinerzeit lediglich aufgesammelt wurden, wenn die Schmetterlinge schon geschlüpft waren. Dadurch war der Seidenfaden mehrfach unterbrochen und wurde gegenüber der Zuchtseide als minderwertiger angesehen. Wildseide ist stärker und mit Seidenbast ausgestattet, was einen unregelmäßigen, eben „naturgegebenen" Seidenfaden mit wechselnder Gewebestruktur ergibt. Diese Unregelmäßigkeit ist heute – nicht nur bei Seide – als rustikale Note sogar teilweise beliebt.

Die Bezeichnung Wildseide trifft heute allerdings kaum noch zu, da auch diese Schmetterlinge in vielen Ländern in Zuchtanlagen gehalten werden. Die Hauptgebiete der Eichenspinner sind tropische und subtropische Regionen in Süd- und Ostasien, auch in Südamerika, Afrika und der Sowjetunion (Ukraine und Krim).

Der größte Spinner in Südeuropa ist das in Österreich und im Mittelmeerraum wildlebende Wiener Nachtpfauenauge. In Deutschland trifft man häufig das Kleine Nachtpfauenauge an, das im Freien wild lebt und dessen Kokon schwer abzuhaspeln ist. Eine wirtschaftliche Nutzung scheidet deshalb aus.

Tussahseide
Bei der Tussahseide, der bekanntesten Wildseidenart, unterscheidet man zwischen indischer und chinesischer Herkunft. Die indische Seide stammt von dem Spinner „Antheraea mylitta". Die Kokons der Raupen sind im Durchschnitt fünfzig Millimeter lang und dreißig Millimeter breit. Wildlebend liefert der Spinner nur eine Kokon-Ernte, gezüchtet können mittlerweile bis zu sechs Generationsfolgen im Jahr erzielt werden. Ein Kokon enthält 1.200 bis 1.400 Meter Seide, wovon ungefähr die Hälfte abgehaspelt werden kann. Der in China lebende Eichenspinner „Antheraea pernyi Guérin" bringt wild und auch gezüchtet immerhin zwei Ernten im Jahr.

Außer diesen beiden Spinnern gibt es noch andere, deren Erzeugnisse der Tussahseide sehr ähnlich sind und die ebenfalls unter dieser Bezeichnung gehandelt werden.

Der Kokonfaden der Tussahseide besteht wie der der Maulbeerspinnerseide aus zwei Elementarfäden. Mikroskopisch sind feine, aber deutliche Längsstreifen mit Verwerfungen und Kreuzungsstellen der beiden Elementarfäden zu erkennen. Die Einzelfäden erscheinen im Querschnitt keilförmig und sind an den Schmalseiten miteinander verklebt.

Die Farbe ist sehr verschieden und hängt von der Nahrung des Spinners ab. Es gibt hellgrüne, hellgraue, dunkelgraue, gelbbraune, dunkelbraune und fast schwarze Tussah. Je mehr gerbstoffhaltige Nahrung die Raupe aufnimmt, desto dunkler wird die Seide.

Rein äußerlich ist die Tussahseide wesentlich ungleichmäßiger, dicker, härter und steifer als die Seide des Maulbeerspinners. Die

Reißlänge beträgt etwa 25 Kilometer, die Dehnung liegt zwischen 15 und 25 Prozent. Tussahseide wird in ähnlicher Form wie die „normale" Seide verarbeitet. Die Tussahgrège wird muliniert, dubliert und gezwirnt und als Trame, Organsin, Kordonett, Nähseide usw. verwendet.

Yamamaiseide
Der in Japan anzutreffende „Antheraea yamamai Guérin" liefert die sehr geschätzte Yamamaiseide. Seine Raupen ernähren sich ebenfalls von Eichenblättern und spinnen einen regelmäßig geformten, gelblich oder grünlich gefärbten Kokon, der 45 bis 50 Millimeter lang, 25 bis 27 Millimeter dick ist und sich leicht abhaspeln läßt. Die Feinheit liegt bei fünf bis sechs Denier.

Mugaseide
Von dem in Indien teils wildlebenden, teils im Freien gezüchteten Spinner „Antheraea assama" erhielt man um die Jahrhundertwende bereits drei bis fünf Ernten im Jahr. Die Mugaseide ist sehr fest und dauerhaft. Die Kokons des Mugaspinners sind grauweiß, oft aber auch gelb oder rot gefärbt.

Während sich die Gespinste der vorgenannten Antheraea-Gruppe abhaspeln lassen, ist dies bei den nachfolgend vorgestellten Wildspinnern nicht der Fall. Hier sind die Kokons auf beiden Seiten offen, so daß es nicht nötig ist, die Schmetterlinge vor dem Schlüpfen abzutöten, und alle Tiere zur Weiterzucht verwendet werden können. Diese Wildspinner-Seide wird fast ausschließlich zu Schappegarnen versponnen.

Eriafaserstoffe
Die Eriafaserstoffe gewinnt man hauptsächlich von den Kokons des Rizinusspinners (Attacus rizini) und denen des Ailanthusspinners (Philosamia cynthia Drury), die in Indien und anderen Ländern Ostasiens teils wild, teils gezüchtet leben. Ihre Kokons sind etwa so groß wie die des Maulbeerspinners, jedoch unförmiger und beidseitig offen. Die Seide ist weiß, orange, rot und braun, je nach Nährpflanzen.

Anaphefaserstoffe aus Nesterseide

Anaphefasern werden von einem in Zentralafrika lebenden Spinner gewonnen, dessen Raupen in „Familien" von mehreren hundert Tieren zusammenleben. Sie spinnen ein gemeinschaftliches Nest, das an den Zweigen befestigt wird und im Durchschnitt etwa zehn bis zwanzig Zentimeter lang, fünf bis zwölf Zentimeter dick und recht schwer sein soll. Dieses Nest besteht aus mehreren Schichten; einer weichen, ziemlich dicken Außenschicht, zehn bis fünfzehn weichen Faserhüllen, die das wertvolle Spinnmaterial darstellen, und einer inneren, aus losem Fasermaterial gebildeten Polsterung. Innerhalb dieser Polsterung liegen oft mehrere hundert dicht aneinandergepackte kleine Kokons, deren Fasern jedoch nicht so häufig verwendet werden. Die Farbe dieser Kokons ist braun bis rotbraun; die Elementarfäden sind sehr fein und haltbar. Die afrikanische Nesterseide ist sehr fein und leicht, gelbbraun gefärbt und schwach glänzend. Auch sie wird zu Schappegarnen verarbeitet.

Die Kokons der Wildseidenspinner

Wildseidenspinner-Kokons sind also grundsätzlich größer als die der Maulbeerspinner und zwischen fünf und sieben Zentimeter lang. Die Farbe wechselt von weiß bis braun. Die Aufzuchtzeit vom Ei bis zum Kokon beträgt dreißig bis siebzig Tage, wobei in den tropischen Gebieten ganzjährig – das heißt mit mehreren Generationsfolgen in einem Jahr – gezüchtet werden kann. Der Einzelfaden hat eine Stärke von fünf bis fünfzehn Denier.

Die chinesische Honanseide kommt übrigens in ihrer Feinheit der Maulbeerseide am nächsten. Der indische Tussah-Spinner liefert dagegen die gröbste Faser.

Die Kokons der Saturniden werden aus ein- bis zweitausend Meter Einzelfäden gebildet. Es ist in der Regel nicht möglich, einen Endlosfaden analog zur Grègeseide abzuhaspeln. Entweder wird von Hand ein strukturiertes Garn abgesponnen oder, häufiger noch, nach vorherigem Entbasten der Kokons – das heißt Entfernen des naturgegebenen Seidenleimes durch alkalisches Abkochen in Seifenlösung – der Faden maschinell versponnen.

Zusammensetzung der Rohseide
Der von der Raupe abgesonderte Spinnfaden besteht im wesentlichen aus Fibroin. Die Oberfläche dieses Doppelfadens ist in der Regel – nach Rasse verschieden – mit mehr oder weniger leimiger Substanz, dem Serecin, umhüllt.

Genau besehen besteht ein „roher" Seidenfaden aus
72,0 bis 81,0 % Fibroin
19,0 bis 28,0 % Serecin
0,5 bis 1,0 % Fett
1,0 bis 1,4 % Farbstoffe und mineralische Substanzen.

Für die Nutzung werden nun gewöhnlich fünf bis sieben Kokonfäden über die Spinnmaschine abgehaspelt und zusammengezwirnt. Durch das vorher erwärmte und nun wieder trocknende Serecin entsteht der gezwirnte Faden der Rohseide. Um ein Kilogramm Seide zu erhalten, müssen bis zu vier Kilogramm roher Kokons fachgerecht aufbereitet werden.

Die Rohseidenfäden werden zu einem Strang mit dem branchenüblich einheitlichen Gewicht von 130 Gramm zusammengedreht. Sechzehn solcher Stränge werden schließlich zu einem sogenannten „Buch" gebündelt und 29 dieser Bücher ergeben einen Sechzig-Kilogramm-Ballen, die internationale Einheit des Welt-Rohseidenhandels.

Die Rohseide wird nun verschiedenen Prüfungsverfahren unterzogen, zuerst der visuellen Prüfung mit dem bloßen Auge, dann werden Gewicht, Länge und Zähigkeit der Rohseide untersucht. Schließlich wird die Dicke des Garns festgestellt und kontrolliert, ob das Garn in gleicher Stärke zusammengezwirnt ist. Vor dem Export werden die Rohseiden besonders eingehend geprüft.

Das Weben des Seidenstoffes
Rohseide wird nach verschiedenen Verfahren verwebt. Die Kettfäden, Längsfäden des Gewebes, werden auf dem Garnbaum aufgewunden und durch Litzen und Kamm gezogen. Die Schüsse, Querfäden des Gewebes, werden auf Schußspulen aufgespult und mit Hilfe des Weberschiffchens eingewebt. Das Prinzip gilt für alle Webtechniken, auch anderer Materialien.

Für Färbung und Druck kommt nur entbastetes Gewebe zum Einsatz. Das nachträgliche Erschweren oder Chargieren der Seide – darunter versteht man das Auffüllen des durch die Entbastung eingetretenen Gewichtsverlustes durch Metallsalze und Wasserglasbehandlung – spielt seit dreißig Jahren in der westdeutschen Seidenstofferzeugung praktisch keine Rolle mehr. Dies versicherte mir der Seidenexperte Szerni – obwohl es noch in Lehrbüchern steht.

Seide – bei Säuren hart im Nehmen
Als Eiweißfaser ist Seide empfindlich gegen Alkali, dagegen ist sie gegen Säureeinwirkung weitgehend beständig. Wildseide hält sich gegen Chemikalieneinwirkung besser als die Seide des Maulbeerspinners.
Die Seidenfaser ist von Natur aus sehr reißfest; unter allen Fasern wird sie darin nur noch von Polyamid übertroffen. Weitere sehr löbliche Eigenschaften sind:
○ der typische Seidenglanz
○ weitgehend knitterfrei
○ gute Isoliereigenschaften, sie ist kein elektrischer Leiter
○ nicht anfällig gegen Mottenfraß

Seide hat eine elastische und plastische Dehnung. Beim Zusammendrücken knirscht sie. Sie kann bis zu dreißig Prozent Wasser aufnehmen, die normale Feuchtigkeit soll elf Prozent betragen.

Ungünstig wirkt sich starke und lange Sonneneinstrahlung aus, die Seide verliert dabei etwas von ihrer Festigkeit. Ähnlich wie Wolle brennt sie bei Entzünden langsam, unter teilweiser Verkohlung und gibt einen stechend-beißenden, schwefeligen Geruch ab.

Seide für viele Zwecke
Die klarsten und lebhaftesten Farbtöne auf Seide erhält man mit basischen Farbstoffen, die jedoch nur eine Lichtechtheit[*] von eins bis drei ergeben. Das schließt eine Verwendung für Kleiderstoffe nicht

---

[*] Lichtechtheit: Widerstandsfähigkeit von Farben und Drucken auf Textilien gegenüber der Einwirkung von natürlichem oder künstlichem Licht nach einer festgelegten Modeten Skala.

aus. Neuerdings ist es gelungen, mit besonders ausgewählten Säure- und Komplexfarbstoffen Färbungen und Drucke zu erzielen, die eine Lichtechtheit von vier bis sieben erreichen. Das kommt den Anforderungen für hochwertige Artikel selbst in der Innendekoration entgegen.

Seide ist vielseitig. Unifarbene, farbig bedruckte, bestickte und bunt gewobene Seidenstoffe sind das ideale Material für Tages-, Nachmittags- und Abendkleider, ebenso für Anzüge. Darüber hinaus sind Blusen und Hemden sowie Tücher, Krawatten und Schals aus reiner Seide sehr begehrt, aber auch Vorhang- und Möbelstoffe.

Die Modeschöpfer lassen sich immer neue Verwendungsarten für die Seide einfallen. Selbst Schuhe und Handtaschen werden heute aus reiner Seide gefertigt und sind Attribute besonders eleganter Mode.

Für Kleiderstoffe werden zum Großteil Gewebe aus Maulbeerseide verwendet, insbesondere als Krepp sowie als Shantung und Bourette. Dieselben Gewebe werden für Tücher und Krawatten benutzt.

Die Stahlhelme der Japaner sollen aus gepreßten Seidenfäden und -abfällen bestanden haben – leicht, fest und obendrein biologisch, daher sicher angenehmer auf dem Kopf zu tragen als Stahl und Eisen.

Gerade als Garn ist Seide beliebt: als Näh- und Stickgarn bis zur feinsten Ausspinnung nach dem Schappe-Spinnverfahren.

Qualität hat ihren Preis

Echte Naturseide gehört seit jeher zu den edelsten Textilmaterialien. Damaste, Brokate und Samte aus Seide waren früher Vorzüge für Privilegierte. Heute steht Naturseide in der besonderen Gunst der Damenwelt. Trotzdem ist der Naturseide durch die Chemiefasern ernsthafte, wenn auch unnatürliche Konkurrenz erwachsen.

Da die Seide besonders hautverträglich ist und gut gegen Wärme und Kälte isoliert, tragen Skiläufer gerne Seidenunterwäsche. Jede Frau weiß, daß ein luftiges Seidenkleid beim Urlaub in südlichen Ländern besonders angenehm zu tragen ist. Achten Sie beim Einkauf darauf, daß Seidenkleider auch mit Seide gefüttert sind. Nur so behalten sie ihre gute Paßform und bieten die Vorteile der Seide dem Körper hautnah.

Seide ist ein edles Material. Darüber hinaus ist es als Naturprodukt nicht beliebig vermehrbar. Deshalb haben Textilien aus Seide ihren Preis. Wem ein Modell oder ein Konfektionskleid aus reiner

Seide zu teuer ist und über ein bißchen Geschick beim Selbstschneidern verfügt, sollte sich ruhig an die Seide wagen. Selbst mit Seide zu arbeiten ist nicht so schwierig, wie manchmal behauptet wird. Sie können alle Möglichkeiten nutzen, die moderne Nähmaschinen bieten. So können Sie den Zick-Zack-Stich nehmen und Seide in Falten und Kräuselfalten legen. Sie sollten jedoch immer Fäden aus Naturseide und keinesfalls gewöhnliches Nähgarn verwenden. Wichtig sind auch besonders feine Nadeln.

Maulbeerseidenspinner (Bombyx mori L.) leben im Raupenzustand von Maulbeerblättern. Hier der Falter, mottenähnlich, mit rund vierzig Millimeter Flügelspannweite, links zwei Weibchen, rechts die Männchen, daneben Kokons.

Kokons von vier verschiedenen Maubeerspinnerarten: Gelbspinner, Ungarischer Goldspinner und Weißspinner, rechts unten der früher in Celle gezüchtete größte Weißspinner der Welt.

Aus der Familie der Wildseidenspinner (Saturniden) hier der „Indische Flaggenfalter (Actias Selene Hbn.), links das größere Weibchen, in der Mitte ein Kokon.

Der „Japanische Eichenseidenspinner" (Antheraea yamamai Guérin) mit seinen grün gefärbten Kokons, rechts der „Chinesische Seidenspinner" (Antheraea pernyi Guérin) und sein mit einem Eichenblatt umwickelter Kokon.

Der auf Formosa lebende „Atlas-Seidenspinner" (Attacus atlas L.) ist mit annähernd 300 mm Flügelspannweite der größte Wildseidenspinner dieser Erde. Oben der männliche Falter, darunter der weibliche, dazu zwei Kokons, wieder in ein Blatt eingewickelt. Die Farbe der Kokons beziehungsweise Seidenfäden ist sowohl rasse- als auch ernährungsabhängig. Ein Kokon enthält in der Regel bis zu zweitausend Meter Seidenfaden an einem Stück.

Zartblau bis weiß blühender Flachs, im Volksmund auch „Lein" genannt. Die sich später entwickelnden Samenkapseln enthalten den „Leinsamen", während die Stengel die Flachsfasern bilden.

Ein reifes Flachsfeld. Früher wurde der Flachs mit Stumpf und Stiel per Hand ausgezogen, in den letzten Jahren und bei großflächigem Anbau kommt die Flachsraufmaschine zum Zuge.

Pflanzliche Fasern und Fäden für Textilien

Glücklicherweise ist unsere Erde (noch) grün! Pflanzen der verschiedensten Arten und Größen schaffen mit Hilfe des Sonnenlichts Blätter, Stengel, Fasern, Pflanzenhaare und Fäden – für die Pflanze selbst, aber auch als Nahrung und Textilfasern für den Menschen.

Über zweitausend Pflanzen liefern Fasern, aber nur wenige lassen sich als Material für die menschliche Bekleidung direkt oder indirekt nutzen. Diese Zellulosefasern sind eigentlich kein spezielles Bekleidungsmaterial, weil sie aus Kohlenhydratkörpern bestehen. Eiweißfasern, wie Wolle und Seide vor allem, stehen dem Menschen als „artverwandt" wesentlich näher. Pflanzenfasern können aber durch entsprechende Aufbereitung und Behandlung (Ausrüstung) ergänzend gute Dienste tun.

Wenn ich mich nachfolgend zunächst mit Leinen (Flachs) beschäftige, so nicht, weil dieses Gewebe mengenmäßig so eine bedeutende Rolle spielt. Dies trifft heute nicht mehr zu. Ich mache es vielmehr als kleine Verbeugung vor dem ehrwürdigen Alter dieser Kulturpflanze und ihrer Besonderheiten, die sie für manchen Zweck auch heute noch begehrenswert machen.

Erst dann folgt in dieser Darstellung die Baumwolle.

Die anderen angeführten Materialien sind für den Bekleidungssektor mengenmäßig nicht sehr bedeutend, wenn man es statistisch betrachtet. Als „dritte Haut", also für den Wohn-, Arbeits- und Schlafbereich, spielen manche aber durchaus eine Rolle. Deshalb werden auch sie, der Vollständigkeit halber, möglichst lückenlos kurz beschrieben.

Leinen

Leinen – eines der ältesten bekannten pflanzlichen Textilprodukte und das edelste überhaupt – blickt auf eine jahrtausendealte Kultur zurück. Das beweisen Funde aus der jüngeren Steinzeit und vor allem ein Leinengewebe aus dem altägyptischen Kulturbereich (5000 v. Chr.), das im Britischen Museum gezeigt wird.

Zur Leinenherstellung benötigt man die Stengelfasern (Bastfasern) der Flachspflanze. Schon fünf- bis viertausend vor Christus wurde Flachs von Ägyptern, Babyloniern, Phöniziern und anderen Kulturvölkern angebaut und zu Leinen verarbeitet. Viele bildliche Darstellungen sind uns überliefert. Im alten Ägypten galt makellos weißes Leinen als Symbol göttlicher Reinheit. Die teilweise kaum vorstellbare Feinheit der Gewebe wurde von Dichtern als „Leinen-Nebel" besungen.

Schon die Römer lieferten exakte Beschreibungen der Leinenherstellung, die sich im Prinzip kaum von den heutigen industriellen Methoden unterschied. Doch auch anderen europäischen Völkern waren die Fasergewinnung aus Flachspflanzen und Leinen bereits bekannt. Im Mittelalter erlebte Leinen eine Blütezeit in Europa.

Trotz der Entwicklungen im Natur- und neuerdings auch im Chemiefaserbereich, hat Leinen sein hohes Ansehen als edles Naturprodukt bewahrt. Bei den heutigen Modetrends spielt echtes Leinen wieder eine beachtliche Rolle. Besonders als Tischwäsche für den gepflegten Haushalt und für die exklusive Raumgestaltung ist es praktisch unentbehrlich.

Abb. 8
Flachspflanze mit Blüten

Der „Flachskopf" trägt den Namen der Pflanze wegen seiner hellblonden Farbe. Der als Frucht- und Faserpflanze gezogene Flachs hat den botanischen Namen „Linum usitatissimum" (lateinisch etwa: der für den Gebrauch geeignetste Lein).

Zur Fasergewinnung werden die langstieligen Sorten mit wenigen Verzweigungen und den kleinen hellblauen bis weißen Blüten angebaut. Diese langstieligen Faserleine werden zwischen achtzig und hundertzwanzig Zentimeter hoch. Kürzere, verästelte Arten („Öl-Lein") dienen der Leinsamen- und Ölgewinnung aus den Fruchtkapseln.

Um zu verstehen, wie die Fasern gewonnen und später zu Leinen verarbeitet werden, ist es sinnvoll, einiges über den anatomischen Aufbau des Flachsstengels zu wissen.

Der Flachsstengel unter dem Mikroskop

Wenn wir einen Flachsstengel im Querschnitt durch das Mikroskop betrachten, finden wir zunächst die Oberhaut, die der Pflanze als Schutzschicht dient. Darunter liegt die Rindenschicht, die die Atmungsorgane enthält und für eine geregelte Wasserverdunstung sorgt. In der Rindenschicht liegen die Faserbündel, die wir bei der Flachsgewinnung verwerten: Bastzellen, die je Stengel in zwanzig bis fünfzig gebündelten Fasersträngen peripher angeordnet sind und als verfestigende Umhüllung dienen. Außerdem enthält ein Flachsstengel Holz- und Markschichten, die bei der Reifung in der Mitte zu einem Hohlraum aufreißen, sowie Verjüngungsgewebe zur Wachstumsausdehnung. Ein von der Natur fein durchdachter Aufbau!

Alle diese Deck- und Unterschichten müssen später entfernt werden, um die Flachsfaser für die Verarbeitung freizulegen. Die Zellen der Flachs- oder Leinenfasern bestehen aus reiner Zellulose. Ihre „Kittschicht" (Pektin- oder Pflanzenleimschicht) ist überaus fest und widerstandsfähig, aber trotzdem elastisch.

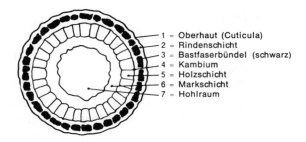

Abb. 9
Querschnitt durch einen Flachsstengel

1 = Oberhaut (Cuticula)
2 = Rindenschicht
3 = Bastfaserbündel (schwarz)
4 = Kambium
5 = Holzschicht
6 = Markschicht
7 = Hohlraum

Elastischer als ein Schornstein

Wie geschickt und widerstandsfähig Mutter Natur den Flachsstengel aufgebaut hat, verdeutlicht der folgende Vergleich: Setzt man einen Flachshalm in Vergleich mit einem schlanken, hohen Industrieschornstein, so übertrifft die Naturkonstruktion Flachsstengel mit ihren elastischen Fasergurten diesen Schornstein etwa um das Zwanzigfache an elastischer Stabilität. Damit ist auch der dünnste Flachshalm gegen Wind und Wetter gewappnet und in der Lage, bei der Reife seine schweren Fruchtkapseln zu tragen.

Durch die Festigkeit dieser Fasern, die belastbarer als alle anderen Naturfasern sind, ist die hohe Haltbarkeit des Leinens gewährleistet. Die Zugfestigkeit von Leinen beträgt physikalisch gemessen bis sechshundert Newton pro Quadratmillimeter. Diese hohe Zugfestigkeit, bei geringer Eigendehnung, ist für stark beanspruchte Stoffe, gespannte Leinen-Wandbekleidung oder technische Gewebe, besonders vorteilhaft. Auch im Waschprozeß verschleißt Leinen nur sehr wenig, denn es ist naß noch fester als trocken.

Die Flachsfaser ist also auf Grund ihrer hervorragenden Eigenschaften für viele Textilprodukte besonders geeignet, ja fast unersetzlich. Die glatte Oberfläche macht Leinenfasern relativ schmutzunempfindlich und vor allem völlig flusenfrei! Die Gewebe sind angenehm griffig. Zudem ist Leinen weitgehend geruchsabweisend und wird an heißen Tagen auf der Haut als angenehm kühl empfunden. Noch ein wichtiges Argument: Echtes Leinen ist kochfest! Anders lautende Waschhinweise sind bedingt durch die Ausrüstung, beispielsweise Färbung oder Farbdruck.

Baumwolle

Schon seit über siebentausend Jahren haben Menschen sich mit Baumwollstoffen bekleidet. Darauf deuten Reste von Baumwollkapseln und Baumwolltextilien hin, die in einer Höhle bei Tehuacan in Mexico entdeckt und auf die Zeit 5800 vor Christus datiert wurden. In der Alten Welt stammen die ältesten Funde an Baumwollgeweben und -schnüren aus Pakistan. Sie befanden sich in einer ausgegrabenen Silbervase aus der Zeit um dreitausend vor Christus. Das chinesische Geschichtswerk „Schu-king" belegt, daß man zu dieser Zeit auch in China Baumwolle anbaute und verarbeitete.

In Europa wurde die Baumwolle vor allem durch die Araber bekannt, die sie im frühen Mittelalter in ihren Besitzungen in Spanien und Sizilien kultivierten. Insgesamt spielte diese Faser im Abendland jedoch lange eine unbedeutende Rolle, fast alle Textilien wurden nach wie vor aus Leinen oder Wolle hergestellt.

Im 12. und 13. Jahrhundert entwickelte sich allmählich die Barchentweberei, zunächst in Italien, Mitte des 14. Jahrhunderts auch im Voralpenraum (Augsburg, Ulm, Basel) und in Flandern. Allerdings handelte es sich beim damaligen Barchent um ein Mischgewebe: halb Baumwolle, halb Leinen.

Bedeutend wurde die Einfuhr von rein baumwollenen Geweben aus Indien, die zur Zeit der überseeischen Entdeckungen und des beginnenden Welthandels in großem Stil einsetzte. Indische Stoffe wie Kattun oder Kaliko wurden große Mode – so sehr, daß europäische Könige um ihre heimische Textilindustrie fürchteten und strenge Einfuhrgesetze erließen.

Baumwoll-Edict anno 1721
König Friedrich Wilhelm von Preußen verordnete den Untertanen:
„Edict, daß von dato an zu rechnen nach Ablauf acht Monaten in der Churmark, Magdeburgischem, Halberstädtischem und Pommern niemand einigen gedruckten oder gemalten Zitz oder Cattun weiter tragen soll. Wir Friedrich Wilhelm, von Gottes Gnaden König in Preußen, Markgraf zu Brandenburg, des Heil. Röm. Reichs Ertzkämmerer und Kurfürst etc., tun kund und fügen hiermit zu wissen. Nachdem Wir wahrgenommen, daß Zeithero eine sehr große Menge von allerhand gemalten und gedruckten feinen auch groben Zitzen und Cattunen in Unsere Lande eingebracht werden; solches aber Unserer zum Aufnehmen der in Unseren Landen befindlichen Wollen- und Linnen-Manufacturen abzielenden allergnädigsten Intentionen ganz zuwiderläuft.

So wollen und verordnen Wir hiermit in Gnaden, jedoch allen Ernstes, daß in Unserer Churmark dies- und jenseits der Oder und Elbe, wie auch in Unseren Herzogtümern Magdeburg und Pommern, ingleichen im Fürstentum Halberstadt von dato an zu rechnen nach Ablauf von acht Monaten keine gedruckten noch gemalten Cattune, sie mögen Namen haben wie sie wollen, sie seien in oder außer Unseren Landen gemalet oder gedruckt, von Niemand, weder männlichen noch weiblichen Geschlechts, hohen oder niedrigen Standes, weder in Städten noch aufm Lande, bei Einhundert Reichs-Taler Fiscalischer Strafe, oder bei dreitägiger Bestrafung mit dem Hals-Eisen weiter getragen, sondern alle jetzt habende Cattun-Kleidung, Schlaf-Röcke, Mützen, Schürzen, und was es sonst sein mag, innerhalb der gesetzten acht Monate völlig aufgetragen und zerrissen werden sollen.

Friedrich Wilhelm (L S) F.W. von Grumbkow Gegeben zu Berlin, den 18. November 1721"

Ob die Preußen daraufhin ihre baumwollenen Schlafröcke oder Mützen tatsächlich zerrissen haben, ist nicht bekannt...

Der Siegeszug der Baumwolle

Einen stärkeren Hemmschuh als strenge Gesetze stellte der hohe Preis der Baumwolle dar. Zwar wurde sie in der Neuen Welt inzwischen großflächiger angebaut, doch mußten alle Arbeiten auf den Plantagen noch von Hand verrichtet werden, in der Regel von Sklaven; dies war sehr zeitraubend und daher letztlich teuer. Auch die Baumwollverarbeitung war noch nicht mechanisiert. Der Siegeszug der Baumwolle konnte deshalb erst beginnen, als einige wichtige Erfindungen gemacht worden waren:
- 1764 konstruierte James Hargreaves die erste Spinnmaschine mit mehreren Spindeln, die „Spinning Jenny";
- 1785 baute Edmund Cartwright die erste Webmaschine;
- 1792 erfand Eli Whitney eine Entkörnungsmaschine, mit der die Baumwollfasern mechanisch von den Samen getrennt werden konnten.

Daraufhin stieg die Produktion steil an. Während die Bekleidung in Europa noch um das Jahr 1780 zu 78 Prozent aus Wolle, 18 Prozent aus Flachs und nur zu vier Prozent aus Baumwolle bestand, kehrte sich nun die Situation fast schlagartig um. Ende des 19. Jahrhunderts war der Baumwollanteil auf 74 Prozent emporgeschnellt, während Schafwolle auf zwanzig Prozent und Flachs auf sechs Prozent absackten. Baumwolle wurde damit zum bedeutendsten Textilfaserstoff, ja zu einem der wichtigsten Welthandelsgüter überhaupt.

Mittlerweile wird sie in rund achtzig Ländern der Erde auf etwa 32,8 Millionen Hektar Ackerfläche angebaut. Das entspricht circa 0,8 Prozent aller landwirtschaftlichen Anbauflächen der Welt. Die Vormachtstellung der Baumwolle als Textilfaser Nummer eins besteht kaum noch – ihr ist inzwischen eine ernsthafte Konkurrenz erwachsen: die synthetischen Fasern. Dies allerdings nur umsatzmäßig, was nichts über Wert und Wirkung auf den Menschen aussagt!

Ein Kapitel Biologie

Die Baumwolle wächst in der benötigten Menge heute weniger auf Bäumen, sondern grundsätzlich an Sträuchern. Sie gedeiht in den tropischen und subtropischen Zonen unserer Erde, vor allem im sogenannten Baumwollgürtel zwischen 36 Grad südlicher und 43 Grad nördlicher Breite. Hier liegen die Anbaugebiete der wichtigsten Erzeugerländer: Sowjetunion, China, USA, Indien, Brasilien, Türkei und Pakistan.

Botanisch gesehen ist die Baumwolle das Samenhaar der Pflanze Gossypium, die zur Familie der Malvengewächse gehört. Ihre Blüte sieht der bei uns wachsenden Stock- oder Pappelrose und dem Rosenhibiskus sehr ähnlich. Nach der Blüte verwandelt sich der im Kelch sitzende Fruchtknoten zu einer länglichen Kapsel, die aufspringt und ihre Samenhaare herausquellen läßt. Eine Baumwollkapsel enthält rund dreißig Samen, an jedem sitzen zwei- bis siebentausend Samenhaare: die Baumwolle.

Je nach Art, Klima und Kulturmethode erreicht die Baumwolle eine Höhe von 25 Zentimeter bis über zwei Meter. Sie wird vor allem als strauchhohe, einjährige Pflanze gezogen. Nur in wenigen Gebieten, wie Peru und Nord-Brasilien, zieht man Baumwolle noch an mehrjährigen Sträuchern. Solche Pflanzen können bis zu fünfzehn Jahre alt werden.

Zwischen 175 und 225 Tagen dauert es, bis die ausgesäten Baumwollsamen zu fruchttragenden, erntereifen Sträuchern heranwachsen. Bei der Aussaat braucht die Pflanze vor allem Feuchtigkeit und im Stadium der Reife viel Wärme. Derartige Verhältnisse sind vor allem in den Tropen und Subtropen zu finden.

Neue Anbaumethoden – doppelte Erträge

Es werden große Anstrengungen unternommen, um auf dem zur Verfügung stehenden Kulturboden immer mehr und qualitativ bessere Baumwolle zu gewinnen. Tatsächlich gelang es durch fachgemäße Düngung, Unkrautbeseitigung und Schädlingsbekämpfung, innerhalb von dreißig Jahren auf der gleichen Anbaufläche die Erträge nahezu zu verdoppeln. Überdies werden durch Kreuzung ertragreichere Sorten gezüchtet.

Amerikanische Pflanzer haben sich eine weitere Möglichkeit einfallen lassen: Gegenwärtig versuchen sie, durch engzeiligeren Baumwollanbau und durch Zucht niedrigwüchsiger Pflanzen die Vegetationszeit zu verkürzen. Auf Versuchsfeldern konnten sie Baumwolle bereits 135 Tage nach der Aussaat ernten. Gleichzeitig laufen wissenschaftliche Untersuchungen, um Baumwollsorten und Erntemethoden zu entwickeln, bei denen alle Baumwollfasern im gleichen Reifestadium anfallen. Das würde die spätere Verarbeitung ganz erheblich erleichtern.

Wie bei allen Agrarprodukten sind auch die Anbaumethoden für Baumwolle in den einzelnen Ländern verschieden weit entwickelt. Auf den riesigen Baumwollplantagen in den Südstaaten der USA rattern gigantische Hack-, Säh- und Pflückmaschinen, und tieffliegende Flugzeuge besprühen die Pflanzen mit den üblichen Dünge- und Pflanzenschutzmitteln (leider einschließlich der dort tätigen Menschen).

Auf Pflanzungen ärmerer Länder werden ein Teil oder gar alle Arbeiten mit Ochsen- oder Büffelgespannen und von Hand ausgeführt. Zwar ist das Handpflücken wesentlich aufwendiger, für die Qualität der Baumwolle ist dies jedoch vorteilhaft. Die Pflücker und Pflückerinnen sammeln jeweils nur die blendend weißen, vollreifen Faserbüschel. Die weniger reifen Kapseln lassen sie noch einige Tage stehen, so daß sie ebenfalls ausreifen können. Ganz anders beim maschinellen Ernten. Die Pflückmaschine bringt den Ertrag eines ganzen Feldes gleichzeitig ein, die ausgereifte ebenso wie die unreife Baumwolle. Bei dieser Methode läßt es sich auch nicht ganz verhindern, daß die Maschine einzelne Fasern knickt oder zerreißt und dürre Blätter und Kapselteile miterfaßt.

Bei der maschinellen Baumwollernte werden heute in der Stunde bis zu 1500 Kilogramm geerntet. Das ist die Tagesleistung von etwa zwanzig geübten Saisonpflückern!

Chemische Entlaubung
Kritische Verbraucher stören sich daran, daß die Baumwollsträucher heute in aller Regel vor der Ernte chemisch entlaubt werden. Was meinen die Experten dazu? Vom Internationalen Baumwoll-Institut in Frankfurt am Main war dazu zu erfahren:

„Die Baumwollkapseln werden an den Sträuchern naturgemäß unterschiedlich reif, obwohl durch Zuchtauslese bereits Baumwollsorten mit einheitlicherem Reifezeitpunkt gefunden werden konnten. Das Problem bestand bisher darin, daß dort, wo die sehr teuren Baumwoll-Vollerntemaschinen arbeiten – die den hier landesüblichen Mähdreschern in etwa vergleichbar sind – sowohl vollreife als auch noch unreife Baumwollkapseln gleichzeitig geerntet wurden. Das be-

deutete für die spätere Aufbereitung der Baumwolle beachtliche Qualitätsunterschiede und entsprechende Abzüge bei der Bewertung der Baumwollfasern durch die Fachleute.

Deshalb hat sich die chemische Entlaubung vor der Ernte immer mehr ausgebreitet, weil danach die Blätter abfallen und die Reife der noch unreifen Kapseln erheblich beschleunigt werden kann. Wenige Tage nach der chemischen Entlaubung sind bereits alle Kapseln am Baumwollstrauch in etwa gleich reif und es kann zügig maschinell geerntet werden."

Über die Entlaubung von Baumwollsträuchern vor der Ernte veröffentlichte die Züricher Zeitschrift „The World's Major Fibre Crops Hair Cultivation and Mannery" 1969 unter dem Motto „Defoliation" folgendes (zusammenfassende Übersetzung aus dem Englischen von Jörg Ebert):

„Eine Methode der künstlichen Entlaubung von Baumwolle wurde erstmals 1938 von Hall & Harrel an der Fee Dee Agricultural Experiment Station, einem Forschungsinstitut in Süd-Carolina (USA), zufällig entdeckt, als eine Nachbarparzelle der Baumwollversuchspflanzung mit einem Calcium-Cyanamid-Präparat besprüht wurde. Durch den Wind wurde wohl etwas auf die benachbarte Baumwollkultur abgetrieben, die dadurch innerhalb von fünf bis zehn Tagen ihre Blätter fallen ließ. Dieses Phänomen konnte man daraufhin systematisch anwenden, was vor allem beim Einsatz der mechanischen Baumwollpflückmaschinen zahlreiche Vorteile hat:
- *Entlaubte Baumwollsträucher bringen ihre Fruchtkapseln einheitlicher zur Reifung.*
- *Die Arbeitsleistung bei Baumwollstauden steigt bei maschineller, aber auch bei der Handpflückmethode; hier entfällt das Aussuchen der reiferen Kapseln gegenüber den noch teils unreifen.*
- *Die tägliche Ernteeinsatzdauer vergrößert sich, weil Regen und Tau rascher abtrocknen.*
- *Pilzbefall und der Schaden durch Insektenfraß verringern sich, wenn keine Blätter mehr vorhanden sind.*
- *Die Verfärbung der reifen Baumwolle in den Kapseln wird geringer, wenn mehr Luft und Sonne in den Baumwollstrauch kommen können.*

Heute werden flüssige oder pulverisierte Mittel für die Baumwollentlaubung eingesetzt, und zwar durch Bodengeräte oder Agrarflug-

zeuge. Wetterverhältnisse und der erwünschte Erntezeitpunkt legen den optimalen Einsatzzeitpunkt fest. Die Wirkung des Mittels hat sich als am besten erwiesen, wenn die Pflanzen zwar ausgewachsen sind, der Assimilationsprozeß jedoch noch nicht völlig unterbunden ist (vermutlich nehmen die Blätter das Mittel sonst nicht mehr auf, so daß die Wirkung nicht vollkommen eintreten kann). Eine weitere Voraussetzung ist, daß rund ein Drittel der Samenkapseln bereits geöffnet, das heißt reif sein müssen, wenn das Entlaubungsmittel eingesetzt wird."

Ob das Entlaubungsmittel von den Baumwollhaaren aufgenommen wird und im Textilgewebe Nachwirkungen haben könnte, war nicht zu erfahren.

Rückstände in Baumwollwäsche
Das Faserinstitut Bremen e.V. veröffentlichte im Jahresbericht 1986 Untersuchungsergebnisse von Belastungen in Rohbaumwolle infolge der Anwendung von Pflanzenbehandlungsmitteln. Die Proben aus fünfzehn verschiedenen Herkunftsländern wurden auf ihre Rückstände von chlorierten Kohlenwasserstoffen (wie Lindan und DDT, deren Anwendung in der BRD verboten ist) untersucht. Als rückstandsfrei erwiesen sich nur die Baumwollproben aus Syrien, während die indischen die höchsten Belastungen aufwiesen, am deutschen Import jedoch nur mit zwei Prozent beteiligt waren.

Offen bleibt, wieweit sich diese Pestizidrückstände durch die weitere Baumwollverarbeitung verändern. Stoffhersteller berichten von dadurch bedingten Problemen bei Färbevorgängen, während die Textil-Experten gesundheitliche Auswirkungen auf die späteren Träger grundsätzlich verneinen. Beweise fehlen allerdings!

Es kann angenommen werden, daß gesundheitliche Beeinträchtigungen relativ gering sind, wenn Baumwolltextilien vor dem ersten Tragen grundsätzlich vorgewaschen und auch nicht direkt auf der Haut getragen werden.

Ökologische Problematik des chemisierten Baumwollanbaus
Umweltbewußt denkende Zeitgenossen messen den Folgeschäden durch die Vorbehandlung ebenso große Bedeutung bei wie der eigenen Gesundheit.

Der Verein zur Förderung von Landwirtschaft und Umweltschutz in der Dritten Welt (VFLU) e.V. hat 1985 die Problematik des mexikanischen Baumwollanbaus genauer untersucht und die Baumwollbauern persönlich befragt. Zwei Drittel der Befragten behaupteten, daß der Ertrag auf ihren Feldern während der rund dreißig Jahre des intensiven chemieträchtigen Baumwollanbaus mehr und mehr nachgelassen habe; trotz bis zu 25 Chemie-Einsätzen pro Saison. Diese verschlangen damals schon durchschnittlich 47 Prozent der Gesamtproduktionskosten! Allein 1983 betrug die Pflanzenschutzmittelaufwendung für diese Region an die drei Millionen Deutsche Mark.

Während vierzig Prozent der Anbauer keinerlei Problembewußtsein zeigten, gaben sechzig Prozent (in der Häufigkeit der Nennungen) folgende erkennbare Folgebelastungen an:
- Sterben von Vögeln und Hühnern;
- Vergiftungen bei Menschen, die unter dem Gift-Sprühregen aus Flugzeugen weiterarbeiten müssen;
- Vermehrung schädlicher Insekten, während die nützlichen aussterben;
- Vergiftung von Flüssen und Gewässern, sichtbar am nachfolgenden Fischsterben;
- Folgebelastungen in Nahrungsmitteln;
- Schädigung der Baumwollpflanzen;
- Vergiftungen bei Weidevieh der näheren Umgebung.

Hoffnungsschimmer: ökologischer Baumwollanbau
In entlegenen Bergregionen Afrikas und der Türkei soll es unwegsame, kleinere Anbaugebiete geben, die nicht chemisch behandelt werden, weil die Bauern kein Geld haben und ihre kleinen, oft unregelmäßigen Partien ohnehin kaum absetzen können. Mittlerweile mehren sich die Zeichen für einen systematischen ökologischen Baumwollanbau nach strengen und kontrollierten Regeln, beispielsweise aus der Türkei. Näheres ist von der IFOAM, Stiftung Ökologischer Landbau (SÖL), Weinstraße Süd 51, D-6702 Bad Dürkheim, zu erfragen (Freiumschlag).

„Green Cotton" ist mehr als ein Markenzeichen
Green Cotton ist das Symbol für ein ökologisch verantwortliches Baumwoll-Verarbeitungsverfahren, das in Dänemark praktiziert

wird. Es hat den dänischen Umweltpreis erhalten und wurde im europäischen Umweltjahr 1987 auch von der EG-Kommission mit dem EG-Umweltpreis ausgezeichnet. Für Produkte dieses Symbols sind nicht nur beste Baumwollgarne vorgeschrieben, sondern auch neu entwickelte textile Verarbeitungsverfahren, bei denen die Färb- und Ausrüstungsabläufe so gesteuert werden, daß sie die Umwelt kaum belasten. Der Farbstoff- und Wasserverbrauch ist minimal.

Nach Herstellerangaben wird die Luft gefiltert abgegeben, desgleichen das Wasser, das über mechanische, biologische und chemische Reinigungsstufen geführt wird, bevor es in die öffentlichen Gewässer entlassen werden darf. Auch die Arbeitsbedingungen für die Arbeiter wurden erheblich verbessert.

Die Green-Cotton-Baumwolle kann ohne Probleme in der Waschmaschine gereinigt und im Trockner getrocknet werden. Sie läuft wenig ein und ist hautfreundlich, also grundsätzlich für Allergiker eher geeignet, wenn in diesem Fall auch immer versucht werden sollte, die wahren Ursachen herauszufinden und abzustellen.

Entkörnen – früher ein Jahr, heute drei Minuten

Was geschieht nun mit der geernteten Baumwolle? Zunächst wird sie zum Nachreifen und Trocknen rund dreißig Tage gelagert, danach kommt sie auf Entkörnungsmaschinen, die sogenannten Gins, die die Fasern von den Samenkörnern trennen. Hundert Kilogramm Baumwolle am Kern ergeben etwa 35 Kilogramm Fasern, 62 Kilogramm Samenkörner und drei Kilogramm Abfall.

Das Entkörnen (Entsamen) der Baumwollkapseln wird „Egrenieren" genannt. Bei der Entkörnung von Hand würde ein Arbeiter fast ein Jahr brauchen, um einen hart gepreßten US-Baumwollfaserballen zu bewältigen. Heute verläßt alle drei Minuten so ein Ballen die vollautomatische, elektronisch gesteuerte Egrenieranstalt.

Nicht nur die Fasern, auch die davon abgetrennten Baumwollsamen werden genutzt. Die noch an den Kernen haftenden, nicht verspinnbaren Fäserchen (Linters) bilden einen bevorzugten Rohstoff für die Zellstoffindustrie (Viskose).

Aus den Samen selbst wird Öl für die Zubereitung von Speisefetten (Margarine) und Speiseölen gewonnen, außerdem Stearine und Fette für die Seifen- und Kerzenfabrikation. Die Baumwollsaat steht an vorderer Stelle der Mengen-Weltrangliste von Ölsaaten und -früchten.

Die rohen Baumwollfasern werden mit großen Pressen zu schweren Ballen geformt und mit Jute und Stahlbändern reisefertig verpackt. In dieser Form wird die Baumwolle verschifft und gelangt dann, meistens in den Nordseehäfen auf Schleppkahn oder Eisenbahn umgeschlagen, in die Lagerhäuser unserer Spinnereien. Bremen ist der bedeutendste Einfuhr-Umschlagplatz für Europa und, neben Liverpool und New York, Sitz der Internationalen Baumwollbörse.

Qualitätsmerkmale der Baumwolle

Rohbaumwolle wird nach folgenden Gesichtspunkten gehandelt: Faserlänge (Stapel), Gleichmäßigkeit, Feinheit, Farbe, Reinheit, Griff, Festigkeit und Elastizität.

Hauptfehler sind Unreinheit, kurzer Stapel und hoher Gehalt an unreifen und schlecht entwickelten oder „toten" Fasern.

Manche Sorten sind im Griff hart und rauh, andere dagegen seidig weich. Rohbaumwolle wird farblich eingestuft in „weiß" (englisch white), „leicht gelblich" (creamy), „leicht fleckig" (light spotted), „fleckig" (spotted) und „gräulich" (light grey).

Wichtiges Qualitätsmerkmal ist vor allem die Stapel- oder Faserlänge, die je nach Herkunftsland zwischen 18 und 42 Millimeter liegt. Die einzelnen Rohwarengruppen werden nach ihren längsten Fasern (Höchststapel) in folgende vier Klassen eingeteilt:

Kurzstapel:	kürzer als 26 mm	z. B. Indien, Birma
Mittelstapel:	26 bis 29 mm	z. B. Mexiko
Langstapel:	30 bis 38 mm	z. B. Ägypten, USA, Peru
Extralangstapel:	39 mm und länger	z. B. Ägypten, Sudan, USA

Rund neunzig Prozent des Baumwollaufkommens der Welt fallen unter Kurz- und Mittelstapel, sieben bis acht Prozent unter Lang- und zwei bis drei Prozent unter Extralangstapel.

Die einzelne Baumwollfaser kann eine Breite (größter Durchmesser) von zwölf bis 45 Mikrometer haben. Eigenartigerweise sind die feinsten und längsten Baumwollen auch die festesten, ein Umstand, der für das Spinnen feinster Baumwollgarne sehr wertvoll ist. Zur Herstellung feiner Baumwollstoffe, wie hauchdünnem Batist, durchsichtiger Voile, seidig fließendem Jersey, und feinsten Stickereien wird vor allem Baumwolle mit langem und extralangem Stapel verwendet – das macht diese Stoffe natürlich entsprechend teuer.

Wer den Querschnitt einer Baumwollfaser im Mikroskop betrachtet, könnte glauben, einen Baumstamm mit seinen Jahresringen vor sich zu haben. Der Vergleich ist durchaus zutreffend, abgesehen davon, daß es sich bei der Baumwollfaser um Tagesringe handelt. Diese setzen sich ihrerseits aus Fibrillen (kleinsten Fäserchen) zusammen.

Abb. 10: Baumwollfaser
(zweitausendfach vergrößert mit einem Raster-Elektronenmikroskop)

Der schichtweise und fibrillöse Aufbau erklärt, warum diese Faser so saugfähig ist. Auch wenn Baumwolle mit bis zu zwanzig Prozent Feuchtigkeit gesättigt ist, fühlt sie sich erstaunlicherweise noch relativ trocken an.

Pluspunkte der Baumwolle
Es gibt mehrere Gründe, warum die Baumwolle die weitest verbreitetste Textilfaser geworden ist:
- Sie läßt sich leicht färben und bedrucken. Baumwollmaterialien können in allen gewünschten Modefarben und Nuancen hergestellt werden.
- Sie kann leicht durch Zusatzausrüstungen „veredelt" werden. Heute gibt es Baumwollbekleidung, die knitterarm, pflegeleicht, schrumpffest, schmutz- und wasserabstoßend ist und sogar Dauerbügelfalten aufweist.

- Sie ist sehr widerstandsfähig gegen jede Naßbehandlung. Sie läßt sich beispielsweise kochen und schleudern, ohne Schaden zu nehmen. Sowohl im trockenen als auch im nassen Zustand behält sie ihre Dehnungsfähigkeit (acht bis zehn Prozent).
- Sie ist sehr beständig gegenüber Schweiß. Die Farbe oder das Gewebe eines baumwollenen Bekleidungsstückes wird durch Schweiß kaum beeinträchtigt.
- Sie neigt nicht zu elektrostatischer Aufladung. Sie teilt also keine elektrischen Schläge aus und sprüht keine Funken.
- Sie ist sehr beständig gegenüber Licht.
- Ihre Feinheit und Weichheit sorgt dafür, daß sie auf der Haut nicht kratzt und (ungefärbt) auch keine Allergien hervorruft.
- Sie ist mottensicher, denn diese gefräßigen Raubtiere gehen nur an tierisches Eiweiß, also beispielsweise an Wolle.

Die andere Seite
Die Baumwolle hat aber auch einige unerwünschte Eigenschaften:
- Geringe Elastizität, starke Knitterneigung und Tendenz zum Einlaufen. Dies läßt sich zwar durch chemische Verfahren wieder ausgleichen, allerdings kann die Hautfreundlichkeit des behandelten Stoffes darunter leiden.
- Die Baumwolle ist ein guter Wärmeleiter. Diese Eigenart, in heißen Ländern von Vorteil, wird in unseren Breitengraden zur kühlen Jahreszeit im allgemeinen nicht begrüßt. Bei unserem Klima sollte die Wärme möglichst lange erhalten bleiben.
- Baumwolltextilien sind oft stark von Bakterien und Keimen besiedelt. Auch die Begleitstoffe des Schweißes (Salze, Säuren, Hautfette, Schmutz und wieder Bakterien) setzen sich nach dem Verdunsten der Feuchtigkeit in den winzigen Spalten der Baumwollfasern ab. Sie werden erst durch heißes Waschen oder Kochen herausgespült.
- Gegen Schimmelpilze und Sporen, die die bekannten „Stockflecken" verursachen, ist Baumwolle nicht gefeit. Gleiches gilt für Leinen und alle anderen kohlenhydrathaltigen Pflanzenfasern.

Andere Pflanzenfasern

Außer Leinen und Baumwolle werden noch weitere Pflanzenfasern für Textilzwecke verwendet. Einige wichtige Fasern wollen wir kurz betrachten, und zwar in der Reihenfolge ihrer botanischen Zugehörigkeit als Pflanzenbestandteil, weil dies zum Verständnis ihrer Eigenarten besser beiträgt. Dabei ist es besonders interessant, zu welchen Pflanzenfamilien die einzelnen Sorten gehören.

Pflanzenhaare

Zunächst zu den Pflanzenhaaren, auch Samenhaare genannt. Neben der Baumwolle, der bekanntesten Vertreterin dieser Gruppe, gehört der Kapok dazu. Dies sind Samenhaare, die einige Arten des westafrikanischen Baumwollbaums und des indischen Seidenwollbaums im Innern der Fruchtkapseln bilden. Kapok kann nicht versponnen werden, da er nicht fest genug ist. Er gleicht dies jedoch mit anderen Vorzügen aus: Wegen seines ungewöhnlich hohen Luftgehaltes (achtzig Prozent) ist er ein weiches, wärmeisolierendes Füllmaterial, das vor allem in Matratzen verwendet wird. Diese Matratzen dürfen jedoch nicht geklopft werden und sollten möglichst häufig an die Sonne. Auch in Schwimmgürtel kann Kapok eingelegt werden, weil er gepreßt etwa das 37fache seines eigenen Gewichts tragen kann! Außerdem trocknet er sehr schnell. Seine Einsatzmöglichkeiten für die biologische Wärmedämmung sind bei weitem noch nicht ausgeschöpft, wie manche der alten Nutzpflanzen vielleicht einen neuartigen Nutzen bieten könnten, wenn man sie daraufhin untersuchen würde.

Akon ist eine Pflanzenseide und besteht aus den Samenhaaren einiger Schwalbenwurzgewächse. Diese syrische Seidenpflanze stammt aus dem nördlicheren Amerika, läßt sich daher auch in unseren Gärten ziehen. Die langen, seidig glänzenden Haare werden bisher nur in der Polsterei verwendet, da sie zum Verspinnen zu brüchig sind.

Verschiedentlich wurde ohne großen Erfolg versucht, auch unsere einheimischen Pflanzenhaare zu Garnen und Geweben zu verarbeiten. In Frage kamen das Wollgras, die Wolle von Pappeln der Populus-Arten und die Wolle des Rohrkolbens. Verwendet werden sie bisher nur für Polsterzwecke und dann auch nur gemischt mit anderem Material. Der baubiologische Einsatz dürfte kaum geprüft sein!

Stengel- oder Bastfasern
Die nächst größere Gruppe sind die Stengel- oder Bastfasern. Dazu zählt zunächst der Flachs oder Lein, den wir ja schon ausführlich behandelt haben.

Hanf gehört ebenfalls hierzu. Er ist eine Sammelbezeichnung für Pflanzen und Pflanzenfasern unterschiedlicher botanischer Zugehörigkeit. Der eigentliche Hanf (Cannabis sativa) wird in allen fünf Erdteilen angepflanzt, besonders stark in der UdSSR. Der Faseranteil der männlichen Pflanzen beträgt 25, der der weiblichen etwa 15 Prozent der Pflanzenmasse; wobei die Fasern der männlichen Pflanze dicker, die der weiblichen feiner sind.

Abb. 11: Hanfpflanze

Die Faserfarbe variiert zwischen weißlich, hellgrau, grünlich oder gelblich; je heller die Farbe, um so besser die Faserqualität. Die Griffigkeit des Hanfes übertrifft wesentlich die des Flachses.

Die Fasern werden zu einem Garn versponnen, das hauptsächlich zu Bindfäden, Nähgarn, Seilen, Tauen, Netzen und dergleichen verarbeitet wird. Da Hanf bis zu dreißig Prozent seines Eigengewichtes an Feuchtigkeit aufnimmt und dadurch sein Volumen vergrößert, bedient man sich seines Wergs von alters her zum Abdichten von Schiffsplanken, Holzgefäßen, Fässern usw., in der neueren Technik hauptsächlich bei Verbindungen wasserführender Rohre, Pumpen und Armaturen. Der Anwendung von Hanf als Isoliermaterial in der Wärme- und Kältetechnik steht entgegen, daß durch die erwähnte Bereitschaft zur Feuchtigkeitsaufnahme die Isolationsfähigkeit zu sehr schwankt. Seit Jahrzehnten verbraucht die Papierindustrie in steigendem Maße Flockenhanf, da Lumpen als Ausgangsmaterial für die kleine Gruppe der hadernhaltigen Papiere (weniger als ein Prozent der Gesamtpapiermenge) praktisch ausgefallen sind.

Indischer Hanf (Cannabis sativa indica) ist eine Abart. Die weiblichen Blütenstände dieser Hanfsorte sondern vor der Fruchtreife in besonders reichlicher Menge ein Harz ab, das betäubende Stoffe enthält. Daraus kann das Rauschmittel Haschisch (Marihuana) gewonnen werden. Aus diesem Grunde ist der Anbau von Indischem Hanf in der Bundesrepublik Deutschland gesetzlich verboten.

Nessel (Große Brennessel – Urtica dioica) war bis in das 18. Jahrhundert in Europa weit verbreitet. Schon Albertus Magnus erwähnt, daß hieraus Nesseltuch hergestellt wurde, ein üblicherweise ungebleichtes Gewebe nicht brennender (stechender) Nesselfasern. Bei Leipzig hat es eine Nesselmanufaktur gegeben. In den mitteleuropäischen Ländern wurde das Material vielfach für Kleidung, Bettwäsche und Netze verarbeitet. In Süddeutschland und der Schweiz wurden Müllereigewebe daraus gemacht. Das Sammeln der wildwachsenden Großen Brennessel hat heute keine wirtschaftliche Bedeutung mehr, weil die Pflanzen ungleichmäßig reifen – im Gegensatz zur Zuchtnesselpflanze Ramie, die allgemein auch als „Nessel" bezeichnet wird.

Abb. 12: Ramiepflanze

Ramie, ein malaiischer Name für die im tropischen und temperierten Asien beheimateten Brennesselgewächse (ohne Brennhaar) „Boehmeria nivea" und „Boehmeria viridis", wird in allen wärmeren Ländern kultiviert. Ihre Vermehrung erfolgt im allgemeinen durch Stecklinge.

Bereits nach sechs Wochen sind die ersten grünen Stengel verwendbar. Bei einer Lebensdauer von bis zu zehn Jahren kann dreimal jährlich geerntet werden. Der Einsatz von Maschinen trägt zur Rationalisierung der Ernte bei. Auf gleichgroßer Anbaufläche ist der Faserertrag etwa vier- bis fünfmal so hoch wie der bei Baumwolle.

Die Bastfasern der Ramie, als Rohfaser „Chinagras" oder „Rhea" genannt, bestehen – genau wie Flachs – aus reiner Zellulose. Sie sind qualitativ hochwertig und werden, auch gemischt mit Baumwoll-, Woll- und Chemiefasern, zu Ramiegarn versponnen. Diese Garne werden verarbeitet zu Nähzwirn, Tisch- und Bettwäsche, Dekorationstextilien und technischen Geweben, wie Feuerwehrschläuchen und anspruchsvollen Fallschirmstoffen. Trotz der weltweiten Überproduktion von Textilfasern ist nicht auszuschließen, daß eine weitergehende Nutzung der Ramie interessant wird.

Es mehren sich die Stimmen der Hersteller, die lieber heimisch angebaute Ramiefasern bei der Sockenherstellung einsetzen möchten, beispielsweise zur Verstärkung im Fersen- und Zehenbereich, als die neuerdings offenbar stark mit Chemiegiften belastete Jute. Auch melden sich hiesige Landwirte, die gerne Ramiekulturen anbauen möchten.

Die Frage, ob Ramie in unseren Breitengraden erfolgreich angebaut werden kann, läßt sich noch nicht verbindlich beantworten, da es bisher unmöglich war, Samen oder Stecklinge zu beziehen, geschweige denn, praktische Testversuche durchzuführen. Erfahrungen hierüber wären sehr wünschenswert.

Abb. 13: Jutepflanze

Jute zählt zu den Lindengewächsen, ist einjährig und kommt vor allem vom indischen Subkontinent, der über neunzig Prozent der Welternte liefert. Als haltbares Ausgangsmaterial wird Jute für Säcke und Teppichgrundgewebe, für Seile, Läufer, Tischdecken und Dekostoffe häufig verwendet. Abfalljute wird hier und da mit Flachs- und Hanfwerg gemeinsam als Kosmofaser in den Handel gebracht. Gemischt mit Wolle wird sie gelegentlich zu geringwertigeren Wollstoffen verarbeitet. Die sogenannte China-Jute ist dagegen ein Malvengewächs, mit der ersteren nicht verwandt, jedoch leichter zu verspinnen. Sie wird öfter als Ersatz für die eigentliche Jute verwendet.

Kenaf oder Gambo, ein Hibiskusgewächs aus der Malvenfamilie, ist ebenfalls ein Jute-Ersatz. Seiner oft indischen und indonesischen Herkunft wegen wird es auch „Madras-Hanf" oder „Java-Jute" genannt. Aus den besseren Sorten werden feine Gewebe hergestellt

Urena, ein in Indien heimisches Malvengewächs, gehört auch in diese Aufzählung. Wirtschaftlich von geringerer Bedeutung, wird es gleichfalls als Jute-Ersatz genommen.

Sunn kommt aus Indien und Westafrika und wird (unrichtig) auch „Sunnhanf", „Bombayhanf" oder „Crotalariahanf" genannt. Dieser einjährige Schmetterlingsblütler liefert feine und biegsame Fa-

Abb. 14: Faserbanane

sern, die für Schnüre, Seile, Netze und gröbere Gewebe verwendet werden.

Ginster spielt heute allenfalls für Flechtwerke, Seilerwaren und grobe Gewebe eine gewisse Rolle – früher auch als billiger Besen, weil die Fasern elastisch sind. Noch vor 150 Jahren wurden aus Ginster Säcke und leinwandähnliche Tücher, ja sogar Hemden gefertigt, vor allem in Frankreich.

Weide wurde verschiedentlich als Flachs-, Hanf- und Juteersatz für Matten, Stricke, grobe Gewebe, Putz-, Scheuer- und Stopfmaterial eingesetzt. Verwendet werden dabei die Fasern der abgeschälten Rinde.

Manilafaser zählt zu den Bastfasern. Fälschlicherweise wird sie auch als Manila-, Musa- oder Bananenhanf bezeichnet. Sie stammt von der Faserbanane (Musa textilis), die keine eßbaren Früchte trägt. Hauptanbauregionen sind die Philippinen, auf denen sie heimisch ist, und Indien. Die aufbereiteten Fasern werden in drei Handelsklassen unterteilt: die feinsten werden als Tupoz, eine Mittelsorte als Lupis, die gröbste als Bandala gehandelt. Aus ihnen werden Schiffstaue, Netze und ähnliches hergestellt. Im Gemisch mit Seide wurden auch schon Taschentücher und Hemden daraus gefertigt.

Sisal und **Henequén** sind Hartfasern aus den Blättern einiger Agave-Arten. Sisal kommt aus Afrika, Brasilien, Haiti und Madagaskar, während Henequén in Mexico und Kuba angebaut wird. Die Stecklingskultur erbringt nach etwa fünf Jahren Wachstum einen Faserertrag von ungefähr 1.200 Kilogramm pro Hektar jährlich, und zwar auf die Dauer von rund acht Jahren. Für Seile und Schnüre, Netze und Hängematten ist Sisal beson-

Abb. 15: Sisalagave

ders beliebt. Der frühere Hauptausfuhrhafen Sisal in Mexico gab dieser Pflanze bzw. ihrer Faser den Namen!

Mauritius-Hanf ist eine mit dem Sisal verwandte Faserpflanze, die in Brasilien heimisch ist, aber hauptsächlich auf Mauritius angebaut wird. Sie ist weniger wertvoll als Sisal.

Ananasfasern werden als Faserbündel aus den Blättern verschiedener Ananassorten in tropischen Ländern gewonnen. Sie sind relativ weich und werden je nach Feinheit zu Seilen, Schnüren, Gürteln, auf den Philippinen auch zu feinen seidenartigen Geweben (Ananasbatist) verarbeitet.

In den Tropen Südamerikas könnten mehrere Baumarten Fasern liefern. Vielversprechend scheinen vor allem zwei Arten zu sein:

Tucum-Palme (Astrocaryum tucuma) und Demoncus spp., eine Kletterpalme. Die im westlichen Amazonien beheimatete Tucum-Palme erreicht eine Höhe von zwanzig Meter. Ihre Fasern werden von den Indianern als eine der feinsten und haltbarsten im Pflanzenreich besonders geschätzt.

Raphia, eine in Madagaskar beheimatete Palmengattung mit zehn bis zwanzig Meter langen Fiederblättern, liefert aus ihrer Blatthaut den im Garten- und Weinbau zum Anbinden verwendeten Raffiabast. Piassave, die Blattscheidenfaser, wird zur Herstellung von Besen benutzt.

Esparto-Gras (Esparto = spanisch „trockenes Gras") überzieht weite Steppengebiete am westlichen Mittelmeer. Die trockenen, zähen Halme und Blätter heißen in Spanien „Atocha", in Algerien werden sie „Alfa" oder „Halfa" genannt. Sie werden in Nordafrika und Südspanien von den Einheimischen zur Herstellung von Flechtwerk jeglicher Art verwendet. Außerdem dienen sie als Rohstoff für die Papierherstellung.

Typha-Faser schließlich, die Bastfaser der Blätter des in Europa wachsenden Rohrkolbens, wird heute nur noch gelegentlich als Polsterware verwendet.

Die weitgehend naturbelassenen Fasern der Pflanzen sind mir persönlich sympathischer. Es geht mir nicht so sehr um das sichtbare Naturmaterial, sondern um die Erkenntnis, daß starke chemische und mechanische Beeinflussungen die Qualität der Naturwaren in der Regel vermindern – wobei Ausnahmen die Regel nur bestätigen können und obendrein die Umwelt belasten!

Und die Torffaser?
Sei den zwanziger Jahren machen sogenannte Torffasern von sich reden. Hierzu schreibt der Torf-Forscher Johannes Kloss (Stora Lahult, S-31071 Rydöbruk/Schweden) über Kleidung aus Hochmoortorf in „Erde und Kosmos", 3/1979, unter anderem:

„In Not und Krisenzeiten der Vergangenheit haben die Menschen bereits versucht, auch aus Torffasern wärmende Bekleidung zu fertigen. Der jetzt seit mehreren Jahren betriebenen experimentellen Arbeit und demnächst aufzunehmenden Herstellung von Textilien aus Torffasern liegen Hinweise Dr. Rudolf Steiners zugrunde, in denen aus geisteswissenschaftlicher Erkenntnis heraus auf die ernsten, lebensbedrohenden Ereignisse der Gegenwart und Zukunft aufmerksam gemacht wird. Auf die Entwicklung und Herstellung von Torftextilien legte Rudolf Steiner großen Wert. Die 1921 von Henri Smits begonnenen Forschungsarbeiten wurden später von anderen Forschergruppen (R. Hauschka, E. Pfeiffer, H. Erbe) aufgenommen. Zu praktischen Ergebnissen in Gestalt von gebrauchsfähigen Textilien kam es jedoch aufgrund technischer und anderer Schwierigkeiten damals nicht. Die Probleme bei der Herstellung sind vielschichtig und machen, wenn nur wirtschaftliche Erwägungen und konventionelle Beurteilungen im Vordergrund stehen, die Aufnahme einer Fertigung kaum tragbar.

Bei dem Suchen nach den heilenden Wirkstoffen der Torfsubstanz haben Wissenschaftler entdeckt, daß die Huminstoffe des Torfes große Ähnlichkeit haben mit den endogenen Melaninen, jenen Pigmentstoffen, die der menschliche Organismus in der Haut bildet, um sich vor zu starken, schädigenden kosmischen Strahlungen zu schützen...

Durch die moderne Luft- und Raumfahrt sowie die Verwendung von Fluor-Chlor-Kohlenwasserstoffen (in Spraydosen, Kühlaggregaten etc.) wird die Ozonsphäre, die als schützende Hülle unsere Erde umgibt, gestört und somit in ihrer Strahlenschutzfunktion beeinträchtigt. Man rechnet deshalb in den kommenden Jahrzehnten mit einer beträchtlichen Erhöhung des Einfalles an energiereicher kosmischer Strahlung, was unter anderem genetische Schädigungen und eine Vermehrung der Krebserkrankungen zur Folge haben wird. In diesem Zusammenhang kann Torf in Form von Bekleidung, medizinischen Präparaten oder als Baustoff ein geradezu spezifisches Schutz- und Heilmittel sein..."

H. Finsterlin schreibt zur Gewebeherstellung aus Torffasern:
„Die aus dem Torf herausgelesenen Scheiden des Wollgrases werden in einem Bad aus Malvenschleim, etwas Lärchenharz und Äskulus-Extrakt sowie 0,1 Prozent Antimon behandelt. Das Rezept ist eine Angabe Steiners. Hernach werden die Fasern „beatmet", abwechselnd mit Ozon und mit Luft. Dann wird weiterbehandelt wie Schafwolle: kardiert, gesponnen, gewebt.

Es wird ferner daran gearbeitet, Torf zum Medikament in Ölen, Emulsionen und zur Salbe zu verarbeiten. Torf ist auch bereits zu einem Baustoff in Form sehr solide wirkender Backsteine entwickelt worden. Auch gibt es bereits Torf als Innen- und Außenanstrich für bestehende Bauten, die auf diese Weise eine gewisse Isolation gegen Strahlungen erhalten können.

Torftextilien sind verhältnismäßig leicht, gut feuchtigkeitsabsorbierend und werden vor allem als aktiv wärmend empfunden. Dies wirkt sich fördernd auf die periphere Durchblutung und den gesamten Kreislauf aus."

Trotzdem ist und bleibt die Torffaser eine bestenfalls aufgewertete Pflanzenfaser, die den schon beschriebenen Nachteil gegenüber den tierischen Eiweißfasern hat. Da sie außerdem nicht abriebfest ist, muß sie eigentlich mit anderen Fasern versponnen werden. Mischgewebe ziehen aber das Problem nach sich, daß die verschiedenartigen Fasern auch unterschiedliche Pflege benötigen!

Chemiefasern

Die Geschichte der Chemiefasern ist eigentlich noch sehr jung, allerdings hatte sich der Brite Robert Hooke schon 1665 mit dem Gedanken beschäftigt, künstliche Seide herzustellen. „Es müßte möglich sein", meinte er nach Experimenten mit erhitzten Glasstäben, „aus einer künstlichen, leimartigen Masse Fäden nach Art des Seidenwurms zu ziehen." Fast zwei Jahrhunderte lang blieb dies jedoch reine Spekulation.

Friedrich Schönbeins unfreiwilliges Experiment
Im Jahre 1846 brachte eine Zufallsentdeckung neuen Schwung in die Suche nach den künstlichen Fasern. Friedrich Schönbein, seines Zeichens Chemiker, hatte beim Experimentieren in seiner Baseler Wohnung aus Versehen eine Flasche Nitriersäure (ein Gemisch aus Salpeter- und Schwefelsäure) zerbrochen. Schnell wischte er die Lache mit einer Baumwollschürze weg, wusch den nassen Stoff in Wasser aus und hängte ihn zum Trocknen auf den heißen Ofen. Zu seinem Erstaunen explodierte die Schürze kurz darauf. Die Nitriersäure hatte die harmlosen Zellulosefasern der Baumwolle in eine brisante Verbindung umgewandelt. Die Schießbaumwolle war erfunden! Dieses unfreiwillige Experiment brachte Schönbein zu einer neuen wissenschaftlichen Erkenntnis: Zellulose kann durch chemische Eingriffe in ihren Eigenschaften völlig verändert werden. Vielleicht war sie als Ausgangsmaterial für künstliche Fasern geeignet?

Ein Graf macht Furore
Ein Franzose und ein Engländer setzten die Theorie in die Praxis um. Als Pionier der neuen Chemiefaserindustrie gilt Graf Hilaire de Chardonnet, der Vater der Kunstseide. Ihm gelang es nach mehrjährigen Versuchen, aus der zellulosischen Faser Baumwolle künstliche Seide herzustellen.

Chardonnet versetzte Zellulose mit Salpeter- und Schwefelsäure, wie damals Dr. Schönbein, löste die Verbindung in einem Alkohol-Äther-Gemisch und preßte das Ganze durch feine Glasröhren. Dann entfernte er das Lösungsmittel wieder durch Verdampfen und gewann einen festen, seidig glänzenden Faden. Am 17. November 1884 erhielt der Graf sein erstes Kunstseide-Patent – weitere 46 Patente sollten folgen. 1889 machte seine Kunstseide auf der Pariser Weltausstellung Furore, 1891 gründete er die erste Kunstseidenfabrik. Allerdings kam er finanziell auf keinen grünen Zweig, andere Verfahren erwiesen sich als wirtschaftlicher.

Etwa zur gleichen Zeit hatte auch der Brite Joseph Wilson Swan Kunstseide hergestellt. Er erkannte jedoch die Bedeutung dieser Entdeckung nicht, da er eigentlich geeignete Glühfäden für eine von ihm entwickelte elektrische Birne suchte.

Chemiefasern erobern den Weltmarkt

Die entscheidenden Erfindungen, die die Chemiefasern zu weltweit verwendeten Fäden machten und ihre industrielle Herstellung ermöglichten, erfolgten um die Jahrhundertwende. In jener Zeit wurden die grundlegenden Methoden entwickelt, wie sich Zellulose am günstigsten auflösen und in Fadenform bringen läßt: das Viskose-, das Cupro- und das Zellulose-Acetat-Verfahren. Diese drei Verfahren unterscheiden sich vor allem durch das verwendete Lösungsmittel.

Damit war das Grundproblem der Herstellung zellulosischer Fasern in befriedigender Weise geklärt. Die industrielle Massenproduktion konnte anlaufen – die Cellulosics eroberten sich ihren Markt. Schafften sie bis 1930 einen Anteil von drei Prozent an der Weltfaserproduktion, so vervierfachte sich dieser Wert bis 1940 und erreichte 1960 die 18-Prozent-Marke. Dann kam ihr Vormarsch ins Stocken, bis 1975 ging er sogar wieder leicht zurück (auf 14 Prozent).

Der Grund: Seit Anfang der sechziger Jahre ist den Chemiefasern auf Zellulosebasis eine Konkurrenz aus den eigenen Reihen erwachsen: die Synthetics. Die folgende Tabelle zeigt den explosionsartigen Produktionsanstieg der synthetischen Fasern (Anteil an der Weltproduktion):

1950	0,9 %	=	0,100 Mill. t
1960	5,0 %	=	0,700 Mill. t
1970	22,0 %	=	4,900 Mill. t
1975	35,0 %	=	9,500 Mill. t

Chemiefasern aus natürlichen und synthetischen Rohstoffen
Worin liegt der Unterschied zwischen den beiden Chemiefaserarten?

Chemiefasern der ersten Art sind aus Grundstoffen hergestellt, die in der Natur vorkommen: meist aus Zellulose (aus Pflanzenfasern), seltener aus Eiweiß (Grundsubstanz der tierischen Fasern). Diese natürlichen Stoffe werden bei der Verarbeitung chemisch aufgelöst, die Einzelteile werden neu verknüpft (polymerisiert) und die entstandene Masse zuletzt in die spinnbare Fadenform gebracht.

Synthetics sind Produkte des menschlichen Schöpfergeistes. Sie werden aus Grundstoffen fabriziert, die es in der Natur nicht gibt, sondern die erst aus Erdöl, Erdgas oder Kohle gewonnen werden müssen.

Die Herstellung der synthetischen Fasern geschieht im Prinzip ähnlich wie die der zellulosischen: der verflüssigte Rohstoff wird unter Druck durch feine Düsen gepreßt und dann zum Erstarren gebracht. Dabei bildet sich ein fester Faden. Die aus den Düsen einer Spinnstelle austretenden hauchfeinen Fäden werden zu einem Garn zusammengedreht.

Die „natürlichen" Chemiefasern und ihre Eigenschaften
Chemiefasern aus Eiweiß werden vorwiegend in England und Italien hergestellt und unter Markennamen wie Vicara, Lanital oder Fibrolan gehandelt. Mengenmäßig spielen sie keine große Rolle, weil ihre Qualität nicht allzu gut ist.

Nach wie vor bedeutend sind dagegen die Zellulosefasern, vor allem Viskose mit der Weiterentwicklung Modal, in minderem Maße auch Acetat. Eine dritte Sorte hat allerdings das Handtuch geworfen: 1973 wurde die Produktion von „Cupro"-Fasern eingestellt.

Viskose ist die verbreitetste Zellulosefaser. Ihr Anteil an der Weltproduktion ist doppelt so groß wie der der Wolle und steigt noch, weil sie seit neuestem „im Trend" liegt. Nach Ansicht des Textilexperten Dr. Fahl kann sie folgende Pluspunkte für sich verbuchen:
- Sie läßt sich leicht mit anderen Fasern mischen.
- Man kann sie fein ausspinnen.
- Man kann sie mit leuchtenden Farben bedrucken und färben.
- Sie kann zu eleganten Kleidern verarbeitet werden.
- Sie ist sehr preiswert.

Gegenüber Waschen ist die Viskose jedoch empfindlich. Auf jeden Fall empfiehlt es sich, den Schongang der Waschmaschine einzulegen und die in nassem Zustand recht unelastische Viskose-Wäsche nicht auszuwringen.

Bei Modal-Fasern, einer Weiterentwicklung der Viskose, treten solche Waschschwierigkeiten nicht auf, dieser Stoff ist jedoch teurer.

Acetat-Fasern bestehen aus einer chemischen Verbindung von Zellulose und Essigsäure. Sie sind nicht so saugfähig wie Viskose, dafür aber pflegeleicht wie die Synthetics. In Griff und Glanz ähneln sie der Naturseide.

Allgemein gilt für die Chemiefasern aus Zellulose oder Eiweiß: Sie sind nicht nur aus dem gleichen Grundmaterial wie die Pflanzenfasern, sondern stehen diesen auch in ihren Eigenschaften nahe – ohne sie allerdings voll zu erreichen. Vor allem ihr Warmhaltevermögen ist gering; dieser Mangel läßt sich nicht einmal durch künstliche Kräuselung des Garns ganz ausgleichen, obwohl dies Luftschichten im Gewebe schafft.

Ihre Verbreitung erscheint auch in Zukunft gesichert, denn sie haben einen wichtigen Pluspunkt: den günstigen Preis. Und der zählt in der Konsumgesellschaft...

Synthetics – Fasern nach Maß
Der überragende Erfolg der Kunstfasern in einer immer stärker von Computern geprägten Wohlstandszivilisation ist kein Zufall. Die „Industrievereinigung Chemiefaser" erläutert in ihrer Broschüre, warum die neuen Fasern so nahtlos in unsere Zeit passen: *„Die Chemiefaser ist schon bei der Herstellung programmierbar. Die gewünschten Einsatzgebiete und Verarbeitungsmethoden entscheiden darüber, welche Eigenschaften die Chemiker in die Faser einbauen: Temperaturbeständigkeit, Reißfestigkeit, Elastizität oder Bauschigkeit, alles ist nahezu beliebig variierbar."*

Dies gilt in besonderem Maße für die synthetischen Fasern, von denen man mit gutem Gewissen sagen kann, daß es für (fast) jeden Gebrauch eine spezielle Sorte gibt. So werden heute Synthetics in den unterschiedlichsten Bereichen verwendet: als Einlage in Flugzeugreifen, als Fischnetz für die Hochseefischerei, als Weltraumanzug für Astronauten, als Bodenbelag im Supermarkt, als Schutzschicht in der Industrie – und nicht zuletzt als ganz normale Kleidung im Alltag.

Die bekanntesten Synthetikfasern sind (in Klammern beispielhaft einige Markennamen):
Polyamid   (Nylon, Dorix u.a.)
Polyester   (Dacron, Diolen, Trevira u.a.)
Polyacryl   (Dralon, Dunova, Dolan)
Elastan   (Dorlastan, Lycra)
Polychlorid (Clevyl, Rhovyl)

Synthetische Fasern und Wohlbefinden
Synthetikfasern haben im allgemeinen den technischen Vorzug, daß sie reißfest, beständig gegen chemische Einflüsse, von geringem Gewicht, preiswert und pflegeleicht sind. Sie stehen nicht auf dem Speiseplan von Motten, ebensowenig wie Cellulosics.

Zunächst gilt es anzuerkennen, daß einige Eigenschaften dieser Fasern – zum Beispiel Pflege und geringer Preis – durchaus das Interesse des Käufers erhöhen können. Auch ihr geringes Gewicht, ihre Leichtigkeit wird von manchen Trägern als angenehm empfunden. Dennoch sollten Sie über einige Nachteile Bescheid wissen:

Starke elektrostatische Aufladung
Unbehandelte Synthetics haben die Eigenart, sich elektrostatisch aufzuladen. Diese Gewebe bestehen aus Kunststoffen, die ein hohes elektrisches Isoliervermögen haben; durch sie können die in der Materie normalerweise gleichmäßig verteilten elektrischen Ladungen (Nullpotential) leicht durch Reibung voneinander getrennt werden. Auf der Oberfläche bildet sich eine positive, im Innern eine negative Ladung. Durch die erwähnte Isoliereigenschaft wird ein Spannungsausgleich zeitlich erheblich verzögert.

So erklärt es sich, daß beim Ausziehen eines synthetischen Kleidungsstücks (größte Reibung) die bekannten Erscheinungen wie „Kleben", Knistern und – allerdings nur bei Dunkelheit erkennbar – ein bläuliches Leuchten oder sogar Funken auftreten. Deshalb kann auch beim Berühren eines durch Reibung aufgeladenen Kleidungsstücks mit einem Körperteil oder anderem Gegenstand von geringerer Oberflächenspannung ein spontaner Spannungsausgleich erfolgen. Weil sich dieser Vorgang zwischen dem Gewebe und der Haut abspielt – vermutlich nicht in den menschlichen Körper eindringt – und er dem Gehirn signalisiert wird, registrieren sensible Menschen dies als störende bis unangenehme Empfindung. Daher der vielfach geübte Vergleich mit elektrischen Schlägen.

Voraussetzung für eine Aufladung ist absolute Trockenheit des Materials. Bei angefeuchteten Textilien treten die beschriebenen Erscheinungen nicht auf, da Wasser die Isoliereigenschaft beträchtlich herabsetzt und die vom Träger erzeugte Energie ableiten kann.

Da bei der Weiterverarbeitung das Material größter Reibung durch automatisch-maschinelle Bearbeitung ausgesetzt ist, wurde hier die erhöhte elektrostatische Aufladung zum Problem. Durch den Zusatz von oberflächenaktiven Verbindungen (antistatischen Mitteln) im Verlauf der Ausrüstung konnte dieses Problem gelöst werden.

Die Informationsstellen der herstellenden Industrie meinen, daß bei den heute angebotenen Synthetics im allgemeinen keine elektrostatische Aufladung mehr zu befürchten sei.

Die Hautatmung wird behindert

Bei synthetischen Fasern liegen die Moleküle in der Regel dicht nebeneinander; das hat zur Folge, daß nur wenig Wasser oder Luft in die Fasern eindringen kann. Diese Eigenart ist für den Träger unangenehm und ungesund, wenn dichtgewebte Synthetikfasern körpereng auf der Haut liegen.

Die Poren können dann nicht mehr ungehindert atmen, der Feuchtigkeitsaustausch zwischen Körper und Außenluft ist gestört. Sehr bald fühlt sich die Haut feucht an, besonders bei körperlicher Anstrengung, weil Feuchte und Wärme nicht nach außen abgeleitet werden. Beim Verdunsten dieser Feuchtigkeit entsteht eine leichte Verdunstungskälte, die ein Frösteln, im Extremfall eine Erkältung bescheren kann.

Als Abhilfe verweist die Chemiefaserindustrie auf Mischgarne, wie Synthetik/Baumwolle oder Synthetik/Viskose, in denen die Haut wesentlich leichter atmet.

Synthetics geben nur geringen Wärmeschutz

Wie erwähnt, enthalten die normalen Synthetics wenig isolierende Luft in ihren Fasern und können deshalb weder die kalte Außenluft wirksam abhalten noch die Körperwärme bewahren. Mit einer künstlichen Kräuselung des Garns, wie bei den Cellulosics, werden zwar zusätzliche Luftschichten geschaffen, so daß ein gewisser Wärmeschutz entsteht, ein wohlig-wärmendes Gefühl wie in Wolle oder Seide stellt sich dennoch nicht ein.

Fazit
Als Fazit bleibt festzuhalten: Chemiefasern prägen unsere heutige Zivilisation, in vielen Bereichen scheinen sie unentbehrlich. Auch als preiswertes und praktisches Textilmaterial spricht vieles für sie. In einem Punkt jedoch müssen die Fasern nach Maß trotz aller Vorzüge passen: Das menschliche Empfinden kann sich nicht so recht mit ihnen anfreunden, es fühlt sich von ihrer Perfektion, ihrer Kälte oder Hitze eher abgestoßen.

Rund elf Wochen nach der Aussaat öffnen sich die ersten Baumwollblüten, die nach zwei Tagen rosa werden und an die Hibiskus-Blüten erinnern, zu denen sie als Malvengewächs auch gehören. „Gossypium" ist der wohlklingende lateinische Name der Baumwolle. Das blühende Feld wird durch Insekten, meist durch Selbstbefruchtung, bestäubt.

Nach der Blüte verwandelt sich der im Kelch der Baumwollpflanze sitzende Fruchtknoten in eine bis hühnereigroße Kapsel.

Sieben bis zehn Wochen nach der Blüte springt die reife Baumwollkapsel auf und läßt ihre Samenhaare herausquellen.

Bei der gering bezahlten Baumwollernte von Hand wurden die unterschiedlich reifen Samenkapseln herausgesucht, um eine einheitliche Qualität zu erhalten.

Moderne Baumwollpflückmaschinen ernten um ein Vielfaches schneller, setzen jedoch ein vorheriges Entlauben der Sträucher voraus, damit gleichmäßig reife Ware geerntet werden kann.

Eine Baumwollkapsel enthält etwa dreißig solcher Samen, an denen wiederum jeweils zwei- bis siebentausend Samenhaare sitzen.

Baumwollsaat, links mit den feinen Samenhärchen, Linters genannt, die „eingeschmolzen" und zu Viskose-Fäden gesponnen werden – rechts das blanke Saatgut.

Teil III

Be- und Verarbeitung von Textilien und Fellen

Fasern im Vergleich

Die speziellen Eignungen und manche Besonderheiten der Textilien unterschiedlichen Fasermaterials können wir uns leichter erklären, wenn wir die Eigenarten der Fasern näher kennen. Das kann beim Kauf, beim Gebrauch und bei der Pflege eine große Hilfe sein. Deshalb sind in der umseitigen Tabelle 4 einige typische Eigenschaften der wichtigsten Textilrohfasern aufgelistet, die in wissenschaftlichen Untersuchungen ermittelt wurden.

Diese vergleichenden Meßwerte sagen einem nüchtern rechnenden und analytisch denkenden Menschen sicher einiges. Sie erklären jedoch nicht alles – vor allem sagen sie nichts aus über den bekleidungsphysiologischen Wert der Fasern und der daraus gefertigten Textilien für den am Körper weniger messenden, sondern empfindenden Menschen. Trotzdem sollen diese Werte in der Reihenfolge der Tabelle kurz erklärt und die wesentlichen Unterschiede erläutert werden.

- ○ Wolle verliert naß einiges an Substanzfestigkeit – und zwar bis zur Hälfte. Bei Seide ist der Festigkeitsabfall relativ gering, und bei Baumwolle, Leinen und Ramie nimmt die Festigkeit bei Nässe sogar etwas zu.
- ○ Bei der Dehnbarkeit der Fasern in trockenem und nassem Zustand schnitt die Wolle gut ab: Sie hielt mit 33 bis 49 Prozent (naß sogar 35 bis 59 Prozent) die Spitze, gefolgt von Acetat, Nylon, Viskose und Seide. Erst mit weitem Abstand folgen Baumwolle, schließlich Ramie und als Schlußlicht Flachs/Lein.
- ○ Das spezifische Gewicht (Gewicht pro Volumen) der verglichenen Fasern lag zwischen 1,33 bei Wolle, die als leichteste Faser galt (wobei das als extrem leicht geltende Angorahaar nicht besonders untersucht und bewertet zu sein scheint) und 1,52 bei der dichtesten Faser, einem Viskose-Acetatseide-Gemisch.

Tab. 4: Eigenschaften der Textilfasern
Autoren der Untersuchungen: Nr. 1 und 2 Schmidhäuser/van Gorp (1955); 3 Heermann/Herzog (1031); 4 Schickhardt; 5a Rees; 5b Susisch/Baker; 5c Tomsen/Traill; 5 Doehmer (1935); 7 und 8 Doehner/Reumuth (1964); Traill

Art der Untersuchung und Belastung (gerundete Werte)
1. Substanzfestigkeit in kg/mm²   a) in trockenem Zustand
b) in nassem Zustand
2. Dehnbarkeit der Fasern in %   a) trocken
b) naß
3. Spezifisches Gewicht (Körpergewicht je cm³)
4. Elastisches Arbeitsvermögen (cm/g), in etwa vergleichbar der "Lebendigkeit" der Faser
5. a) Druckerholungsfähigkeit generell in %
b) sofortige Erholungsfähigkeit nach 10%iger Streckung
c) ... malige Knickung bei 180° bis zum Bruch (in Tausend)
6. Reißlänge in km

7. Feuchtigkeitsaufnahme in % des Trockengewichts bei relativer Luftfeuchtigkeit von   30%
                                                  65%
                                                  100%

8. Trocknungszeiten in Feuchträumen aufgehängter Fasern bei 90 °C u. 0,5 m/s Wind (in Minuten)
9. Wärmeabgabe des Fasermaterials bei Feuchteaufnahme (Wärme in cal/g der Faser)   1) Merinowolle   2) Japanseide

					getestet wurden folgende Rohstoffasern:					
Schaf-wolle	Seide	Baum-wolle	Flachs Lein	Ramie	Jute	Vis-kose	Acetat	Nylon	Perlon	Poly-amid	Poly-ester
14 – 29	50 – 60	49 – 65		91 – 96		24 – 39	16 – 21				
12 – 15	49 – 52	50 – 67		107 – 109		11 – 19	10 – 12				
33 – 49	Ø 17	7 – 9	Ø 1,8	Ø 2,3		Ø 18	Ø 29	Ø 20			
35 – 59	Ø 30	7,2 – 8,9	Ø 2,2	Ø 2,4		Ø 24	Ø 32	Ø 25			
1,33	1,36	1,50	1,46		1,44	0,5 = 1,52	0,5 = 1,52	0,5 = 1,52	0,5 = 1,52		
23 – 28		17				20	6		4		35
56						31			53		
40						22			28		
20						0,075			20		
8	50	25	52		32						
10,5 17 35.	6 11 24	5 8,5 28				6 13 40	1,8 6,5 12		2 4,2 7,5		
120	180	100				240			11		
1) 27,4	2) 19,8	11				25		7,6			1,36

○ Zusätzlich zu den noch folgenden Tabellenpunkten ist es sinnvoll, die Knitter-Erholungsfähigkeit zu betrachten. Sie ist ein wichtiger Faktor bei der Pflege. 1961 wurde sie von zwei Wissenschaftlern getestet. Dabei zeigte sich, daß nach gleicher knittertypischer Belastung durch Druck und Temperatur und gleicher Erholungsmöglichkeit, sich Wolle nach einem Tag bereits soweit regeneriert hatte, daß nur noch ein Knitterwinkel von 0,1 Millimeter festzustellen war, bei Polyacryl dagegen noch 0,19, bei Polyester und bei Viskose-Acetat-Mischfaser sogar 0,64 Millimeter. Durch Anti-Knitterausrüstung kann die Knitterneigung mancher Fasern und Gewebe beachtlich vermindert werden, war bei Vergleichsmessungen aber trotzdem noch sechs- bis 36mal stärker als bei Wolle.

○ Das elastische Arbeitsvermögen der Wolle, das mit Lebendigkeit gleichgesetzt werden kann, wurde im Test nur von der Polyesterfaser übertroffen, während sie Viskose und Baumwolle beachtlich überflügelte und Acetatseide wie Perlon weit hinter sich ließ.

○ Auch schnitt Wolle bei der Druckerholungsfähigkeit mit 56 Prozent im allgemeinen und vierzig Prozent nach zehnprozentiger Streckung recht gut ab, im Vergleich mit der Polyamidfaser oder gar Viskose.

Zum Bruch (Bruchfestigkeit) kam es bei Wolle wie bei der Polyamidfaser erst nach zwanzigtausendmaliger Knickung bei plus 180 Grad Celsius, während die Viskosefaser bereits bei 75 Knicks entzwei war.

○ Bei der faservergleichenden Reißlänge zeigten sich folgende Werte: Wolle schneidet mit 8,5 Kilometer verhältnismäßig schwach ab. Baumwolle liegt mit 25 gut im Rennen, bzw. Reißen. Jute erwies sich mit 32 Kilometer als beachtlich zäh und Flachs, bzw. Lein hielt die Reißspitze mit 52!

○ Für die Feuchtigkeitsaufnahme werden von den einzelnen Textil- wie Rohfaserlieferanten beziehungsweise Herstellern oft sehr optimistische Angaben aus völlig unterschiedlichen Messungen genannt, so daß die wissenschaftliche Aussage hier ein besonderes Gewicht erhält. Das Feuchtigkeitsaufnahmevermögen der Wolle wird mit durchschnittlich 35 Prozent bei hundertprozentiger Luftfeuchte angegeben. Darin wird sie nur noch von der Viskose mit vierzig Prozent übertroffen.

○ Neben der Feuchtigkeitsaufnahme ist auch das Feuchtigkeitshaltevermögen von Textilfasern wichtig. Es reicht absteigend von gewaschener Schafwolle (14,5 Prozent) über Viskose (um 13 Prozent), Cupro (12,5), entbasteter Naturseide (9,5), Leinen (8,5), Rohbaumwolle (8,0), Acetat (6,2), Nylon (4,0), Perlon (3,6), Triacetat (3,5), Acryl (1,0), Polyester (0,6) bis Polypropylen (0,0 Prozent).

○ Relativ wichtig ist auch die Trocknungszeit, die bei Perlon extrem kurz ist (wo nicht viel Feuchtigkeit aufgenommen wird, dauert die Trocknung auch weniger lang!). Wie wesentlich oder unwesentlich eine rasche Trocknung im Vergleich zu einer kontinuierlichen Feuchtigkeitsabgabe für das Wohlbefinden(!) des Trägers ist, wird unter kleidungsphysiologischen Gesichtspunkten an anderer Stelle noch ausführlicher behandelt.

○ Zum Thema Wärmeabgabe des Fasermaterials bei Feuchteaufnahme sagt die Tabelle nicht mehr, aber auch nicht weniger, als daß die Wolle bei Feuchteaufnahme rund zwanzigmal mehr Wärme ausstrahlt als ein Polyestergewebe, fast viermal mehr als Nylon und mehr als doppelt soviel wie Baumwolle. Nur Viskose weist ähnliche Werte auf, und Seide liegt zwischen Wolle und Baumwolle noch recht gut.

Diese nüchternen Zahlen zeigen deutlicher als alle einseitigen Werbeaussagen, warum Wolle unter extremen Feuchtigkeitsbedingungen den Träger noch beachtlich wärmt und so vor Erkältungen schützt. Unter Wolle wird hier natürlich nur naturreine Schafschurwolle verstanden!

Noch ein Wort zu Asbest (was griechisch soviel wie unvergänglich/unauslöschlich bedeutet): Es ist faseriges, säure- und feuerfestes Material aus Hornblende, Serpentin oder Chrysotil, welches deshalb für Schutzanzüge, Theaterdekorationen und Baumaterial verwendet wurde – seit einiger Zeit jedoch wegen krebserregender Wirkung gemieden werden soll.

Von der Wolle zum Faden

Am Beispiel der Wolle wollen wir kurz die wichtigsten Arbeitsgänge der industriellen Herstellung eines „spinnfähigen" Fadens verfolgen. Einige dieser Schritte werden auch bei der Baumwolle und anderen Naturfasern angewendet.

1. Sortieren: Die Rohwolle wird auf dem Sortiertisch nach ihrer unterschiedlichen Feinheit und Reinheit aufgeteilt.
2. Das Wolfen dient dazu, die sortierte, aber immer noch in Vliesstücken zusammenhängende Wolle aufzulockern. Dazu benutzt man den „Rohwollöffner", eine mit Stahlstiften versehene Drehtrommel.
3. Das Waschen findet im großen Stil im sogenannten Leviathan statt, einer speziellen Wollwaschmaschine, die aus mehreren Trögen und Siebböden besteht. Große Rechen bewegen die Wolle vorwärts, während ihr eine warme Waschlauge entgegenströmt. Zuletzt wird die Wolle ausgespült und anschließend getrocknet. Aus dem Waschbad kann übrigens das bereits ausführlich beschriebene Rohwollfett zurückgewonnen und – in gereinigter Form – zu Hautcreme weiterverarbeitet werden.
4. Schmälzen: Um die getrocknete Wolle gleitfähiger und geschmeidiger zu machen, wird sie mit organischen Ölen besprüht. Diesen Vorgang nennt der Fachmann Schmälzen.
5. Beim Krempeln wird aus den wirren Faserbündeln ein feiner Flor gebildet, der in Faserbänder aufgeteilt wird.
6. Das Kämmen wird nur bei Kammgarnen vorgenommen. Dabei werden erstens die noch verbliebenen Unreinheiten entfernt und zweitens die zu kurzen Fasern ausgekämmt. Zuletzt erhält man ein Kammgarnzugband mit parallel liegenden Fasern.

Die Ausgangsprodukte für den nächsten Schritt, das Verspinnen, sind bei der Wolle Kammzug (für Kammgarne) und Faserband (für Streichgarne).

Spinnen

Wir sollten uns zunächst einmal mit der Entwicklungsgeschichte des Spinnens, genaugenommen der Fadenherstellung, beschäftigen. Natürlich gibt es heute hochleistungsfähige Spinntechniken in modernen Industriebetrieben. Aber auf keinem Sektor der technisierten Verarbeitung von Rohstoffen hat sich mit zäher Beharrlichkeit auch das ursprüngliche Herstellungsverfahren – hier also das Handspinnen – so am Leben gehalten wie in diesem Bereich. Handspinnen ist sogar wieder im Kommen.

Seit alters her wird gesponnen
Wir wissen nicht genau, ab wann unsere Vorfahren außer den Tierfellen und -häuten auch Bekleidungsstücke aus Geflechten und Geweben herstellten. Die ersten Anfänge werden in der mittleren Steinzeit vermutet. Nach dem Flechten, was einfacher zu gestalten war, kam man irgendwann in der Textilentwicklung zur Handspindel. Die Handspindel ist ein sich nach beiden Seiten verjüngendes Holzstäbchen, dem unten meist ein rollenartiges Gebilde – später als Wirtel bezeichnet – aufgesteckt wurde. Der Wirtel bestand aus einer aus Holz gedrechselten Scheibe oder aus Porzellan, bei der Türkenspindel aus zwei gekreuzten Holzstückchen.

Vor dem Spinnen wurde das Spinngut vorbereitet, indem das Fasermaterial um einen senkrechten Stab herumgeschlungen wurde, der als Spinnrocken, Kunkel oder Wocken bekannt ist. Mit der einen Hand wurden hieraus einzelne Faserbüschel herausgezupft und mit der anderen Hand unter ständigem Drehen der Spindel zu einem mehr oder weniger gleichmäßigen Faden geformt, eben gesponnen. Die Spindel nahm den handgesponnenen Faden auf, der auch schon als Garn bezeichnet wurde.

Wie im alten Griechenland, lange vor unserer Zeitrechnung, und bei den Römern gesponnen wurde, ist im *Lexikon der Alten Welt* nachzulesen:

„*Die geschorene Wolle wurde in heißem Wasser mit Seifenkraut gewaschen, getrocknet, geklopft und die verfilzten Fäden lockergezupft. Beim darauffolgenden Krempeln wurden Wolle oder Leinen*

(Flachs) mit einer Art Kamm aufgelockert und geordnet. Jetzt konnte, falls gewünscht, das Färben erfolgen. Um das Spinnen zu erleichtern, stellte man durch Ausziehen der gekrempelten Fasern, die man auf der Wade oder dem Schenkel oder mit einem dazu geeigneten Gerät glattrieb, ein ungedrehtes Vorgarn her.

Beim Spinnen nahm die Spinnerin den mit Wolle oder Flachs umwickelten Wocken in die Linke; mit der Rechten zog sie einen Faden aus dem Wocken, drehte ihn mit den Fingerspitzen zusammen und befestigte ihn an dem Haken der Spindel, die aus einer Stange und dem Wirtel bestand, der das Drehen der Spindel erleichtern sollte.

Indem die Spinnerin den Faden aus dem Wocken länger auszog, mit Daumen und Zeigefinger drehte und zugleich anfeuchtete, rotierte die Spindel; der Faden wurde fester und dichter und wickelte sich um die Stange. Ein starker, fester Faden wurde beim Weben für die Kette gebraucht, ein weicher, dünner für den Schuß (Einschlag), der später vom Walker für die rauhe Seite des Tuches aufgekratzt wurde.

Unebenheiten des Fadens wurden gleich mit den Zähnen abgebissen. War die Spindel voll, riß man den Faden ab, streifte den Knäuel von der Spindel und bewahrte ihn in einem Korb."

Ich selbst spinne lieber die ungewaschene Rohwolle, wie sie vom Schaf kommt, weiche die gezwirnten Rohwoll-Stränge (zweimal) über Nacht zur Reinigung in Regenwasser ein und lasse sie im Schatten trocknen. So wird sie sauber und behält noch etwas den urigen Schafwollgeruch und einen Teil des milden Heil-Wollfettes.

Dieser ursprüngliche Handspinnvorgang wurde im Laufe der Jahrhunderte zu einem Spinnrad weiterentwickelt, zunächst als Handspinnrad, das durch eine Handkurbel bewegt wurde.

Vom Hand- zum Fußspinnrad war es dann nur noch ein kleiner Schritt, den Johann Jürgens aus Braunschweig 1530 vollzog, indem er ein Trittrad entwickelte, das den Handspinnvorgang erheblich beschleunigte.

Vorteile des Handspinnens

Wenn wir die drei Arbeitsvorgänge Ausziehen (Verzug), Drehen und Aufwenden grundsätzlich betrachten, wird auch heute noch so gesponnen. Unter Handspinnen versteht man mittlerweile allgemein eher das Spinnen mit dem Spinnrad, bei dem die Wollfasern mit den Händen eingegeben werden. Im Gegensatz dazu steht das motori-

Abb. 16
Diese Zeichnung nach einer Handschrift aus dem 14. Jahrhundert zeigt die europäische Nachahmung eines ostasiatischen Spinnrades. (aus „Das komplette Spinnbuch")

sierte Maschinenspinnen, bei dem die gewaschene und gekämmte (kardierte) Wolle so aufbereitet wird, daß eine „fließende" Wollbahn entsteht – diese kann laufend eingezogen werden. Motordrehung, Mechanik und Geschwindigkeit können die Wolle nicht wertvoller machen, auch wenn der herauskommende Faden maschinell gesponnen gleichmäßiger sein kann, aber nicht muß. „Handspinnen" sollten wir aber zuerst einmal als den Umgang mit einer Handspindel verstehen, die Sie sich sogar selbst bauen können. Das ist beileibe keine „Arme-Leute-Spinnmethode" für diejenigen, die sich kein Spinnrad leisten können. Vielmehr sollten Sie mit der Handspindel beginnen, um ein besseres Gefühl für die Wollhaarfasern und ihre Struktur, für die Unterschiede der Wollqualität und den „aus der Hand zu gestaltenden" Wollfaden zu bekommen. Erst wenn Sie problemlos mit der

Handspindel umgehen können und einen befriedigenden Wollfaden produzieren, sollten Sie zum Spinnrad übergehen – vorher nicht!

Ich habe Frau Hagen aus Suhlendorf kennengelernt und gesehen, was für wundervolle Teppiche und welch anschmiegsame, weiche Bettdecken aus dem „nur" mit der Handspindel versponnenen Material entstanden sind. Zwar war die Wolle von ihren sorgsam gehegten Milchschafen außergewöhnlich sauber und überdies schön lang – aber ihre beiden Spinnräder ließ sie in der Ecke stehen, weil sie den mit der Handspindel gestalteten, unregelmäßigeren Faden hierfür bevorzugte.

Die verschiedenen Typen von Handspindeln und Spinnrädern werden übrigens von Eunice Svinicki in *Spinnen und Färben* sehr anschaulich geschildert, samt Kurzanleitung für den Selbstbau von Handspindeln.

Und noch eins: Nur der Anfang ist beim Spinnen scheinbar schwer, bis Sie genügend Übung haben. Dann geht es leicht von der Hand. Bereits am zweiten Tag können Sie sich nebenbei gut unterhalten oder besser, Sie können sich gut unterhalten und nebenbei spinnen!

Der „Geduldsfaden" und andere volkstümliche Ausdrücke deuten darauf hin, wie wesentlich und gesellschaftsfähig das Spinnen seinerzeit war. Wie gesagt, braucht man die Geduld aber nur am Anfang, bis die Übung vorhanden ist.

Das Wollspinnrad – Mechanik und wiegende Harmonie

Wir können nach dem Verwendungszweck drei Typen von Spinnrädern unterscheiden:
- Das Flachsrad, das auch für Wolle genommen werden kann, jedoch einen feinen und harten Faden liefert,
- das Woll-Produktionsrad, mit dem kurzhaarige Bergschafwolle für ein lodenähnliches Jägertuch, auch „Bündner Tuch" genannt, verarbeitet wird und
- das typische Wollspinnrad (Abb. 17), das wir etwas genauer ansehen wollen.

Dieses Spinnrad hat im allgemeinen ein kleineres Antriebsrad als die beiden anderen Modelle, der Spulendurchmesser ist aber ziemlich groß. So ist das Übersetzungsverhältnis gemildert.

Erna Bächi-Nussbauer erklärt: *„Der wichtigste Unterschied zu den beiden anderen Modellen ist aber die Anordnung des Trittbrettes, das bei der Ferse weit über die Achse herausragt und dem Fuße so eine Wiegebewegung ermöglicht. Es kann also nach vorne und hinten getreten werden, ist vom Durchmesser des Antriebsrades völlig unabhängig, und man kann nach Belieben und Bedarf mit einer ununterbrochenen Wiegebewegung ganz langsam oder auch schnell treten. Die Spinnerin hat also beliebig Zeit, für einen weichen, fingerdicken Faden die Wolle vorzubereiten oder mehrere Farben nebeneinander einzugeben, auch einen hauchdünnen feinen Faden entstehen zu lassen."*

Wer interessiert ist, das Handspinnen richtig zu erlernen, findet im Anhang ein Verzeichnis mehrerer Veranstalter von Spinnkursen mit unterschiedlichen Programmen.

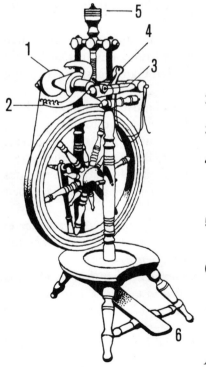

1. Endstück der Spule mit großem Durchmesser

2. Große Haken am Flügel

3. Große Bohrung am Wirtelhals

4. Stift zur Regulierung der Bremse (überlappendes Filzlager)

5. Holzschraube zur Regulierung der Antriebsschnur

6. Wiegetrittbrett

Abb. 17: Wollspinnrad

Handspinnen als Therapie und Ausgleich

Wir wollen es hier nicht allein mit der allzu technischen Beschreibung des Handspinnvorganges bewenden lassen. Das Spinnen hat für den Ausübenden eine tiefergehende Bedeutung, als nur einen Faden zu produzieren.

Das bekannte Sprichwort „Spinnen am Abend – erquickend und labend, Spinnen am Morgen bringt Kummer und Sorgen" habe ich bisher noch nicht überzeugend gedeutet bekommen. Das labende, erholsame Spinnen am Abend, als Ausgleich nach der früher üblichen schweren körperlichen Feldarbeit, kann man sich leicht erklären. Aber warum soll das Spinnen am Morgen so kummervoll wirken? Ich kann es mir nur so erklären, daß das abendliche Spinnen zwar als ernste Freizeitbeschäftigung, aber eben auch als Hobby gesehen wurde. Man konnte dabei im damals noch selbstverständlichen familiären Rahmen, in häuslicher Gemeinschaft oder, unter den Dorfschönen, zum nachbarlich gemütlichen und neuigkeitsträchtigen Plausch zusammenkommen und das gesellschaftliche Leben auf diese Weise genießen.

Wer morgens schon spinnen mußte, war auf diese nicht sonderlich gut bezahlte Arbeit angewiesen und hatte Mühe, davon sein Dasein zu fristen. Kummer und Not waren bei den Ganztagsspinnern wohl oft die steten Begleiter.

Wie auch immer – heute gewinnt das Handspinnen nicht zuletzt wegen seiner seelisch ausgleichenden Wirkung an Verbreitung. Wenn wir bedenken, welchen Belastungen der heutige Mensch ausgesetzt ist – Lärm, Hektik, Streß, Ängste, Furcht, Bedrängnisse aller Art – können wir uns gut vorstellen, daß eine fließende Tätigkeit wie das gekonnte Handspinnen uns zu mehr innerer Ruhe und Gelassenheit verhelfen kann.

Dies glaubt auch Juliane Endlich vom *Verein für ein erweitertes Heilwesen*, Bad Liebenzell: *„Die zunehmenden Herzkrankheiten sowie die große Gruppe der psychosomatischen Erkrankungen haben nicht zuletzt ihre Ursache in unserer modernen Lebensform. Das stellt die Medizin vor ganz neue Probleme, und so versucht man heute, in der Behandlung neue Wege zu gehen, indem man auch künstlerische Therapie und Beschäftigungstherapie aufgreift.*

Anthroposophische Ärzte, deren Behandlungsmethoden sich auf die geisteswissenschaftlichen Erkenntnisse und die Menschenkunde

Rudolf Steiners gründen, raten ihren Patienten neben Heileurythmie, Musiktherapie und Malen auch immer häufiger zum Spinnen und Weben."

In den letzten Jahrzehnten wurde Spinnen und Weben nur noch von einer kleinen Gruppe Individualisten gepflegt, die das Bedürfnis hatten, sich mit Handwerklichem und Natürlichem zu umgeben, und in denen noch etwas lebendig war von der alten Tradition des Kunsthandwerks. Heute werden diese Tätigkeiten nun auch aus therapeutischer Sicht wieder aktuell – und weil es Freude macht!

Spinnen heißt Drallen
Wer keinerlei Erfahrungen hat, kann sich unter Spinnen meist nichts Genaues vorstellen. Deshalb nochmals eine kurze Erläuterung. Spinnen bedeutet, den einzelnen verschieden langen Wollfasern, die immer zu mehreren gleichzeitig aus dem Wollvlies gezogen werden, durch mechanische Bewegung – mit Handspindel oder Spinnrad – rechts- oder linksherum einen Drall zu geben, so daß ein Faden entsteht.

Wenig Drall ergibt einen lockeren Faden, stärker gedrallt, wird der Faden härter und schließlich zur Wollschnur. Dieser ist zwar reißfester und strapazierfähiger, enthält aber weniger Luft, so daß die später daraus hergestellten Gewebe bei Hitze oder Kälte weniger gut isolierend und ausgleichend wirken können. Gerade das sind aber die besonderen Vorzüge eines Wollgewebes und -gestrickes, auf die man nicht gern verzichtet.

Der Anfänger produziert in der Regel einen eher lockeren Wollfaden, der dafür leichter reißt. Je dünner der Faden gesponnen (ausgesponnen) werden soll, desto stärker muß der Drall sein, damit er zusammenhält.

Ob Sie links- oder rechtsherum drallen, ist an sich gleichgültig. Sie können es sich leichter merken, wenn Sie beim Spinnvorgang einen S-Drall (S = Spinnen) vornehmen und nachher beim Zwirnen einen Z-Drall, also gegenläufig zwirnen. Warum? Nun, wenn die zwei zuerst gesponnenen Vorfäden rechtsherum gedrallt sind (S-Drall), behalten sie eine Rechtsspannung. Würde man nun auch noch beide Fäden rechtsherum zusammenzwirnen, würde der Drall so erhöht, daß das daraus hergestellte Gestrick oder Gewebe nach einer Seite verzogen und damit unschön wird. Zwirnen Sie aber gegenläufig, wird der Spinndrall durch den Zwirndrall aufgehoben, ohne daß die Festigkeit der Fäden darunter leidet.

Fachleute nennen das Zusammendrallen von zwei Vorfäden „zwirnen", bei drei Fäden sprechen sie von drillen. Wichtig ist aber, daß Sie wissen, was gemeint ist. Übrigens, mit der Handspindel können Sie sowohl rechtsherum spinnen, als auch später zwei oder drei Erstlingsfäden linksherum zwirnen oder drillen. Bei groben und ungleichen Erstlingsfäden ist manches Spinnrad mit kleinem Einzugsloch nicht mehr geeignet. Dann ist es gut, die Handspindel griffbereit zu haben.

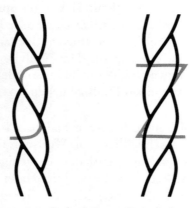

Abb. 18: S-gedrehtes Garn   Z-gedrehtes Garn

Spinnereien von B (Baumwolle) bis S (Streichgarn)
Spinnen heißt, wir erinnern uns, aus einem Bündel spinnbarer Fasern einen beliebig langen Faden zu bilden, und zwar durch Parallelisieren, Verstrecken und Zusammendrehen. Seit Ende des 18. Jahrhunderts, als in England der mechanische Webstuhl erfunden wurde, geschieht dies durch Spinnmaschinen.

Die Spinnfasern werden nach unterschiedlichen Verfahren verarbeitet. Zu unterscheiden sind unter anderem Baumwollspinnerei, Flachsspinnerei, Jutespinnerei, Streichgarnspinnerei, Kammgarnspinnerei mit Wollwäsche und Halbkammgarnspinnerei.

Chemiefasern werden entweder im Trockenspinn-, Naßspinn- oder Schmelzspinnverfahren hergestellt. Hierfür wird die Spinnflüssigkeit durch die feinen Bohrungen der Spinndüsen gepreßt. Der Durchmesser der Bohrung bestimmt die Stärke der gesponnenen Fäden (Titer).

Für die genannten Verfahren gibt es in der Regel auch ganz spezielle Spinnmaschinen. Am Beispiel der Baumwolle soll das Prinzip der Fadenherstellung vom Rohmaterial (Baumwollfaser) bis zum fertigen Garn bildlich dargestellt werden (Abb. 19).

Die Stapellänge bestimmt die Fadenstärke

Soweit der Überblick über die Spinnverfahren. Es gibt jedoch zwei grundsätzlich verschiedene Arten von Spinnmaterialien, was hier nochmals herausgestellt werden soll.
1. Die Naturfasern (Wolle, Seide, Baumwolle, Flachs usw.), die beim Spinnvorgang als längere oder kürzere Fasern nebeneinander- und aneinandergelegt und zusammengedreht werden. Das ergibt dann gedrehte Fäden; wenn diese rauh und gröber sind, werden sie als Garne bezeichnet.
2. Die synthetischen Fasern, die aus natürlichem oder künstlich fabriziertem Ausgangsmaterial hergestellt werden. Aus der zähen (viskosen) Flüssigkeit werden Fäden gezogen, die an der Luft erstarren und die Chemiefaser ergeben. Nach dieser Art spinnt die Seidenraupe und nach diesem Prinzip (ob dort abgeschaut oder nicht) stellt die Industrie Kunstfasern her.

Die Stapellänge einer Faser muß mindestens fünf Millimeter betragen, um spinnfähig zu sein. Je länger die Stapellänge (durchschnittliche Faserlänge des Spinnmaterials), um so mehr Berührungsflächen haben die Fasern und um so dünner kann gesponnen werden. Umgekehrt wird das Gesponnene um so dicker, je kürzer die Stapelfasern sind (siehe Streichgarn).

Maße und Gewichte bei Garnen

Die Feinheit der fertigen Spinnprodukte wird durch die Garn-Numerierung angegeben. Es gibt zwei Numerierungsprinzipien:
a) Bei allen gegossenen Fasern – echte Seide, Kunstseide, synthetische Fasern –, die als endlose Fäden verarbeitet werden, gibt die Nummer an, wieviel Gewicht in Gramm ein Faden von neuntausend Meter Länge hat. Die Angabe erfolgt in „Denier" (1 den = 1 g/9000 m). Je höher die Zahl, um so dicker das Garn.

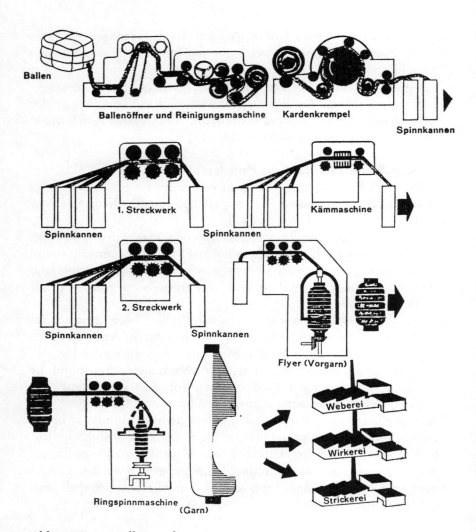

Abb. 19: Baumwoll-Verarbeitung

b) Bei allen Stapelfasern – pflanzlichen Fasern, Wollen, Chemie-Kurzfasern – gibt die Nummer die Zahl der Längeneinheiten auf ein bestimmtes Gewicht an: Je höher die Zahl, um so feiner das Garn.

Die metrische Feinheitsnummer zeigt an, wieviel Kilometer Garn auf ein Kilogramm gehen.

Beispiele:

Haspelseide (Naturseide Grège) 13/15 den bedeutet also, daß das Gewicht von 9.000 Meter Haspelseide 13 bis 15 Gramm beträgt.

Kunstseide 150/28 bedeutet, daß der Faden von 9.000 Meter Länge 150 Gramm wiegt und aus 28 Einzelfäden besteht.

Wolle Nm 24/2 muß also folgendermaßen gedeutet werden:
a) Nm zeigt an, daß das Garn nach dem metrischen System numeriert ist;
b) 24 bedeutet, 1 Kilogramm des einfachen Garnes ist 24 Kilometer lang;
c) /2 gibt die Anzahl der einfachen Garne an, die zusammengedreht sind. Bei /2 liegt der Faden doppelt, das heißt, ein Kilogramm des Garnes 24/2 ist zwölf Kilometer lang.

Die Zwirnerei

Für die Weiterverarbeitung in der Weberei und Strickerei genügt der einfache Faden der Feinspinnmaschine oft nicht, denn er kann die an ihn gestellten Anforderungen hinsichtlich Festigkeit, Fülligkeit und Gleichmäßigkeit in vielen Fällen nicht erfüllen. Es werden daher – dem Verwendungszweck entsprechend – mehrere Einzelfäden durch Zusammendrehen zu einem Zwirn vereinigt. Für Gewebe genügen meist zwei, für Strickgarne können es bis zu acht Einzelfäden sein.

Der hierbei erteilte Drall verläuft meist entgegengesetzt zur Garndrehung. Der einfache Faden dreht sich etwas auf, und der Zwirn erhält dadurch ein fülligeres Aussehen.

Verschiedene Garnarten

Durch Wechsel der vielartigen Faserarten, der Feinheit des Gespinstes, der Drehungszahl, der Farbe, durch Mischung und Zwirnung verschiedener Garnarten können mannigfaltige Zwirne hergestellt werden. Sie werden verschieden bezeichnet nach dem Rohstoff, ihrer Härte, dem äußeren Aussehen, dem Verwendungszweck usw.

Beispiele:
Kettgarn: stark gedrehtes feines, aber reißfestes Garn (Weberei), das die gespannten Längsfäden stellt.
Schußgarn: weicheres, langhaariges, weniger gedrehtes Garn (Weberei), das die Querfäden bildet. Diese werden von Hand oder maschinell zwischen den Kettfäden „durchgeschossen".
Meliertes Garn: Mélange entsteht durch Mischung von verschieden gefärbten Kammzügen.
Vigoureuxgarn: streifig bedruckter Kammzug.
Jaspiertes Garn: Jaspé entsteht aus zwei verschieden gefärbten Vorgarnen, die auf einer Spindel zusammengesponnen werden.
Mouliné ist ein Zwirn, aus verschieden gefärbten Garnen zusammengedreht.
Noppenzwirn bildet sich durch abschnittsweises Einzwirnen einer schwach gedrehten Lunte, die durch Stillstand der Lieferwalze immer wieder abreißt.
Flammenzwirn entsteht durch ungleichmäßiges Liefern eines Garnes beim Zwirnen. Bei rascher Drehung der Lieferwalze dieses Garnes bildet es um die anderen Garne engere Windungen, wodurch sogenannte „Flammen" entstehen.
Zephirgarn: weiches Kammgarn mit äußerst loser Drehung aus feinster Merinowolle.

Spinnen und Weben in einem Zug

Vielleicht sollten wir gerade hier, am Übergang zwischen Spinnen und Weben, noch einmal innehalten. Bevor wir den Erfindungsreichtum des Menschen und das früher selbstverständliche Geschick der menschlichen Hände beschreiben, ist ein kurzer Blick ins Tierreich interessant und lehrreich.

Gerade den Spinnen, diesen meist unscheinbaren und in unseren Breitengraden ungefährlichen, dennoch von alters her vielfach gefürchteten Tieren, wird immer noch mit Mißtrauen begegnet. Dabei verdienen sie unsere uneingeschränkte Bewunderung, denn das, was sie fertigbringen, ist doch recht imponierend: Spinnen und Weben in einem Arbeitsgang zu vollenden und ihre ebenso originellen wie zweckmäßigen Netze in kürzester Zeit aufzubauen.

Die Spinnwerkzeuge dieser Tierarten bestehen nicht nur aus zwei Spinnwarzen wie bei den spinnenden Raupen, sondern aus derer

Mechanische Textilherstellung

Rohmaterial ⟶ Homogenisierung
durch mechanische Auflösung
und Neuorientierung
gibt:

Filze
(verklebte Fasern)

Vliese oder Faserbänder (Stapel)
↓
Verdichtung und Verdrehung
der Faserbänder gibt:

Garne + Zwirne

Herstellung von textilen Flächengebilden

Wirkware	**Flechtware**	**Webware**	**Bobinetware**
1 endloser Faden bzw. 1-Fadensystem Bindungselement: Masche	1-Fadensystem Bindungselement: wechselseitige Verkreuzung diagonal laufender Fäden	2-Fadensystem Bindungselement: senkrecht wechselseitige Fadenverkreuzung	2 oder mehrere Fadensysteme Bindungselement: Ein- oder mehrfache Verschlingungen

große Elastizität
in der Breitrichtung;
großes Luftvolumen

stabil
geringe Elastizität;
löst sich schlecht auf;
feste Ware

  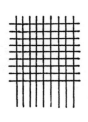 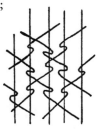

löst sich gut auf

gleichviel
Schuß wie
Kettfäden

Abb. 20: *Vom Garn zum Flächengebilde Textil*

sechs, die wiederum mit zahlreichen feinen Spinnröhrchen bedeckt sind. In diese münden die umfangreichen, im Hinterleib eingebetteten Spinndrüsen. Die aus diesen vielen Röhrchen austretenden Flüssigkeitsstrahlen erhärten an der Luft sofort zu feinsten Fäden (wie beim Seidenspinner), die sich zu einem stärkeren und tragfähigen Spinnfaden vereinigen, der durch die Kämmchen der Füße gelenkt wird – Spinnerei und Kämmerei in einem Arbeitsgang!

Beobachten wir einmal unsere sehr nützliche heimische Kreuzspinne, die nicht nur viel Ungeziefer, Fliegen und Schnaken vertilgt, sondern auch ein kunstvolles Spinnseiden-Gebäude aufbaut.

Bei der Anlage des meist senkrecht stehenden Netzes wird zuerst ein waagrechter Faden gespannt, indem die Spinne einen Faden vom Lufthauch forttragen läßt, bis er irgendwo hängen bleibt und als Anker wirkt und trägt. Er wird an beiden Enden befestigt und sinnvoll verstärkt. Von ihm aus führen nun strahlenartig sich in einem Punkt schneidende Speichenfäden. In der Mitte folgen einige konzentrische Kreisfäden und nach außen zu eine Spirale aus Fäden, die mit klebrigen, in der Sonne wie Perlen glänzenden Tröpfchen besetzt sind. Sie hat dies alles vielleicht nach einem sanften Regen in einem Tage oder einer Nacht vollendet.

Mitten in ihrem Gewebe (diese Gewebebindungen haften sofort, ohne komplizierte Zusatzausrüstungen!) sitzt die Spinne. Manche schaffen sich unter einem Blatt einen geschützten Aufenthalts- und Beobachtungsposten. Durch einige straff gezogene Fäden – Telefondrähten gleich – hat sie jedoch immer Verbindung zum Zentrum. Jede Erschütterung, die Beute verspricht, macht sie sofort hellwach: In vorsichtigen, nicht überhasteten, aber zielstrebigen Bewegungen erhascht sie ihre Beute in wenigen Sekunden.

Weben

Vom Flechten zum Weben
Aus Weiden, Binsen und Ästen flochten bereits Menschen in grauer Vorzeit Schutzzäune. Dafür rammten sie Pfähle in die Erde und wanden das biegsame Material horizontal um die senkrechten Staken. Schuß und Kette bei der jüngeren Webtechnik sind die gleichen Elemente.

Später wurden Hütten und Häuser auf diese Art gebaut. Es folgten Versuche mit Tierhaaren, die zu Fäden gedreht und dann um die Staken gewunden wurden. Dieses Geflecht war biegsam, zumindest in der Waagerechten. Als die Staken dann durch biegsame Leder- und Fellstreifen ersetzt wurden, war das flexible Geflecht fast schon perfekt.

Über Webnadeln, die auch zunächst in den Boden gesteckt wurden, gewann diese Technik an Beweglichkeit und Vielfalt. Der Webrechen – auf dieser alten Tradition aufbauend und von Martin und Thomas Sandler im Oberallgäu wiederentdeckt – besteht aus einer Leiste mit Löchern, die in Arbeitshöhe mit Schraubzwingen an den Tisch geschraubt wird, und, mit Webnadeln oder Stäbchen bestückt, ein Flecht-Weben ermöglicht, wie es sonst nicht mehr gebräuchlich war.

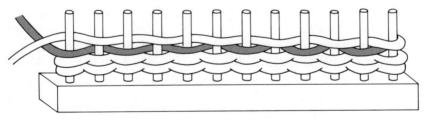

Abb. 21: Der Webrechen

Der Webrechen – ein vielseitiges Handgerät
Allerdings ist diese Methode nur für grobes, dickes Garn geeignet, beispielsweise für kardierte Wolle mit einer Jute-Seele, die in Daumenstärke und verschiedenen Farben angeboten wird. Dafür geht es

mit dieser Technik und dem dicken Material auch überraschend schnell (vom Bettvorleger bis zum Kapuzenmantel ist alles webbar!), und so haben auch Jugendliche viel Freude an diesem preiswerten und vielseitigen Webgerät.

Die Grundausführung hat eine Breite von siebzig Zentimetern und kann leicht selbst gebaut werden. Hierfür gibt es von Martin und Thomas Sandler bei Andrea Ranzinger ein Anleitungsbuch, das sinnreich *Der Weberknecht* heißt. Ich selbst weiß, wie schön diese Webart gestaltet werden kann, weil Andrea Ranzinger mich anleitete, die Lehmbänke in meinem Lehmhaus mit fließenden Webgeflechtstücken einzukleiden.

„Gewebte Luft" und „Abendtau"

Wann der erste Webstuhl auftauchte und wer ihn erfunden hat, bleibt im Dunkel der Geschichte. Er scheint in mehreren Teilen der Welt unabhängig voneinander entwickelt worden zu sein. Jedenfalls beherrschte man die Kunst des Webens in allen Kulturräumen, lange vor der völkerverbindenden Neuzeit, so in Ägypten, in Indien, in China und Japan, in Europa, in weiten Teilen Amerikas.

Die Qualität dieser frühen Webwaren kann sich durchaus sehen lassen. Schon im alten Rom erregten importierte indische Baumwollgewebe das Entzücken der feinen Leute.

Man kaufte die Stoffe unter so poetischen Markennamen wie „Gewebte Luft", „Fließendes Wasser" oder „Abendtau". *„Beim Spinnen ist der Faden fast nicht erkennbar, und einige Kattune sind so fein, daß man sie in der Hand kaum spürt"*, begeisterte sich Tavernier Mitte des 17. Jahrhunderts.

Von prächtigen bunten Geweben und solchen, die so zart wie Schleier sind, berichtet in dem Buch *Alt-Amerika* der Reihe *Kunst und Welt* auch Fr. Engel, der als Archäologe in Peru Ausgrabungen machte: *„Es bleibt zu bewundern, was die Eingeborenen, trotz der Einfachheit ihres Webgerätes ... an Handwerkskunst schufen."*

Tüftler, Bastler und 23.828 Patente

In Europa hatte sich die Kunst des Webens bis ins 18. Jahrhundert langsam, aber beständig weiterentwickelt. Dann kam es Schlag auf Schlag: In England, das am Vorabend der industriellen Revolution stand, entdeckten Tüftler und Bastler eine grundlegende Verbesserung nach der anderen. Das Ergebnis: ein Webstuhl, mit dem man anfänglich achthundertmal, später sogar dreitausendmal schneller weben konnte als ein Handwerker auf dem bisherigen Webgerät. Allerdings ließ sich auf dem 1785 von Edmund Cartwright entwickelten mechanischen Webstuhl nur einfaches Gewebe ohne Muster herstellen. Insofern stellte der Jacquard-Stuhl, den der Franzose Joseph Jacquard 1795 baute, einen weiteren Fortschritt dar; mit diesem auch heute noch verwendeten System, das mit Lochkarten (den ersten überhaupt) arbeitet, konnten auch komplizierte Muster gewebt werden.

Im 19. und 20. Jahrhundert wurden die Einzelteile und Zusatzeinrichtungen noch einmal gründlich verbessert, verfeinert und vervollkommnet. Man könnte meinen, daß keine Schraube am alten Platz geblieben ist, wenn man sich die Flut an Patenten anschaut. „*Allein in Deutschland*", berichtet der Textilexperte Anton Lübke, „*wurden zwischen 1877 und 1933 von insgesamt 498.226 Patenten 105.635 Patente für die Kleiderherstellung (ohne die maschinelle Schuherzeugung) erteilt, davon allein für Web- und Spinnmaschinen 23.828 Patente.*"

In den heutigen Textilfabriken sind inzwischen Webautomaten am Werk, die ihre „Kollegen" aus früheren Jahrzehnten um ein Vielfaches an Leistung, Geschwindigkeit und Qualität übertreffen. Bei diesen hochmodernen Maschinen werden alle Arbeitsgänge elektronisch gesteuert und überwacht. Selbst das Auswechseln der Schußspulen erfolgt nicht mehr von Hand, der Webautomat muß dabei nicht angehalten werden. Dieser Vorgang findet bei voll laufender Maschine durch Einschlag der neuen Spule in den Schützen aus einem Spulenmagazin automatisch statt.

Unregelmäßigkeiten oder Fehler werden über Signallampen angezeigt und bringen den Webautomaten sofort zum Stillstand. Erst nach Beseitigung der Fehlerquelle kann die Maschine weiterarbeiten.

Trotz aller Erfindungen, die zu den modernen Webautomaten riesigen Ausmaßes geführt haben, ist das Weben heute im Prinzip nicht anders als in früheren Zeiten. Nach wie vor geht es darum, zwei Systeme Fäden, einmal die parallelgerichteten, senkrechtlaufenden Kettfäden (Kette, Werft oder Zettel), zum anderen die waagrechtlaufenden Schußfäden (Querfäden, Schuß oder Eintrag) rechtwinklig miteinander zu verschränken. Der Schußfaden liegt abwechselnd

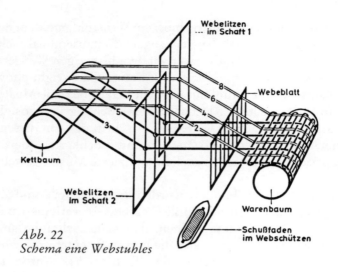

Abb. 22
Schema eine Webstuhles

über oder unter den Kettfäden. Am Geweberand kehrt der Schuß wieder um, so daß eine feste Gewebekante entsteht, die das Ausfransen der Kettfäden verhindert.

Arbeitsgänge beim Weben
Der Webvorgang läßt sich anhand Abbildung 22 anschaulich machen.
  Eine Reihe Kettfäden (2, 4, 6, 8) ist durch den Schaft 1 angehoben, andere Kettfäden (1, 3, 5, 7) durch den Schaft 2 gesenkt worden. Damit hat sich ein Zwischenraum gebildet, ein Fach. Nun wird der Schützen, der eine Spule mit den Schußfäden enthält, durch das Fach geschlagen. Gleich darauf drückt das Webeblatt oder Riet den noch lose liegenden Schußfaden fest an das Gewebe an. Die beiden Schäfte gehen nun in die andere Richtung, Schaft 1 nach unten, Schaft 2 nach oben, die sich kreuzenden Kettfäden binden den Schußfaden ein und bilden gleichzeitig ein neues Webefach.
  Wieder wird der Schützen hindurchgeschlagen, wieder heben und senken sich die Schäfte, wieder läuft ein Schußfaden von einer Seite zur anderen. Im ständigen Wechsel dieser Vorgänge entsteht ein Gewebe, das zunächst auf den Warenbaum aufgewickelt wird.

Bindungsmuster auf der Patrone
Kett- und Schußfäden können nach mancherlei Art und Weise miteinander verkreuzt werden. Je nach Bindungsmuster erhält das Gewebe unterschiedliche Eigenschaften, zum Beispiel fest bis hart, locker bis weich. Neben der Faserart, der Garnsorte oder der Fadendichte stellt also auch die Art der Bindung ein ganz entscheidendes Merkmal jeden Stoffes dar.

Leinwandbindung
50fache Vergrößerung

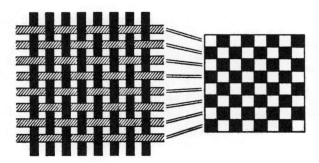

Flechtrahmen einer
Leinwandbindung

Patrone einer
Leinwandbindung

*Abb. 23.: Darstellung der Leinwandbindung
(aus I. Fahl „Textilwaren im Verkauf")*

Es gibt drei Grundbindungen, von denen sich eine Vielzahl von Varianten ableiten läßt: Tuch- oder Leinwandbindung, Köperbindung und Atlasbindung. Um diese Muster bildlich darzustellen, greifen Experten zur Patrone – kein Kriegsgerät der Textilbranche, sondern lediglich die schematische Darstellung eines Gewebes auf dem Papier. Ein ausgefülltes Quadrat bedeutet, daß ein Kettfaden über dem Schußfaden liegt; ist der Schußfaden obenauf, so bleibt das Karo weiß.

Zwei Tabellen des Textilautors A. Fontaine geben einen guten Überblick, welche unterschiedlichen Eigenschaften (Tab. 5) und Verwendungsbereiche (Tab. 6) ein Gewebe allein schon durch die jeweilige Bindungsart bekommen kann. Bei diesen Gegenüberstellungen wird vorausgesetzt, daß die übrigen Charakteristika des Stoffes, wie Fadendichte oder Garnart, übereinstimmen und nur das Bindungsmuster unterschiedlich ist.

Merkmale der Gewebe	Leinwandbindung	Köperbindung	Atlasbindung
Aussehen	gleichförmig, einfach, ruhig; körnig, porös; stumpf	bestimmt durch die mehr oder weniger deutlichen Grate; etwas mehr Glätte und Glanz als bei Leinwandbindung	gleichförmig; dichtes Fadenbild; glatte Fläche; je nach Faserart mehr oder weniger starker Glanz
Griff	fest bis hart (je nach Faser- und Garnart); körnig	locker, fülliger, weicher als bei der Leinwandbindung	weich, locker
Fall	etwas steif	weicher als bei der Leinwandbindung	weich und fließend

Tab. 5
Merkmale der Gewebe verschiedener Bindungsarten

	Leinwandbindige Gewebe	Köperbindige Gewebe	Atlasbindige Gewebe
Verwendung	für Fertigwaren, die a) schlicht und unauffällig wirken, b) besonders strapazierfähig (unempfindlich, schmutzabweisend, haltbar usw.) sein sollen (Wäschestoffe und Sportstoffe bevorzugt in Leinwandbindung)	für Fertigwaren, die im Vergleich zu leinwandbindigen Geweben a) lebhafter im Ausdruck, b) weicher im Griff und eleganter im Fall, c) wärmeerhaltend sein sollen (Winterstoffe bevorzugt in Köperbindung)	für Fertigwaren, die a) glatt, b) sehr weich im Griff und schmiegsam im Fall, c) schmutzabweisend sein und d) einen gewissen Glanz aufweisen sollen (Futterstoffe bevorzugt in Atlasbindung)

Tab. 6
Verwendungsmöglichkeiten der Gewebe verschiedener Bindungsarten

Bei der Leinwandbindung wird der Schußfaden abwechselnd einmal über, einmal unter dem einzelnen Kettfaden durchgeführt. In der Textilformelsprache schreibt man 1/1 und meint damit 1 Kette/1 Schuß im Wechsel.

Die Leinwandbindung ist nicht nur die einfachste, sondern auch die stabilste Bindung. Sie wird deshalb bei den Stoffen bevorzugt, an deren Haltbarkeit hohe Ansprüche gestellt werden. Panama- und Ripsbindung sind Variationen dieses Musters.

Die Köperbindung läßt sich an einem typischen Merkmal erkennen: die diagonalen Linien, die im Gewebe nach rechts oder links verlaufen. Die Schrägstreifenwirkung entsteht dadurch, daß jeder Schußfaden über oder unter zwei Kettfäden durchgezogen wird, jeder Durchgang gegenüber der vorhergehenden Reihe nach rechts oder links verschoben. Ableitungen des Köpermusters sind Fischgrat, Spitzgrat, Spitzkaro und Damastkaro.

Die Atlas- oder Satinbindung erkennen Sie daran, daß jeder Faden im Gewebe über mindestens vier andere Fäden hinweg frei und ungebunden liegt.

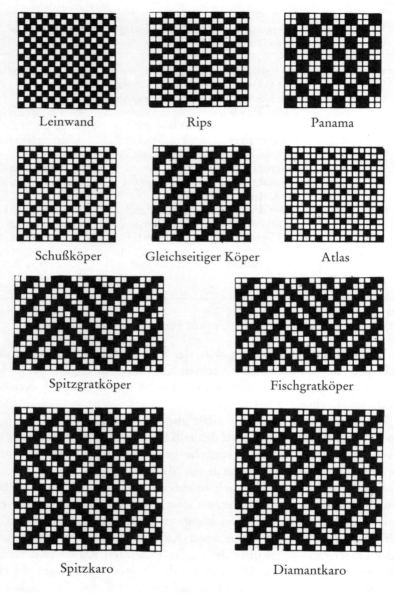

Abb. 24: Patronen verschiedener Bindungsarten (Quelle: Textilmuseum Neumünster)

Gewirke und Gestricke

Gestrickte und gewirkte Kleidungsstücke wie Strümpfe, Socken, Handschuhe, Pullover oder Normalhemden sind unter anderem daran zu erkennen, daß sie sich dehnen lassen. Sie unterscheiden sich grundsätzlich von den gewebten Stoffen. Während Gewebe senkrechte und waagrechte Fäden aufweisen, hat die Strick- und Wirkware regelmäßig wiederkehrende Bogen und Schlingen: die querliegenden Maschinenreihen und die senkrecht liegenden Maschenstäbchen.

Beim Stricken und Wirken werden also – im Gegensatz zum Weben, wo die Fadensysteme rechtwinklig miteinander verkreuzt werden – Fadenschleifen (Maschen) aus nur einem Fadensystem gebildet.

Die Maschenbildung erfolgt entweder durch Verschlingung eines einzigen querlaufenden Fadens, oder es werden parallellaufende senkrechte Fäden miteinander zu Maschen verschlungen. Lisa Adebahr-Dörel stellt diesen Prozeß in ihrem Buch *Von der Faser zum Stoff* wie in Abbildung 25 dar.

Wirkerei und Wirkmaschinen
Im Vergleich zur Weberei sind Wirkerei und Strickerei verhältnismäßig junge Industriezweige. Trotzdem sind seit langem hohe Leistungen in der Wirkerei üblich. Eine Kettenwirkmaschine kann bei dreihundert Zentimeter Wirkbreite bis etwa 1.500 Reihen in der Minute legen, während in der modernen Weberei bei gleicher Gewebebreite in dieser Zeit nur etwa zweihundert Schußeinträge erzielt werden können.

Als Handarbeit sollen Strickwaren bereits im sechsten Jahrhundert n. Chr. hergestellt worden sein, vor allem in Ägypten, Italien und Spanien. Bei der Vielfalt der inzwischen technisch perfektionierten Verfahren überrascht es nicht, daß wir heute eine große Auswahl an Strickereierzeugnissen haben.

Vereinfacht dargestellt, ist das Maschenstricken ein Nachahmen des Handstrickens und das (Ketten-)Wirken ein solches des Häkelns. Die Unterscheidung nach dem Herstellungsverfahren ist kaum noch möglich.

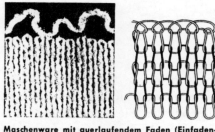

Maschenware mit querlaufendem Faden (Einfaden-Maschenware): Gewirk und Gestrick

Ketten-Maschenware: Die Fäden laufen in Längsrichtung durch das Gewirk

Jede Masche besteht aus einem Kopf (a), zwei Schenkeln (b) und zwei Füßen (c):

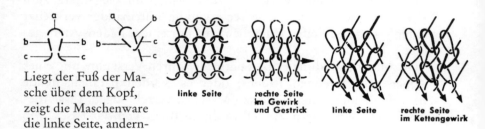

linke Seite

rechte Seite im Gewirk und Gestrick

linke Seite

rechte Seite im Kettengewirk

Liegt der Fuß der Masche über dem Kopf, zeigt die Maschenware die linke Seite, andernfalls die rechte Seite:

Mehrere nebeneinander angeordnete Maschen bilden eine Maschenreihe:

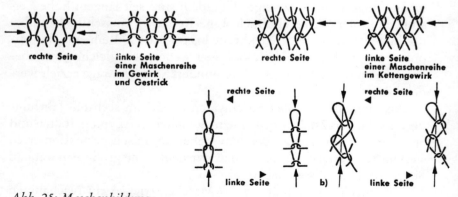

Abb. 25: Maschenbildung
Die Qualität der Maschenware hängt zu großen Teil von der Dichte der Maschenreihen (Maschenlänge) und der Dichte der Maschenstäbchen ab (Feinheit der Maschine und Elastizität der Ware).

Maschenware (englisch – knitted fabrics/knitwear) wird nach drei Hauptgruppen unterteilt: Kulierware (von Flach- und Rundwirkmaschinen), Strick- und Kettenwaren. Im fertigen Stück lassen sich die beiden ersten Gruppen nicht mehr unterscheiden (Einfadenprodukt); sie sind sehr elastisch. Dagegen lassen sich Kettenwirkwaren sowohl elastisch als auch formstabil herstellen.

Eine industrielle Veredelung der Maschenware durch Bleichen, Färben, Bedrucken, Beschichten und Kaschieren ist längst üblich. Sogenannte Bunt- und Stuhlware dagegen wird oft nur kalandert, gerauht, velourisiert, gewaschen und appretiert.

Die neue Masche
Seit 1962 wissen wir, woran wir sind. In diesem Jahr legte der Deutsche Normenausschuß die Bezeichnung „Stricken" und „Wirken" neu fest. Entscheidend für die Zuordnung ist demnach, ob die Maschenware mit beweglichen Nadeln hergestellt wurde oder nicht. Gewirkt wird mit feststehenden, gestrickt wird mit beweglichen Nadeln.

Wer gern ausführlichere Definitionen hören möchte, halte sich an H. Kullrich. Unter Stricken will er verstanden wissen: *„Das Durchholen eines Fadenstückes durch eine Fadenschlaufe, wodurch sich diese mit Hilfe einzelner beweglicher Nadeln zur Masche formt."*

Und Wirken heißt für ihn: *„Das Abwerfen einer Masche über ein zur Fadenschlinge vorgeformtes Fadenstück, wodurch dieses zur neuen festgehaltenen Masche wird (mittels fest nebeneinanderstehender Nadeln)."*

Ausrüsten und „Veredeln"

Wenn Stoffe frisch vom Webstuhl, von der Wirk- oder Strickmaschine kommen, so heißt das nicht unbedingt, daß sie damit schon fertig wären. Für viele Gewebe setzt nun die Nachbehandlung ein, die fachmännisch Ausrüstung genannt wird. Mit diesem Sammelbegriff meint die Branche „*alle Verfahren der Textilveredelung, die nach dem Weben oder Wirken den Gebrauchswert einer Ware erhöhen, ihren Charakter oder ihre Oberfläche oder ihr Erscheinungsbild verändern und die Ware verkaufsfähig machen.*" (A. Hofer, *Textil- und Mode-Lexikon*).

Tatsächlich kann man die Natur „korrigieren" und durch spezielle Verfahren in einen Stoff nachträglich besondere Eigenschaften hineinzaubern, die das rohe Gewebe nicht besitzt. So knittern unausgerüstete, naturbelassene Stoffe ganz erheblich, vor allem, wenn sie aus Baumwolle, Leinen oder Zellwolle sind. Durch eine Knitterecht-Ausrüstung läßt sich dies korrigieren.

Lange Zeit waren fast alle Ausrüstungen nicht beständig, nach der ersten Wäsche war es mit der Herrlichkeit vorbei. Auch heute gibt es solche Fabrikate noch. „Dank" neuer chemischer Hilfsmittel können jedoch inzwischen Permanent-Ausrüstungen erzielt werden, das heißt, die neuen Eigenschaften halten sich auf Dauer. Selbstverständlich sind sie waschfest, sie werden auch in der Waschmaschine nicht weggespült. Wie umwelt- und hautverträglich sie sind, wäre systematischer wissenschaftlicher Untersuchungen würdig!

Walzendruck und glühende Stäbe
In der Ausrüstung unterscheidet man zwischen mechanischen (zum Beispiel Kalandern, Rauhen, Sengen) und chemischen Behandlungen. Bei letzteren wird der Stoff mit einer wäßrigen chemischen Lösung benetzt und anschließend getrocknet, beispielsweise im Spannrahmen oder in anderen Trockenapparaten.
- Der Kalander ist eine spezielle Ausrüstungsmaschine mit zwei bis zwölf übereinanderliegenden Walzen, zwischen denen das auszurüstende Gewebe breitgespannt hindurchläuft. Durch den Walzendruck schließen sich die Poren des Gewebes, es wird dichter,

glatter und glänzender. Die Wirkung des Kalanderns läßt sich mit der des Bügelns vergleichen.
- Beim Sengen brennen die herausstehenden Faserendchen ab, die bei glatten Geweben stören würden. Die Ware wird über Gasflammen, elektrisch beheizte Körper oder glühende Stäbe geführt, zu schnell, als daß das Gewebe Schaden nähme.
- Beim Rauhen ist es gerade umgekehrt. Hier möchte man die Faserendchen aus dem Gewebe herausholen, damit sich eine Flaumdecke über dem Stoff bildet. Auf diese Weise wird die Ware weicher, luftiger und wärmt besser (Biberbettwäsche, Flanell). Allerdings ist bei diesem Verfahren darauf zu achten, daß nicht zuviel des Guten geschieht – sonst reißen die Fasern, und das Gewebe hält nicht mehr richtig zusammen.

Die heute gebräuchlichen Ausrüstungen bestehen fast alle aus der Kombination der mechanischen und der chemischen Methoden. Die wichtigsten sollen im folgenden kurz vorgestellt werden.

Dauerhafter Glanz durch Merzerisieren

Schon 1844 entwickelte der Engländer John Mercer ein chemisches Verfahren, bei dem Baumwollfasern durch die Behandlung mit kalter konzentrierter Natronlauge (22- bis 24prozentig) einen dauerhaften seidigen Glanz erhalten, dem auch die Wäsche nichts anhaben kann. Überdies wird das Gewebe reißfester, weicher im Griff und gibt Farben leuchtender wieder.

Kunstharz macht fest

Appretur wurde früher mit Stärkeprodukten und Salzen ausgeführt. Heute verwendet man waschbeständige Kunstharzdispersionen. Diese ergeben, je nach dem Grad ihrer Verdünnung, einen kräftigen bis steifen, fast brettigen Griff, der in der Regel wieder durch (kritisch zu betrachtende) Weichmacher korrigiert wird (siehe dort). Mit der Kunstharz-Ausrüstung wird gleichzeitig das Gewicht der Ware erhöht.

Bei der Rückenappretur wird das Mittel nur auf die Rückseite des Gewebes aufgebracht. Durch diese Prozedur wird die Rückseite des Gewebes verfestigt. Sie wird hauptsächlich bei Möbelstoffen aus Flachgeweben (insbesondere aus strukturierten Garnen) und bei Polgeweben mit V-Bindung zur Verbesserung der Polfestigkeit angewendet.

Knitterfrei für Pflanzenfasern
Gewebe aus Zellulosefasern (Baumwolle, Leinen, Viskose) haben durch ihren Faseraufbau eine natürliche Knitterneigung. Die Knitterfrei-Ausrüstung beruht auf einer Behandlung mit wasserlöslichen Kunstharz-Vorkondensaten. Durch eine anschließende Hitzebehandlung bildet sich auf und in der Faser eine elastische, unlösliche Kunstharzschicht. Knitterfrei-Ausrüstungen werden oft kombiniert mit anderen Ausrüstungsarten und hauptsächlich für Kleiderstoffe verwendet. Für Vorhang- und Dekorationsstoffe wird die Pflegeleicht-Ausrüstung vorgezogen. Wieweit derart behandelte Fasern noch als „Natur"-Fasern gelten können, steht auf einem anderen Blatt...

Pflegeleicht durch geringere Quellfähigkeit
Der Begriff pflegeleicht (easy-care) wurde ursprünglich von der Chemiefaserindustrie für Textilien aus Synthetikfasern geprägt. Er umfaßt folgende Pflegeeigenschaften:
○ leichte Waschbarkeit
○ rasches Trocknen
○ gute Maßbeständigkeit in der Wäsche
○ weitgehende Selbstglättung beim Trocknen

Diese Eigenschaften ergeben sich aus der geringen Feuchtigkeitsaufnahme solcher Fasern (ein bis zwei Prozent) und ihrem niedrigen Quellwert. Bei Zellulosefasern (Baumwolle, Leinen, Viskose) sind Feuchtigkeitsaufnahme und Quellwert ziemlich hoch, was eine schlechte Maßbeständigkeit beim Waschen und eine Neigung zum Knittern im trockenen und nassen Zustand zur Folge hat.

Das Prinzip der Pflegeleicht-Ausrüstung dieser Fasern besteht in einer drastischen Herabsetzung des Quellwertes und der Feuchtigkeitsaufnahme. Dies wird erreicht durch Kunstharze (Reaktant-Harze), die mit der Faser reagieren. Beim Erhitzen geht die Zellulosefaser mit ihnen eine waschbeständige Verbindung ein. Die damit erreichte Pflegeleicht-Eigenschaft vermindert zwar nicht das Einlaufen beim Waschen (null bis drei Prozent), bewirkt aber weitgehende Bügelfreiheit.

Dabei muß allerdings in Kauf genommen werden, daß die Reißfestigkeit der Gewebe und besonders die Scheuerfestigkeit ungünstig beeinflußt werden. In der Praxis wählt man bei der Ausrüstung einen Mittelweg zwischen optimaler Pflegeleichtigkeit und vertretbarer Minderung der Materialfestigkeit. Deshalb ist es beispielsweise besonders schwierig, Leinengewebe annehmbar pflegeleicht auszurüsten, weil hierdurch die Faser stark geschädigt würde.

Die meisten Pflegeleicht-Ausrüstungen werden kombiniert mit Weichmachung, Füllung, Schiebefest-Ausrüstung usw. Eine standardisierte Pflegeleicht-Ausrüstung stellt die sogenannte Dekoplus-Ausrüstung dar.

Weichmacher für Griffigkeit

Weichmacher wendet man hauptsächlich bei Geweben an, deren Ausrüstung auf Kunstharzbasis erfolgt. Dazu werden unter anderem hochsiedende Phosphorsäureester oder Ester von Polyalkoholen dem Ausrüstungsbad beigegeben. Hierdurch wird ein mehr oder weniger weicher Griff und ein besseres Fließen des Gewebes erreicht.

Wasserabstoßend durch Silikone

Für die wasserabstoßende Ausrüstung, auch Hydrophobierung genannt, setzt man wasch- und reinigungsbeständige, fettartige Produkte ein, zum Beispiel Silikone. Diese ergeben einen hohen Wasser-Abperleffekt, der allerdings nicht allein von der Ausrüstung, sondern auch von der Gewebekonstruktion abhängt. Die wasserabstoßende Ausrüstung, kombiniert mit anderen „Hochveredelungen" (wie Pflegeleicht), schützt das Gewebe zusätzlich gegen nassen Schmutz.

Imprägnieren contra Schmutz

Ein abweisender Effekt gegen Fette und ölige Substanzen wird durch Imprägnieren mit ölabweisenden Chemikalien erreicht. Bei dieser Ausrüstung wird die Faser von einem mikroskopisch feinen teflonähnlichen Mantel umgeben. Die Ausrüstung ist aufwendig und kann bei manchen Geweben die Knitterneigung und den Griff beeinflussen. Ein voller Schutz gegen Anschmutzen wird jedoch erst erreicht, wenn diese Ausrüstung mit Hydrophobierung kombiniert wird. Markennamen für schmutzabweisende Ausrüstungen sind Scotchgard, Zepel (neuerdings Teflon) und andere.

Rauhe Garne „schieben" nicht
Stoffe aus glatten Garnen und sehr offene Gewebe neigen zum Schieben, sowohl beim Verarbeiten als auch im Gebrauch. Es gibt zwei Schiebefest-Ausrüstungsmethoden: die Imprägnierung mit Kunstharzemulsionen, die die Kreuzungspunkte von Kette und Schuß festigen, oder die Anwendung von Appreturmitteln, welche die Garnoberfläche rauh machen und so das Schieben verhindern. Die Schiebefest-Ausrüstung wird oft mit anderen Ausrüstungen kombiniert.

Anti-Filz-Ausrüstung
Die besonderen Vorteile der Anti-Filz-Ausrüstung sind das günstige Waschverhalten der Gewebe (Nichtfilzen der Wolle, Erhaltung des Warenbildes bei Seide), bessere Knitterbeständigkeit und gute Maßbeständigkeit nach der Wäsche.

Wenn Wolle eingeht (verfilzt), liegt das an der rauhen Schuppenstruktur, der Wollfaser zur Faserwurzel hin. Durch Feuchtigkeit, Wärme und stärkere mechanische Bewegung (Stoß, Schub, Zug) wandern die an sich elastischen Einzelfasern mit der Spitze voraus zu ihren Wurzelenden, verhaken sich miteinander und können nicht wieder in die alte Lage zurück. Diesen Vorgang nennt man Filzen.

Durch neue Ausrüstungsverfahren hat man die Eigenschaften der Wolle zum Teil so verändert, daß sie nicht mehr filzen kann. Es gibt verschiedene Möglichkeiten, ein glattes Aneinandervorbeigleiten der Fasern zu erreichen.

Eine ist, ihre schuppenartige Oberfläche hauchdünn mit einer Kunstharzflüssigkeit (wie Sivolan) zu überziehen, so daß sich in den Zwischenräumen der Schuppen ein feiner Film bildet. Damit wird eine glatte Oberfläche der Wollhaare erreicht, die ein Filzen auch bei mechanischer Bewegung unter Wärme und Druck verhindert. Dieser Überzug ist außerordentlich waschbeständig und trotzdem feuchtigkeitsdurchlässig. Die Hersteller meinen, daß die Wolle in ihren natürlichen Eigenschaften kaum beeinträchtigt wird. Es ist aber wohl klar, daß sie damit weitgehend ihr naturgegebenes Selbstreinigungsvermögen einbüßt! Außerdem gerät der ursprüngliche Natur-Wollstoff damit verdächtig nahe in den Bereich eines Kunststoffgewebes.

Bei einer anderen Methode werden die hervorstehenden Kanten der Faserschuppen abgeflacht bzw. abgeätzt. Dies geschieht durch chemische Behandlung, zum Beispiel mit Chlorlösungen. Es wird angestrebt, den Vorgang ohne Wollschädigung ablaufen zu lassen...

Bei wissenschaftlichen Untersuchungen zur Beurteilung des bekleidungsphysiologischen Verhaltens von filzfrei ausgerüsteter Wolle stellte F. Behmann (TH Aachen) 1971 lediglich fest, daß sie im Vergleich mit einer Polyamidfaser sogar subjektiv als unangenehmer empfunden wurde und beim Hauttest unter Verwendung von Peressigsäure eine toxische (giftige) Reaktion auftrat...

Die Fehlerquellen kann man aus dem wissenschaftlichen Prüfbericht erahnen, in dem lediglich von einer schweren Wollwirkware aus gedämpftem, rohweißem Streichgarn und von einem leichteren, gleichbehandelten Kammgarn die Rede ist. Ob beispielsweise Schurwolle oder Reißwolle genommen wurde, sagt der Bericht nicht aus. Auch wurde festgestellt, daß „die Beurteilung einer Ausrüstung bis heute nicht einwandfrei möglich" sei...

Für die Untersuchung möglicher allergischer Reaktionen wären zwei- bis dreitausend Versuchspersonen erforderlich gewesen, die nicht zur Verfügung standen. Alles in allem tat man sich bei der Bewertung der subjektiven Erlebnisse der Versuchspersonen schwer. Die gewiß sorgfältigen meßtechnischen Ergebnisse und Auswertungen führten schließlich lediglich zu der Feststellung, daß *„... in den Wintermonaten, bei leichter Berufsarbeit, im fortgeschrittenen Alter sowie bei vasolabilen, nervösen und introvertierten Typen gewisse stärker wahrnehmbare Reaktionen feststellbar waren."* Damit ist als Anhaltspunkt und Empfehlung nicht viel anzufangen.

Solche Vergewaltigungen des Naturmaterials Schurwolle kann man sowieso nur akzeptieren, wenn man von der eigentlichen Natur und der natürlichen Reaktion der Wollfasern entweder nichts weiß oder sich – aus technischen Gründen – wieder einmal rigoros darüber hinwegsetzt!

Es ist erfreulich, daß in der letzten Zeit verantwortungsbewußte und weiterdenkende Unternehmen ihre Firmenpolitik bewußt stark umweltfreundlich (also auch lebensfreundlich und menschenfreundlich) ausrichten und die Naturfasertextilien unter diesen Gesichtspunkten neu durchdenken. Das Ergebnis ist beispielsweise im Strickwarenbereich Tebaron, mit dem die Strickereien formaldehydfrei und auch sonst so chemiefrei wie möglich hergestellt werden.

Verhinderung der elektrostatischen Aufladung
Aufgrund ihrer Struktur haben alle synthetischen Fasern und damit auch die daraus gearbeiteten Flächengebilde eine äußerst geringe elektrische Leitfähigkeit, was durch Reibung zu einer hohen Aufladung mit statischer Elektrizität führen kann (siehe auch Kapitel Chemiefasern).

Versuche, die Aufladung durch Aufbringen geeignet erscheinender Mittel auf das Gewebe abzuleiten, führten zu keinem brauchbaren Ergebnis, bis man das Äußere des Gewebes durch Zusatz von oberflächenaktiven Verbindungen während der Ausrüstung chemisch so veränderte, daß es dadurch eine erheblich gesteigerte elektrische Leitfähigkeit erhielt. So entsteht erst gar keine elektrostatische Aufladung. Die Wirksamkeit des Verfahrens kann mit einem besonderen Meßgerät überprüft werden.

Flammenhemmend
Eine flammenhemmende Ausrüstung soll das Verbrennen von Textilien unterdrücken, reduzieren oder zumindest verzögern. Flammenwiderstandsfähige Fasern (flame resistant/FR-Fasern) sind Chemiefasern, die bei Feuereinwirkung die Flamme nicht unterhalten und die verlöschen, sobald die Flamme entfernt wird.

Gegen Bakterien und Schimmel
Bestimmte Dauerausrüstungen verleihen Geweben aus Natur- und Chemiefasern einen Schutz gegen Bakterienbefall und Schimmelbildung. Dies ist besonders wertvoll für Artikel, die der Feuchtigkeit und ähnlichen Einflüssen ausgesetzt sind, zum Beispiel Markisen. Sie sollten aber grundsätzlich weit genug vom Menschen entfernt sein, so daß keine Beeinträchtigungen zu befürchten sind. Eine antibakterielle Ausrüstung ist unter der Bezeichnung Sanitizing bekannt.

„Mottenecht" gegen Wollschädlinge
Wenn man die gebräuchlichen Mittel zur Mottenbekämpfung näher untersucht, stößt man auf drei große Gruppen. Die Atemgifte wie Schwefelkohlenstoff-, Blausäure-, Naphthalin-, Kampfer- und Hexachloräthanpräparate sollten grundsätzlich ausscheiden, weil Textilien in der Regel im Wohnbereich aufbewahrt werden, und wir als Bewohner diese Giftstoffe gleichfalls mit einatmen würden. Als diese

Mittel zum Teil (wie Naphtalin) noch käuflich und gebräuchlich waren, waren manche langwierigen Erkrankungen darauf zurückzuführen oder erfuhren zumindest eine unliebsame Verstärkung. Die Erfolgssicherheit der Atemgifte reicht von null bis hundert Prozent.

Die nächste Gruppe sind die Kontaktgifte. Dazu zählen die Pyrethrum-, die Derris-Präparate sowie die synthetisch hergestellten und in der Bundesrepublik verbotenen DDT-Präparate.

Die dritte Gruppe der handelsüblichen und weitverbreiteten Wollschutz- und Mottenbekämpfungsmittel wird als Fraßgifte bezeichnet. Hierzu zählen einerseits die anorganischen Salze, wie Fluoride und Silicofluoride, die zwar gegen Motten gut wirken, aber nicht „waschecht" sein sollen. Sie dürften kaum weit verbreitet sein.

Zu den Mottenschutzmitteln schlechthin sind dagegen das Eulan (von Bayer) und im südlicheren Europa das Mitin (von Ciba Geigy) geworden. Gegen sie bestehen jedoch in naturverbundenen Bevölkerungskreisen beachtliche Aversionen, weshalb ich etwas genauer auf Wirkung und Zusammensetzung eingehen möchte.

Was ist „Eulan"?

„Martiusgelb" wies den Bayer-Forschern bereits Ende der zwanziger Jahre den Weg. Man stellte fest, daß Textilien, die mit diesem früher gebräuchlichen Wollfarbstoff gefärbt worden waren, von den Mottenlarven als Nahrung gemieden wurden, weil sie unverdaulich geworden waren.

Die Synthese von weiteren Farbstoffen mit gleichen Eigenschaften gab man damals bald auf, weil Farbstoffe nur in geringer Konzentration angewendet werden, ein wirksamer Schutz gegen Mottenfraß jedoch erst bei höheren Konzentrationen gewährleistet ist. Außerdem werden oft ungefärbte Wollarten verwendet.

Das Ziel der Bayerforscher war danach, eine farb- und geruchlose Verbindung zu entwickeln, die ähnlich den Farbstoffen in die Fasern eindringen und dort fest fixiert werden kann, um trotz mehrfachem Waschen und Chemischreinigen einen beständigen Schutzeffekt gegen diese Schädlinge sicherzustellen. Mit Eulan und später auch mit Mitin ist dies gelungen. Das universell einsetzbare Eulan U 33 gestattet eine „Mottenecht"-Ausrüstung in jedem beliebigen Wollverarbeitungsprozeß, also beim Garn wie beim fertigen Gewebe oder Gewirke. Es soll die Wollware unbegrenzt gegen Keratinschädlinge schützen. Das wurde jedenfalls nach zehnfacher Wäsche und ebenso häufiger Chemischreinigung festgestellt.

Im Textil-Fachwörterbuch wird der Eulan-Einsatz folgendermaßen zusammengefaßt: *„Eulan ist der Markenname eines 'Schutzmittels' für Artikel aus Wolle und Wollmischgespinsten gegen Fraßschäden durch sogenannte Keratinschädlinge. Dazu zählen die Larven von Motten, Teppichkäfern und Pelzkäfern. Eulan-Marken sind geruch- und farblose chemische Verbindungen (Basis Halogen-Sulfonamid), die sich wie Farbstoffe bei allen Naßveredelungsprozessen (Vorbehandlung, Färben, Waschen etc.) auf der Faser applizieren und fixieren lassen. Je nach Typenauswahl können Textilien in der Ausrüstung und/oder Chemischreinigung eine gegen mehrmalige Wäsche oder Reinigung ausreichend beständige 'Mottenechtausrüstung' erhalten. Durch Einsatz neuerer Eulan-Asept-Marken wird außer Mottenschutz bei Wolle und wollhaltigen Textilien eine hygienische, das heißt antimikrobielle und desodorierende Ausrüstung aller Art erzielt. Die Ausbreitung von Mikroben, Bakterien und Pilzen wird verhindert."*

Letzteres ist bei Wolle und Seide meiner Ansicht nach völlig überflüssig! Mittel dieser Art werden von Chemikern und Textilfachleuten eigentlich nicht als Gifte bezeichnet, weil sie die Larven, Käfer und Schmetterlinge nicht über die Atmungswege töten, sondern den Fermenten des Darmtraktes den Abbau der Keratinstoffe unmöglich machen. Vermutlich rufen sie jedoch krankhafte Veränderungen bzw. Lähmungen an den Drüsenzellen der Schädlinge hervor.

Die Mittel haben sich als so wirksam erwiesen, daß sie heute zur selbstverständlichen Grundausrüstung sehr vieler Wollwaren gehören, bis hin zu Schlaf-Steppdecken. Um die 200.000 Tonnen Textilien (zu gut neunzig Prozent sind das Teppiche, Wolldecken und Wollkleidung) werden alljährlich mit chemischen Mottenschutzmitteln ausgerüstet. Wer aus verständlichen biologischen Gründen nicht „eulanisierte" bzw. „mitinierte" Wollware wünscht, muß dies ausdrücklich verlangen, und es sich im Zweifelsfalle – vor allem bei Ware mit Schurwollsiegel – schriftlich bestätigen lassen.

Mottentod im Wollpullover – unter dieser Überschrift veröffentlichte die Zeitschrift „Mensch und Kleidung" in Heft 42 (1990) eine Nachricht, nach welcher der amerikanische Biochemiker Dr. Roy Bry ein neues Mittel („Avermectin") biotechnologisch gewonnen und gegen wollfressende Mottenlarven und Käfer erfolgreich eingesetzt haben soll. Das Bakterium „Streptomyces avermilitis" soll in damit behandelten Wolltextilien nach 14 Tagen Einwirkung alle Larven vernichtet haben; bei den Käfern je nach Art zwischen zehn bis hundert Prozent.

Für die Erforschung natürlicher Mittel war lange Zeit kein nachhaltiges Interesse vorhanden. Das scheint sich jetzt allerdings zu ändern. Vor allem naturverbundene Menschen erinnern sich wieder und suchen konsequent nach Alternativen.

Neuerdings werden verstärkt zum Beispiel synthetische oder auch natürliche Pyrethroide (beispielsweise aus Chrysanthemen) eingesetzt. Wie man selbst seine unbehandelten Naturtextilien vor Mottenfraß schützen kann, behandeln wir im Kapitel Textilpflege.

Gift in der Kleidung?

Unglücklicherweise wird der Zusammenhang zwischen dem Material (Herkunft, Eigenart) und dem sinnvollen Verwendungszweck im Zeitalter des Machbaren immer weniger gesehen. Die technischen Vorteile, welche durch diese verschiedenen chemischen Ausrüstungen erzielt werden, verleiten dazu, den Materialien wie den Trägern „artfremde" Belastungen zuzumuten und dabei die gesundheitlichen Bedenken außer acht zu lassen, die angesichts der (Über-)Konzentrationen und der Auswaschungen bzw. Ausdünstungen angebracht sind. Deshalb warnen immer mehr aktuelle Veröffentlichungen vor allzu großer Begeisterung für Pflegeleichtigkeit und anderen technischen Bequemlichkeitsfaktoren oder Schaueffekten, weil diese vielfach nur um den Preis gesundheitlicher Beeinträchtigungen erkauft werden können.

Der kritische und gesundheitsbewußte Textilkäufer sollte sich am Ladentisch vergewissern oder schriftliche Garantien geben lassen, wenn er nicht möchte, daß seine Textilien mehr Chemie ausgasen als für ihn gut ist!

Von Farben und vom Färben

Seit alters her war das Färben die wichtigste Behandlung von Fäden, Garnen und Geweben. Später wurde das Bleichen als Arbeitsgang vorgeschoben, denn man wollte ein einheitliches Ausgangsmaterial erhalten – was die Voraussetzung für eine gleichmäßige Farbgebung ist.

Farben sind Sinneseindrücke, die unser Auge bei Lichteinfall wahrnimmt. Weiß, Grau und Schwarz sind eigentlich keine Farben, sondern Abstufungen der Helligkeit. Wird ein Sonnenstrahl durch ein Prisma geleitet, wird er aufgefächert in seine Spektralfarben.

Farbstoffe aller Art

Jede Farbe kann nach Farbton, Sättigungsgrad und Helligkeit unterschieden werden. Deshalb variiert die gleiche Farbe bei verschiedener Helligkeit und unterschiedlichem Trägermaterial – auch bei Spinnstoffen, die je nach Material, Bindung und Oberflächenbeschaffenheit recht unterschiedlich sind.

Farbechtheit ist ein neuerer Begriff der Textil-Technologie. Er besagt, daß das Material und Gewebe beim Färbvorgang zugleich gegen die verschiedensten Einwirkungen wie Sonnenlicht, Meerwasser, Waschmittel, Heißwäsche, Chemischreinigen usw. dauerhaft geschützt werden soll. Hierfür gibt es bestimmte Prüfnormen europäischer und internationaler Organisationen (ECE/ISO).

Färben mit Kohlenteerprodukten

In der Textilindustrie werden heute fast nur noch synthetisch hergestellte Farbstoffe in teigiger, granulierter, pulverisierter oder flüssiger Form verwendet. Das sind organisch-chemische Substanzen, die in Lösungen oder feinstverteilten Farbpartikelchen in die Fasern ziehen oder aufgebracht werden. Steinkohlenteer ist meist die Ausgangsbasis für diese chemischen wasserlöslichen oder -unlöslichen Farbstoffe, die gegenwärtig unter etwa 36.000 Handelsbezeichnungen am Markt angeboten werden.

Textilien wurden früher ausschließlich mit Naturfarben gefärbt, bis der englische Chemiker William H. Perkin 1856 den ersten violetten Anilin-Farbstoff herstellte, den er noch „Mauvein" nannte. 1859 synthetisierten A. W. Hoffmann und Verguin „Fuchsin" (Rot). Damit war die Grundlage für die Herstellung synthetischer Teerfarbstoffe geschaffen. Es folgten 1868 „Alizarin" (Raebe und Liebermann), 1873 die Schwefelfarbstoffe (Croissant und Bretonnière), 1880 „Indigo" (Bayer), 1901 „Indanthren" (Bohn) und später kamen die Acetatfarbstoffe und Reaktivfarbstoffe (1956) hinzu.

Naturfarbstoffe – von Blauholz bis Purpur
Zu den wichtigsten pflanzlichen Farbstoffen zählen nach wie vor:
○ (Natur-)Indigo, jahrhundertelang der wichtigste blaue Küpenfarbstoff, wird aus Färberwaid gewonnen (Küpenfarbstoff: wasch- und lichtecht, auf Gewebe gut haftend)
○ Krapp (leuchtender Rotfarbstoff aus den Wurzeln der Krapp-Pflanze, auch Türkischrot und Alizarin genannt)
○ verschiedene Farbhölzer wie Catechu (eine Akazienart)
○ Gelbholz (das Holz des Färbermaulbeerbaumes und des Perückenstrauches enthält den orangegelben Farbstoff Fisetin/Luteolin)
○ Blauholz (rotes Pigment aus Brasilienholz)
○ Auch aus Flechten werden Farbstoffe hergestellt.

Marie-France Fritzsch schreibt: „*Erstaunlicherweise findet man die Farbkraft der Pflanzen nicht da, wo sie am sichtbarsten ist, bei den Blüten oder Früchten, sondern in ihren Wurzeln, Blättern, Rinden und Schalen. Ein heute noch bekanntes Färbemittel ist die Zwiebel; mancherorts werden mit ihr Ostereier in kochendem Wasser gelb gefärbt. Aus der Walnußschale erhält man ein Braun, aus der Erlenrinde ein Grau, aus Birkenblättern Gelb, aus Birkenrinde Rotbraun usw. Die Palette der Natur ist reich...*"

Farbstoffe tierischen Ursprungs sind beispielsweise:
○ Cochenille (Karminsäure aus der getrockneten Cochenilleschildlaus)
○ Purpur (aus der Hypobranchialdrüse der Purpurschnecke).

Bei den Mineralfarben handelt es sich um anorganische Farbpigmente (Erdfarben), die heute in der Textilfärberei nur noch vereinzelt verwendet werden, zum Beispiel
- Chromgelb
- Berliner Blau
- Mineralkhaki für Tropenkleidung
- Blauholz zum Schwarzfärben von Seide

Der Wert der Naturfarbstoffe
Mit den industriellen Färbetechniken wollen wir uns nicht lange aufhalten. Sie laufen in einer solchen Vielfalt und Kompliziertheit ab, daß der Außenstehende kaum einen Überblick, geschweige denn Sachkenntnis erlangen kann. Die Färbung ist ein chemisch-physikalischer Vorgang, bei dem das Textilgut – von der Flocke bis zum Gewirke – durch Farbstofflösungen mit verschiedenen Zusätzen (Salzen, Alkalien, Säuren und Färbehilfsmitteln) so behandelt wird, daß es eine ganz bestimmte Farbgebung und -wirkung erhält.

Emil Sprängers *Färbbuch* charakterisiert die natürlichen Färbungsmethoden mit einigen markanten Sätzen:
- Die natürliche Farbgebung verhält sich zur chemischen wie das Echte zum Imitierten.
- Die Pflanzenfärberei ist das organisch Gewachsene, das der Natur in vertrautem Umgang Abgelauschte.
- Die Chemiefärberei dagegen ist das wissenschaftlich Nachgemachte.

Interessant und fast poetisch, was er sonst zum Thema Farben weiß: *„Der Pflanzenfärber arbeitet mit noch unerschlossenen Rohprodukten, deren färbende Kraft sich erst im Verlaufe des Arbeitsganges durch Vereinigung der Stoffe entwickelt. Die färbende Substanz dieser Rohstoffe tritt nie vollkommen rein in Erscheinung. Sie ist stets an andersfärbende Bestandteile gebunden. Infolgedessen verhält sich jeder einzelne Färbstoff wie ein reichbesaitetes Instrument. Besonders bei den vorwiegend gelbfärbenden Stoffen ist die koloristische Abwandlungsmöglichkeit außerordentlich groß. Sie reicht beispielsweise von Gelb bis Graugrün, Grau und Braun, in vereinzelten Fällen von Gelb bis Rot, Grüngrau und Braun.*

Die natürlichen Färbungen gleichen sich gegenseitig an. Sie sind wie durch einen geheimen, einheitlichen Grundton miteinander ver-

bunden. Es ist gleichsam, als würden sämtliche Farbtöne als leise Begleitakkorde in jedem einzelnen Tone mitschwingen. Durch diese grundlegende Eigenschaft wird der Eigenwert der einzelnen Farbe in glücklicher Weise zugleich begrenzt und in die höhere Einheit einer farbigen Gesamtwirkung eingeordnet. Bei sachgemäßem Vorgehen erweckt das Gefärbte den Eindruck farbig beseelter Substanz. Es geht durch alle Farben ein mildes Leuchten und Glühen, die Ausstrahlung einer verhaltenen Kraft, welche durch das Alter noch gesteigert und verklärt wird."

Solche auf das menschliche Gemüt abgestimmten Eigenschaften fehlen den Chemiefarben grundsätzlich, die ihren Ursprung in der anonymen Massenproduktion auch in ihrer Ausstrahlung nicht verleugnen können. *„Sie erwecken selbst unter den günstigsten Bedingungen den Eindruck des Äußerlichen, Resonanzlosen und Unbeseelten."*

Aber nicht jeder Mensch empfindet das noch oder schon wieder so stark.

Aus der Naturfärbpraxis

Wertvolle Anregungen und Erfahrungshinweise konnte ich bereits 1979 von Färbmeister Bennett von der Livos-Pflanzenchemie erhalten, einer Forschungs- und Entwicklungsgesellschaft im niedersächsischen Bodenteich. Meister Bennett, der aus der anthroposophischen Richtung Rudolf Steiners kommt und die Farbenlehre von Goethe als Grundlage ansieht, betonte in unserem Gespräch ausdrücklich, daß die Gesamtkochzeit beim Woll-Färbvorgang maximal drei bis dreieinhalb Stunden nicht überschreiten sollte, weil die Wolle sonst verfilzt.

Wurzeln mehr – Blüten weniger kochen

Die Kochdauer ist nach seinen Erfahrungen stark vom Grad der Erdverbundenheit der verwendeten Pflanzenteile abhängig. So benötigen zerkleinerte Pflanzenteile aus Wurzeln und Rinden zwei bis drei Stunden, um die Pigmente aus diesen pflanzlichen Färbdrogen zu befreien und in die zu färbenden Wollfasern überzuleiten. Werden Blätter und Stengel als Färbdrogen verwendet, genügen dagegen schon eine bis eineinhalb Stunden Kochdauer. Bei Samen und Blüten kommt man meist schon mit dreißig Minuten aus.

Ich vermute, daß gerade Blüten und Samen höhere Energiekonzentrationen enthalten und dadurch wirksamer werden können, wie sie als Lebensmittel ja auch gehaltvoller sind als andere Pflanzenteile.

Färbmeister Bennett möchte Neulingen Enttäuschungen ersparen und bemerkte deshalb, daß die mangelhafte Lichtechtheit des Gelbs aus einer Färbung mit Reseda (Färberwau) bei Wolle durch einen Zusatz von Kreide oder Seesalz etwas ausgeglichen werden kann.

Vollwertige Grünfärbungen können nur durch Überfärbungen mit Gelb auf Blau oder umgekehrt erzielt werden. Für Violett gilt ähnliches.

Livos hat außerdem festgestellt, daß Alaun und Weinsteinrahm (nicht Weinsteinsäure!) sehr schonende Beizmittel sind. Chromkali und vor allem Eisen- und Kupfersalze sollten dagegen spärlich verwendet werden, da sie die Wolle verhärten. Letztere werden am ehesten zur abschließenden Verdunklung einer Färbung genommen, wobei der Anteil von einem Prozent die obere Grenze darstellen sollte.

"Jede Pflanze, auch die der gleichen Art, hat je nach Wuchs und Standort und entsprechend ihrer originellen Einmaligkeit als einzelnes Gewächs eine eigene und damit zu anderen Pflanzen etwas unterschiedliche Farbintensität. Daraus ergibt sich, daß auch die einzelnen Färbvorgänge mit verschiedenen Pflanzen der gleichen Gruppe trotzdem etwas unterschiedliche Farbwirkungen hervorrufen werden. Letztlich können keine zwei Färbvorgänge das gleiche Färbergebnis bringen", stellte Färbmeister Bennett abschließend fest.

Was umweltbewußte Textilfärber meinen
Färberspezialist Martin Luckscheiter aus Mindersdorf am Bodensee nimmt zur problematischen Natur-Färberei alter Art kritisch Stellung:

„Wir lehnen es ab, Chromkali, Kaliumbi- und -dichromat, Kupfersulfat, Zinnchlorid zu benutzen. Diese Metallsalze 'kippen' die Farbe um, zum Beispiel von Rot in Violett, von Braun in Kupfer (Walnuß).

Durch Mischen der Grundfarben Indigo (blau), Cochenille (rot bzw. im alkalischen Medium blaurot), Krappwurzel (für orange) und Färberblau (gelb) oder andere Gelbfärbungen (Rainfarn, Goldrute,

Birkenblätter etc.), in Verbindung mit Walnußschalen zum gelegentlichen Abtönen, ist der Farbenkreis fast gänzlich möglich!

Für Alaun und Eisensulfat gibt es laut Arbeitsblatt der Abwassertechnischen Vereinigung keine Vorschriften bezüglich der Höchstmengen, die ins Abwasser eingeleitet werden dürfen. Alaun wirkt als Beizmittel, Weinstein als Aufzugsmittel, um das Bad zu säuern, Farbe zu egalisieren sowie zum ganz kleinen Teil als Beize (Weinstein wird oft als Beize angegeben, diese Auffassung können wir aber nicht vertreten; zum Beizen kommt man mit Alaun aus, alles andere könnte man auch mit Färbereihilfsmitteln im derzeitigen Jargon bezeichnen).

Eisensulfat wird eingesetzt, um Gelb in Grün sowie Cochenille-Rot in Violett zu entwickeln. Die Farben sind nach der Behandlung jedoch stumpf und erreichen nie die Klarheit der Indigo-Gelb- oder Indigo-Rotfärbung.

Der im Handel befindliche Indigo wurde durch einen Vergärungsprozeß gewonnen und ist nicht wasserlöslich. (Eine Ausnahme ist die Indigo-Paste von Livos und Meier, welche wahrscheinlich mit Schwefelsäure angesetzt wurde. Wir selbst haben sie nur ganz zu Beginn unserer Färberlaufbahn einmal benutzt und dann völlig aus den Augen verloren.)

Deshalb wurde früher und auch heute noch in warmen Ländern Urin benutzt, um Indigo im Wasser zu lösen, zu verküpen, dem Wasser den Sauerstoff zu entziehen. Dies wird in unserer Färberei heute mit Hydrosulfit und Natronlauge bewerkstelligt. Hydrosulfit ist ein Sauerstoffreduktionsmittel, das in dem obengenannten Arbeitsblatt nicht aufgeführt ist. Es kann jedoch zur Funktionsbeeinträchtigung kleinerer Kläranlagen führen, die ohne mechanische Belüftung mit Rührwerken arbeiten. Wir haben das Problem vor Ort, wobei wir das Abwasser der Indigo-Färbung sammeln und in eine größere Kläranlage fahren.

Bei der Indigo-Färbung muß sehr genau auf Temperatur, Reinheit und Material der Gefäße, Abmessungen der Chemikalien geachtet werden. Da außerdem die Abwasserbelastung im Verhältnis zu den geringen Mengen für die private Färbung sehr hoch ist, empfehlen wir, auf Blau zu verzichten oder zumindest mit einem indigo-erfahrenen Färber zusammenzuarbeiten.

Wenn bei uns jemand Indigo bestellt, fragen wir meist zuerst nach, ob der/die Besteller/in auch weiß, wie es geht. Allzu oft müssen wir nämlich feststellen, daß die gesamte Pflanzenfärberei so verstanden wird, als gäbe es Farben zu kaufen, die dann ähnlich wie die Waschmaschinenfarben benutzt werden können."

Alte Färber-Rezepte und Öko-Bilanz

Martin Luckscheiter bemerkt weiter: *„In alten Färber-Rezepten findet man viel die Anwendung der Metallsalze. Diese waren zwar immer schon giftig, in ihrer Gesamtheit für das Ökosystem jedoch unbedenklicher als heute, da dieses früher noch intakter war und die Selbstreinigungskräfte daher besser greifen konnten.*

Färbereien wurden früher immer flußabwärts der Städte und Siedlungen angesiedelt, wohl hauptsächlich wegen der Abwasserfärbung und der Salze. Heute gibt es die Möglichkeit, die Farbe mittels Eisensulfat oder auch Hydrosulfit auszufällen und abzufiltern. Das Abwasser wird dadurch zwar farblos, ist aber nicht weniger belastet.

Ich gebe dies an, um anzudeuten, daß Färben immer eine Umweltbelastung nach sich zieht! Bei jeder Färbung und Klärung des Abwassers wird Sauerstoff gebraucht, wobei es für mich persönlich schon einen Unterschied macht, ob ich meine Abfälle des Färbens, wie bei uns üblich, verkompostieren kann oder ob ich Sondermüll produziere.

Wir dürfen auch nicht vergessen, daß unsere Welt erst seit hundert Jahren, ja eigentlich erst seit fünfundzwanzig bis dreißig Jahren so 'farbenfroh' ist. Farben waren früher nur einer relativ kleinen herrschenden Schicht, Adeligen, vorbehalten.

Es ist nicht möglich, alle heute verwendeten Farben aus Pflanzen zu erzeugen. Der geschätzte Bedarf an Pflanzen läge dann bei hundert Millionen Tonnen im Jahr (bei Getreide lag der durchschnittliche jährliche Verbrauch 1981 bis 1985 in Westdeutschland bei 24,5 Millionen Tonnen). Meines Erachtens sind Pflanzenfarben deshalb auch keine richtige Konkurrenz oder direkte Alternative für Chemiefarben, sondern vielmehr als etwas Besonderes anzusehen. Ich gehe mit dieser Meinung vom heutigen Stand aus, verstehe aber gut E. Språnger, der in seinem 'Färberbuch' äußert, die chemischen Farben seien nur eine Imitation.

Eine Öko-Bilanz kann daher momentan noch nicht erstellt werden, da die Pflanzenfarben immer im vergleichsweise kleinen, eher kunsthandwerklichen Bereich hergestellt und verarbeitet werden, wobei sich Arbeitsklima, Selbständigkeit und künstlerische Intuition nicht bewerten lassen."

Pflanzenfarben für die Industrie?
Die Färberin Anita Pletsch mit ihrem Naturfasern-Atelier in Linden bei Gießen bestätigt viele von Luckscheiters Ausführungen, hat aber eine teilweise abweichende Meinung zu den Zukunftsperspektiven, wenn sie sagt: *"Für einen Teil der industriellen Behandlung von Textilien halte ich die Pflanzenfarbstoffe durchaus für realisierbar und sinnvoll.*

In Italien ist Angelo Oleari bereits dabei, mit staatlicher Unterstützung eine industrielle Pflanzenfärberei einzurichten (siehe 'Natur' 10/90). Er arbeitet seit 1987 an einem Forschungsprojekt, das den Verzicht auf chemische Farben möglich machen soll, und hat große Anbaukulturen für Färbepflanzen gestartet. Wir machen das gleiche seit 1984, allerdings ohne staatliche Unterstützung und in viel bescheidenerem Rahmen; Deutschland schläft, wie immer...

Meine Erfahrungen mit maschineller Pflanzenfärbung von Stoffen sind recht positiv. Durch die maschinelle Bearbeitung der Textilien wird der Farbstoff sehr viel besser ausgenutzt, es bleibt weniger im Abwasser, man kommt mit viel weniger Färbedrogen aus als im Bottich.

Auch dann erst kann Pflanzenfärbung ein ökologischer Faktor werden (dessen Notwendigkeit jeder einsieht, der einmal eine Textilveredlungsfabrik von innen gesehen hat...!). Und warum soll man in unserer mühsam durch Subventionen am Leben gehaltenen Landwirtschaft nicht mal ein paar Biergerste-, Silomais- oder Zuckerrübenfelder durch Färbepflanzen ersetzen, lebensnotwendig ist das bisher angebaute Ackergut unserer Genußmittelkultur auch nicht.

Die von Martin Luckscheiter angeführte Zahl von hundert Millionen Tonnen pro Jahr entbehrt jeder Grundlage, da man für diese Berechnung nicht mehr die Kriterien unseres ex- und hopp- Konsumwahns zugrundelegen kann, da danach sicher nicht mehr das Bedürfnis besteht.

Neueste Untersuchungen über Verbrauchertendenzen haben gezeigt, daß man allmählich des schnellen Wechsels müde ist und wieder nach Qualitätsprodukten strebt ('Idego Professional', der Prospekt der Düsseldorfer Modemesse 1991)!

Jede Pflanzenfärbung ist einmalig
Verbraucher müssen völlig umdenken, wenn sie Pflanzenfärbungen wünschen. Sie sind wirklich etwas Besonderes, Lebendiges, jede ist ein individuelles Wesen. Die Maßstäbe, die an chemische Farbstoffe gestellt werden – deren Gleichmäßigkeit übrigens auch nur mit einem Arsenal von Färbehilfsmitteln erreicht wird – haben für sie keine Gültigkeit.

Pflanzenfarben kann man nicht reproduzieren, da jeder Jahrgang einer Färbepflanze anders ausfällt, ähnlich wie Wein. Der Farbstoffgehalt ist abhängig von Standort, Sonne, Regen usw.

Auch erlebt man mit den Pflanzen immer wieder Überraschungen, die oft wie ein Geschenk sind. Wir sollten sie dankbar annehmen und die Färbungen akzeptieren wie sie sind. So kann bei einer Reseda-Färbung ein wunderschönes Eisblumenmuster entstehen, oder eine Cochenille-Färbung sieht aus wie rosa Marmor... Aus diesem Grund färbe ich auch ungern nach den Vorgaben eines Kunden. Das zieht nur Frust nach sich, weil sich die Natur nicht in feste Vorstellungen der Menschen fügen will; wir haben sie lange genug vergewaltigt.

Pflanzenfarben stärken den Astralleib
Pflanzenfarben haben ganz andere energetische Wirkungen als Chemiefarben – dies beweist ihre Verwendung in der Farbtherapie.

Wie man aus Versuchen der Kirlian-Fotografie weiß, stärken pflanzengefärbte Materialien unseren Astralleib, der für unsere Gesundheit und unseren Schutz, unser Immunsystem verantwortlich ist. Chemische Farben bewirken eine Ausdehnung des Ätherkörpers – daher auch die von Frau Heidemann festgestellte Nervosität. Es ist einfach unangenehm, wenn sich unser Ätherleib ausdehnt, verflüchtigt. Man ist schutzlos und spürt das auch, hat aber in unserer materiell denkenden Welt keine Erklärung dafür. Ebenso schwächend wirken sich auch synthetische Düfte und Parfüms, vielleicht auch synthetische Klänge aus dem Synthesizer aus.

Die ständige Überfrachtung mit künstlichen Klängen, Farben, Aromastoffen usw. ist sicher ein nicht unwesentlicher Faktor für die zunehmenden Immunschwächekrankheiten – und wie groß ist ihre Funktion als Impulsgeber der Unruhe und Hektik unserer Zeit?

Farben sind Energieträger, und das Schwingungspotential einer natürlichen Farbe ist unvergleichlich reicher als das der 'raffinierten' Chemiefarbe (Beispiel weißer Zucker zur Natursüße sonnenreifer Früchte). Unser Körper hat in einer Pflanzenfärbung eine ungleich größere Chance, genau die Frequenz zu finden, die er braucht, um die geschwächte Eigenenergie wieder aufzubauen und zu stabilisieren (Resonanzgesetz).

Deshalb werden auch in der Schule für Farbheilung von Theo Gimbel in Großbritannien keine Kunststoffolien verwendet, sondern nur echtes, nach alter Tradition gefärbtes und sehr teures Kirchenglas.

Farben beeinflussen uns bis in die molekulare Zellstruktur. Wasser unter blauem Glas wird meßbar alkalisch, unter rotem sauer. Wie unbewußt und unsensibel gehen wir bisher im Alltag mit Farben um!

Interessant ist auch, daß die nach der recht oberflächlich erscheinenden Farbtypologie ('Colour me beautiful' mit Herbst-, Sommer-, Frühjahr- und Wintertypen) ausgesuchten Farben meist auch die sind, die das Individuum braucht...", schwärmt Anita Pletsch, um abschließend anzuregen: „*Interessant wäre es zu untersuchen, welche Farbe für welche Textilfaser die optimale ist. Ich tippe bei Leinen auf Blau, bei Wolle auf Rot und Seide auf Gelb. Mit je einem Kleidungsstück aus den entsprechenden Farben, das den Körperteilen angepaßt ist, welche diese spezielle Wirkung brauchen, müßte man eigentlich auskommen. Der Rest der Garderobe ist naturfarben..."*

Krank durch Textilfarben?

Mit über 400.000 Tonnen Farbstoffen (1989) ist die Textilindustrie der größte Abnehmer pro Jahr. Bereits 1980 wurden laut „Colour-Index" rund 40.000 Farben aus etwa 7.500 verschiedenen chemischen Bestandteilen ermittelt; 1989 waren es bereits über 50.000.

Der Toxikologie- und Umweltverband (ETAD) untersucht seit 1974 die gesundheitlichen Auswirkungen von Farbstoffen auf den Menschen und hat festgestellt, daß täglich bis zu zehn Nanogramm Farbstoffe durch die Haut in den Körper eindringen – mit mehr oder weniger starken Auswirkungen. Nachdem um 45 Prozent aller hierzulande verarbeiteten Farbstoffe aus dem Ostblock oder China stammen – die dem ETAD bisher nicht angeschlossen sind – tappen die Farbsensiblen und Allergiker weitgehend im dunkeln.

Als Kontaktdermatitis sind Strumpf-Farballergien durch Nylons bekanntgeworden. Wer die Strümpfe vor dem ersten Gebrauch wäscht, erreicht damit, daß nicht gut am Textil haftende Farbe ausgewaschen wird, bevor sie die Trägerin belastet. Ein Entfärben von Chemiefarben und erneutes Einfärben mit Naturfarben wäre eine aufwendige, aber auch verträglichere Alternative.

Beachtet werden sollte bei der ganzen Chemiefärberei (wobei vor allem Schwermetalle eingesetzt werden), daß generell nur etwa sechzig Prozent von den Fasern selbst aufgenommen werden können, also rund vierzig ins Abwasser gelangen. Die üblichen Kläranlagen sind überfordert, wenn sie diese Chemiegifte restlos ausscheiden sollen. Luckscheiter vermutet allerdings eine Aufnahme „*... bis 99 Prozent, bedingt natürlich auch durch die diversen Hilfsmittel sowie Temperaturen bis 130 Grad, bei Polyester bis 200 Grad Celsius unter hohem Druck. Eine Ausnahme bilden die Reaktivfarbstoffe mit höchstens 80 bis 85 Prozent ...*"

Färben ohne Gift ist deshalb auch für Eva Jentschura in „Mensch und Kleidung", Heft 43/1990, die Alternative, wenn sie unter diesem Motto sachverständig und praktisch natürliche Farbstoffe aus dem Pflanzen-, Mineral- und Tierreich vorstellt. Stephanie Faber gibt im gleichen Heft Auskunft über die *Herkunft der Pflanzenfarben* und auch Hinweise über *Kleiderfarben in Harmonie zur Hautfarbe...*

Mensch, Farben und Kleider

Da nicht nur die chemisch-technische Dualität der Farbstoffe von Bedeutung ist, sondern auch die Farben selbst eine außerordentliche Wirkung auf den Träger der bunten Kleidungsstücke ausüben, wollen wir uns hiermit genauer beschäftigen.

Kein Geringerer als Johann Wolfgang von Goethe hat vor rund 150 Jahren die erste umfassende, für uns heute noch wesentliche Farbenlehre durch intuitive Schau und nach seinen Möglichkeiten systematische wissenschaftliche Analyse aufgebaut und darzustellen vermocht. Matthaei hat erst später die exakten Grundfarben erforscht und festgelegt.

Jedoch bereits vor Goethe gab es farbsystematische Darstellungen; schon Leonardo da Vinci beschäftigte sich mit diesem Thema. Im ersten Viertel des zwanzigsten Jahrhunderts arbeitete Rudolf Steiner auf diesem Gebiet und in den Nachkriegsjahren Professorin Lilly Eberhard, beide im Hinblick auf die Heilkräfte der Farben.

Meine ersten stärkeren Eindrücke mit Farben gehen auf das Jahr 1980 zurück: *„Farben sind lebendige Kräfte in anderer Form"*, sagte Heidrun Munsch anläßlich des ersten Pyramiden-Seminars in Bad Camberg. *„Farben können"*, so die Heilpraktikerin, *„einerseits eine Gesundheits- und Kraftquelle für unseren Organismus sein, uns andererseits aber auch belasten..."*

„Farben wirken sehr unterschiedlich auf den einzelnen Menschen, sie 'reden' sogar mit uns...", betonte Prof. Ol W. Sartorio, Leiter des Synergy-Instituts in Oberreifenberg/Taunus anläßlich einer Diskussion zu diesem Thema.

Es gibt sicher eine große Anzahl feinfühliger Menschen, die intuitiv zu den Farben greifen, die ihrem Konstitutionstyp grundsätzlich als Ergänzung dienen und ihre Seelenkräfte anregen. Sie finden „ihre Farbe" von selbst, auch wenn es ihnen nicht bewußt sein mag. Kinder lassen sich in bestimmten Entwicklungsphasen unbewußt von unterschiedlichen Farben anziehen und anregen – Kleinkinder vor allem durch Rot und Blau.

Es blieb wohl dem Architekten, Innenarchitekten und Restaurator Hans Peter Maier im westerwäldischen Hachenburg vorbehalten, die Vielfalt der jahrhunderte-, wenn nicht jahrtausendealten Farblehren und -aussagen mit den neuesten farbwissenschaftlichen Erkenntnissen abzugleichen. Schon bei seiner Arbeit in den fünfziger Jahren als Herausgeber von Büchern zum Thema „Farbe" beschäftigte er sich vor allem mit der Anwendbarkeit von Farblehren und Farbtests in bezug auf Umweltgestaltung und visuelle Kommunikation.

Er hat nicht nur bei namhaften Erfindern von Farbskalen und Farbsystemen geschöpft, sein Wissen beruht auf einer breiten und tiefreichenden Basis. Es schließt alles mit ein, was es an Rang, Namen und Bedeutung in der Farbanalyse, -darstellung und systematischen Farbenordnung bisher gab. Er beginnt bei den alten Chinesen und Indern und geht von Empedokles, Aristoteles, Leonardo, Aquilonius über Newton, Lambert und Goethe zu Klee, Kandinsky, Itten, Hickethier usw.

Der HPM-Color-Test

Aus der schier erdrückenden Fülle der Meinungen, Erfahrungen und Hypothesen kann H.P. Maier tiefgründige Zusammenhänge vermitteln, selbst differenzierteste Bezüge zwischen Mensch und Farben, die nur noch intuitiv wahrnehmbare oder erahnbare Wirkungen haben. Er hat das breite Wissen verknüpft und computergestützt zunächst für Farbexperten als Analyse- und Handwerkszeug weiterentwickelt und gestaltet. Dies ist zum Nutzen aller, im Sinne einer farbenfrohen Zukunft. Aber lassen wir ihn selbst zu Wort kommen:

„Der HPM-Color-Test dient der Findung des eigenen Farbtons, der adäquaten Farbgestaltung der Umgebung. Wer weiter schaut, sieht vieles mehr, auch sich selbst...

Bedenken wir: Vielerorts und vielerseits wird Farbe noch oft unterschätzt und nur als schmückende Zugabe gesehen, als Ordnungs- oder als Akzentuierungsmittel, oder sie wird gar mißbraucht, um durch Farb-Gestaltung eine fragwürdige Form-Gestaltung zu vertuschen. Bei zunehmendem Bewußtsein für eine menschengerechte Umweltgestaltung, beginnt die Farbe neben Material, Form und Licht heute wieder eine wesentliche Rolle zu spielen. Ich spreche hier vor allem von Farbe als Eindruck, als schwingendem Medium zwischen uns Menschen und der farbig erscheinenden oder gefärbten Umwelt. (Gesondert behandle ich Farbstoffe, Farbsubstanzen, Farblicht etc.)

Farbe ist in diesem Sinne das feinste Medium, um alle Bereiche des Lebens und somit alle Bereiche von Materie und Geist zu verbinden. Dieses Medium ist wie das synergetische Feld, das jene Pole wirklich verbindet: Es spiegelt das Wahre wider, nämlich alles wie es ist, unaufdringlich, aber bestimmt, und ist ein Synonym für vieles zu gleicher Zeit. Selbst wenn wir die Augen schließen, trägt es all unser Fühlen und Denken zu uns zurück, wahrnehmbar, und sei es erst in einiger Zeit. Farbe hat gerade in diesem Sinne eine geistig un-'faßbare' Qualität und nicht nur eine materiell meßbare Quantität...

Es ist mit diesem Medium vielfach anders, anders als angenommen, auch anders als behauptet wird... Alle diese Vor-Stellungen behindern den klaren Blick...

Farbe darf nicht mit festen Begriffen verbunden und mißbraucht werden, ihre Rache ist nachhaltig und überaus wirksam – wir müssen die Polarität, das Sowohl-als-Auch zugestehen..., dann ist Farbe wie ein Tor zu allem.

Messung der menschlichen Farbenergien

Der HPM-Color-Test wurde von mir zur Messung der Farbenergien des Menschen entwickelt. Dieser Test ist ein Werkzeug. Dieses zu handhaben, bedarf der Übung und des Könnens, um dadurch ein sinnvolles Resultat zu erreichen. Entsprechende Schulung wird angeboten. Die Resultate sind Empfehlungen für das Leben mit Farben: Welche Farbtöne, deren Sättigung und Helligkeit – in welchen Anteilen und Kombinationen bei der Gestaltung der näheren und weiteren Umgebung eines oder mehrerer Menschen verwendet werden können – und welche speziellen Farb-Bereiche möglichst zu meiden sind.

Der HPM-Color-Test ist im üblichen Sinn kein 'projektiver Test', welcher mit sogenannten 'farb-psychologischen' Verfahren zur Beurteilung von Personen und Verhaltensweisen dient.

Die Resultate machen die Entscheidung bei einer Farbwahl leichter: Der dem Menschen eigene Farb-Ton und sein ergänzender Grundton sowie deren Tendenz und die eigene Farb-Skala werden errechnet. Weiterhin kann die Farb-Rhythmik im Fluß und die Farb-Struktur dargestellt werden.

Zunächst wurde der Test für Kollegen, Architekten, Innenarchitekten und Farbgestalter entwickelt, die für Wohnbereiche und Arbeitsstätten Empfehlungen geben wollen, unabhängig vom modischen Einfluß, unabhängig auch von fixierter persönlicher Meinung oder irgendeiner der vielen sich widersprechenden 'Regeln', wie Farbe zu wirken hat...! Empfehlungen nicht nur für den einzelnen Menschen, sondern durch eine erweiterte Berechnungsmethode auch für eine Gruppe von Menschen.

Kurz gesagt, der HPM-Color-Test ist ein Farbtest, dessen Resultate Farbwerte für eine individuelle Farbempfehlung sind. Diese können des weiteren über Analogien transkribiert werden. Dadurch haben sich weitere Einsatzmöglichkeiten in anderen Bereichen ergeben, durch Austausch von Erfahrungen sowie in enger Zusammenarbeit mit 'Gleichgesinnten' im Bereich der Pädagogik, der Heilkunde und nicht zuletzt der Kunst und individuellen Bekleidung.

Nun empfehle ich aber: Jeder, der sich mit diesem Test beschäftigt, vergißt fürs erste alles, was er bisher über Farbe gehört oder gelernt hat. Denn... die wenigsten Meinungen stimmen überein – und wenn sie übereinstimmen, sind sie oft ohne Prüfung übernommen – oder werden verfälscht durch ungenaue Verwendung oder Einordnung...

Wieviele sich widersprechende Wirkungsweisen werden beispielsweise 'Rot' zugewiesen, ohne zu sagen, welches Rot – und wieviele richtige Ansätze werden verzerrt durch falsche Verwendung oder Umdeutung von Begriffen und Bezeichnungen. –

So ist zu bedenken, daß Goethes 'frühes' Rot eigentlich das spätere Purpur ist (heute meist Magenta genannt, richtiger Magenta-Rot) – und... wer zitiert nicht Goethe, seine Farbenlehre, oft ohne sie richtig gelesen, sie studiert oder gar die Experimente nachvollzogen zu haben? –

Und... wie ist es einem Goethe-Forscher ergangen, als er das Purpur dunkeloxydiert und vergilbt in einer alten Ausgabe erblickte...? Nicht nur durch wissenschaftlichen Nachvollzug der Experimente war es möglich, den exakten Farbton Purpur zu bestimmen. Intuition, die den Zu-Fall provozierte: Ein Tagebucheintrag, der den Fund eines durch keinerlei Einfluß veränderten Farbaufstrichs im Gartenhaus zwischen den Fließblättern der Schreibunterlage des Stehpults, ermöglichte...

Nun sind die drei 'Goethe-Farben' Gelb, Purpur, Blau auch die Grund- oder Primärfarben der Pigment-Farbmischung (sogenannte subtraktive Farbmischung) auch für den HPM-Color-Test."

Ausbildung zum Farbberater und -therapeuten

Das gebündelte Wissen über Farben und ihre sehr differenzierte Nutzanwendung im Alltag, von der farbenfrohen Kleidung über Wohnungseinrichtungsfarben, Wand- und Hausmalfarben bis hin zu Farbklängen und Farbtherapien, gibt H.P. Maier (Hachenburg) mit seinem Team ab Herbst 1991 in speziellen Ausbildungsseminaren zum Farbberater/Farbtherapeuten weiter. Das Intensiv-Training richtet sich an Menschen, die für Farben besonders sensibel sind und ernsthaft daran interessiert, das erworbene Spezialwissen später anderen Menschen qualifiziert und systematisch weiterzuvermitteln. Diese Art der Schulung ragt – meiner Kenntnis nach – weit über alles hinaus, was bisher in dieser Richtung angeboten wurde. Während eines Einführungswochenendes kann jedermann/frau entscheiden, ob dies der Weg in eine farbenfrohe, selbständige Existenz werden könnte, oder ob es bei der einmaligen Grundorientierung bleiben soll.

Von Farben – Resonanzen – Harmonien

Farbschwingungen teilen sich der Umwelt und den Körpern mit. Daher wird auch verständlich, warum natürliche Farben harmonierend wirken. Ob anregend oder beruhigend – bei den in der Natur vorkommenden Farben dürfte dies immer harmonisch sein.

Harmonie ist Rhythmus und ein harmonischer Rhythmus fördert die Gesundheit. Wir sollten uns also schon überlegen, wie wir unsere Umgebung farblich abstimmen, in welche Farben wir uns kleiden und welches Maß an Farben wir dem eigenen Körper zumuten können oder sollten. Auch Farben und Licht bedingen sich gegenseitig. Glücklicherweise ist das lichtlose Körperzeitalter, in dem eine weiße Alabasterhaut als „schön" galt, vorbei. Licht, Luft und Sonne sind wieder einmal gefragt – auch wenn manche sinnlos des vermeintlich Guten zu viel tun. Weil „man" braun sein muß, um als „schön" zu gelten, wird oft maßlos übertrieben, auch wenn es Menschentypen gibt, die mehr Sonne vertragen können und mehr brauchen als andere.

Die Geburtsfarben

Viktoras Kulvinskas berichtet in seinem Buch *Leben und Überleben – Kursbuch ins 21. Jarhundert* nicht nur, welche Nahrungsmittel allein schon durch ihre Farben den Blutkreislauf anregen, fröhlich machen, die Nerven kräftigen und schließlich gegen Schnupfen und grau werdende Haare wirken sollen, sondern auch, welche Zusammenhänge zwischen dem Geburts-Tierkreiszeichen, den Nahrungsmitteln und der Wirkung der direkten Sonnenbestrahlung auf die einzelnen Menschentypen festgestellt wurden.

Demnach vertragen Zwillinge, Krebsgeborene, Löwen und Jungfrauen viel Sonne und benötigen sie sogar, während Stiere, Widder, Waagen und Skorpione sich mittelmäßig bestrahlt am wohlsten fühlen; Fische seien mit mäßig bis mittelmäßig zufrieden. Schützen, Steinböcke und Wassermänner könnten auch mit „wenig" Sonne sehr gut zurechtkommen – wohl, weil sie in der kühlen Jahreszeit geboren wurden. Zum Abschluß: blaue Nahrungsmittel wie Blaubeeren,

Pflaumen, Weintrauben, aber angeblich auch Sellerie, Spargel, ja selbst die Kartoffel, sollen die Geistesarbeit fördern!

Was ist Farbe – wissenschaftlich gesehen?

Lassen wir hierzu wieder Hans Peter Maier zu Wort kommen:

„Farbe wird noch allgemein als Sammelbegriff benutzt. Nach internationaler Vereinbarung soll das Wort Farbe oder Color nur noch für die Empfindung, besser gesagt, für die farbige Information verwendet werden, die durch den Anteil einer zurückgeworfenen Strahlung entsteht. Alles andere sind Farbmittel (Pigmente, Farbstoffe, Farbfilter).

Trifft also, vereinfacht gesagt, farbloses Licht oder Strahlung auf eine zum Beispiel mit einem roten Farbmittel gestrichene Wand, so wird der rote „Strahlungsanteil" oder der entsprechende Energieanteil reflektiert und alle andere Energie wird absorbiert und wandelt sich gegebenenfalls in Wärme um. Von einer weißen Wand werden 90 bis 95 Prozent reflektiert, von einer schwarzen Wand, je nach Pigment oder Pigmentmischung, 5 bis 60 Prozent.

Wie wir Farbe verarbeiten, ja selbst, wie wir die Farbe, die wir sehen, im Gehirn weiterverarbeiten, damit der Farbeindruck entsteht, ist wissenschaftlich noch vollständig zu klären. Vermutlich ist das Sehen mit den Augen und das 'Sehen' mit jeder Zelle mit der Technik der Holographie zu vergleichen. Auch das 'Erinnerungsvermögen' einer Zelle, das heißt die Speicherkapazität, weist in diese Richtung. Ein Kristallspeicher mit holographischer Speicherung hat eine Informationsdichte von etwa 10^{11} bit/cm³, die DNA (desoxyribonucleid acid) verfügt über eine Informationsdichte von 10^{21} bit/cm³.

An der 'Erinnerungsfähigkeit' der Zellen liegt es dann wohl auch, daß eine 'Familienfarbe' über Generationen weitergegeben wird – oder auch eine chronische Krankheit...

Das heißt aber auch, daß alles – auch was wir farbig erleben – weitergegeben wird und wir um Ausgleich bemüht sein müssen, in unserer 'Mitte' zu sein und zu bleiben, um wirklich vital und voll lebensfähig zu werden und zu sein. Licht und damit auch Farbe, bedeuten mehr als wir ahnen, geschweige wissen können.

Es existieren mehr Kombinationen von Strahlungsarten als allgemein bekannt oder bisher erforscht. Beschränken wir uns auf zwei Phänomene, die bei der 'Verarbeitung' von Farbe wesentlich sind:

Photonen und Biophotonen
Photonen oder Lichtquanten thermische Strahlung aus 'unbelebter' Materie. Biophotonen ultraschwache, nichtthermische Strahlung aus biologischen Systemen.

Was der Mensch als Farbwirkung erlebt, entsteht primär im wesentlichen durch die Reflektion seiner Eigenenergie, den von jeder Zelle seines Körpers ausgesandten, aber für das menschliche Auge unsichtbaren Biophotonen. Die Stärke dieser Eigenenergiestrahlung beträgt pro Quadratzentimeter/Sekunde bis zu einigen hundert Biophotonen, im optischen Spektralbereich von 800 bis 200 Nanometer, mit einem Maximum bei 500.

Diese von der DNA (dem Gen-Code) gebildete kohärente (lat. cohaerere heißt zusammenhängen, ununterbrochen sein) Strahlung dient der Zellkommunikation. Durch die Bildung kohärenter Wellenfelder im Zellverband steuern sie biochemische Prozesse, biologische Rhythmen usw. Auf diesem Wege entstehen auch die informativen Rückkopplungen aus der Umwelt und Sympathie (gr. sympatheia heißt in Wechselwirkung mit etwas stehen, auch mitschwingen sowie die natürliche Übereinstimmung mehrerer Dinge).

Zu diesem Bereich der nicht sichtbaren Farbempfindung und Verarbeitung gehören auch alle synästhetischen Phänomene, das heißt die Verarbeitung einer Information in einem anderen Sinnesgebiet.

Alle Farb-Empfindungen, die durch Reflektion von Licht, durch Rückstrahlung der Photonen, von unseren Augen oder der Haut aufgenommen werden, sind in diesem Zusammenhang sekundär. Alle Farb-Wirkungen, die bei direkter Bestrahlung durch farbiges Licht entstehen, sind in diesem Sinne tertiär, das heißt, die Sekundär- und Tertiär-Wirkungen sind gedanklich kontrollierbarer und dadurch auch manipulierbar, während die Primär-Wirkung hauptsächlich unbewußt verarbeitet wird."

Noch ein Hinweis zu den Biophotonen: Prof. Dr. Fritz Albert Popp hat sich intensiv damit beschäftigt und die Grundzüge in seinem Buch *Biologie des Lichts* dargestellt.

Farben sehen und fühlen lernen
Die erfahrene Augentherapeutin Gertrud Lauterbach in Rehetobel/Schweiz ließ Blinde und sehr stark sehbehinderte Menschen zuerst minutenlang, später wesentlich länger, aber immer dosiert, direkt

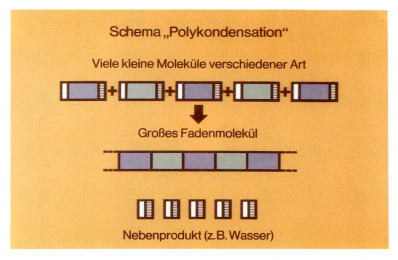

Bei der Polykondensation enstehen aus verschiedenartigen Einzelmolekülen Kettenmoleküle durch Abspaltung.

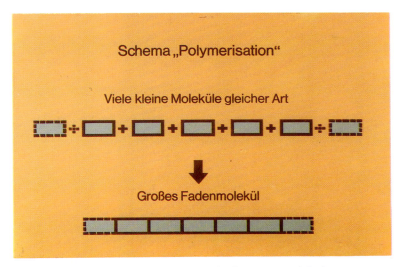

Durch den Zusammenschluß vieler gleichartiger Moleküle (Monomere) bilden sich bei der Polymerisation große Fadenmoleküle (Makromoleküle).

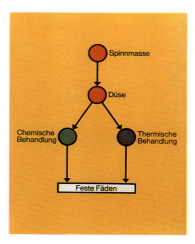

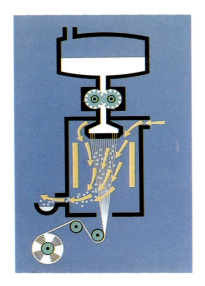

Hier das Prinzip der Kunstfaserherstellung: Die spinnbare (polymere) Masse wird durch unterschiedlich feine Düsen gepreßt und entweder durch chemische oder thermische Behandlung zu festen Fäden geführt.

Schema einer Kunstfaserherstellungsart – hier erstarren die Kunstfäden durch Luftkühlung im Gegenstromprinzip.

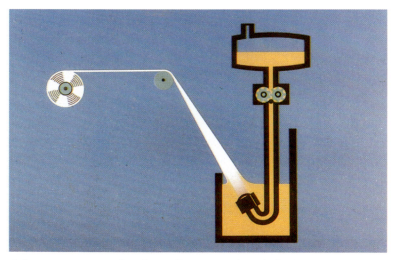

Schema einer Kunstfaserherstellungsart – hier befindet sich die Spinndüse im Flüssigkeitsbad.

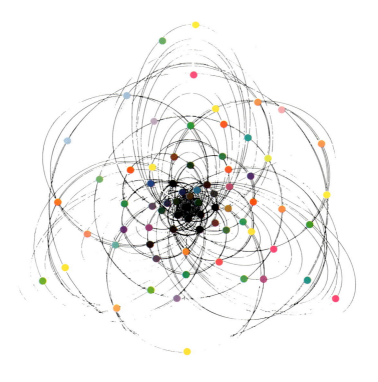

Hier eine Darstellung, wie die sogenannte „Farbrealität" auch sein könnte. Um den dichten Kern eines Atoms kreisen Elektronen – bei bestimmten Zuständen entstehen Farben.

Valoneafrüchte aus der Türkei liefern einen pflanzlichen Gerbstoff für die Ledergerbung.

Die bereits angegerbten Häute werden versetzt wieder neu in der Versenkgrube eingelagert, wie beim ersten Mal unter Zugabe der Naturgerbstoffe gemahlene Eichen- und Fichtenrinde sowie Valonea.

in die Sonne sehen. Sie lehrt blinde Menschen die Farben an Blumen und Blüten fühlen und hat unwahrscheinlich anmutende Erfolge damit erzielt.

Ähnliches bestätigen auch die Berichte der amerikanischen Journalisten Ostrander und Schroeder, die Experimente schilderten, bei denen unter anderem auch von Geburt blinde Menschen die Farbtemperaturen erfühlen und dadurch „farbenlesen" lernten.

Farb-Ton-Symphonie des Waldes

Offensichtlich steht in der Natur mehr miteinander im Einklang, als wir wenig geschulten und viel zu vordergründig laut berieselten, ja überschütteten Zeitgenossen noch deutlich wahrnehmen können. Hermann Becker erläuterte in seinem Seminar, das unter dem Motto *Kosmische Energie zum Wohle des Menschen 1980* in Bad Camberg stattfand, daß nicht nur die Farben Schwingungen aussenden und damit dort Resonanzen auslösen, wo sie ankommen, sondern auch die uns umgebenden Gegenstände und Körper gröberer und feiner Art. Wenn wir in einem unterschiedlich nuancierten „grünen" Wald an Sträuchern und Hecken vorbeigehen und unter hohen wie niedrigen Bäumen, dicken und dünnen Ästen, Blättern, Zweigen und Stämmen wandern, ströme uns ein ganzes Symphonieorchester von Farben und Schwingungen entgegen. Wirkt deshalb ein Waldspaziergang so beruhigend, harmonisierend und ausgleichend auf den Menschen, der dafür ein Empfinden bewahrt oder wiederentdeckt hat?

Im Gegensatz dazu wundert es nicht, daß das gleichmäßige Baß-Stakkato einer Diskothek entsprechend disharmonisierend wirkt und die stundenlang dort weilenden jungen Menschen einengt, geistig abtötet und seelisch leer macht, umso mehr, wenn sie sich in schwarze, enge, kaum individuell stimulierende Lederkleidung zwängen. Wie sollen da ein ausgeglichener Optimismus und geistig anregende Vorstellungen für das Leben und den Beruf von morgen gefunden werden können? Man sagt, daß Musiker, die solche Musik betreiben, nach längstens einem Jahrzehnt nervlich-seelisch ein Wrack werden, während klassische Musiker jahrzehntelang spielen und bis ins hohe Alter gesund bleiben können.

John Diamond stellte in seinem Buch *Lebensenergie in der Musik* 1981 bereits fest, daß nur „handgemachte" Instrumentalmusik lebensaufbauende Heilwirkungen zeige (also künstliche Elektronik-Musik das nicht bringen kann!).

So besehen, können wir Farbe, Licht und Klang gar nicht voneinander trennen. Es dürfte nun eine Frage der Auswahl und der Intensität sein, ob wir die Farbe so auf uns wirken lassen oder ob wir sie durch unsere Kleidung oder mit unserer Nahrung „in uns aufnehmen" – und entsprechend darauf reagieren.

Bei Kranken falsche Energieschwingungen?
Bei kranken Menschen ist das freie Zusammenspiel aller Organe gestört. Ihre Energiemuster schwingen im falschen Rhythmus. Durch gezielte Bestrahlung mit bestimmten Farben ist es aber möglich, Millionen von richtigen, harmonisierenden und stimulierenden Schwingungen auszulösen und den richtigen Rhythmus wiederherzustellen.

Farbiges Glas oder auch farbige Folie hindert den Durchgang der anderen Strahlen, mit Ausnahme derjenigen, die so gefärbt sind wie das Glas oder die Folie selbst. Dabei hängt die Durchdringungsfähigkeit der Farben von ihrer jeweiligen Wellenlänge ab: Rot hat die längste, Violett die kürzeste.

Unter Schwingungen verstehen wir eine regelmäßige energetische Bewegung, die innerhalb bestimmter Grenzen auf dem gleichen Wege zwischen Farbquelle und dem Objekt, auf das die Farbe auftrifft, hin- und zurück-„schwingt". Die Schwingungszahl oder Schwingungshäufigkeit in einer bestimmten Zeiteinheit – zum Beispiel einer Minute, einer Sekunde oder noch kürzer – nennt man Frequenz. Damit werden in unseren Körperzellen Resonanzen erzeugt, Resonanzkräfte freigesetzt und Wirkungen erzielt, je nachdem, in welcher körperlich-seelischen Verfassung sie auf uns treffen...

Interessant ist hierbei, daß gerade mit kleinsten Farbresonanzen beachtliche Wirkungen erzielt werden können (ähnlich den homöopathischen Hochverdünnungen, Hochpotenzen genannt).

Die sieben Heilfarben
Farbschwingungen können auf unterschiedlichen Wegen auf den Organismus einwirken. Die wichtigsten Empfangsstationen für Farbreize sind:
○ das Auge, das die Farbwirkung bis zum Gehirn weiterleitet;

○ die Haut, die die Strahlen einerseits direkt aufnimmt, zum anderen über die Kleidung und alle farbigen Gegenstände (wie Edelsteine). Die Farbe der unmittelbar auf der Haut getragenen Kleidung wirkt durch den langanhaltenden Kontakt nachhaltig auf uns ein. In mancher farbigen Kleidung fühlen wir uns deshalb wohler als in anderer. Die Ursachen dafür sind also nicht nur beim Fasermaterial zu suchen.

Wie bereits angedeutet, übt auch die Farbe unserer Nahrungsmittel eine nachhaltige Wirkung auf uns aus, wobei wir allerdings bisher die Dosierung kaum ausreichend abschätzen, geschweige denn gezielt einzusetzen gelernt haben.

Obwohl man im Farbenspektrum schon rund 160 Farbtöne zu unterscheiden gelernt hat, interessieren uns bei der Farbtherapie (nach Heidrun Munsch) praktisch nur sieben Farben, die auch im Regenbogen deutlich erkennbar sind, nämlich Purpur-Rot, Orange, Gelb, Grün, Hellblau, Dunkelblau und Violett. Sie sind auch als Bekleidungsfarben wichtig!

Rot macht den Faulen fleißig
Rot – das Symbol des Lebens, der glühenden Sonne und des Feuers, der Lebenskraft, Energie und Tatkraft – ist die Farbe mit der größten Durchdringungsfähigkeit und Wirkungstiefe. Rot bringt selbst das Blut in Wallung! Rot ist aber auch die Farbe des Herzens (Marienbilder), der Lunge und der Muskeln. Es wirkt, je nach Intensitätsgrad der Färbung (weil es ja viele Rottöne geben kann), stark anregend, beschleunigend, durchblutungsfördernd, erweiternd, atmungs- und stimmungsanregend. Rot macht gesprächig, heiter, manche sogar erregt, je nach Typ und Seelenbalance des einzelnen. Andere werden davon hastig und eifrig; Rot kann den „Faulen" zum Fleiß treiben. Wer häufig unter kalten Füßen leidet, sollte rote Socken anziehen.

Orange kontra „Morgenmuffel"?
Die Farben Rot und Gelb ergeben zusammen Orange. Diese Farbe symbolisiert Heiterkeit, Frohsinn und Herzenswärme. Der typische Morgenmuffel wird heiter und angeregt, wenn er sich vor dem Aufstehen bereits fünf bis zehn Minuten von orangefarbenen Schwingungen bestrahlen läßt. Vielleicht läßt sich die Nachttischlampe ent-

sprechend umschaltbar gestalten oder eine Farbfolie (besser ein mit Pflanzenwachsfarben gefärbtes Glas) davorschieben.

Der Arbeitsunlustige bekommt Kraft und Freude durch Orangebestrahlung oder geschickte Lichtgestaltung an seinem Arbeitsplatz, durch entsprechende Tapetenfarben oder Anstriche an den Wänden, durch Einrichtungsgegenstände und deren sinnvoll ausgewählte Farbgebung.

Orange wirkt milder als Rot, es baut auf, regt die Drüsen an, kräftigt und ist stoffwechselfördernd. Die Nieren arbeiten besser, die Verdauung normalisiert sich leichter, kurzum: Orange wirkt gesundheitsfördernd! Auch bei Depressionen, Gemütsleiden, Psychosen, Angst und Trübsinn kann eine Orange-Bestrahlung helfen – so die Erfahrungen der Farbtherapeutin Heidrun Munsch, die auch nachfolgend weitergegeben werden.

Gelb stärkt die Nerven und macht schmunzeln
Diese Farbe, dem Symbol und der Urfarbe Sonne zugeordnet, bedeutet Leichtigkeit, wirkt schwerelos und heiter, aufmunternd und behaglich. Gelb fördert die Verdauung, stärkt die Nerven, regt den Magen und das Drüsensystem an. Es ist die Behandlungsfarbe für Leber, Blase, Nieren und Magen und überhaupt bei allen Erkrankungen des Verdauungstraktes angezeigt.

Allerdings – sensible Menschen sollten nicht länger als zehn Minuten bestrahlt werden, da es zu Überreaktionen kommen kann, beispielsweise Brechreiz. Gelb macht auch Chronisches akut!

Übrigens, unzufriedene und mürrisch dreinschauende Menschen wechseln bei Gelbbestrahlung nicht nur die Farbe, sondern auch den Gesichtsausdruck, sie blicken optimistischer drein. Bei Kindern fördert Gelb den Lerneifer und die Auffassungsgabe, es soll sich auch günstig auf den Intellekt auswirken!

Rote, gelbe und orangefarbene (pflanzengefärbte!) Unterwäsche, also auch T-Shirts, direkt auf der Haut getragen, wirkt belebend und blutdrucksteigernd. Dies hat langsamen Kindern schon oft zu mehr Antriebskraft und Aktivität verholfen. Vorsicht dagegen bei Schlafanzügen oder Nachthemden mit diesen „Muntermachern" – schließlich sollen die Kinder abends zur Ruhe kommen und einschlafen können! Farben direkt auf der Haut kommen einer Therapie schon erheblich nahe, sind also nur vorsichtig dosiert einzusetzen.

Grün bringt Zufriedenheit und Frieden
Aus dem „warmen" Gelb und dem später noch zu behandelnden „kalten" Blau entsteht das ausgleichende Grün. Durch diese Mischung von Wärme und Kühle wird die Farbe in gewisser Weise zum Vermittler und deshalb cholerischen Typen als beruhigend und entspannend empfohlen. Statt der Bestrahlung kann auch ein Spaziergang durch die überwiegend grüne Natur, besonders durch den Wald, manchmal Wunder wirken. Wer streitet schon im Wald? Grün wirkt also ausgleichend, besänftigend, vermittelnd. Es bedeutet Ruhe, Erholung, läßt Kräfte sammeln und begünstigt die Regeneration. Es beeinflußt die Stimmungslage nach der positiven Seite.

Grünstrahlung wird gezielt bei Geschwülsten, Geschwüren, bei Bronchialkatarrh und bei Keuchhusten eingesetzt. Auch bei allen Augenerkrankungen wirkt es günstig; alle feinen Arbeiten, bei denen es auf Sehschärfe ankommt, können unter sanftem Grünlicht erledigt werden – es bedeutet nicht nur im Straßenverkehr „freie Fahrt"...

Blau – die Farbe der Ruhe
Blau gibt Ruhe, wirkt noch stärker entspannend, bringt Erholung und tieferen Schlaf. Es vermittelt Stille, ein Gefühl der Weite und der Unendlichkeit – das sich im blauen Himmel oder im Meer ausdrückt –, aber auch Schweigen, Zurückhaltung, Kühle. Deshalb gilt es als „kühle" bis „kalte" Farbe.

Hitzige Erkrankungen verlaufen nach Blaubestrahlungen ruhiger. Dies empfiehlt sich deshalb bei eitrigen Prozessen, bei Schmerzen, Blutfülle, bei Hämorrhoiden, Migräne, Zahnschmerzen und nervösen Herzbeschwerden, bei Herzangst, Herzklopfen und den verschiedenen Hauterkrankungen. Selbst Warzen sollen durch Blaubestrahlung verschwinden.

Schlaflosigkeit läßt sich durch Blaulicht günstig mildern, Blutungen gehen zurück. Blau bremst, verlangsamt die Pulsfrequenz, wirkt zusammenziehend, schmerzlindernd und seelische Erregungen dämpfend.

Zappelige Kinder können unter dosierter Blaubestrahlung zum Teil mit weniger Ablenkung besser Schularbeiten machen. Blau wirkt auch ausgleichend bei Menschen, die leicht ins Schwitzen geraten.

Blaulicht vertreibt die Fliegen
Nicht nur die Einrichtung, auch die Beleuchtung sollte mit einbezogen werden! Blaues Licht – ob künstlich oder natürlich – vertreibt die Fliegen und andere Insekten (nur der gelbe Kelch in blauen Blüten zieht sie an, ebenso der Honigduft!). Sie meiden Räume, die blau oder blaßviolett sind (manche Arten auch zitronengelb – andere dagegen, wie Rapsglanzkäfer in Rapsanbaugegenden, „fliegen nur so darauf" und können zur Landplage werden). Gerade die unendliche Vielfalt der Tierarten ergibt Anziehungs- und Abstoßverhältnisse in breiter Palette.

Immerhin, Blau soll Blattläuse vertreiben, sie sogar abtöten. Blau macht welke Pflanzen wieder belebter – während das Pflanzenwachstum im allgemeinen mehr durch Gelb (Sonnenlicht) gefördert werden soll und sich bei roten Farbstrahlen die Samen und Früchte am besten entwickeln können.

Violett-Purpur für geistige Kraft und Erkenntnis
Violett gilt als meditationsfördernde Farbe, die übergeordnete Geistesschwingungen vermitteln kann. Diese Farbe regt das Unterbewußtsein zur Inspiration an, repräsentiert Erhabenheit, Macht und – Distanz.

Violett beeinflußt das zentrale Nervensystem, fördert die Schlafbereitschaft noch stärker als Blau, wirkt stärker dämpfend, tiefer entspannend – bis hin zum Hypnotischen. Deshalb wird es von Schliephacke auch als das „Morphium unter den Farben" bezeichnet. Bei Neurotikern ist deshalb Vorsicht geboten. Aber auch hier macht es die Dosis!

Die Farben nutzen!
Aus diesem kurzen Abriß ergibt sich bereits, wie wir durch Farben, Farbtönungen und Farblandschaften, durch unsere mehr oder weniger farbige Bekleidung, durch die Farbgestaltung unserer Wohnungen und Arbeitsstätten sehr viel ausrichten, aber auch „anrichten" können. Farbeinflüsse sind also keinesfalls nur kurzzeitig von direkten Bestrahlungen zu erwarten; oft lösen die Farben ganz beachtliche Dauerwirkungen aus.

Deshalb sollen nervöse Menschen in einer beruhigenden blaugrünen Umgebung leben, während Melancholiker sich am günstigsten in gelb- oder orangefarbenen Räumen aufhalten, wenn sie munter und gesprächig werden wollen und sollen.

In Versuchen mit fünfzehn amerikanischen Hausfrauen, die phasenweise mit roten Möbeln und in roten Küchenkitteln gearbeitet haben, danach in rosafarbenen, gelben, in schwarzen, grauen und schließlich in grünen, zeigte sich sehr rasch:

Bei Rot wurde das meiste Porzellan zerschlagen und dort passierten auch die meisten kleinen „Katastrophen". Hingegen unterlief den gleichen Frauen in den grünen Küchen keinerlei Malheur. Allerdings, bei Rot und auch noch bei Rosa war das Arbeitstempo am schnellsten, bei Grau oder gar bei Schwarz am langsamsten – man fühlte sich in dieser tristen Umgebung aber auch sonst nicht wohl!

Muß Trauerkleidung bedrückend sein?
Nach dem hier Dargestellten leuchtet es ein, daß schwarze Kleidung die Stimmung senkt, bedrückt macht, niederhält, das Leben fernhält, ja entweichen läßt.

Gewiß gibt es über Trauerriten und Trauerkleidung kulturhistorisch sehr aufschlußreiche Beispiele und Gepflogenheiten – ohne daß die Träger immer wußten oder wissen, warum gerade diese Kleidung getragen wird und welchen Einfluß sie auf die Seele hat, haben muß oder auch soll.

Die in unserem Kulturkreis übliche schwarze Trauerkleidung hat auch ihre Wirkung auf den Träger, vor allem, wenn sie längere Zeit getragen wird. Da Frauen früher als Witwen oder als „alte Jungfern" in Schwarz zu gehen hatten, braucht es einen nicht zu wundern, daß Lebensfreude für den Rest dieses Erddaseins nicht mehr aufkommen konnte (und wohl auch nicht sollte!).

In den USA soll es „farbenfrohe" Trauerzeremonien geben, bei denen helle Farben überwiegen und die Befreiung der Seele von ihrer grobstofflich körperlichen Hülle und ihr Wechsel in lichte andere Dimensionen freudevoll (!) gefeiert wird ...

Deutsche Autofahrer sehen rot
Es genügt hier, wenn wir erkennen, was uns an Farbe auch im Alltag hautnah oder weiter entfernt umgibt, und was uns die richtige Farbe am richtigen Platz an Ruhe, Freude, Anregung usw. geben kann. Es sind Schwingungen und damit Kräfte, die uns berühren, auf uns ein-

wirken und Resonanzen auslösen, angenehme neutralisierende oder unangenehme und belastende.

Ich weiß nicht, warum die deutschen Autofahrer – laut AVS im August 1980 bei einer Farb-Verkehrszählung festgestellt – mit genau 18,9 Prozent rote Autolackfarben fuhren. Weil sie so aggressiv sind – oder fahren sie so aggressiv, weil sie „zufällig" überwiegend rote Autos haben und immer rasch „rot sehen"?

Farben essen, trinken und in ihnen baden ...
Gewiß, mit den Augen, aber auch durchaus wörtlich zu verstehen. Farblich bestrahltes Wasser beispielsweise behält nach Munsch und Lorber zwar sein „farbloses" Aussehen, ist aber durch gezielte Farbstrahlung zwischen zwanzig und dreißig Minuten mit Farbschwingungen so aufgeladen, daß es in vielerlei Hinsicht stimulierend wirken kann: Gelbbestrahlung fördert ihrer Meinung nach die Verdauung, blaubelichtetes Wasser wirkt durchfallstoppend, ebenso wie die direkte blaue Körperbestrahlung. Selbst das Wannenbad kann zwanzig Minuten aus etwa einem Meter Entfernung bestrahlt werden und soll danach körperumfassend um so intensiver wirken.

Die Sonne schafft es in der halben Zeit
Hieraus erklärt sich auch ein Teil der gesundheitserhaltenden Wirkungen von farbenprächtiger, nicht denaturierter vollwertiger Rohkost. Werden gute Lebensmittel mit ihrer „Eigenfarbe" bestrahlt (Rote Beete mit Rot, gelbe Rüben mit Orange usw.), so verstärkt sich ihre Heilwirkung nochmals um einiges. Interessant ist dabei, daß die Sonne nur halb solange einzuwirken braucht als künstliche Bestrahlung bei gleicher Farbgebung.

Künstliche Zutaten mit hohem Farbgehalt im Essen wirken eher nachteilig als förderlich auf unseren Körper! Kochen und hohes Erhitzen läßt die wertvollen frischen Früchte farb- und wertloser werden.

Nun verstehen wir auch, was der berühmte Naturarzt des Mittelalters, Paracelsus von Hohenheim, mit seinem Satz gemeint hat: *„Eure Nahrung soll Heilmittel und Heilmittel sollen Eure Nahrung sein!"*

Offenbar kann man auch Medikamente in ihrer Wirkung leicht um ein bis zwei Drittel verstärken – oder aber mit entsprechend geringerer Menge gleiche Wirkungen erzielen – wenn man sie farblich bestrahlt.

Farbstrahlen aus der Sonne oder der Glühbirne

Als Farbstrahl-Energiespender kommt zunächst immer die Sonne, ansonsten eine Glühbirne von 75 bis hundert Watt in Betracht. Der Abstand soll mindestens dreißig bis fünfzig Zentimeter vom Objekt betragen – je näher, um so punktuell intensiver ist die Wirkung, je weiter, desto größer ist der erfaßte Bestrahlungsbereich.

Nach den zusammenfassenden Erfahrungen der langjährig Experimentierenden empfiehlt es sich, die Farbenheilkräfte etwa einviertel Stunden nach Sonnenaufgang wirken zu lassen und danach alle zwei Stunden, bei Bedarf, zu wiederholen. Während des Sonnenaufgangs und ihres Untergangs, und auch nach letzterem sollten laut Munsch keine Farbbestrahlungen vorgenommen werden. Viele Naturvölker sind sich dieser hochsensiblen Phase bewußt und vollziehen in der freien Natur kultische, meditative, dankende Riten und Gebete. Auch die Vogelwelt zwitschert bei Sonnenauf- und Untergang erfahrungsgemäß am intensivsten.

Tageslicht – Abendbeleuchtung

Die aus den USA importierten „True Light"('wahres Licht')-Leuchtstoffröhren verbreiten ein der Sonne optisch weitgehend angeglichenes, eher weißes Farbspektrum, wie es über Mittag typisch und für diese Zeitphase denn auch am günstigsten ist. Die neue Generation dieser nicht ganz billigen, aber wohl energieergiebigen Röhren soll auch ihrer feinstofflichen Schwingung nach biologisch günstiger sein als die Vorgänger (von den handelsüblichen Leuchtstoffröhren gar nicht zu reden). Sie dürften aber vermutlich – wie alle Leuchtstoffröhren – auch eher problematisch einzuschätzen sein, was die feinstoffliche Belastung für dauernd darunter lebende und arbeitende Menschen betrifft.

Die kleinen, speziell entwickelten kurzwelligen „Energie-Sparlampen" sind gesundheitlich gesehen nicht ganz so harmlos, wie begeisterte Energiesparer glauben, und sollten deshalb vorzugsweise im Flur und an Durchgangsplätzen installiert werden, wo einerseits viel ständiges Licht gebraucht wird (daher auch am meisten gespart werden kann) und sich andererseits möglichst niemand ständig aufhält.

Erfahrungsgemäß ist es sinnvoll, am Abend ein eher rötlich getöntes Licht leuchten zu lassen, den warmtönigen Abendsonnenstrahlen nachempfunden, die eine sinnvolle Hinführung zur Ruhe und Nachtzeit einleiten können.

Offene Flammen (Herdfeuer, offener Kamin) geben ein langwelliges Licht ab, ebenso das stets als angenehm empfundene Kerzenlicht. Ein Problem beim offenen Licht ist die Verbrennung. Allerdings belastet nicht jedes Kerzenmaterial die Luft gleichermaßen – Bienenwachskerzen und solche aus Stearin sollen weiterhin grundsätzlich den Vorzug erhalten, bis wir Genaueres wissen.

Wachsfarben und Seidentherapie

Wenn hier schon von Farben, Stoffen und Heilwirkungen geschrieben wird, möchte ich eine zukunftsweisende Variante nicht unerwähnt lassen. Christel Heidemann, Leiterin des Fortbildungszentrums für Physiotherapie in Badenweiler, arbeitete anfangs einige Jahre therapeutisch mit farbigen Wachsen. Bei Auflage dieser Farbwachse auf Akupunkturpunkte erzielte sie bereits Heilerfolge. Allerdings haftete das farbige Wachs auf der Haut relativ schlecht, so daß sie begann, mit pflanzengefärbten Seidenstoffen zu arbeiten, zu denen ihr der Apotheker Abendroth (Weleda) eine hautverträgliche und biologisch unbedenkliche Haftlösung entwickelte.

Auf einer Farbtagung im Goetheanum zu Dornach/Schweiz sprach sie vor einigen Jahren über das Thema *Die therapeutische Wirkung von Pflanzenfarben über die Haut* und hat inzwischen darüber Nachschlagewerke („Meridian-Therapie") veröffentlicht.

Farben für Seele, Geist und Körper

Unter diesem Leitgedanken präsentiert die hochsensible Andrée Schlemmer ein Licht-Farben-Spiel als Kostbarkeit für farbsensible Menschen – und die es werden möchten. Der von ihr geführte neue Weg zu Lebensfreude und Gesundheit wird von Farbträumen begleitet, ja gestaltet, die bis zur Aura-Farbsichtigkeit führen können.

Eine andere Originalität zeigt Andrea Ramsauer aus Markdorf am Bodensee mit ihren ausgefallenen, selbstgefärbten, farbenfrohen bis lustigen Unikaten. Ihre Kleider sind verspielt bis extravagant, betonen die Eigenmode und sind offenbar vorzugsweise für farbsensible und farbbewußte Frauen.

„Seelen-Fenster" mit Wachs und Pflanzenfarben gestaltet seit Jahren Elge Klaes im ländlichen Eigeltingen (bei Stockach). Experimentell einfühlsam fertigt sie handwerklich wunderbare transparente Gebilde, die beispielsweise an Fenstern und Glastüren innen aufgehängt werden können. Dadurch strahlt das Tageslicht in differenzierenden Farbnuancen in die Räume und auf die Bewohner ein. Elge Klaes hat ein praktisches Anleitungsbuch zum Selbermachen entwickelt, das sie in speziellen Kursen vorstellt.

Ästhetik, Farben und Sterne im Textilsortiment

Rosemarie Jeutter führt in Göppingen das traditionsreiche Textilhaus Rosa Miller und zeigt darin mustergültig, wie sehr ideen- und fachkenntnisreicher Hintergrund, gepaart mit ästhetischem Farb- und Formengefühl, das „Wäschegeschäft im Wandel der Zeiten" präsentieren kann.

Sie ordnet die sechs Fachabteilungen zugleich den sieben Wandelsternen und bestimmten Farben zu: Die Wiege mit Kindersachen ist der Farbe Lila und dem Mond zugeordnet; das Chambre Séparée mit dem charmanten Angebot für die Frau hat die Farbe Grün – Venus; der Kaufladen mit Küchenwäsche in Gelb – Merkur; die Truhe mit Bettwäsche in Blau – Saturn; das Herrenkabinett mit Wäsche für den Herrn in Rot – Mars und der Naturladen in Orange – Jupiter.

Sie geht davon aus, daß die Kultur des Handels auf Tradition und zukunftsweisender Erkenntnis gründet. Es geht ihr dabei nicht nur um Warenaustausch. Ihre Konzeption geht auf ein Menschenbild zurück, das die Kräfte aus Natur und Kosmos in die Gestaltung des Sortiments einbezieht und dabei Gesundheit, Individualität und Sozialität soweit wie möglich berücksichtigt.

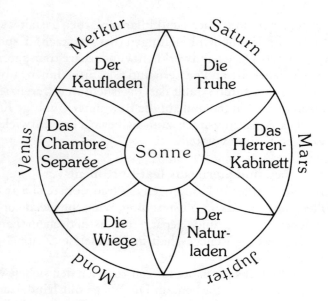

Abb 26: Das ästhetische Textilangebot im Zeichen der sieben Wandelsterne. Realisation von Rosemarie Jeutter, Göppingen.

Felle, Pelze, Leder

Seit Adam und Eva
„Pelz", so stellt es die Pelzwirtschaft sehr geschickt dar, „ist die älteste und natürlichste Kleidung des Menschen" – und zitiert dann die Bibel: „Und Gott, der Herr, machte Adam und seinem Weibe Röcke von Fellen und kleidete sie" (1. Mose 3,21).

Unsere zusammenfassende Bekleidungskunde wäre unvollständig, wenn wir die ältesten Kleidungsstücke, nämlich Felle und Pelze, unberücksichtigt ließen. Außerdem wollen wir uns in diesem Kapitel mit einem weiteren Produkt aus Tierhäuten beschäftigen, dem Leder.

Dickes Fell auf dünner Haut
Der Pelzwirtschaft sind die Felle mittlerweile fast davongeschwommen, ihr Umsatz stagniert sektoral, trotz wachsendem Wohlstand – weil sich der Trend in den letzten Jahren mehr und mehr sowohl gegen Tierversuche, aber auch zunehmend gegen den Fang und die Haltung von Pelztieren in Massengehegen gewendet hat. Das wirkt sich nachfragemäßig auf den Fellhandel und den enormen Fellimport in die BRD aus.

Unter Fell wird fachlich die behaarte und zur Gerbung geeignete Oberhaut vor allem von Kalb, Ziege und Schaf verstanden. Die Oberhäute von Roß (Pferd/Fohlen), Rind und Schwein, aber auch von Fischen und Reptilien (Schlangen und Krokodilen) werden in der Gerberei traditionell als Haut bezeichnet. Außerdem unterscheidet man nach Kleintierfellen und Wildfellen.

Interessant ist, daß die Pelztiere nördlich des Polarkreises grundsätzlich ein dickes Haarkleid und eine dünne Haut haben, wobei ein Temperaturausgleich durch das Haar erzielt wird.

Südlich des Polarkreises ist es umgekehrt: bei dünnem Haarkleid ist eine dicke Haut zu finden, so daß hier die Haut den größeren Temperaturausgleich und zusätzlichen Schutz bewirkt. Die Frage, wer nun das „dickere Fell" hat, ist damit noch nicht beantwortet.

Ob wir überhaupt Leder tragen wollen und sollen, ist auch eine ethische und moralische Frage, deren Beantwortung jedem Menschen selbst überlassen bleibt. Beim Schuhwerk werde ich einige Anmerkungen zu den bisher bekannten und noch denkbaren Alternativen einfließen lassen.

Von Rauchwarenhändlern, Zurichtern und Kürschnern

Verfolgen wir nun den Weg einer frisch gehäuteten Tierhaut bis zum fertigen Pelzwerk. Die rohen Häute oder rohen Felle werden in aller Regel dort, wo sie in „rauhen Mengen" anfallen, vom Trapper oder Pelztierzüchter zunächst grob gesalzen und dann nach Sorten und Größe sortiert gestapelt und versandfertig für die Auktion gebündelt.

Die nächste Station ist der Rauchwarenhändler. Dieser ersteigert die Rohhäute und -felle auf Auktionen und veräußert sie als Großhandel weiter. Neuerdings bearbeitet er sie aber auch in eigenen Konfektionierungs-, das heißt Zurichtungswerkstätten, bis hin zum marktfertigen Fellwerk.

Traditionell folgt aber nach dem althergebrachten Rauchwarenhändler zunächst der Zurichter als Rohfellbearbeiter. Dieser erhält also die Rohware und bearbeitet sie fachmännisch so, daß am Ende schließlich die kürschnerreifen Rauchwaren herauskommen.

Beim Zurichten selbst werden Häute oder Felle
○ zunächst gespannt und von restlichen Fleischteilen befreit,
○ das Eiweiß herausgewaschen,
○ die Haut gerbähnlich haltbar gemacht und vor Fäulnis dauerhaft geschützt,
○ das für das Haarkleid wichtige Fett wieder hineingewalkt und, was zuviel ist, aus den Haaren selbst schließlich wieder entfernt.

So wandert die Rauchware dann feinsortiert an den Kürschner weiter, heute auch über Kürschner-Einkaufsgenossenschaften in die einzelnen Werkstätten.

Dieser Beruf leitet sich vom Althochdeutschen her – wobei „kursina" soviel wie „Pelzrock" bedeutet. Früher gab es auch andere Bezeichnungen wie Beltzer, Pelzer, Pelzmacher und Pelzbereyter, zu denen sich in späteren Jahrhunderten dann Buntwerker, Grauwerker oder Buntmacher gesellten. Dabei wurde auf die Verarbeitung des nordischen Eichhörnchenfelles Bezug genommen, das branchenüblich „Feh" genannt wurde und im Althochdeutschen soviel wie bunt und mannigfaltig bedeutete. Andere Erläuterungen gehen von der Bezeichnung Bundmacher aus, wobei Bündchenmacher (Bündchen aus Pelzwerk) gemeint war.

Was sind Rauchwaren?
Noch eine Begriffsherleitung: Die branchenübliche Bezeichnung Rauchwaren kommt an sich aus dem Mittelhochdeutschen, wobei „rauch" soviel wie „dicht" oder auch „griffig" bedeutet – also das zugerichtete Fell aufbereitet, geschmeidig, „gefellig" gemacht wurde, so daß es zu Pelzwerk verarbeitet werden kann.

Es gibt auch differenziertere Auslegungen: „ruch" oder „ruoch" soll früher zunächst rauh, grob und ungeglättet bedeutet haben. Im Märchen wurde „Allerleirauh" mit ihrem Pelz- und Rauhwerk aus vielerlei bunten und struppigen Fellteilen entsprechend eingestuft und beurteilt. Erst im Laufe des 18. Jahrhunderts wurde sprachlich schärfer unterschieden: das Grobe, das Wilde, Ungehobelte und Unebene galt dann als „rauh", während alles Behaarte, Bepelzte von da an als „rauch" bezeichnet wurde.

Rauchwaren werden grundsätzlich in der Zurichterei zubereitet und nicht etwa beim Gerber. Der Zurichter stellt haltbares Häute- oder Fellwerk her. Er bearbeitet die Häute und Rohfelle solcherart, daß sich die Haarzwiebeln schließen, also die Haare mit der lederfesten Haut verbunden bleiben. Der Gerber dagegen wirkt darauf hin, daß sich die Poren öffnen, die Haare freigeben und die Haut als Leder haarfrei übrigbleibt. Er gerbt also die rohen Felle zu haltbarem Leder (ohne Haare).

Schon bei den alten Germanen
Schutzkleidung und Repräsentation waren kulturgeschichtlich immer eng miteinander verbunden. Die Göttin Athene soll ein Ziegenfell, Dionysos einen Pantherrock und Herkules ein Löwengewand getragen haben. Der ägyptische Adel und die Priesterschaft trugen angeblich Panther und Leopard.

Cäsar schilderte die Germanen in *De bello gallico: „Die Germanen haben sich auch daran gewöhnt, trotz ihres kalten Klimas außer Fellen keinerlei Kleidung zu tragen."* Und Tacitus berichtete: *„... Die benachbarten Stämme tragen Tierpelze. Die entfernter wohnenden suchen bestimmte Raubtiere aus und besetzen die Häute mit gefleckten Fellen von Tieren, die der äußerste Ozean und das unbekannte Meer hervorbringen."*

Diese Kleidersitten hielten sich über Jahrhunderte. Noch Karl der Große trug germanische Kittel mit Otter und Marder oder einfach

Schafspelz; er erließ 808 eine Kleiderordnung für Fellwerk. Das Kürschnerhandwerk wurde bis Mitte des 11. Jahrhunderts von Sklaven und Leibeigenen betrieben, später dann im Rahmen der Zünfte. Im späten Mittelalter und der Renaissance bevorzugte man pelzverbrämte Samt- und Seidenroben, im Rokoko leichtes, verspieltes Fellwerk: Marder, Iltisse und Wiesel, welche auch als „Flohpelzchen" die Insekten anziehen sollten. Edle Felle wurden zu Insignien des Adels und der höheren Gesellschaftsschichten.

Pelze in der Wohlstandsgesellschaft

Das Innerste zu äußerst gekehrt wurde in der Pelzmode ab 1900 auf der Weltausstellung in Paris. Zuvor wurde angeblich alles Pelzwerk mit dem Haarkleid nach innen, ab dann nach außen getragen. Naturvölker tragen bei grimmiger Kälte ein Doppelfell, nach innen und außen behaart. Jetzt sind findige Kürschner auf die Idee gekommen, Pelzwerk zu schneidern, das je nach Laune äußerlich die schützende Haut zeigt oder mit dem repräsentativeren Haarkleid nach außen getragen werden kann.

Was früher ein Privileg einer kleinen auserwählten Gruppe war, ist heute (fast) für jedermann erschwinglich geworden – zumindest in unserer Wohlstandsgesellschaft. Die Bundesrepublik ist heute das größte Pelzverbrauchsland und zugleich auch der bedeutendste Umschlagsplatz für Felle. Weltmarkt für Felle und Pelzmode: Einmal jährlich findet die Internationale Pelzmesse in Frankfurt statt. Über 400.000 Mäntel, Jacken usw. aus Pelz wurden in den achtziger Jahren jährlich produziert – und verkauft.

Abb. 27:
Symbol „Echt Pelz"

Beim „gefelligen" Einkauf garantiert das brancheneigene „Echt Pelz"-Symbol als international geschütztes Warenzeichen, daß es sich bei dem betreffenden Stück wirklich um gewachsene Natur handelt. Pelz-Imitation ist dagegen ein billiges Florgewebe oder -gewirke, das lediglich so aussieht wie.

Pelzwaren von „Ariranha" bis „Zobel"
Wer kennt die Pelze, nennt die Namen? Die Auswahl reicht buchstäblich von A bis Z:

Ariranha: streng geschützte Riesenotter aus Südamerika.

Biber: Rücken mittelbraun, Wamme (Kehle bis Brust) graubeige (aus Nordamerika, Europa und Rußland).

Breitschwanz: Diese noch ungelockten Felle stammen von nicht ausgetragenen oder früh- und totgeborenen Lämmern des Karakulschafs (aus Rußland, Afghanistan und dem südwestlichen Afrika). Ein sehr leichter, eleganter Artikel.

Buenos/Borregos: geschorene Felle des Lincolnschafs aus Südamerika.

Caloyos: leichter Pelz von Merinoschafen in Spanien und Südamerika.

Chinchilla: dichte, seidenweiche Felle für Abendpelze. Sie stammen von verschiedenen Chinchilla-Arten Südamerikas, die in Pelztierfarmen gezüchtet werden, da sie in ihrer Heimat so gut wie ausgerottet sind (nicht mit Chinchillakanin verwechseln!).

Feh: sibirisches Eichhörnchen; leichte Felle, hell- bis dunkelgrau, auch rötlich.

Füchse: vor allem aus Asien, Nordamerika und Europa; gezüchtet und aus freier Wildbahn. Zu den Edelfüchsen zählen Kreuz-, Platin-, Silber-, Blau- und Weiß-, eventuell noch der Rotfuchs; in niedrigeren Preislagen Gris- und Kitfüchse aus den USA sowie normale Rotfüchse.

Guanaco: warmes Fell eines südamerikanischen Kamels (Pelzdecken).

Hamster: aus Europa, Rußland bis Sibirien und China; buntes Fell mit rötlichen, gelbbraunen und dunklen Zonen.

Hermelin: weißes Winterfell mit schwarzer Schwanzspitze eines kleinen Raubtieres, dem Wiesel (Sibirien, Nordamerika), leicht und elegant.

Indisch-Lamm: aus Nordindien und Pakistan; offenlockige Felle, dem Breitschwanz oder Persianer ähnlich.
Indisch-Breitschwanz: ein geschätzter Sommer- und Abendpelz.
Kanin: aus Australien, Ostasien und Europa; viele Naturfarben.
Karakul: siehe Breitschwanz und Persianer
Luchs: aus Nordamerika und Sibirien. Felle leicht und edel, von schneeweiß über graubeige bis rötlich, dunkel getupft. Kleinere Abarten: Luchskatze und Rotluchs.
Nerz: heute vorwiegend aus Farmhaltung. Ursprünglich hell- bis dunkelbraun, inzwischen in breiter Farbskala von beige bis grau und weiß bis fast schwarz. Neben dem Persianer der beliebteste Pelz (Preisunterschiede nach Art, Güte, Mutation und Verarbeitung).
Nutria: ursprünglich ein südamerikanischer Sumpfbiber, seit Jahren auch in Europa gezüchtet; Felle mit weicher Unterwolle. Sehr haltbar und preisgünstig.
Opossum: aus Nord- und Südamerika, braun- oder grausilbriges Fell eines Beuteltieres; daneben gibt es eine andere Gattung aus Australien und Neuseeland mit sehr weichem, vollem Haar.
Otter: Wassermarder von allen Kontinenten außer Australien; Felle oliv-, grau- und dunkelbraun, mittelschwer. In guter Qualität sehr strapazierfähig.
Ozelot: kleinste der Großkatzen aus Süd- und Mittelamerika (darf nur noch mit behördlicher Genehmigung des Ursprungslandes in den Handel kommen). Kleiner: Ozelotkatze oder Peludo.
Persianer: rundlockiger Pelz des Karakullammes aus der Sowjetunion (Buchara) und Afghanistan (Afghan Karakul), flacher und oft breitschwanzartig aus Namibia/Südwestafrika (Swakara). Große Preisskala nach Herkunft, Art und Güte.
Seal: Sammelbegriff für Felle von Seehunden, Robben und Seebären, die aus streng kontrollierter Jagd und Hege anfallen! Handelsüblich sind Blueback, Grönländer und Isländer, Rock-, Alaska- und, in spezieller Veredelung, Lakoda-Seal. Felle der Whitecoats (Robben-Babys) sind in Deutschland kein Pelzartikel und werden vom Kürschnerhandwerk angeblich nicht verarbeitet.
Tibet-Lamm: weiche Felle aus China, sehr langhaarig mit Korkenzieherlocke.
Toscana-Lamm: seidiges Langhaarfell aus Italien für Verbrämungen, Jacken und Mäntel.

Waschbär: vor allem aus Nordamerika; Felle gelblichgrau mit braunen oder schwarzen Grannen. Warmer Langhaarpelz, strapazierfähig.

Wiesel: aus Ostasien, Felle ocker- bis sandgelb und bräunlich.

Wolf: aus Rußland, der Mongolei und Nordamerika, teilweise geschützt. Felle von Polar-, Grau- und Timberwölfen mit langem, grobem Überhaar und weicher Unterwolle. Preisniedriger sind Coyoten und wilde asiatische Steppenstreuner, bekannt als Gae-Wölfe.

Zobel: König der Pelze aus Rußland (Sobol) und Kanada; eine Marderart, die heute auch gezüchtet wird. Dunkel- und rötlich-braune Felle, sehr kostbar.

Vor dem Kauf eines Pelzes sollte man aber immer bedenken, was die intensive Käfighaltung für die Tiere bedeutet und welche ökologischen Folgen diese wie auch die freie Jagd hat.

Pelzpflege ist Bestandspflege

Eine verhältnismäßig wertvolle und teure Bekleidung wie Pelzwerk sollte besonders gepflegt werden, deshalb hier Hinweise aus der Branchenerfahrung:

- Naß gewordene Pelze an luftig-temperiertem Platz trocknen lassen.
- Staub ausschütteln – kaum klopfen, nicht bürsten!
- Im Kleiderschrank auf breitem Bügel, mit genügend Abstand aufhängen.
- Keine Plastikhüllen überstülpen – Naturhaare brauchen viel gute Luft!
- Parfüm und Make-up bekommen (auch) dem Pelzwerk nicht sonderlich gut!
- Extreme Hitze mag das trockene Leder unter dem Pelz weniger.
- Je nach Umweltbelastungen wird eine jährliche bis zweijährliche Reinigung durch das Fachgeschäft empfohlen – keine normalchemische!
- Fachgeschäfte bewahren die teuren Stücke in der Regel auch sachgerecht auf und können Flecken und besondere Verschmutzungen am ehesten fachgerecht entfernen.

Schließlich deutet das bekannte Sprichwort „Wasch mir den Pelz, aber mach mich nicht naß" darauf hin, daß Pelzreinigung durchaus erforderlich, Wasser dafür aber kaum das richtige Mittel ist.

Leder – gegerbte Tierhaut
Die Verbreitung von Leder in vielen Bereichen der menschlichen Zivilisation nimmt derzeit umsatzmäßig noch zu. Man unterscheidet bei der Einteilung der Lederarten sehr stark nach dem Verwendungszweck:
○ Schuhleder
○ Lederwaren / Lederbekleidung
○ Ledermöbel
○ Lederhandschuhe
Schuhleder spielt mengenmäßig die Hauptrolle. Jede Verwendungsart setzt gesonderte Bearbeitungs- und Zurichtungsverfahren voraus. Auch die Tierart spielt eine maßgebende Rolle, weil sich nicht jede Haut für jeden Zweck gleich gut eignet.

Leder unterscheidet sich – gleiches gilt natürlich für die zuvor behandelten Pelzwaren – von Textilmaterialien vor allem dadurch, daß es aus der von der Natur vorgegebenen Haut gegerbt werden muß. Die Lederfläche als Ganzes ist unveränderlich. Sie läßt sich am Stück nicht vergrößern, allenfalls verkleinern, allerdings in vielfältiger Art und Weise in Struktur und Stärke bearbeiten und dadurch im Endergebnis variieren. Leder kann jedoch nicht mit anderen Hautteilen oder gar mit synthetischen Stoffen an der Basis vermischt und verwoben werden. Vielmehr muß jedes Leder genau so verarbeitet werden, wie es Natur und Fell geliefert haben. Das sind grundsätzliche Gegebenheiten.

Hautfunktion – Ledervorzüge
Die tierische Haut hat von Natur aus die wichtige Aufgabe, den Körper des lebenden Tieres zu umschließen, ihn zu schützen und vor schädigenden Einflüssen der verschiedensten Art (Wetter, Verletzungen, Belastungen) zu bewahren, gleichzeitig muß sie so elastisch sein, daß sie allen Bewegungen des Tieres folgen kann, ohne diese zu beeinträchtigen. Eine wunderbare Einrichtung oder, besser gesagt, ideale Ausrüstung der lebenden Kreatur!

Je nach Haut-Körperpartie und den dort üblichen Beanspruchungen, ist das Leder unterschiedlich in der Art und der sich daraus ergebenden Verwendungsmöglichkeit (zum Beipiel am Rücken fest – am Bauch weich). Leder wird später vielfältig beansprucht, sei es durch Regen, Schmutz, chemische Lederpflege (Schuhcreme, Sprays) von außen oder durch Schweiß, Verdunstung und die Körperatmung des Trägers von innen her.

Bei der Zurichtung wirken beachtliche Stoffe und Verfahren auf das Leder ein: durch Färbung und Fettung, durch Schliff und Narbung, durch Lackierung und manche ganz speziellen Arbeitsgänge – neuerdings auch noch durch Fluor- und Silikonpräparate. Manchmal muß ich mich fragen: Was ist am „echten Leder" außer dem ursprünglichen Ausgangsmaterial und dem Namen noch echt?

Die Gerbung
Neben der Unterscheidung nach Fell- und Hautarten sind die Eigenschaften der fertigen Lederware auch abhängig von der Art der Gerbung. Die Gerbung hat stets den Zweck, die fäulnisanfällige – bei höherer Temperatur sogar verleimbare Haut – in ein dauerhaft haltbares Produkt mit höherer Temperaturresistenz zu überführen. Dieses lederartig aufgetrocknete Material ergibt letztlich ein horniges Endprodukt: Leder.

Bei den zum Teil recht komplizierten Gerbvorgängen wird besonders stark nach dem späteren Verwendungszweck des Leders unterschieden.

Nach dem *Internationalen Lederbrevier*, das als Glossarium vom Internationalen Gerberverband herausgegeben wird, unterscheiden die Fachleute allein bei der Gerbung des Unterleders (für den Unterbau der Schuhe) die Gerbverfahren der klassischen oder modernen Art. Die klassische Art, die Altgerbervache (vache – französisch – heißt auf deutsch Kuh und meint in diesem Zusammenhang Rindsleder), wird auch heute noch angewendet. Sie ist weithin handwerklich geprägt. Diese langsame Grubengerbung geht von einer konstanten monatelangen Dauereinwirkung aus, kann jedoch durch Gerbmittel und -extrakte beschleunigt werden. Es gibt jedoch heute noch ein Gütezeichen des Altgerberverbandes e.V., dessen Symbol (eine knor-

Abb. 28
Gütezeichen des Altgerber-Verbandes

rige Eiche) auf die Grubengerbung mit Eichenlohe (-rinde) hinweist, die für echtes, gutes Sohlenleder eine werterhaltende Rolle spielt.

Altgegerbtes Sohlenleder ist haltbar, standfest, wärmehaltend und widerstandsfähig gegen Nässe. Es wird vorwiegend für schwere, hochwertige Strapazierschuhe eingesetzt, einschließlich Militärschuhwerk.

Die modernen Gerbverfahren sind die sogenannten Chromsalz-, Aluminiumsalz- und Eisensalz-Gerbungen im Faß statt in der Grube – daher auch „Faßgerbung" genannt. Bei diesen Verfahren wird mit Gerbextrakten synthetischen oder mineralischen Ursprungs gearbeitet. In der „Zahmvache" werden Unterleder für die mechanische Schuhfabrikation aus Häuten von europäischen, nordamerikanischen oder neuseeländischen Rindern gewonnen. Für die sogenannte „Wildvache" müssen die Häute von südamerikanischen, südafrikanischen oder australischen Rindern herhalten. Dazu kommen im Schuhwerkbereich noch einige variierte Verfahren für Brandsohlenleder usw.

Neutrale Fachleute und Branchenkenner fordern, daß bei der Lederverarbeitung grundsätzlich nur Stoffe verwendet werden sollen, die später keine nachteiligen Folgen für den Träger erwarten lassen. Diese Forderung soll zwar für jede Lederbekleidung gelten, ist aber besonders für die Fußbekleidung wichtig, weil hier eine überdurchschnittliche Transpiration zu erwarten ist. Als gesundheitsschädliche Stoffe werden in diesem Zusammenhang Amine, Diamine und Aminophenole sowie das Parfümierungsmittel Nitrobenzol genannt.

Die Tapir-Wachswaren-Gesellschaft stellt in ihrem Leitfaden die herkömmliche synthetische und mineralische Gerbung, die für die Ledermassenproduktion gang und gäbe ist, den ökologisch vertretbaren Verfahren der Fettgerbung (Tran und gerbende Fettstoffe, auch Sämischgerbung genannt, wie sie für Fensterleder, Bekleidungsleder oder Orthopädieleder Verwendung finden) und der pflanzlichen Gerbung (Auszüge aus Rinden, Früchten, Hölzern und Blättern) gegenüber.

Ich selbst habe in unserem Öko-Modellhaus bei Lindau schon vielerlei vegetabil gegerbtes Abfall-Leder zu allen möglichen Anlässen verarbeitet und darf immer wieder erfahren, welch ein gutes Material natürliches Leder ist und lange Zeit auch bleibt.

Fußbekleidung ist wichtig
Weil die Fußbekleidung so wichtig ist, wollen wir auf das Material noch näher eingehen.
Man unterscheidet dabei zwischen
○ Unterleder – für den Unterbau
○ Futterleder – für die Innenausfütterung
○ Oberleder – für den Schuh- und Stiefelschaft.

Unterleder, das von Rinderhäuten stammen sollte, wird fachgerecht so definiert: „Unterleder ist eine Sammelbezeichnung, ebenso wie Bodenleder. Beide Begriffe umfassen alle Leder, die zur Herstellung des Schuh-Unterbaues verwendet werden. Zum Unterbau bzw. zum Schuhboden gehören: Laufsohle (sowohl als Lang- wie als Halbsohle), Zwischensohle, Keder, Rahmen, Brandsohle, Vorder- und Hinterkappe, Absatz, Absatzoberfleck."

Allerdings stellt der Verband der Deutschen Lederindustrie gleichzeitig lapidar fest: „*Man kann davon ausgehen, daß nur noch in Ausnahmefällen alle diese Teile aus Leder sind. Es ist aber gleichzeitig anzunehmen, daß in den meisten Fällen einige der genannten Teile aus Leder sind ...*"

Meine Meinung dazu: Wenn schon Lederschuhe, dann sollte soviel wie möglich gutes und natürlich gegerbtes Leder dran sein. Das gilt vor allem für Tagesschuhe, die stundenlang getragen werden müssen.

Doch nun wollen wir uns gründlicher dem Unterleder zuwenden.

Spaltsohlenleder ist ein aus kräftigem Leder durch Spalten gewonnenes Sohlenleder (meist Chromgerbung), das vor allem für Turn- und Sportschuhe eingesetzt wird. Es ist nicht so dick, dafür aber relativ elastisch.

Chromsohlenleder nennt man das chromgegerbte Unterleder aus vollem Ledermaterial. Es ist besonders imprägniert und dadurch quasi wasserdicht. Da es relativ fettig ist, kann es nicht so rutschfest sein. Die Nachfrage hat deshalb stark nachgelassen.

Brandsohlenleder ist besonders dünnes, meist eichenloh- oder kombiniert gegerbtes Spaltleder, auf dem wir laufen, und das vor allem den Fußschweiß aufnehmen soll. Dank seiner natürlichen Fähigkeit zur Aufnahme von Feuchtigkeit hat es eine wesentliche Funktion zu erfüllen, die kaum durch ein anderes Material ersetzt werden kann. Hierauf sollten Sie besonders Ihr Augenmerk lenken.

Der Name Brandsohle rührt wohl daher, daß es zum Teil nach dem Gerbvorgang nicht genügend ausgewaschen wurde, so daß deshalb anfangs ein leichtes Fußbrennen spürbar war. Vielleicht erinnert die Bezeichnung aber auch nur daran, daß das mit Fußschweiß durchtränkte Leder mit der Zeit dunkel wird und wie verbrannt aussehen kann...

Zwischensohle ist die Lederschicht zwischen Sohle und Brandleder, die zum Vorschein kommt, wenn die Schuhsohle selbst abgelaufen ist. Sie sorgt bei dickeren Schuhsohlen für die Formbeständigkeit, ist jedoch weniger abrieb- und ablauffest – deshalb: rechtzeitig neu besohlen lassen!

Doch wie es drinnen aussieht

... geht jeden „was an" – so möchte man das Wehmutslied des Zarewitsch abändern, wenn man die Futterstoffe im Schuh näher ansieht. Natürlich können sie aus Leder sein – sie sind es aber oft nicht mehr. Wenn Leder, dann sind Ziegen-, Schaf-, Kalb-, Rind-, Pelz- (als Lammfell-) und Schweinsfutterleder üblich.

Ziegenleder ist als Futterleder meist chromgegerbt-

Schafleder in der Regel pflanzlich (vegetabil) gegerbt. Leider werden sie häufig mit synthetischen, hellmachenden Gerbstoffen nachbehandelt und obendrein manchmal auch gefärbt (sicher nicht mit Pflanzenfarben!). Also: fragen und auswählen!

Kalbfutterleder sind kräftiger als Ziegen- und Schafleder und werden deshalb für sehr gute Sportschuhe, Reitstiefel und Ski-Innenstiefel bevorzugt. Sie sind pflanzlich oder kombinationsgegerbt und besitzen ein besonders hohes Feuchtigkeitsaufnahmevermögen!

Rindfutterleder sind meist gespaltene, chromgegerbte und ungefärbte Leder für den Fersenteil.

Pelzfutterleder ist meist chrom- oder synthetisch gegerbtes, kurzgeschorenes Lamm- oder Schaffell, das wärmendes Winterschuhwerk von innen auskleidet. Heute wird leider überwiegend synthetisches „Pelzvelour"-Material (Nylonpelz) verwendet. Sie müssen sich Garantien geben lassen, wenn Sie echtes Pelzfutter möchten!

Schweinsfutterleder ist vorwiegend importiertes und gespaltenes, chromgar oder chromvegetabil gegerbtes Material mit geringerer Haltbarkeit und weniger guten Trageeigenschaften („seifiger Griff").

Das äußere Schuhwerk soll nicht nur schön aussehen
Unter Oberleder verstehen wir alle Leder, die für das obere Schuhwerk, den Schaft, gebraucht werden. Es gibt viele Oberlederarten und noch mehr -bezeichnungen. Die Phantasienamen lassen wir weg; was wichtig für Kauf, Trageeigenschaften und Pflege ist, soll kurz umrissen werden.

Chromgegerbte Oberleder sind vor allem Boxcalf vom Kalb, Chevreau (besonders weich) von Zickel und Ziege, Mastkalb, Rindbox (gegebenenfalls kombiniert gegerbt) sowie Roßchevreau. Stärker gefettete Oberleder werden als Waterproof-Leder bezeichnet.

Vegetabil gegerbt sind Rindsleder (oft mit Deckfarben überzogen, häufig bei Sandalen), Ziegenoberleder (sämisch-chrom oder vegetabil gegerbt) sowie Fahlleder (Rind- oder Kuhleder, leicht gefettet mit fahlem Aussehen) und Juchtenleder (früher ein in Rußland mit Weidenrindengerbung und Birkenölteer imprägniertes, heute ein pflanzlich gegerbtes, wohlriechendes und wasserabstoßendes Rind- oder Kalbleder). Dazu kommt noch das Wichsleder, ein auf der Haarseite zugerichtetes, schwarzgefärbtes, hartfetthaltiges Oberleder.

Besonderheiten sind Anilin-Oberleder mit entsprechender Anilinfärbung, Nappaleder, das erst neuerdings als Oberleder beliebt wurde und sehr weich ist, Korduanleder (vom Roßschild, das nur Einhufer liefern) und schließlich Gold- und Silberleder, ein mit Blattgold oder Alufolie belegtes Zickelleder...

Unter Narbenleder beziehungsweise glattem Narbenoberleder oder dem Narben versteht man schlichtweg die Haarseite des Leders. Das natürliche Narben- oder Porenbild dient als Erkennungszeichen für die Tierart. Durch Krispelvorgänge wird die natürliche Narbenstruktur noch stärker betont oder gar ein neues Narbenbild (Saffianleder) geschaffen. Künstliche oder geprägte Narben sind möglich, desgleichen Narbenschrumpfung durch ein besonderes Gerbverfahren oder durch Zurichtungen (Crushleder).

Zu den Reptilienledern zählen die Häute der Schlangen, der Echsen (Krokodile, Eidechsen, Leguane), des Ochsenfrosches und der Schildkröten. Es sind Häute von unbehaarten Tieren mit verschiedenartiger Beschuppung, Hornteilen und speziellen Hautfalten. Dehnungsfähigkeit und Feuchtigkeitsaufnahme sind gering, Formverhalten und Abnutzungswiderstand dagegen besonders groß.

Lackleder wird im Schuhbereich nur chromgegerbt. Früher sorgten Leinölfirnis oder Nitrozellulose für den spiegelglatten Glanz – heute vornehmlich synthetische Harze oder Kunststoffolien. Dafür müssen Ziegenfelle, Rinderhäute, Milch- oder Mastkalbfelle oder Roßchevreau herhalten. Bei Crush- oder Knautschlack wird das Leder so zugerichtet, daß es knautschig aussieht.

Volleder ist das volle, ganze Leder ohne Spaltung, als Elchleder wird auch geschmeidig und wasserfest zugerichtetes Rindsleder für Sportschuhe bezeichnet, während Rauhleder den letzten Schliff durch mechanische Bearbeitung erhält und veloursartig aussieht (Nubuk, Mocha oder Velvet, haarseitig fein geschliffen, sind Marktbegriffe dafür). Narbenseitig abgezogene Wild- und Sämischleder (mit Lebertran) werden für weiche Kleinkinderschuhe verarbeitet.

Dagegen sind Kalb-, Rind-, Ziegen- und Schweinsvelours fleischseitig abgezogene Ledersorten, die auch als Antilope, Chair, Hunting-, Samtleder oder Suede angeboten werden.

Für Billigschuhwerk werden beidseitig geschliffene Spaltrindlederarten verwendet, auch als Spaltrauhleder bezeichnet, bei denen Sie vor dem Kauf genau hinsehen sollten.

Lederbekleidung exklusiv

Außer Schafleder, das weniger strapazierfähig ist, und Zickelleder, das hierfür als zu klein im Stück gilt, werden für Bekleidungszwecke so ungefähr alle zuvor genannten Fell- und Häutearten verarbeitet.

Nappaleder spielt hier, vegetabil- oder chromgegerbt, eine wichtige Rolle. Statt Nitrodeckfarben werden dabei heute meist solche auf Polymerisatbasis, manchmal auch Anilinbasis verwendet.

Nubukleder sind, wie erwähnt, von der Narbenseite (Haarseite) geschliffen und gegenüber Verschmutzung relativ empfindlich.

Veloursleder (auch gelegentlich aus Spaltleder) werden mit der geschliffenen Fleischseite nach außen getragen. Auch die echten Wildledersorten gehören zu dieser Gruppe, wurden aber von der Narbenseite geschliffen, nachdem der Narben schon vor der Gerbung entfernt wurde.

Nubuk- und Veloursleder werden auch als Rauhleder gehandelt. Der Begriff Wildleder darf nur für Leder von echten Wildfellen verwandt werden. Sonderformen sind Schrumpfleder, gepreßtes, bedrucktes und schließlich auch noch gestochenes Leder – bei Handschuhen sollen damit Schweinsnarben imitiert werden.

Teil IV

Einkauf und Pflege

Einkauf von Textilien

Warenkunde, Kennzeichen und Symbole

Vorne haben wir erfahren, wo das Rohmaterial für die heute gängigen Textilien und Bekleidungsmaterialien herkommt, wie es zu Faden, Garn oder Zwirn verarbeitet und ausgerüstet wird. Jetzt wollen wir genauer untersuchen, was sich uns im Laden und am Markt bietet, wie die Textilwaren-Kennzeichnung und -Auszeichnung aussehen soll oder nach dem Gesetzgeber aussehen muß.

Für den Käufer in der Bundesrepublik scheint die Orientierung relativ einfach zu sein, weil wir seit 1972 ein Textilkennzeichnungsgesetz (TKG) haben, das zugleich den Normen der Europäischen Gemeinschaft entspricht. Jeder, der etwas mit Textilien zu tun hat – sei es als Hersteller, Anbieter oder als Käufer – sollte das TKG zumindest in groben Zügen kennen. Im folgenden erläutere ich den auf das Wesentlichste gerafften Inhalt des deutschen Textilkennzeichnungsgesetzes (TKG).

Kennzeichnungspflicht:
○ Das 1972 in Kraft getretene TKG sieht vor, daß bei allen für den Inlandmarkt bestimmten Textilerzeugnissen Art und Gewichtsanteil der jeweils verwendeten textilen Rohstoffe angegeben werden müssen. Nach Paragraph eins ist jeder, der Textilerzeugnisse gewerbsmäßig in den Verkehr bringt, zur Abgabe an letzte Verbraucher feilhält, einführt oder sonst in den Geltungsbereich des Gesetzes einbringt, zur Kennzeichnung dieser Produkte verpflichtet. Die Kennzeichnungspflicht trifft demnach alle Stufen der Textil- und Bekleidungsindustrie, des Handwerks, des Handels, einschließlich des Importhandels und des Versandhandels.
○ Als Textilerzeugnisse gelten alle Waren, die mindestens zu achtzig Prozent ihres Gesamtgewichts aus textilen Rohstoffen hergestellt sind. Bei einer Reihe von Erzeugnissen, die üblicherweise nicht als Textilerzeugnisse angesehen werden, müssen die textilen Bestandteile gekennzeichnet werden, sofern sie insgesamt mindestens achtzig Prozent des Gewichts ausmachen.

Es handelt sich hierbei um Bezugsstoffe auf Möbeln, Möbelteilen und Schirmen, Teile von Matratzen und Campingartikeln und der Wärmehaltung dienende Futterstoffe von Schuhen und Handschuhen. Diese textilen Bestandteile gelten dann als selbständige Textilerzeugnisse.
- In andere Waren als Möbel, Möbelteile, Schirme, Matratzen, Campingartikel, Schuhe und Handschuhe eingearbeitete textile Bestandteile brauchen nicht gekennzeichnet zu werden; geschieht dies dennoch auf freiwilliger Basis, so sind die Bestimmungen des TKG zu beachten.
- Mehrschichtige Fußbodenbeläge sind nur dann Textilerzeugnisse, wenn ihre dem gewöhnlichen Gebrauch ausgesetzte Oberschicht (Nutzschicht) mindestens zu achtzig Prozent aus textilen Rohstoffen hergestellt ist.
- Der Versandhandel muß außer den Textilerzeugnissen selbst auch die Abbildungen, Beschreibungen, Muster und Proben in Katalogen und Prospekten mit einer Rohstoffkennzeichnung versehen. Dies gilt allerdings nur, wenn die Kataloge oder Prospekte gewerbsmäßig letzten Verbrauchern zum Aussuchen der Ware und zur Aufgabe der Bestellungen gezeigt oder überlassen werden.

Wie muß gekennzeichnet werden?
- Soweit Textilerzeugnisse unter das TKG fallen und daher zu kennzeichnen sind, müssen sie mit einer Angabe über Art und Gewichtsanteile der verwendeten textilen Rohstoffe versehen werden. Das TKG nennt dies Rohstoffgehaltsangabe. Zur Kennzeichnung dürfen nur die im TKG festgelegten Bezeichnungen benutzt werden.
- Für die in einem Wollerzeugnis enthaltene Schurwolle darf die Bezeichnung Schurwolle verwendet werden, wenn der gesamte Wollanteil aus Schurwolle besteht und mindestens 25 Prozent des Gewichts des Erzeugnisses ausmacht. Im Falle eines mechanisch nicht trennbaren Gemischs (Mischverspinnung von Schurwolle und anderen Fasern) ist die Bezeichnung Schurwolle nur zulässig, wenn die Schurwolle höchstens mit einer anderen Faser gemischt ist. Unter Schurwolle versteht das TKG Wolle, die niemals in einem Fertigerzeugnis enthalten war und die weder einem anderen als dem zur Herstellung des Erzeugnisses erforderlichen

Spinn- oder Filzprozeß unterlegen hat, noch einer faserschädigenden Behandlung oder Benutzung ausgesetzt wurde.
- Nicht vom Fell des Schafes stammende feine Tierhaare dürfen mit ihren üblichen Gattungsnamen mit oder ohne Zusatz Wolle oder Haar bezeichnet werden, also zum Beispiel Kamelhaar, Mohair oder Angorawolle.
- Chemiefasern müssen mit ihren chemischen Gattungsnamen bezeichnet werden, also beispielsweise Polyamid oder Acryl. Die in der ursprünglichen Fassung des TKG vorgeschriebene summarische Kennzeichnung der Chemiefasern mit Synthetics oder Reyon ist nicht mehr zulässig.
- Textile Rohstoffe, für die keine Bezeichnung vorgeschrieben ist (zum Beispiel Ananasfasern oder neuartige Fasern aus synthetischer Grundlage), müssen entsprechend dem jeweils verwendeten Rohstoff angegeben werden.
- Textile Rohstoffe, deren Anteil am Gewicht des Erzeugnisses unter zehn Prozent liegt, brauchen nicht mit ihrem eigenen Namen angegeben zu werden, sondern können als „sonstige Fasern" gekennzeichnet werden.
- Gewichtsanteile der verwendeten textilen Rohstoffe sind stets in vollen Prozentsätzen des sogenannten Nettotextilgewichts anzugeben. Unter Nettotextilgewicht versteht man das Gesamtgewicht des Textilerzeugnisses abzüglich verschiedener besonderer Bestandteile, deren Rohstoffzusammensetzung für das Erzeugnis als Ganzes nicht typisch ist (zum Beispiel Verstärkungen, Webkanten, Futter- und Einlagestoffe, Fettstoffe, Bindemittel).
- Einige Textilerzeugnisse brauchen nicht gekennzeichnet zu werden, beispielsweise Uhrenarmbänder aus Spinnstoffen, Etiketten und Wappenschilder, Kaffee- und Teewärmer, Nadelkissen und Stoffe für Verstärkungen und Versteifungen. Außerdem sind von der Kennzeichnungspflicht ausgenommen: gebrauchte, konfektionierte Textilerzeugnisse, sofern sie ausdrücklich als solche bezeichnet sind, Hüte aus Filz, Täschner- und Sattlerwaren aus Spinnstoffen, Reißverschlüsse, künstliche Blumen, Spielzeug, textile Teile von Schuhen, ausgenommen wärmendes Futter, und Deckchen aus mehreren Bestandteilen mit einer Oberfläche von weniger als fünfhundert Quadratzentimetern (Zierdeckchen).

Wo ist die Kennzeichnung zu finden?

Die Rohstoffgehaltsangabe muß deutlich sichtbar an dem Textilerzeugnis angebracht sein. Normalerweise wird sie in das Erzeugnis eingenäht; es genügt aber auch, wenn das Etikett an einem Knopf befestigt ist. Bei verpackten Textilerzeugnissen kann die Kennzeichnung auch an der Verpackung angebracht sein (zum Beispiel bei Tisch- und Bettwäsche).

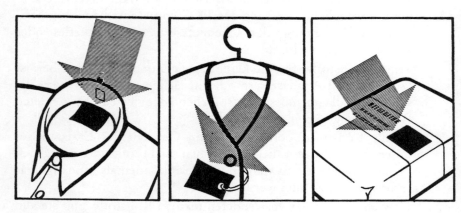

Abb. 29: Plazierung der Textilkennzeichnungsschilder

Bei mehrteiligen Artikeln (zum Beispiel Jacke und Hose) genügt ein Etikett – vorausgesetzt, die Teile haben den gleichen Rohstoffgehalt.

Auch Sammelkennzeichnung ist bei einigen Textilerzeugnissen erlaubt, zum Beispiel bei Schnürsenkeln, Scheuer- und Putztüchern, Bändern, Deckchen und Taschentüchern. Bei diesen Artikeln reicht es auch aus, wenn auf dem Verkaufstisch ein Schild mit den entsprechenden Rohstoffgehaltsangaben angebracht ist.
○ Bei Erzeugnissen, die zu hundert Prozent aus einem einzigen textilen Rohstoff hergestellt sind, kann der Gewichtsanteil statt mit „100 Prozent" auch mit der Bezeichnung „rein" und „ganz" kenntlich gemacht werden. Im Gegensatz zur früheren Fassung des TKG ist die Bezeichnung „reine Wolle" nunmehr auch für rein reißwollene Erzeugnisse zulässig, wenn die Fremdfasertoleranz nicht überstiegen wird.

○ Erzeugnisse mit einer Kette aus reiner Baumwolle und einem Schuß aus reinem Leinen, bei denen der Anteil des Leinens mindestens fünfzig Prozent des Gesamtgewichts ausmacht, können als Halbleinen bezeichnet werden, wobei die Angabe „Kette reine Baumwolle – Schuß reines Leinen" hinzugefügt werden muß.
○ Für Mischerzeugnisse, die aus mehreren textilen Rohstoffen bestehen, läßt das TKG eine vereinfachte Rohstoffgehaltsangabe zu. Hierbei sind folgende Fälle zu unterscheiden:
+ Erreicht einer der textilen Rohstoffe mindestens 85 Prozent des Nettotextilgewichts, so braucht in der Rohstoffgehaltsangabe nur der Gewichtsanteil dieser einen Faser angegeben zu werden, zum Beispiel „85 Prozent Baumwolle" oder „Baumwolle, 85 Prozent Mindestgehalt".
+ Erreicht keiner der textilen Rohstoffe 85 Prozent des Nettotextilgewichts, so braucht nur der Gewichtsanteil der vorherrschenden Faser angegeben zu werden, während die übrigen Fasern in absteigender Reihenfolge ihres Gewichtsanteils ohne Angabe der Prozentsätze lediglich aufgezählt werden, also zum Beispiel:

    70 % Polyamid
    Baumwolle
    Triacetat

Diese vereinfachte Rohstoffgehaltsangabe bei Mischerzeugnissen ist allerdings nur zulässig, sofern nicht die Bezeichnung Schurwolle verwendet wird und sofern nicht textile Rohstoffe mit einem Gewichtsanteil unter zehn Prozent gekennzeichnet werden. Läge also in dem zuletzt erwähnten Beispiel der Anteil von Triacetat nur bei sieben Prozent, so müßte die Rohstoffgehaltsangabe die Gewichtsanteile aller verwendeten textilen Rohstoffe ausweisen, also:

    70 % Polyamid
    23 % Baumwolle
    7 % Triacetat

oder aber:

    70 % Polyamid
    23 % Baumwolle
    7 % sonstige Fasern

○ Bei der Angabe der Gewichtsanteile müssen die im Verlauf des Herstellungsprozesses (beim Rauhen, Walken oder Bleichen) eintretenden Verschiebungen des Gewichtsanteils der verwendeten Rohstoffe soweit wie möglich, im Rahmen der hierfür bekannten Erfahrungswerte, berücksichtigt werden.

○ Ein Textilerzeugnis darf bis zu zwei Prozent Fasern enthalten, die in der Auszeichnung nicht genannt sind, jedoch nur, falls dies herstellungstechnisch bedingt und nicht Ergebnis einer systematischen Hinzufügung ist. Diese sogenannte Fremdfasertoleranz erhöht sich bei Textilerzeugnissen, die im Streichgarnverfahren hergestellt sind, auf fünf Prozent. Bei Textilerzeugnissen jedoch, deren Rohstoffgehaltsangabe die Bezeichnung Schurwolle enthält, beträgt die Fremdfasertoleranz nur 0,3 Prozent, und zwar auch dann, wenn sie im Streichverfahren hergestellt sind.

○ Bei Textilerzeugnissen, die aus mehreren Teilen unterschiedlichen Rohstoffgehalts zusammengesetzt sind, muß der Rohstoffgehalt der einzelnen Teile gesondert angegeben werden. Angaben über Teile, deren Anteil am Gesamtgewicht weniger als dreißig Prozent beträgt, können unterbleiben; jedoch ist der Rohstoffgehalt von sogenannten Hauptfutterstoffen auch dann anzugeben, wenn ihr Anteil am Gesamtgewicht des Textilerzeugnisses weniger als dreißig Prozent beträgt. In jedem Fall muß die Rohstoffgehaltsangabe erkennen lassen, auf welche Teile sie sich bezieht.

○ Bei Samten, Plüschen und mehrschichtigen Fußbodenbelägen ist anzugeben, daß sich die Rohstoffgehaltsangabe nur auf die Nutzschicht (zum Beispiel „im Flor") bezieht, es sei denn, daß alle Schichten den gleichen Rohstoffgehalt haben.

○ Die Rohstoffgehaltsangabe muß am Textilerzeugnis selbst nur dann angebracht sein, wenn die Ware dem letzten Verbraucher zum Kauf angeboten werden soll.

○ Bei Textilerzeugnissen, die letzten Verbrauchern in speziell für Verbraucher aufgemachten Verpackungen feilgehalten werden, kann die Rohstoffgehaltsangabe, statt am Textilerzeugnis selbst, auch auf der Verpackung angebracht werden.

○ Die Rohstoffgehaltsangabe muß leicht lesbar sein und ein einheitliches Schriftbild aufweisen. Sie darf nur die im TKG ausdrücklich vorgeschriebenen oder zugelassenen Angaben enthalten.

- Die Zulässigkeit von Werbeangaben richtet sich nach den hierfür maßgebenden Gesetzen, also insbesondere nach dem Wettbewerbs- und Warenzeichenrecht.
- Marken (Warenzeichen) und Unternehmensbezeichnungen dürfen im Gegensatz zu anderen Werbeangaben auch unmittelbar bei der Rohstoffgehaltsangabe verwendet werden.
- Die Verwendung der geschützten Internationalen Pflegekennzeichnungssymbole ist auch unmittelbar bei der Rohstoffgehaltsangabe zulässig.

Die Konsequenzen
- Zuwiderhandlungen gegen die Vorschriften des TKG können als Ordnungswidrigkeiten, bei Vorsatz mit einer Geldbuße bis zu 10.000 Deutsche Mark und bei Fahrlässigkeit mit einer Geldbuße bis zu 5.000 Deutsche Mark geahndet werden.
- Die Durchführung des TKG fällt in die Zuständigkeit der Länder. Eine ständige Überwachung der Einhaltung des TKG durch laufende Kontrollen staatlicher Behörden ist nicht vorgesehen. Es bleibt daher den beteiligten Wirtschaftskreisen, insbesondere den Verbrauchern und ihren Organisationen überlassen, auf eine korrekte Kennzeichnung der Textilerzeugnisse zu achten.

Wenn sich also der einzelne Käufer (Verbraucher) nicht selbst ein Mindestmaß an Wissen und Kenntnissen aneignet und nicht im Einzelfalle auf einer genauen Warendeklaration und Materialangabe besteht, wird sich, meiner Meinung nach, trotz Gesetz wenig ändern! Kritische Selbsthilfe ist deshalb wichtig!

Synthetik-Etiketten bei Naturtextilien
Schon lange ärgert mich, daß selbst bei Naturtextilien grundsätzlich Synthetik-Kennzeichnungsschildchen verwendet wurden und werden, und diese ausgerechnet oben am hinteren Halsausschnitt, genau über der Wirbelsäule mit ihren feinstofflichen Energiebahnen, befestigt werden.

Ich bin sicher, daß das auch andere bewußt einkaufende Zeitgenossen stört. Der einzige Hersteller, der auf diese Einwände positiv reagierte, ist, soweit mir bekannt, Hess-Naturtextilien in Bad Homburg.

Wolle von A bis Z

Schurwolle

Die gehandelte und in Textilien angebotene Wolle darf also nur dann als „Schurwolle" bezeichnet werden, wenn sie frisch vom Wolltier kommt und noch nie in irgendeiner Weise verarbeitet worden war. Das steht im bereits erwähnten Textilkennzeichnungsgesetz und darauf sollte man nun auch nachdrücklich achten. Das internationale Schurwollsiegel kennzeichnet diese Schurwolle mit einem stilisierten Knäuel, bei dem jeder der drei Bogen seinerseits fünf Windungen zeigt.

Abb. 30: Wollsiegel   REINE SCHURWOLLE   SCHURWOLLE MIT BEIMISCHUNG

Im Gegensatz dazu darf das einfache Combi-Wollsiegel mit drei Bogen und jeweils drei Windungen nur dann die Bezeichnung „Wolle" oder „Reine Wolle" führen, wenn Wolle als Grundsubstanz verwendet wurde. Dabei handelt es sich allerdings so gut wie immer um Reißwolle aus alten Lumpen oder aus den Woll- und Tuchabfällen der Textilbetriebe. Diese wiederaufbereitete Auch-noch-Wolle stellt aber kaum ein einheitliches Material dar. Die Verschiedenartigkeit der Ausgangsstoffe macht es vielmehr erforderlich, daß jeweils spezielle Wiederaufbereitungsprozesse vorgenommen werden.

Dementsprechend ergeben auch die Endprodukte qualitativ unterschiedliche Ware. Wohlklingende Bezeichnungen wie „Tibet" (aus aufgerissenen feinen Tuchlappen und Damenstoffen), „Mungo" (aus gewalkten Stoffen und Tuchresten) oder „Alpaka" (Abfallgewebe, das meist auch Planzenfasern enthält) machen es dem Uneingeweihten nicht einfach, sich über die wahre Herkunft dieser Textilien klar zu werden. Allgemein teilt man die Reißfaserstoffe folgendermaßen ein:

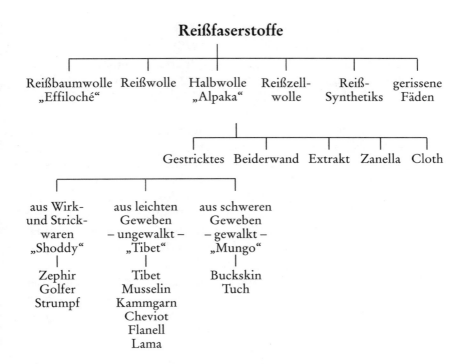

Abb. 31: *Einteilung der Reißfaserstoffe*

Das Combi-Wollsiegel für Mischungen aus Schurwolle und anderen Fasern entspricht dem einfachen Dreimal-Drei-Schlingen-Wollsiegel, muß aber genaue Angaben darüber enthalten, welche anderen Fasern neben der Schurwolle noch enthalten sind (Angaben in Prozenten).

In der Bundesrepublik werden beide Wollsiegel als internationale Schutzmarke vom Wollsiegel-Verband e.V., Hohenzollernstraße 11, 4000 Düsseldorf, vergeben. Der Wollsiegel-Verband ist die Schutzmarkengemeinschaft des IWS in Deutschland und Österreich. Der Partner „Wollmarke AG" in der Schweiz ist angeschlossen und kann ebenfalls das Wollsiegel vergeben.

Wollsiegel als internationales Wertsymbol

Das Internationale Woll-Sekretariat (IWS) hat im Jahre 1964 das Wollsiegel zur Kennzeichnung von Qualitätserzeugnissen aus reiner Schurwolle eingeführt. Es ist heute in 120 Ländern gesetzlich geschützt. In der Bundesrepublik Deutschland und in Österreich ist es als Gütezeichen offiziell anerkannt.

Hersteller, die ihre Produkte aus reiner Schurwolle mit dem Wollsiegel kennzeichnen wollen – bei Bekleidung ist es ein Einnähetikett, bei Teppichen wird das Etikett aufgeklebt oder aufgebügelt -, müssen einen Lizenzvertrag mit dem Wollsiegel-Verband unterzeichnen.

Dies ist für den Lizenznehmer kostenlos. Er verpflichtet sich damit zur Einhaltung der strengen, vom Wollsiegel-Verband genau definierten und überall in der Welt in gleicher Weise geltenden Qualitätsrichtlinien. Sie beziehen sich auf die Rohstoffreinheit „reine Wolle" sowie auf wichtige Gebrauchseigenschaften wie die Licht- und Naßechtheit der Farben, die Reißfestigkeit (bei Geweben), das Polgewicht (bei Teppichen) und auf die durch Etiketten gemachten Zusatzaussagen wie zum Beispiel „waschmaschinenfest". Leider fordert der Verband bei Schurwollteppichböden auch eine „Mottenecht"-Ausrüstung mit Chemie.

Die Einhaltung der Qualitätsrichtlinien überprüft der Wollsiegel-Verband streng. Garn- und Stoffhersteller müssen dem Verband vor der Wollsiegel-Kennzeichnung Muster ihrer Kollektion zur Überprüfung vorlegen. Bei Abweichungen von den Vorschriften wird die Freigabe solange verweigert, bis die Korrektur des Fehlers sichergestellt ist. Der Wollsiegel-Verband prüft aber nicht nur die vom Hersteller selbst vorgelegten Muster. Seine Textilingenieure entnehmen bei unangemeldeten Besuchen zusätzlich Proben aus der laufenden Produktion.

Schließlich machen Beauftragte des Wollsiegel-Verbandes regelmäßig anonym Testkäufe im Einzelhandel. Dadurch werden nicht nur heimische, sondern auch importierte Wollsiegel-Produkte in die Qualitätskontrolle einbezogen. Das IWS-Labor prüft Jahr für Jahr 30.000 bis 40.000 Einzelstücke und nimmt hierfür bis zu 80.000 Tests vor. Ähnliches geschieht in den anderen Ländern, in denen das IWS vertreten ist. So ist es mittlerweile die Marketing-Organisation der Schafhalter nicht nur von Australien und Neuseeland, sondern auch von Südafrika und Uruguay.

In allen IWS-Partnerländern werden auch die Schurwoll-Ballen auf Chemierückstände untersucht. Angeblich gab es aber in den letzten Jahren nur sehr wenige Beanstandungen, die ein Exportverbot nach sich zogen. Dies auch, weil „harte" Pestizid-Einsätze in diesen Ländern untersagt sind.

Gewebe aller Arten
Affenhaut: Gewebe aus Streichgarn mit kurzer Haardecke in Tuch- oder Köperbindung.

à-jour-Gewebe: Stoffe, bei denen in Kette und Schuß durchsichtige Musterungen vorhanden sind, auch in Baumwolle und Seide.

Beiderwand: in Tuchbindung, Kette Baumwollzwirn, Schuß Streichgarn, fast immer farbig gestreift. Gewebe meist aus Baumwolle oder Leinen, oder Schürzenstoffe mit Baumwollkette und Kunstseidenschuß.

Borkenkrepp: Gewebe aus Garnen, die in gleicher Richtung gedreht sind wie die Kettengarne, so daß sich die Fäden nach einer Seite wenden und das Aussehen verursachen. Tuchbindung. Im Stück gefärbter Damenkleiderstoff.

Bouclé: Gewebe mit buckliger Oberfläche und frotteähnlichem Aussehen; Webwaren aus Garnen, die Knoten oder Schleifen bilden. Durch Verwendung loser Schlingengarne besteht die Gefahr, daß sich der Stoff leicht abnutzt.

Bukskin: bedeutet Bocksfell, Kette und Schuß bestehen aus Streichgarn oder Kunstwollgarn. Anzugstoff in Köperbindung.

Cheviot: ursprünglich Stoff aus der Wolle des Cheviotschafes, jetzt Gewebe aus Crossbredwollen. Glatte Herrenanzugstoffe in Köperbindung. Die Stoffe sind etwas hart und mehr oder weniger glänzend.

Cord: sehr haltbarer Stoff mit kräftigen Rippen aus Kammgarn oder Streichgarn; bei geringen Qualitäten besteht die Kette aus Baumwollgarn, der Schuß aus Kunstwollgarn.

Covercoat: Mantel- und Jackenstoff aus zweifarbiger Zwirnkette und einfarbigem Schuß in Kettatlas oder Doppelköper.

Croisé: Bezeichnung für Gewebe in Köperbindung.

Ecossé: Gewebe mit bunt karierter Musterung (Schottenmusterung) in Köperbindung aus Wolle, Baumwolle oder Seide.

Flanell: weicher Halbkammgarnstoff mit Kette aus Kammgarn, Schuß aus Streichgarn in Tuchbindung, leicht angewalkt und schwach gerauht; Blusenstoff.

Flausch: weiches, dickes Streichgarngewebe mit lockerer Haardecke für Mantelstoffe.

Gabardine: Mantel- oder Anzugstoff oder imprägniert für Regenmäntel; gute Qualitäten aus Streich- oder Kammgarn, geringe aus Baumwollkette und Kunstwollschuß; Köperbindung.

Hammerschlag: kahlappretierter Stoff in einer Art Gerstenkornbindung mit unregelmäßig welliger Oberfläche, als Damenkleiderstoff beliebt.

Loden: olivgrüner oder brauner Stoff aus Streichgarn in Tuch- oder Köperbindung für Sportkleidung und Wettermäntel.

Marengo: schwarzer Stoff mit hellen Streifen, meist aus Streichgarn in Köperbindung.

Melangestoffe: Stoffe aus verschiedenfarbigen Garnen.

Musselin: leichter, bedruckter Kleiderstoff aus Kammgarn mit hoher Nummer in Tuchbindung.

Ombré: Gewebe mit schattierender Farbmusterung aus Garnen, die durch stellenweises Eintauchen in die Farbbäder verschieden gefärbt wurden; Schußköper oder Schußatlas.

Popeline: leichte, ripsartige Kammgarnware in Tuchbindung, bei der der Schuß stärker ist als die Kette; Mäntel-, Anorak-, Kleiderstoff.

Rips: Gewebe mit gerripptem Aussehen aus Kammgarn in Tuchbindung unter Verwendung von starkem Schußgarn oder Ripsbindung, das heißt, es werden mehrere Schußfäden in dasselbe Fach eingetragen.

Satin: Gewebe aus Kammgarn oder Streichgarn in Atlasbindung. Die Kettgarne haben eine Drehung, die entgegengesetzt dem Bindungsgrad ist.

Serge: Baumwollserge oder Wollserge mit Schuß aus Kammgarn in Köperbindung; Futterstoff.

Tweed: Sport, Mantel- und Kostümstoffe in Köperbindung, die ursprünglich nur in Tweed in Schottland hergestellt wurden. Jetzt versteht man darunter kleingemusterte Ware, meist Damenstoffe.

Ulster: Mantelstoff aus Streichgarn.

Velours: weicher Stoff aus Streichgarn für Mäntel. Strichvelours hat eine in gleicher Richtung liegende Haardecke, beim Stehvelours ist die Haardecke kurz und aufgerichtet.

Vivanell: Ein Flanellstoff; gewirkt aus Dralon/Wolle mit Spezialausrüstung in Uni und Melange, mit hohem Volumen, superleicht und sehr weich.

Wollgeorgette: einfarbiger Kleider- und Damenmantelstoff aus Kreppgarnen in Tuch- oder Panamabindung.

Seide von A bis Z

Das Seiden-Zeichen

Das von der Commission Européenne Promotion Soie (Europäisches Sekretariat für Seide) in Lyon für reine Seide herausgegebene Seidenzeichen ist zwar bisher wenig bekannt, jedoch durchaus international anerkannt. Das TKG sieht dagegen lediglich das Kurzzeichen „SE" vor und gestattet die Führung dieser Bezeichnung nur für „Fasern, die ausschließlich aus Kokons seidenspinnender Insekten gewonnen werden".

*Abb. 32
Symbol „Reine Seide"*

Seidenwaren – Begriffe, Gewebe

Zusammenfassend nur einige Begriffe aus der Seiden-Branche.

Den Rohseidenfaden, den man durch Aufhaspeln der Fäden mehrerer Kokons erhält, bezeichnet man als Grège; er wird durch das Zwirnen oder Mulinieren reiner und dicker gemacht. Trame ist Schußseide, die aus Grège hergestellt wird, indem sie nur wenig gedreht wird. Fester ist die Kettseide, Organsin, die aus Grègeseide durch mehr Drehung hergestellt wird. Grenadine ist ein stark gedrehter und gezwirnter Faden. Schappegarn wird aus Abfallseiden und wilden Seiden hergestellt. Da Frankreich früher einmal das Haupterzeugungsland in Europa war, sind viele Bezeichnungen heute noch französisch. Alle Seidenwaren werden auch aus Kunstseide, also Synthetikfasern nachgeahmt.

Nun zur Warenkunde in Seide: Einige der hiergenannten Arten und Qualitäten sind historisch, spielen im heutigen Warenangebot also keine Rolle mehr und werden nur der Vollständigkeit halber aufgeführt:

Atlas: halbseidener, glatter Futterstoff mit Grègekette und Baumwollschuß. Kleiderstoff (s. u. Satin).

Bastseide: ein Gewebe aus nichtentbastetem Seidengarn in Taftbindung (s. u. Taft).

Batik-, Pongé- und Futterseide: Diese drei Arten werden aus der Seide des Maulbeerspinners gewonnen. Sie unterscheiden sich in Gewichts- und Faserstärke, in der Webdichte und im Preis.

Batist: dünnes, feines Gewebe in Taftbindung.

Bengaline: halbseidener Kleiderstoff mit einer Kette aus Grège und Schuß aus Kammgarnzwirn in Taftbindung.

Borkenkrepp: Gewebe aus scharf gedrehtem Schußgarn in Taftbindung. Da nach dem Färben ohne Spannung getrocknet wird, erhält der Stoff Falten. Kleiderstoff.

Bourette: siehe Schappe.

Brokat: schwere farbige Seidenstoffe mit Metallfäden.

Chiffon: hauchdünnes, feines und weiches Gewebe aus Grègefäden.

Craquelé: Gewebe mit einem Schuß aus abwechselnd scharf und gering gedrehtem Garn. Die Oberfläche des Gewebes ist nicht gleichmäßig.

Crêpe Charmeuse: Gewebe mit zwei Schußsystemen und einem Kettsystem. Kette aus zweifach geschärter Grège, die mit dem Oberschuß in Köper und Unterschuß in Atlas bindet. Stückfarbiger, meist beschwerter Seidenstoff.

Crêpe de Chine: ein duftiges, knitterarmes, fließendes Gewebe mit Kette aus zweifach geschärter Grège und Schuß aus Seidenkrepp in Taftbindung. Die reizvolle Körnung des Stoffes ergibt sich durch die gezwirnten Fäden aus Kreppgarn. Stückfarbiger oder bedruckter Stoff für Kleider, Blusen, Unterwäsche.

Crêpe Georgette: Kette und Schuß aus Seidenkrepp in Taftbindung. Ein Kreppgewebe, das schwerer und deckender als Chiffon ist, dabei fließend-weich, körnig und trocken im Griff. Stückfarbiger oder bedruckter Stoff für Damenkleider.

Crêpe Marocain: gerippter Kleiderstoff mit Kette aus Grège und Schuß aus Seidenkrepp.

Crêpe Satin: Kleiderstoff mit Kette aus zweifach geschärter Grège und Schuß aus Seidenkrepp, in Atlasbindung, Oberseite glänzend, Unterseite stumpf.
Damassé: großgemustertes Gewebe billiger Qualität mit Baumwollkette; Futterstoff.
Damast: ist ähnlich wie Damassé; Kette Organsin oder Schappe, Schuß Trame in Atlasbindung. Durch die Art der Bindung treten Figuren mehr hervor als bei Damassé. Bezugsstoff.
Ecossais: großkarierter, mehrfarbiger Stoff in Taft-, Köper- oder Atlasbindung
Eolienne: Kette Grège, Schuß gezwirntes Kammgarn oder Baumwolle, Taftbindung. Durch Verwendung von starkem Schußgarn erhält das Gewebe Rippcharakter. Kleiderstoff.
Japanseide (Japon): feinfädiges japanisches Seidengewebe, Kette und Schuß aus Grège, das in bestimmten Längen und Breiten (22,8 mal 3,8 Meter) zur Ausfuhr gelangt und dessen Qualität durch einen entsprechenden Stempelaufdruck (rote Farbe Primaware, blaue Farbe Sekundaware) gekennzeichnet wird. Die Gewichtsangabe erfolgt in japanischen Mommen je Quadratyard (1 Momme = 3,75 g). Die leichtesten Japanseiden wiegen drei bis vier Mommen, entsprechend 13 bis 18 Gramm pro Quadratmeter.
Jacquardgemusterte Seiden: werden oft für Seidenkrawatten verwendet.
Lamé: Kette aus Schappe- oder Baumwollzwirn, Schuß mit Seide oder Baumwolle umzwirnter Metalldraht.
Merveilleux: Kette Organsin, Schuß Schappe in Atlasbindung. Futterstoff für Kostüme und Pelze.
Moiré: leicht geripptes Gewebe mit verschwommenen Mustern; Taftbindung.
Organza: ein durchschimmerndes, mattglänzendes Seidengewebe mit natürlichem, steifem Griff; vor allem für festliche Kleidung.
Rips: allgemeine Bezeichnung für gerippte Stoffe.
Satin: Bezeichnung für in Atlasbindung hergestelltes Gewebe.
Schappe und Bourette: schwere, edle Gewebe aus noppigem, flauschigem Garn der Naturseide, die sich besonders gut für Kleider und Kostüme eignen. Das Material dafür wird aus nicht abhaspelbaren Kokons, Seidenwatte, zerfaserter Seide, aber auch aus Seidenabfällen der Zwirnerei und Haspelei gewonnen.

Shantung und Wild- oder Bastseide: leinenartiges Gewebe mit Noppen und Fadenverdickungen, die diesen Stoffen einen rustikalen bis sportlichen Charakter geben und von den wild lebenden Saturniden stammen.

Taft: glänzende, steife Gewebe, Schuß Trame oder Schappe, Kette Organsin. Ein Seidenstoff mit feiner, gleichmäßiger und oft moirierter Oberfläche, der häufig als Futterstoff verwendet wird. (Die Bezeichnung Taft wird heute aber auch für Chemiefaserprodukte verwendet.)

Trame: weiches, glattes und glänzendes Gewebe mit Fülle.

Twill: ein weicher und geschmeidiger Seidenstoff in Köperbindung, vor allem für Kleider, Schals und Krawatten.

Voile: Kette und Schuß Grenadine in Taftbindung, leichte Gewebe für Kleider und Unterkleider.

Wildseide: Siehe Shantung.

Baumwolle von A bis Z

Das Baumwoll-Zeichen
Das international geschützte Baumwollzeichen dient der eindeutigen Kennzeichnung von Textilien aus reiner Baumwolle. Es wird von der Association for International Cotton Emblem (AFICE) herausgegeben und darf von deren Mitgliedern der AFICE verwendet werden. Die Benützer verpflichten

*Abb. 33
Symbol „Reine Baumwolle"*

sich, das Echtheitszeichen für reine Baumwolle nur in Verbindung mit Waren von guter Qualität und aus neuen Baumwollfasern einzusetzen. Bei Fasermischungen ist eine Verwendung des Baumwollzeichens ausgeschlossen.

Baumwollwaren
Barchem: baumwollenes Gewebe in Köper- oder Atlasbindung.
Batist: Gewebe in Leinwandbindung.
Cretonne: ursprünglich aus Leinwand, heute aus Baumwolle, in Leinwandbindung.

Drell, Drillich: ein für Tischzeug, Handtücher, Bettzeug und einfache Arbeitsanzüge (früher) geeignetes, mit Würfel- oder Fischgratmuster versehenes Gewebe in Köper- oder Atlasbindung.
Etamine: gitterartiges Gewebe, Gardinenstoff in Dreherbindung.
Flanell: gerauhtes Gewebe in Köper- oder Atlasbindung.
Frottée: durch Schlingen rauhes Gewebe in Leinwandbindung.
Gerstenkorn: leinwandähnliche Bindung, bessere Waren in Leinen.
Halbleinen: Kette Baumwolle, Schuß Leinen; für Bettwäsche.
Inlett: Gewebe für Ober- und Unterbetten in Köperbindung.
Kanevas: netzartige, weitmaschige Ware aus Baumwolle, Halbleinen oder Leinen in Leinwandbindung, meist durch Appretur versteift.
Linon: ein durch Ausrüstung leinwandähnlich gemachtes Baumwollgewebe in Leinwandbindung.
Molton: weiches, gerauhtes Gewebe in Leinwand oder Köperbindung.
Mull: feinfädiges, dünn eingestelltes Gewebe in Leinwandbindung für Verbandzwecke.
Musselin: genannt nach dem Ursprungsort Mossul in Kleinasien, meist bedruckter Stoff in Leinwandbindung.
Organdy: leicht eingestelltes, voileähnliches Gewebe in Leinwandbindung.
Panama: würfelartig aussehendes Gewebe in Panamabindung, bei der mehrere Schuß- und Kettfäden gleich binden; für Sportkleider und Hemden.
Popeline: quergeripptes Gewebe mit weicher Ausrüstung aus feinen Garnen in Leinwandbindung.
Satinella: Futterstoff in Atlasbindung mit hohem Glanz.
Schilfleinen (Jägerleinen): grünliches Gewebe aus Halbleinen oder Baumwolle in Leinwandbindung.
Serge: Baumwollserge oder Wollserge mit Schuß aus Kammgarn in Köperbindung; Futterstoff.
Shirting: gebleichter Kattun für Futterstoffe.
Velveton: kräftiger Stoff in Schußatlas.
Voile: leicht eingestelltes, gebleichtes, oft bedrucktes Gewebe in Leinwandbindung. Vollvoile ist ein Gewebe, das aus scharfgedrehten Garnen hergestellt wird.

Zanella: mitunter Schuß aus Kammgarn; Futterstoff.
Zephir: feinfädiges Gewebe mit weichem Griff in Streifen oder Karomusterung.
Zitz: feinfädiger Kattun für Dekorationszwecke.

Leinen

Was es sein muß und was es nicht sein darf
Bis 1972 gab es für Leinen- und Halbleinengewebe ein Gütezeichen, das aber überholt und gegenstandslos geworden ist, seit wir das TKG haben.

Die Bezeichnung „Leinen" kennt das TKG nicht. Heute heißt es richtig „Rein Leinen", „Hundert Prozent Leinen" oder „Ganz Leinen". Die Bezeichnungen „Rein Flachs" oder „Ganz Flachs" wären zwar auch erlaubt, doch sind sie ungebräuchlich.

Das TKG von 1972 bestimmt nun auch, daß Textilerzeugnisse nur dann als „Rein Leinen" bezeichnet werden dürfen, wenn das ganze Netto-Textilgewicht tatsächlich aus Leinen besteht. Zulässige Toleranz, wenn herstellungstechnisch bedingt: bis zu zwei Prozent, Zierfäden bis zu sieben Prozent des Gesamtgewichts der textilen Rohstoffe; Bordüren aus anderen Rohstoffen als Leinen werden nicht eingerechnet. Die Bezeichnung „Halbleinen" darf nur noch benutzt werden, wenn die Kette ganz aus Baumwolle und der Schuß aus Leinen besteht. Der Leinenanteil darf allerdings nicht unter fünfzig Prozent absinken. Die Kennzeichnung muß dabei durch den Zusatz „Kette reine Baumwolle, Schuß reines Leinen" ergänzt werden.

Neue Leinen-Zeichen
Die westeuropäische Leinenindustrie hat für ihre Erzeugnisse ein Leinensiegel geschaffen und weltweit als Warenzeichen eintragen lassen. Das „L" bot sich als Zeichen an, denn „Leinen" fängt auch in vielen anderen Sprachen mit diesem Buchstaben an: lino, linnen und andere mehr.

Die bisher üblichen und bekannten Schwurhand-Gütezeichen für Reinleinen und Halbleinen bestehen zwar nach wie vor, sollen aber mehr und mehr durch das internationale Leinenzeichen ersetzt werden.

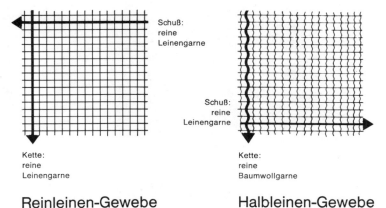

Reinleinen-Gewebe   Halbleinen-Gewebe

Abb. 34
Leinenauszeichnung der deutschen Industrie

Abb. 35
Alte Schwurhand-Zeichen

Pflege von Textilien und Leder

Textilpflege – seit alters her

Benutzen, Verschmutzen, Reinigen – der Kreislauf für unsere Bekleidung? Nun, auch nichtbenutzte Kleidung bedarf der Reinigung – und Pflegen ist mehr als nur Waschen. Auch die richtige Aufbewahrung, bei Pelzwaren zum Beispiel, gehört dazu. Vorbeugende Maßnahmen, besonders die Reinhaltung, stellen eine sehr wertvolle, weil zugleich abnutzungsmindernde Textilpflege dar.

Reinlichkeitsfimmel oder nicht?
Textilpflege und Körperpflege müssen zusammen bedacht werden. Eine ergänzt sinnvoll die andere. Wer jeden Morgen duschen und die schärfsten Hautreiniger verwenden muß, soll das tun. Man hat aber festgestellt, daß kontaktarme Menschen und solche, die sich zuwenig geliebt fühlen, sich wesentlich mehr und häufiger waschen als der Durchschnitt. Es treiben also auch psychologische Kompensationsmomente zum Reinlichkeitsritus.

Im allgemeinen bekommt es unserer Haut am besten, wenn sie höchstens zweimal wöchentlich mit Seife oder anderen alkalischen Mitteln behandelt wird. Sonst kann sich kein ausreichender Säurefilm bilden, der die Haut vor Infektionen und Überempfindlichkeiten schützt. Das schließt natürlich nicht aus, daß Sie täglich nach schweißtreibender Betätigung heiß/kalt duschen zur Vitalisierung der Haut wie zur ausreichenden wasserlöslichen Reinigung.

Bürstenmassage und ähnliche Hautanregungen erfüllen dabei wertvolle Dienste. Mittlerweile werden, neben den sich abnutzenden Sisalwaren, auch porentief wirkende Baumwoll-Massagehandschuhe mit gerauhtem Polyamidauftrag und Massagebänder angeboten, die besonders wirkungsvoll und preiswert sind. Wenn bei ausgesprochenen Schmutzberufen (wie Schornsteinfeger) häufiger als zweimal wöchentlich Körperbäder oder -duschen und tiefergehende Reibemassagen durchgeführt werden, verlangt die Haut anschließend dringend nach Fett in Form eines guten Massageöls, beispielsweise mit Arnikazusätzen.

Dr. Bruno Endlich, Diplomchemiker und Erfinder von Amythis, legt in „Mensch und Kleidung" (4/85) fundiert dar, welche Bedeutung der Hautsäuremantel und die Seife bei der Hautreinigung haben, und wann bei Hautschäden (Berufsbelastungen bei Maurern, Friseuren und Klinikpersonal beispielsweise) pH-neutrale Mittel ausgleichend einzusetzen sind.

Es mag etwas dran sein, wenn Historiker berichten, daß sich Pest und Cholera im Mittelalter vor allem deshalb so verheerend auswirkten, weil die Gleichgültigkeit der damals lebenden Menschen eine besonders lasche Körperpflege einreißen ließ und jegliche Sorgfalt, Umsicht und Vorbeuge fehlten.

Ich finde aber, daß unser Reinlichkeitsfimmel – wie er seit einigen Jahren durch die Kosmetikindustrie gezüchtet und kultiviert wird – die Grenzen des Vernünftigen und Angemessenen längst überschritten hat. Kosmetik dient nicht nur der Reinlichkeit, sondern wird von manchen zur „Verschönerung" dick aufgetragen. Daß dies *Gift im Gesicht* ist, zeigt das Buch von Judith Schenk. Auch Wolfgang Hingst, Anhänger der sogenannten „sanften" Kosmetik, geht in *Zeitbombe Kosmetik* hart ins Gericht, John Seymour und Herbert Girardet in *Gebrauchsanweisung für eine gesunde Umwelt* nicht weniger, wenn auch allgemeiner.

Der Deutsche Tierschutzbund e.V. klärte unter dem Motto *Wir informieren über Tierversuche in der Kosmetik* (Stand 9/86) auf, veröffentlichte aber auch eine Positivliste mit damals 65 Herstellern, die eine rechtsverbindliche Erklärung unterzeichnet haben, daß seit 1979 für ihre Produkte bzw. Rohstoffe keine Tierversuche durchgeführt worden seien, und dies auch in Zukunft nicht geschehen werde.

Viele Menschen kleiden sich gedankenlos mit zweit- und drittklassigen Textilien – wenn sie nur kochfest und pflegeleicht sind – und verzichten auf die direkte Berührung mit natürlichem wolligem und seidigem Tierhaar, weil sie eine fast schon psychopathisch anmutende Angst davor haben, sie könnten etwas beschmutzen, etwas nicht superrein bekommen, etwas nicht hygienisch genug halten.

Lieber verzichten sie darauf, wirklich zu leben, als bei der übertriebenen Hygiene – die kaum noch etwas mit einer selbstverständlichen Reinlichkeit zu tun hat! – einige bewußte und überlegte Abstriche zu machen. Das ist heutzutage keine Einzelerscheinung. Wer seinen eigenen Schweiß nicht ausstehen und damit sich selbst nicht mehr riechen kann, muß doch das sklavische Opfer irgendwelcher psychologisch geschickten Werbe- und Absatzstrategen werden. Das richtige Maß, das angemessene Verhältnis von Aufwand für menschengemäße Kleidung, ebenso überlegt ausgesucht wie konsequent getragen, und die artgemäße Reinigung von Körper und Textilien, setzen allerdings ein gesundes Selbstbewußtsein und einige solide Kenntnisse von Wert, Waren und Wirkungen voraus.

Was nicht so leicht verschmutzt, braucht weniger gereinigt zu werden! Warum denken wir nicht stärker in dieser Richtung? Schließlich haben fast alle Reinigungsmittel ihre Tücken. Edith K. Metzger durchleutet im „Gesundheitsberater" (10/88) kritisch die *Wasch- und Reinigungsmittel im Haushalt.*

Kleidung kann Schmutz abweisen oder auch anziehen
Es ist kaum bekannt, bei Sachkennern aber längst selbstverständlich, daß man bei den Kleidungsrohstoffen von folgenden Grundverhaltensweisen ausgehen kann, auch wenn diese oder jene Behandlung die Wirkungen möglicherweise abschwächt:

- Wolle und Seide, also alle Natureiweißfasern, weisen den Schmutz und selbst den Schweiß weitgehend ab (stark entbastete Seide natürlich weniger als Wildseide mit höherem Bastanteil). Sie brauchen deshalb seltener gereinigt zu werden. Da sie den allgemein gefürchteten Bakterien und Mikroben praktisch keinen Nährboden geben, sind Kochen und scharfe Pflegebehandlung nicht nur völlig überflüssig, sondern sogar schädlich!
- Alle Pflanzenfasern, wie Baumwolle, aber auch Leinen und Nessel, halten den Schmutz relativ leicht. Sie müssen deshalb öfter und stärker gereinigt werden. Auch sind sie gegenüber Bakterienbefall recht anfällig und weisen Mikroben nicht ab. „Kochfest" ist deshalb hier nicht nur möglich, sondern zwingend erforderlich!
- Synthetische Fasern und auch industriell hergestellte Fasern aus natürlichem Material (zum Beispiel Viskose) haben nach Expertenmeinung je nach Zusammensetzung und Präparation eine schmutzhaltende und obendrein sehr oft eine ausgesprochen schmutzanziehende Wirkung. Das gilt auch für Gerüche (Beispiel: Futterstoffe mit hohem Viskoseanteil!). Das sollte man bedenken.

Wir sollten informiert und bewußt das aussuchen, was uns am besten tut, wenn wir uns in unserer zweiten Haut wohlfühlen möchten, und den Bekleidungsstücken die Pflege angedeihen lassen, die sie wirklich benötigen. Es ist falsch, nach dem Motto zu handeln: „Viel hilft viel" und „weißer geht's nicht mehr".

Krasser ausgedrückt und vor allem auf die Leibwäsche nach schweißtreibender Betätigung bezogen, kann man feststellen:
○ In Kunststoff-Wäsche stinken wir nach kürzester Zeit,
○ in Pflanzenfaser-Unterwäsche riechen wir sehr bald,
○ in Eiweißfaserwäsche (Wolle und Seide) duften die Gerüche weitgehend selbst von dannen...

Die Sumerer wuschen mit Pottasche
Die Geschichte des Waschens und die der Körperpflege ist sicher so alt wie die Menschheit. Auch Tiere pflegen sich sehr individuell, zweckmäßig und ihren Verhältnissen angemessen – ohne Pflegeanleitung!

In freier Wildbahn lebende Wildschweine sind saubere Tiere, wenn sie sich dort bewegen können, wo sie möchten. Nach einem Schlammbad, das Spaziergänger leichtfertig als „Verschmutzung" deuten könnten, trocknet die Schlammkruste ab, wird an Bäumen abgescheuert, und ein piksauberes Schwein grunzt durch das Unterholz. Unsere schneeweiße Hirtenhündin Andra sieht nach einem Marsch durch den Regen eher schwarz aus – nach zwei Stunden Trocknung ist alle Verunreinigung von ihr abgefallen, und sie ist so schneeweiß wie zuvor. Wir haben sie in zehn Jahren nicht einmal gebadet.

Die römische Reinigungsmethode, obwohl durchaus wirksam, war wohl nicht nach jedermanns Geschmack; jedenfalls konnte sie sich auf die Dauer nicht halten. Pottasche dagegen war lange allgemein üblich. Mit diesem Mittel wurde die Wäsche im fließenden Fluß- oder Bachwasser behandelt und gereinigt. Wo fließendes Wasser nicht in der Nähe war, griff man auf Brunnen- oder Regenwasser zurück.

Seife, obwohl seit langem bekannt, blieb bis Ende des 18. Jahrhunderts ein Luxusartikel. Zum Wäschewaschen wurde sie kaum, zur Körperpflege sehr sparsam verwendet – allerdings nur von den vornehmen Ständen. Erst als die Seife dank neuer wissenschaftlicher Erkenntnisse und fabrikmäßiger Herstellung billiger wurde, konnte sie sich zum Volksreinigungsmittel aufschwingen. Das 19. Jahrhundert war ihre große Zeit. *Wie man Seife selbst kocht*, schildert Irmelie Altendorf in „Mensch und Kleidung" (4/85).

Persönlich verwende ich zur Körperpflege bei der Reinigungsdusche zweimal wöchentlich eine sogenannte Indianerseife, die aus Schmierseife mit Heilkräutern nach altem indianischem Rezept hergestellt sein soll und mir mit ihrem urigen Geruch und der schmiegsamen Handhabung in jeder Beziehung gut gefällt. Mit zwei Stücken pro Jahr komme ich gut aus, seit ich Eiweißfaser-, also Woll- oder Seiden-Unterwäsche trage.

Revolution in der Wäschepflege
Das 20. Jahrhundert hatte kaum begonnen, da kündigte sich schon eine Revolution in der Wäschepflege an. Am 6. Juli 1907 stand die erste Anzeige in den Tageszeitungen. Kurz darauf kam „Persil" auf den Markt, das erste sogenannte „selbsttätige" Waschmittel. Textilautor J. Zahn erläutert seine Zusammensetzung im Jahre 1907: „*Seifenpulver, Soda, Wasserglas (Natrium-Silikat) und – Perborat!*

Das ist die Substanz, die das Prädikat selbsttätig rechtfertigt. Perborat ist eine chemische Verbindung, bei deren Reaktion mit Wasser Wasserstoffperoxid entsteht, ein bekanntes Bleichmittel, das bleichenden Sauerstoff abgibt."

Aus den Stoffbezeichnungen PERborat und SILikat setzte sich auch der Name des neuen Wundermittels zusammen.

Von nun an wurde das Waschen immer bequemer, die chemische Zusammensetzung dagegen zunehmend komplizierter. Die heute üblichen Haushaltswaschmittel enthalten:
○ waschaktive Substanzen, auch Tenside oder Detergentien genannt. Es handelt sich dabei um Seife oder synthetische Waschrohstoffe.
○ Phosphate zur Wasserenthärtung, als Gerüstsubstanz und als Hilfsmittel bei der Schmutzlösung.
○ Hilfsstoffe.
Während Tenside und Phosphate bisher in allen Waschmitteln enthalten waren, werden die Hilfsstoffe in unterschiedlicher Art und Menge zugegeben, je nach Waschmitteltyp. Dabei geht es vor allem um Bleichmittel, optische Aufheller (Weißmacher), Schmutzträger, die den gelösten Schmutz binden, Stabilisatoren, damit der im Bleichmittel eingebaute Sauerstoff nur langsam und faserschonend freige-

setzt wird, sowie um Parfümöle usw. Manche Haushaltswaschmittel enthalten auch Enzyme; diese biologischen Wirkstoffe dienen zur Lösung hartnäckiger Eiweißverschmutzungen (wie Blutflecken usw.) in Pflanzenfaserwäsche.

Die sogenannten optischen Aufheller in den Waschmitteln beurteilen kritische Betrachter oft als stark störend für das menschliche Biosystem. Da sie bei jeder Wäsche erneut über das Waschmittel in das Textilstück eingegeben werden, stellen sie eine im Tragestück permanent enthaltene Substanz dar, die die Haut des Trägers belasten kann. Die Tatsache, daß diese oder andere Mittel nicht sofort und direkt „nachweislich" deutlich erkennbare gesundheitliche Beeinträchtigungen oder Schäden verursachen, ist für mein Empfinden noch kein sicherer Beweis dafür, daß über lange Tragedauer und bei unterschiedlicher Beanspruchung (auch durch Schweiß) langzeitliche Beeinträchtigungen der Gesundheit sicher auszuschließen sind.

Prof. Dr. Dr. Heinz Baron, Düsseldorfer Obermedizinaldirektor und medizinischer Referent bei der Landesversicherungsanstalt Rheinland, hat vor zu häufiger Benutzung von Waschpulvern und Toilettenseifen gewarnt, besonders vor denen mit optischen Aufhellern. Tierexperimente hätten eindeutig erwiesen, daß diese Aufheller nicht bloß kurzfristig örtlich die Haut anfärben, sie befallen vielmehr innerhalb nur weniger Wochen den Gesamtorganismus. Die Haut werde röntgenstrahlenresistent, so daß beispielsweise bei Krebsbehandlungen die Strahlenmengen nicht mehr exakt dosierbar seien.

Bei seinen Forschungen fand Professor Baron außerdem, daß der überwiegende Teil von Patientinnen eines Krankenhauses optisch aufgehellte Hände hatte. Besonders deutlich sei das Anfärben der weiblichen Brust durch mit Vollwaschmittel gewaschene Büstenhalter. Beim Schwitzen werde der Kontakt dieser Aufheller mit der Haut, besonders mit dem Milchgangsystem, begünstigt. „... *Ein Zusammenhang mit der Zunahme von Brustkrebs bei Frauen ist nicht auszuschließen...*".

Für jede Wäsche das richtige Mittel
Heute gibt es eine Vielzahl an Waschmittelsorten, manche für den allgemeinen Gebrauch, andere dagegen wurden speziell für bestimmte Textilgruppen entwickelt. Ein falsches Waschmittel am falschen Fleck

führt unter Umständen nicht zur erhofften Reinigung, sondern schädigt möglicherweise das Gewebe.

Vollwaschmittel können alle üblichen Verschmutzungen beseitigen, beanspruchen aber auch die Textilfaser in erhöhtem Maße. Außerdem verändern die in ihnen enthaltenen optischen Aufheller (Weißmacher) bei Naturfasern und Viskose alle Farbtöne außerhalb des Blaubereichs. Gerade Pastellfarben können leicht getrübt werden. Vollwaschmittel werden im allgemeinen für die Koch- und Mittelwäsche (früher Buntwäsche) eingesetzt, also für Pflanzenfasern.

Feinwaschmittel enthalten weder Bleichmittel noch optische Aufheller. Sie schonen daher die Farbe der Wäsche. Ihr Wirkungsfeld sind die niedrigeren Temperaturen für feinere Gewebe.

Vorwasch- und **Einweichmittel** haben einen erhöhten Enzymgehalt und sind besonders schlagkräftig, wenn es gegen Eiweiß- oder Fettverschmutzungen geht. Sie wirken bei niedrigen Temperaturen.

Weichspüler gehören zu den Nachbehandlungsmitteln. Sie werden dem letzten Spülwasser zugesetzt, damit die manchmal nach normaler Wäsche etwas steifen Gewebe weicher und flauschig werden. Ihre Zusammensetzung und biologische Wirkung ist kritisch zu sehen! Bei empfindlichen Textilien sollten Sie dennoch auf Weichspüler verzichten, weil diese Mittel sich nicht nur ungünstig auf Färbung, Druck und Ausrüstung der Fasern auswirken können, sondern auch für Mensch und Umwelt mittlerweile als problematisch und belastend eingestuft werden.

Weiches Wasser, hartes Wasser

Wasser ist nicht gleich Wasser, auch wenn es ums Waschen geht. Gut geeignet, weil weich, sind Regenwasser, Bach- und Flußwasser, also Oberflächenwasser, und auch das Wasser, das aus Urgestein fließt. Wasser aus kalkhaltigem Gestein ist dagegen grundsätzlich hart, weil es Calcium, Magnesium und ähnlich wirkende Elemente enthält. Diese Härtebildner beeinträchtigen die chemischen Reinigungsprozesse zum Teil ganz erheblich.

Störend wirkt sich vor allem die Eigenart des Calciums aus, sich mit der Seife chemisch zu verbinden. Daraus entsteht die „Kalkseife", eine schmierige Substanz, die sich zunächst unbemerkt in den Geweben ablagert. Die Stoffe werden mit der Zeit grau und spröde und verschleißen schneller.

Insofern kommt dem Härtegrad des jeweils verwendeten Wassers größte Bedeutung zu. In Deutschland galt bis vor kurzem die Einteilung: zehn Milligramm Calciumoxid pro Liter ist ein Grad deutsche Härte (°dH). Inzwischen ist die Bundesrepublik zur internationalen Maßeinheit, dem Millimol, übergegangen.

Das Waschmittelgesetz von 1975 sieht vier Härtebereiche vor:
○ Härtebereich 1   bis 1,3 Millimol Gesamthärte je Liter
○ Härtebereich 2   1,3 bis 2,5 Millimol Gesamthärte je Liter
○ Härtebereich 3   2,5 bis 3,8 Millimol Gesamthärte je Liter
○ Härtebereich 4   über 3,8 Millimol Gesamthärte je Liter

Die Wasserhärte ist von Region zu Region recht unterschiedlich. Ein Anruf beim zuständigen Wasseramt genügt, um sich über die Wasserhärte am Heimatort zu informieren.

Deren Kenntnis ist durchaus nützlich. Die Wirksamkeit der Waschmittel ist nämlich vom Härtegrad des Wassers grundsätzlich abhängig. Die nötigen Dosierungen für die verschiedenen Härtebereiche werden jeweils auf den Waschmittelpackungen angegeben. Somit kann jeder Verbraucher gemäß dem Härtegrad „seines" Wassers die Waschmittelmenge richtig bemessen und damit einiges an Waschpulver sparen. Gleichzeitig leistet er auf diese Weise einen Beitrag zum Umweltschutz der fließenden und stehenden Gewässer.

Waschmittel und Umwelt
Die wichtigsten Wasserenthärter sind die Phosphate, die in Waschmitteln in großen Mengen enthalten waren. Nach Gebrauch kommen die Phosphate ins Abwasser und – wenn dieses nicht gereinigt wird – in Flüsse und Seen. Hier führen sie zu einem wild wuchernden Wachstum der Algen, deren Stoffwechselprodukte dem Gewässer – und den Fischen! – den Sauerstoff wegnehmen. Bei überstarker Belastung kann das Gewässer „umkippen" und zu einer stinkenden Kloake werden, in der kein Leben mehr möglich ist.

Zwar zeichnen die Waschmittel nicht als Alleinverantwortliche für den beklagenswerten Zustand vieler Flüsse und Seen, auch andere Verunreinigungen trugen und tragen ihren Teil dazu bei. Dennoch – dies ist Grund genug für eine umweltbewußter werdende Öffentlichkeit, von den Herstellern phosphatarme Waschmittel zu verlangen.

Wieweit Natrium-Aluminium-Silikate (Zeolith A) als Phosphatersatz wirklich besser sind und auch langfristig keine anderen Nebenwirkungen verursachen, müssen wir derzeit offen lassen. Auch über die phosphatarmen bzw. -freien Waschmittel, die jetzt angeboten werden, liegen noch keine abschließenden Untersuchungen vor.

Eine stärkere Verbreitung haben in letzter Zeit biologisch aktiv wirkende Waschmittel gefunden. Sie arbeiten mit Enzymen, die jedoch bei über sechzig Grad Celsius zerstört werden. Bei höheren Waschtemperaturen ist ihre Wirkung umstritten. Phosphatfrei ist nach wie vor Schmierseife; sie ist biologisch vollständig abbaubar.

Seifenflocken – das derzeitige Optimum
Wir haben unseren Bio-Berater Wolfgang Schmutzler, Werdohl, nach dem Unterschied zwischen der früher verwendeten Schmierseife und den von ihm empfohlenen Seifenflocken gefragt. Er stellte fest:

„Schmierseife, und übrigens auch Kernseife, besteht im wesentlichen aus tierischen Fetten und Natronlauge. Die genaue Rezeptur ist das Geheimnis der Hersteller. Beide Seifenarten leisten zum Händewaschen und für die Fußbodenreinigung seit alters her unproblematisch gute Dienste. Für eine kleidungsschonende Wäsche sind sie meist 'zu fett' eingestellt, Schmierseife auch zu naß. Eine wäsche- und geräteschonende Waschlauge läßt sich heute mit speziellen Seifenflocken am besten erzielen. Damit belasten wir auch nicht die Umwelt."

Johannes Schnorr, Dornach/Schweiz, schreibt in „Mensch und Kleidung", Ausgabe 9/10 1981, folgendes: *„Die Seife hat keine Aufbesserung nötig, denn sie ist selbst ein guter Schmutzträger. Mit der Härte des Wassers bildet sie eine unlösliche Kalkseife. Dieser Vorgang enthärtet das Wasser gleichzeitig und stört dann nicht weiter, wenn noch genug Seife zum Waschen übrig bleibt."* Dieser Enthärtungsvorgang durch Kalkseifenbildung wurde untersucht. Tabelle 7 zeigt die notwendigen Seifenmengen im Verhältnis zur Wasserhärte und der Waschmaschinengröße:
Die Dosierung ist für den Hauptwaschgang berechnet. Werden Vor- und Hauptwaschgang benutzt, was nur bei wirklich schmutziger Berufswäsche sinnvoll ist, so braucht der Hauptgang zwanzig bis dreißig Gramm Seife weniger, weil von dem Vorwaschgang noch einiges in der Wäsche zurückbleibt. Am einfachsten gibt die Schaumentwicklung Auskunft über die richtige Seifenmenge. Sie können die-

Härtebereich		in 4 kg-Automat		in 5 bis 6 kg-Automat	
	°dH	g/S	gEL	g/S	gEL
I	0	40	= 3	60	= 5
weich	5	50	= 4	75	= 6
II	10	60	= 5	90	= 8
hart	15	70	= 6	105	= 9
III	20	80	= 7	120	= 10
sehr hart	25	90	= 8	135	= 11
IV	über 30	100	= 9	150	= 13

Erklärungen: °dH = Grad deutscher Härte
g/S = Gramm Seife
gEL = gehäufte Eßlöffel

Tab. 7: Dosierung von Seifenflocken

ses Rezept einmal probieren, dosieren Sie aber zu Anfang lieber etwas knapper, bis Sie die richtige Menge im Griff haben.

Unsere Tabelle zeigt, daß durch sehr hartes Wasser viel Seife verschlungen wird, ohne zum Waschen etwas beizutragen. Früher wurde deshalb Regenwasser gesammelt, das von Natur aus sehr weich ist. Entgegen anderen Meinungen kann auch in der Waschmaschine mit Regenwasser gewaschen werden. Der Trick ist dabei, es durch die Einspülöffnung für das Vorwaschmittel direkt in die Trommel zu füllen. Je nach Maschinentyp braucht man etwa zehn bis zwanzig Liter pro Waschgang. Man füllt bis zur normalen Wasserstandshöhe, die man sich am Schauglas markiert hat. Eine kleine Überfüllung ist dabei eher günstig. Die Spülgänge nach der Wäsche dürfen mit dem härteren Leitungswasser erfolgen, so daß man nach dem ersten Einfüllen des Regenwassers die Maschine sich selbst überlassen kann.

Einfacher haben es all jene Haushalte und Institute, deren Brauchwasser über einen Wasserenthärter (Ionenaustauscher) geführt wird. Man hört auch in jüngster Zeit von Bestrebungen, solche Enthärter als Kleingeräte direkt vor dem Waschgang zu installieren. Man darf gespannt sein, welches Echo sie finden werden, denn sie würden ja in jedem Falle Waschmittel einsparen und sich sicher bald bezahlt machen.

Wer kein weiches Wasser zur Hand hat, kann notfalls einen Wasserenthärter zusetzen, wenn dieser ausdrücklich ohne Phosphate hergestellt ist. Die meisten Enthärterzusätze (Micavit, Calgon usw.) bestehen nämlich zum größten Teil aus jenen Polyphosphaten, die die genannten Gewässerschäden verursachen.

Für den Waschtag von morgen
J. Schnorr leitet folgende Forderung nach unschädlicheren Produkten mit dreigeteilter Wirkung ab:
1. das Seifenwaschmittel zum eigentlichen Reinigen, mit
2. Weichwasser, eventuell durch Ionenaustauscher, Regenwasser oder phosphatfreien Enthärter, und
3. ein separates Bleichmittel, wenn Flecken entfernt oder Krankenwäsche desinfiziert werden soll.

Diese Dreiheit bringt den Vorteil, daß jeder nur soviel enthärten muß als nötig und so oft bleichen kann, wie es seinem Bedürfnis entspricht. Das erfordert zwar etwas Mitdenken, aber andererseits hat der einzelne es erstmals wieder in der Hand, seine Wäsche zu pflegen und doch zu schonen, und zudem dabei zu helfen, die Natur vor schädlichen Chemikalien zu bewahren.

Angesichts dieser und der noch größeren chemischen Probleme haben wir uns nach Alternativen umgesehen. Wir haben auf vielen Umwegen – weil über den örtlichen Handel nicht erhältlich – einen Lieferanten für Seifenflocken in drei Härtegruppen gefunden. Damit kommen wir auch mit der Maschinenwäsche sehr gut zurecht. Auf „Weißmacher" verzichen wir gern!

Für die Wäsche von Wolle und Seide werden spezielle Seifenflocken geliefert, die eine besonders rückfettende Wirkung haben und so die Geschmeidigkeit dieser Naturfasern erhalten. Zur Woll- und Seidenpflege jedoch später mehr.

Zu diesem wichtigen Kapitel erhielt ich von Magdalene Weinmann aus Berlin einen persönlichen Erfahrungsbericht, den ich gern sinngemäß wiedergebe: *„Das enzym- und phosphatfreie, keine optischen Aufheller enthaltende Waschmittel Lavexan ist zwar wesentlich teurer als die herkömmlichen Waschmittel im Supermarkt, ich verbrauche aber statt der bisher erforderlichen vier bis fünf nur noch knapp einen Becher davon bei einer 95-Grad-Wäsche, weil dies ein Seifenkonzentrat mit etwa fünfzig Prozent Seifenanteil ist, gegenüber* *den nur etwa acht Prozent Seife bei den bisher üblichen Produkten. Preislich liege ich damit in etwa gleich mit den billigsten Vollwaschmitteln, ohne die bisherigen Nachteile zu haben. Wegen unseres harten Wassers füge ich zwar etwas phosphathaltiges Enthärtungsmittel hinzu, spare aber den Weichspüler, weil Lavexan durch den hohen Seifenanteil auch eine viel stärkere Rückfettung vornimmt, welche die Wäsche weich hält..."*

Für Sonet, Awalan, Meta und andere Waschmittel auf Seifenbasis gilt ähnliches.

Waschmittel- und Waschmaschinen-Trends

In diesem Bereich wird, allein aus Umweltschutzgründen, so rasch keine Ruhe einkehren. Neue Trends zeichnen sich ab. Waschmaschinenhersteller (Bosch/Siemens) tun sich zusammen, um mit Waschmittelanbietern gemeinsame Sache zu machen, das heißt in diesem Fall mit dem Waschmittelriesen Lever GmbH (Unilever). Ein angeblich umweltfreundlicheres Waschmittel soll mit einem automatischen (Spar-)Dosiersystem gekoppelt werden (Markenname Skip). Dies soll erhebliche Waschmitteleinsparungen garantieren (dreißig bis fünfzig Prozent) – allerdings nur in den wesentlich teureren Bosch/Siemens-Waschautomaten...

Ähnliche Entwicklungen – jedoch für Jedermanns-Waschmaschinen – scheinen bei Henkel und auch bei Procter & Gamble (Ariel Ultra) im Gespräch zu sein. In Japan ist dieses Prinzip mit rund siebzig Prozent Marktanteil bereits führend etabliert.

Das Öko-Test-Magazin (im folgenden kursiv wiedergegeben) wird im Lebensmittelzeitungs-Journal 24 vom 16.6.1989 (normales Schriftbild) dazu kritisch wie folgt zitiert:

„Neue Technik weich gespült, witzelt das Magazin und zieht das Resümee: Die Idee ist gut, die Ausführung weniger. Zum einen wird beanstandet, daß die völlig überflüssige Umweltbelastung durch Weichspüler vorgesehen ist (Lever: siebzig Prozent aller Haushalte benutzen Weichspüler und wir sind schließlich keine Erziehungsanstalt). Ein weiterer Minuspunkt: Nach wie vor sind waschaktive Substanzen und Enthärter gekoppelt. Wer hartes Wasser hat, kann diese Information zwar in das automatische Dosiersystem eingeben, neben einer gehörigen Portion Enthärter fließt dann aber auch immer Waschmittel mit in die Trommel. Lever-Sprecher Rautzenberg gesteht

ein, dies sei ein Schwachpunkt des Systems. Ein separater flüssiger Enthärter sei derzeit technisch noch nicht möglich. Öko-Test hat noch zwei weitere Kritikpunkte: Wenn der frischgebackene Waschmaschinenbesitzer den Duft von Skip nicht mag oder gar allergisch darauf reagiert, kann er nur auf herkömmliches Waschen umsteigen. Außerdem sei die angegebene Wasser- und Stromersparnis den momentan gängigen Öko-Modellen anderer Hersteller kaum überlegen."

Wassertemperatur und Keimtötungseffekt?

Nach B. Steen tritt bei einer Sechzig-Grad-Wäsche bereits nach zehn Minuten ein meist ausreichender Keimtötungseffekt ein. Bei vierzig bis fünfzig Grad Celsius empfiehlt er über dreißig Minuten Einwirkungsdauer. Das dürfte jedoch vorwiegend für Pflanzenfaserwäsche gelten, die eben auch „keimanfälliger" ist. Leider fand ich über das getestete Textilmaterial in diesem Zusammenhang keinerlei differenzierte Angaben.

Geschirrspülen – maschinell und biologisch?

Hier zunächst ein kleiner Abstecher in einen anderen Pflegebereich, bevor wir zu den allgemeinen und besonderen Pflegehinweisen für Textilien kommen.

Als wir noch eine Spülmaschine eingesetzt haben, wurde zunächst ein Biospüli oder Palmo-Ren, ein Geschirrspülmittel auf Palmölbasis mit 64 Spurenelementen (laut Herstellerangabe), verwendet. Dabei zeigte sich aber, daß das Geschirr anschließend nicht sauber, vor allem nicht fettfrei war.

Die Lösung war ein Kompromiß: Im Vor- und Hauptspülgang wurden wieder die handelsüblichen Spülmittel eingesetzt, um eine gründliche Reinigung zu erreichen, beim Nachspülgang anstelle von Klarspülern üblicher Art jedoch das Biospüli verwendet, das heißt in den Vorratsbehälter eingegeben. Und siehe da, das war eine glatte Lösung. Eventuelle Schaumbildung verlor sich beim abschließenden Trocknungsgang – und das Geschirr war zudem so blank wie sonst!

Ideal wären natürlich vollbiologisch abbaubare Spülmittel, die sowohl die erwünschte Reinigungskraft mitbringen als auch in anderer Hinsicht unbedenklich sind. Beim Handspülgang gleicht ein sehr heißes Wasser und die mechanische Bearbeitung die schwächere Reinigungskraft gut aus.

Textilien richtig gepflegt

Bei der Arbeitsgemeinschaft der Verbraucherverbände, Heilsbachstraße 20, 5300 Bonn 1, können gegen einen adressierten und frankierten Rückumschlag die genauen Anschriften der örtlichen Verbraucherverbände und Beratungsstellen erfragt werden, die auch Textilberatung und Verbraucherschutz bieten.

Ein Pflegekennzeichen, das muß jedoch betont werden, stellt lediglich eine Empfehlung, eine Anleitung zur richtigen Reinigung des betreffenden Stoffes dar. Es handelt sich keineswegs um kontrollierte Qualitäts- oder Garantieauszeichnungen; Pflegeetiketten sind also keine Gütezeichen.

Die Bedeutung der Pflegesymbole

Waschen: Die Zahlen im Waschbottich zeigen die Temperatur an, die beim Waschen nicht überschritten werden darf. Ein Strich unter einem Waschbottich weist darauf hin, daß diese Stoffe im Schonwaschgang gereinigt werden sollten. Textilerzeugnisse, die das Handwaschsymbol tragen, dürfen nur von Hand gewaschen werden.

Bügeln: Die in dem symbolisierten Bügeleisen enthaltenen Punkte geben die Temperaturhöhe der Einstellung an. Es bedeuten
ein Punkt: schwache Einstellung (110 bis 120 °C)
zwei Punkte: mittlere Einstellung (140 bis 160 °C)
drei Punkte: starke Einstellung (190 bis 210 °C).

Ein durchgekreuztes Bügeleisen zeigt an, daß das betreffende Textil weder gebügelt noch gepreßt oder gedämpft werden darf.

Chemische Reinigung: Die Buchstaben im Kreis sind für die Chemischreinigung bestimmt. Sie geben an, welche Verfahren bei der betreffenden Ware in Frage kommen.
A = allgemein übliche, intensive Behandlung
P = mittlere Behandlung mit Perchlorethylen
F = Feinbehandlung mit Benzin oder ähnlichen Mitteln
Die durchgekreuzte Reinigungstrommel zeigt an, nicht chemisch zu reinigen und Vorsicht mit Fleckentfernungsmitteln walten zu lassen.

Waschen (Maschinen- bzw. Handwäsche) Symbol: **Waschbottich**	[95] Normalwaschgang Kochwäsche	[95] Schonwaschgang (waschtechnisch mildere Behandlung z. B. pflegeleicht)	[60] Normalwaschgang Mittel- bzw. Buntwäsche	[60] Schonwaschgang (waschtechnisch mildere Behandlung z. B. pflegeleicht)	[40] Normalwaschgang Feinwäsche	[40] Schonwaschgang (waschtechnisch mildere Behandlung z. B. Pflegeleicht)	[30] *) Schonwaschgang (waschtechnisch mildere Behandlung z. B. Pflegeleicht) *) Wolle und Seide	Handwäsche	nicht waschen
Chloren Symbol: **Dreieck**	chloren möglich							nicht chloren
Bügeln Symbol: **Bügeleisen**	starke Einstellung	mittlere Einstellung	schwache Einstellung					nicht bügeln
	Die Punkte entsprechen den auf manchen Regler-Bügeleisen noch zusätzlich verwendeten Temperaturbereichen, die zwar nicht einheitlich, überwiegend aber abgestellt sind auf:	Baumwolle Leinen	Wolle, Seide, Polyester, Viskose	Chemiefasern, z. B. Polyacryl, Polyamid, Acetat				
Chemischreinigen Symbol: **Reinigungstrommel**	(A) normale Kleidung	(P) normale Kleidung	(P) reinigungstechnisch empfindliche Kleidung	(F) normale Kleidung	(F) reinigungstechnisch empfindliche Kleidung			nicht chemisch reinigen
	Der Kreis sagt, ob in organischen Lösemitteln gereinigt werden kann oder nicht. Die Buchstaben sind lediglich für die Chemischreinigung bestimmt und geben einen Hinweis für die in Frage kommenden Reinigungsarten. **Als Lösemittel kommen in Betracht:**	allgemein übliche Lösemittel	Perchloräthylen, Benzinkohlenwasserstoffe, fluorierte Chlorkohlenwasserstoffe (FKW) R 113 und R 11	Benzinkohlenwasserstoffe, fluorierte Chlorkohlenwasserstoffe (FKW) R 113				

Abb. 36: Internationale Symbole für die Pflegebehandlung von Textilien

Ein Strich unter der symbolisierten Reinigungstrommel kennzeichnet Textilien, die einer schonenderen Chemischreinigung zu unterziehen sind.

Chloren: Das Dreieck ist das Symbol für Chloren, einer Behandlungsart, die in Deutschland nicht so häufig vorgenommen wird. An deutschen Textilien finden Sie dieses Zeichen relativ selten. Da die Verwendung des Symbols jedoch international vorgeschrieben ist, dürfte es sich in Zukunft auch in der Bundesrepublik stärker durchsetzen.

Waschen statt Chemischreinigen
Seit 1987 wurde manches bekannt, was die Problematik der Umweltbelastungen durch Chemischreinigungen dokumentierte. 1988 wurde bei 340 Kontrollbesuchen der baden-württembergischen Gewerbeaufsicht praktisch jeder dritte Betrieb beanstandet. Dabei ging es um belastende Auswirkungen im näheren Umfeld der Reinigungsbetriebe, die in Einzelfällen bis um das siebzigfache stärker waren, als sie das Bundesgesundheitsamt als Richtwert vorgab.

Damit ist noch nichts darüber gesagt, welche gesundheitlichen Belastungen chemisch gereinigte Kleidung auf die Träger selbst ausüben kann. Durch dauernde Hauterkrankungen im Unternehmen hellhörig geworden, ließ ein Hamburger Betriebsrat die Arbeitsanzüge der Mitarbeiter nach der Chemischreinigung untersuchen und stellte fest, daß bis zu 345 Milligramm Perchlorethylen (Per) pro Kubikmeter Raumluft aus einem einzigen „Blaumann" ausdünsteten (Richtwert des BGA: 0,1 mg/m^3). Daraufhin wurde auf die Chemischreinigung verzichtet und eine Wäsche herkömmlicher Art vorgenommen.

1988 wurde in Hamburg der *Verein für Umweltschutz im Textilreinigerhandwerk* gegründet, der das Symbol „Umwelt & Reinigung" nur an solche Unternehmen vergibt, die den strengen Anforderungen gerecht werden.

Sehen wir uns nun einige spezielle Empfehlungen zur Pflege der verschiedenen Materialien näher an, soweit sie vom Grundmaterial her – wie für Seide und Baumwolle – angezeigt sind. Bei synthetischen Fasern kann, wenn die Temperaturfrage sorgfältig beachtet wird, bei der Pflege nicht viel verkehrt gemacht werden.

Naturtextilpflege

Die Woll- und Seidenpflege

1. Oberster Grundsatz ist: Wolle wie Seide brauchen weniger oft gewaschen zu werden als beispielsweise Baumwolltextilien, weil sie weniger Schmutz annehmen, diesen sogar deutlich abweisen! Was nicht so leicht verschmutzt, braucht auch weniger gereinigt zu werden – selbst wenn es zunächst schwerfallen mag, den im Waschmaschinenzeitalter immer noch üblichen wöchentlichen Waschtag öfter auszuklammern, zumindest für diese edleren Textilien.
Je wärmer das Wasser oder der Dampf, um so mehr leidet die feine Wollsubstanz. Auch die üblichen Oxidations- und Reduktionswaschmittel können die Wolle sehr belasten, desgleichen unangemessen starke mechanische Bearbeitung mit der Hand oder im normalen Waschmaschinengang. Die Wollfasern verschlingen sich stärker und filzen leicht. Seide verträgt einiges mehr, je nach verbliebenem Bastgehalt. Erfreulicherweise ist die Filzgefahr hier nicht gegeben. Trotzdem: Edle Textilien bedürfen besonders sorgfältiger und schonender Pflege!
2. Ein Abkochzwang (etwa wegen Bakterienbefall oder Stockfleckenbildung durch Sporen) entfällt hier vollkommen.
3. Dafür regenerieren sich Wolle und Seide sehr gut durch häufiges Lüften im Freien, am besten über Nacht, jedenfalls grundsätzlich im Schatten (sehr günstig in Tau, bei hoher Luftfeuchtigkeit und frischem Schnee). Wollsachen sollten immer auf einem Formbügel mit breitem Rücken hängen. Zwei Garnituren Woll- und Seiden-Unterwäsche im täglichen Trage- und Lüftungswechsel benutzt, behalten tagelang, manchmal auch zwei bis drei Wochen ihre hygienische, tragfähige Qualität, wenn nicht übermäßig viel Schweißrückstände in diese Wäsche gegangen sind. Für mehrtägige Wanderungen und dort, wo Gepäck gespart werden soll, ist das besonders ideal – von den angenehmen Trageeigenschaften ganz abgesehen.
4. Wolle und Seide sind zwar Naturfasern, die volle Sonne bekommt ihnen jedoch nicht so gut, denn beide sind nicht mehr so geschützt wie im Naturzustand. So enthält die Wollkleidung weniger Wollfett als die Wolle am lebenden Tier. Überdies stehen die Wollfa-

sern nicht mehr so senkrecht im Stapel und Verbund, sondern liegen als Wollgewebe in der Regel flach, allen Außeneinflüssen unmittelbar ausgesetzt. Am lebenden Schaf werden dagegen nur die Faserspitzen von der prallen Sonne in Mitleidenschaft gezogen, nicht die Wollfasern im Stapelinneren!

Bei Seide fehlt mehr oder weniger der entfernte Bast als Witterungsschutz, ganz abgesehen davon, daß Seiden-Kokons von Natur aus ja nur einige Wochen halten müssen – und dabei im Schatten von Sträuchern und Bäumen vor direkter Sonnenbestrahlung weitgehend bewahrt sind. Die Eichenspinnerkokons sind überdies, wie Sie anfangs erfahren haben, in Blätter eingewickelt.

5. Die Hersteller von hochwertigen bedruckten und dunkel gefärbten Seidenstoffen empfehlen zwar häufig die chemische Reinigung, um eine unsachgemäße Behandlung auszuschließen und zu verhindern, daß beispielsweise Farben „ausbluten", aber eine sanfte, separate Handwäsche tut es genauso gut!

Woll- und Seiden-Handwäsche

Mehrstündiges Einweichen, beispielsweise über Nacht, ist nur bei ungefärbter Leibwäsche empfehlenswert. Es erspart auch weitgehend die ohnehin unerwünschte starke mechanische Bearbeitung beim Waschvorgang selbst. Regenwasser ist auch dafür ideal. Das arteigene Selbstreinigungsbestreben dieser Eiweißfaserstoffe kann sich so am besten entfalten.

Schon in der Einweichphase wird in das zimmertemperierte Wasser ein wertvolles Waschmittel beigegeben. Damit wird der langfristige Schmutzlösungsprozeß sehr gut unterstützt. Am besten ist es, biologisch einwandfreie Seifenflocken oder Seifenspäne aus reiner, ungebleichter Pflanzenseife zu verwenden, notfalls ein handelsübliches Feinwaschmittel, genau nach Gebrauchsanweisung.

Dieser einleitende schmutzlösende Vorgang ist sehr wesentlich, auch wenn von Seidenherstellern eigenartigerweise meist stereotyp vom Einweichen abgeraten wird. Bei gefärbten Seidenteilen ist nur kurzes Einweichen angesagt.

Christiane Riedel von Hess-Naturtextilien weist darauf hin, daß bei gefärbter Zuchtseide eher zügig durchgewaschen werden sollte, weil sie sonst leicht wolkig auslaufen könnte. Sie äußert sogar Bedenken, Wolltextilien zu lange im Wasser liegenzulassen, weil es auch ohne mechanische Einwirkungen zum Filzen kommen könnte. Vorsichtiges Ausprobieren hilft auch hier am besten gegen unangenehme und nicht mehr korrigierbare Überraschungen!

Zum Waschvorgang selbst kann die Einweichlauge samt Wäsche bis auf etwa dreißig Grad Celsius erwärmt werden. Oder sie wird gegen eine neue Waschlauge dieser Temperatur (maximal Körperwärme) mit gleich guten Waschmitteln ausgetauscht.

In keinem Falle sollte das gleiche Waschwasser für mehrere verschiedene Wollwaschgänge wiederverwendet werden, weil die Reinigungswirkung verständlicherweise nachläßt, und die Woll- und Seidenwaren an Frische und Glanz verlieren.

Bei der Wäsche mit der Hand genügt leichtes Drücken und vorsichtiges Han(d)tieren. Starkes Reiben, Bürsten oder Wringen ist hier weder erwünscht noch erforderlich. Ungewöhnlich zählebigen Flecken müssen Sie anders beikommen (siehe „Fleckentfernung").

Nach dem Handwaschgang zwei- bis dreimal in sauberem Wasser gründlich ausspülen, zunächst warm, abschließend kühler bis kalt. Regenwasser erhält auch hier den Vorzug. Dem letzten Spülvorgang können Sie etwas Essig beifügen. Wolle und Seide sind gegen Säure sehr unempfindlich – der Glanz von gefärbten Wollsachen oder bedruckten Seidengeweben bleibt dadurch weitgehend erhalten.

Vorsichtiges Ausdrücken ist am besten und an sich ausreichend. Allenfalls könnte ein schwach eingestellter Hand-Wäschewringer oder der schonendste Schleudergang einer neueren Waschmaschine benutzt werden.

Die Woll-Maschinenwäsche

Die Maschinenwäsche sollte nur für Wollsachen angewendet werden, die aus Garnen bestehen, auf deren Einnähetiketten der Hinweis „waschmaschinenfest durch Superwash" oder „mit Spezialausrüstung – filzt nicht" zu finden ist. Lose gestrickte Wollsachen sollten grundsätzlich von Hand gewaschen werden.

Für die Waschmittel gilt auch hier das bereits unter Handwäsche Gesagte. Seifenflocken oder -späne direkt in die Waschmaschine auf die trockene oder vorgeweichte Wäsche streuen.

Der Schongang für Wolle gilt auch für alle Feinwäsche, und zwar bei einer Temperatur bis dreißig Grad Celsius.

Die Waschmaschine sollte für den Woll-, Seiden- oder Feinwäsche-Gang nur zu etwa einem Drittel ihres Fassungsvermögens gefüllt werden. Sehr gut ist es, diese Edelwäsche in einem durchlässigen, wäscheschonenden speziellen Waschnetz (üblicherweise aus Polyestergittertüll) in die Waschtrommel zu geben. Daß man nur Wäschestücke gleicher oder ähnlicher Art und Farbe zusammen waschen soll, dürfte einleuchten, zumal dann, wenn Sie nicht genau wissen, wie echt die Farben sind und bleiben.

Nach dem letzten Klarspülgang wird keinerlei Nachspülmittel mehr in den Waschvorgang gegeben, weil solche die Naturfasern quasi einölen und damit in ihrer wichtigen lockeren und luftigen Struktur erheblich beeinträchtigen würden.

Die Wolltrocknung

Wollsachen nicht an einem Zipfel fassen, sondern sorgfältig und behutsam mit beiden Händen aufheben. Am besten ist es, das frischgewaschene, noch viel Wasser enthaltende Naturfasermaterial zunächst auf einem sauberen, weißen Tuch auszubreiten und in die richtige Form zu legen, aber so, daß sich bedrucktes Gewebe möglichst nicht berührt. Bei bunten Wollsachen und bedruckten Seidengeweben verhindert weißes Seidenpapier in Ärmeln, Taschen und Innenseiten ein Abfärben bei verschiedenfarbigen Garnen. Leichtes Drücken und weiches Klopfen läßt die Hauptmenge der Feuchtigkeit in das trockene Umschlagetuch übergehen. Der Trocknungsgang kann im Halbschatten erfolgen.

Direkte Ofenhitze, Zentralheizungskeller ohne Frischluftzufuhr (vom Öl- oder Gasgeruch ganz zu schweigen), aber auch die pralle Sonne verbessern die Wollsachen nicht gerade.

Sollte ein Dämpfen erforderlich sein (bei Röcken aus Wollstoff), legen Sie bei Wolle zunächst ein feuchtes Tuch auf und arbeiten Sie nur mit handwarmem Bügeleisen. Verwenden Sie kein zu heißes Eisen und drücken Sie auch nicht zu sehr.

Seide kann dagegen grundsätzlich in fast trockenem Zustand – also ohne Einsprengen, weil das Wasserflecken gibt – auf weicher Unterlage von links mit höchstens hundert Grad heißem Eisen gebügelt werden; bei Dampfbügeleisen mit Stufe zwei.

Ganz allgemein wäre noch zu bemerken, daß Wollsachen, die speziell pflegeleichte Ausrüstungen erfahren haben, bei der Wäsche unter Umständen anders reagieren können, denn zwischen naturbelassener, unbehandelter Wolle einerseits und solcher, die mit Kunstharz überzogen oder chemisch extrem verändert wurde, bestehen zum Teil erhebliche Unterschiede. Im Einzelfall helfen hier nur Trageversuche und Waschvergleiche.

Die Baumwollpflege
Baumwolle ist im Grunde Kochwäsche, weil nur so die sich auf diesen kohlenhydrathaltigen Pflanzenfasern in beträchtlicher Zahl ansiedelnden Bakterien und Pilze wirklich beseitigt werden können. Trotzdem darf nicht jede Baumwollwäsche oder -kleidung gekocht werden.

Nur weiße und echtgefärbte Baumwolltextilien können und sollen mit Kochtemperaturen gewaschen werden. Statt der gängigen Vollwaschmittel verwenden wir auch hier die natürlicheren Seifenflocken oder andere Bio-Waschmittel.

Buntwäsche aus Baumwolle mit geringerer Farbechtheit soll nur bis sechzig Grad Celsius behandelt werden. Deshalb wird sie auch als Heißwäsche bezeichnet.

Bei Feinwäsche gilt das früher Gesagte auch für Baumwolle in vollem Umfang.

Die Farbechtheit ist oft ein vorher schwer einschätzbares Problem, denn Sie können es dem trockenen Wäschestück nicht ansehen. Hier gilt der Tip: am besten den Zipfel einer weniger auffallenden Stelle durch einen Probe-Handwaschgang testen. Hierfür wird er in eine eher milde Waschlauge getaucht, zwischen saugfähigen Tüchern getrocknet und im völlig trockenen Zustand seine Farbe mit dem großen Textilstück kritisch verglichen.

Auch besonders stark verschmutzte Stellen kann man mit einem Waschaktivum und Viskoseschwamm gründlich vorreinigen und dann in den üblichen Waschgang geben.

Gespült werden soll solange, bis das letzte Wasser klar bleibt, was bei Waschmaschinen mit direktem Abflußanschluß allerdings etwas schwierig festzustellen ist. Stärken und Wäschesteifen erfolgt durch Mittelzugabe im letzten Spülbad; halten Sie sich dabei an die Gebrauchsanleitung.

Beim Wäschetrocknen gibt es bei Baumwolle an sich keine Probleme – sie verträgt fast alles! Nur bei Pflegeleicht-Textilien sind Sonderhinweise zu beachten.

Gebügelt mehr Glanz
Baumwollwaren sollten grundsätzlich auf der rechten Seite gebügelt und kurz vorher eingesprengt werden. Das erhöht den natürlichen Glanz der Baumwolle. Bügeleisen Stufe drei ist dafür gerade recht. Vorsicht bei eingesprengter Baumwoll- oder Leinenwäsche, die längere Zeit oder gar über Nacht noch liegenbleibt. Darin finden Pilze einen wunderbaren Nährboden, deren Stoffwechselausscheidungsprodukte (Stockflecken) meist auch durch neuerliches Waschen allein kaum zu entfernen sind.

Kräuselkrepp und andere empfindliche Strukturgewebe werden auch bei Baumwolle nur leicht, mit feuchtem Tuch oder Dampfbügeleisen (Stufe zwei) gebügelt.

Die sogenannten pflegeleicht ausgerüsteten Baumwolltextilien sollten nur bei halber Füllung in der Waschmaschine schwimmen. Die Temperatur gilt hier wie für alle Baumwollstoffe. Sie werden aber weder gerieben (bei Handwäsche) noch gewrungen oder geschleudert, sondern tropfnaß aufgehängt und trocknen auf diese Weise glatt. Die Kragen müssen vorher aufgestellt oder auch glattgezogen werden.

Bei Auslandsreisen bitte darauf achten, daß bei diesen Pflegeleicht-Textilien keine chlorhaltigen Waschmittel, wie Eau de Javel, verwendet werden; das bekommt ihnen schlecht.

Grundregeln der Fleckentfernung
Hier nun einige Grundregeln für Flecken-Entfernung:
- Frische Flecken lassen sich leichter entfernen als alte, deshalb möglichst sofort behandeln.
- Fleckenumgebung vor Behandlung entstauben und dicke Fleckenauflagen, wie Kerzenwachs, Eigelb usw., mit einem Messer vorsichtig abheben.
- Erproben Sie das Mittel schon vor der eigentlichen Behandlung an einer wenig sichtbaren Stelle. Ansonsten auf sauberer, saugfähiger Unterlage beginnen, möglichst von der linken Stoffseite her.
- Nicht mehr reiben als unbedingt erforderlich.

○ Bei Alkohol, Benzin, Spiritus usw. besondere Vorsicht walten lassen – feuergefährlich! Einatmung ist meist gesundheitsschädlich.
○ Fleckentfernungsmittel verschlossen und für Kinder unerreichbar, gut gekennzeichnet aufbewahren – keinesfalls in Milch-, Medizin- oder Trinkgläsern.
○ Da es kein Universalmittel gibt, müssen unter Umständen verschiedene Behandlungen mit unterschiedlichen Mitteln folgen.
○ Artikel, die man waschen kann, können in der Regel auch mit Trockenschaum (z.B. tuba-Schaum) entfleckt werden; eine Vorprobe ist jedoch zu empfehlen.

Mottenschutz

Fachleute wollen festgestellt haben, daß allein in der Bundesrepublik jährlich Wollwaren im Wert von rund sechzig Millionen Mark durch Insektenfraß zerstört werden (Bayer Farbenrevue, Sonderheft 8). Wahrlich ein enormer Schaden. Nicht nur die bekannte Kleidermotte (Tineola biselliella Hum.), sondern auch die Pelzmotte (Tiena pellionella L.) beteiligt sich an dem Schaden. Mit von der Partie sind überdies noch mindestens sechs Teppichkäfer- (Anthrenus) und zwei Pelzkäferarten (Attagenus), die in heißen Ländern eine noch größere Rolle spielen. Kleidermotten und Teppichkäfer sind bei uns die Hauptschädlinge. Dabei hat sich die Kleidermotte bzw. ihre Larve als keineswegs wählerisch erwiesen.

Nur die Larven der Motte sind gefährlich!

Wir sollten uns etwas näher mit den Lebensgewohnheiten der Kleidermotte beschäftigen. Diese Motte hat ihre Schwarmzeit im Juni/Juli jeden Jahres, die sich je nach Witterung auch etwas verschieben kann. Jedes Weibchen, das fliegend oder nach Mottenart rutschend auch Nachbargebäude aufsucht, legt etwa fünfzig Eier, aus denen nach zwanzig Tagen bereits die eigentlich gefährlichen Larven schlüpfen. Kleiderschränke und Polsterwaren mit Keratin (also tiereiweißhaltige Stoffe) wie Wolle, Wollkleiderstoffe, Strickwaren oder Pelze sind das Ziel. Die keratinhaltigen Fasern dienen ihnen als Nahrung. Dort bereiten sie sich auch kleine Säckchen aus dem Umgebungsmaterial als Wohnung, um sich später darin zu verpuppen und dem neuen Schmetterlingsdasein entgegenzuharren. Zwei Bruten und damit Fraßzeiten im Jahr sind die Regel.

Wie gesagt, Wolle wird bevorzugt, Baumwolle und andere Stoffe werden notfalls als Ersatz angenommen. Schweißreste in Wollwaren und überhaupt beschmutzte Stoff- und Kleiderstellen werden gerne von den Larven aufgesucht. Alles in allem kann die Nachkommenschaft eines einzigen Mottenweibchens jährlich um die dreißig Kilogramm Wolle verzehren!

Um dies zu verhindern, werden die meisten Wolltextilien, wie unter „Ausrüstung" dargestellt, mit Eulan oder anderen chemischen Substanzen behandelt. Es gibt aber auch Hausmittel, um die naturbelassene Wollware selbst zu schützen.

„Mottenklee" und Zeitungspapier

Ja, das waren einmal die Hausrezepte für gut informierte Bürger, die sich Wollwaren guter Qualitäten und Pelze leisten konnten. Daß man Pelzwaren über Sommer – besonders während der Mottenflug- und Vermehrungsphase (Mitte Mai bis Oktober) – in Zeitungspapier einschlagen soll, um sie wirksam gegen diese Schädlinge zu schützen, war früher sprichwörtlich bekannt und wird auch heute noch unter der Hand weitergesagt.

Daß es auch einen „Mottenklee" gibt, wurde mir erst bewußt, als mich meine damals 84jährige Mutter in meinem Garten besuchte. Beiläufig zeigte ich ihr den da und dort verstreut stehenden und sich selbst vermehrenden Steinklee mit seinen unzähligen weißgelb blühenden und zart-süß duftenden Blütenährchen. Sie werden von den Honigbienen im Juli/August in großer Zahl aufgesucht und sind deshalb bei Imkern auch als „Bienenweide" bekannt. Meine Mutter schaute kurz hin und rief: „Das ist ja Mottenklee, den wir früher wegen der Motten in die Kleiderschränke gehängt haben!"

Wie weit hier die früher üblichen und heute in Naturfreundekreisen wieder aufkommenden Duftkissen gemeint waren und wie weit echter Mottenschutz erreicht wurde, wäre gewiß einer gründlichen Untersuchung wert. Steinkleesamen kann man sich übrigens am Feldrain selbst sammeln, vielleicht auch in größeren Samenhandlungen kaufen; alles andere ergibt sich in einem Naturgarten und selbst in einem kargen Hinterhof nach Aussaat zwischen Juli und September in späteren Jahren dann von selbst.

Er wird während der Blütezeit – ähnlich wie Lavendel – geschnitten und in kleinen Bündeln in das Woll-Wäschefach gelegt oder in den Kleiderschrank gehängt. Auch Waldmeister, Zwiebel- und getrocknete Zitronenschalen, Walnußblätter und manches mehr wurden mir als Mottenschutz genannt.

Arvenöl aus der Zirbelkiefer
Gegen lästigen Fraß nannte mir Pflanzenkenner Benett von Livos noch das Arvenöl, das als ätherisches Öl aus der Zirbelkiefer gewonnen wird und seit Jahrhunderten generell gegen die Mottenplagen (übrigens auch gegen die Getreidemotten) wirkungsvoll sein soll. Holzschädlinge und Motten sollen Schränke und Truhen meiden, wenn diese von außen und innen mit Arvenöl behandelt worden sind.

Inzwischen weiß ich, daß es „mottensichere Holztruhen" aus Arvenholz bereits vor Jahrhunderten gab, wohl mehr für teurere Pelzwaren gedacht, mit doppelter Nut und Feder oben am Deckelrand. Eine solche Truhe roch noch nach rund hundert Jahren innen so intensiv, daß sie von Motten strikt gemieden wurde.

Der Hinweis auf den Arvenlack und -geist führte dazu, daß Heinz Hess spezielle Arvengeist-Flakons brennen ließ, die im unteren Bereich genau so diffusionsfähig sind, daß während der sommerlichen Mottenflugzeit genügend, aber auch nicht zuviel von dem starken ätherischen Duft ausströmen kann und in Wäschetruhen oder Kleiderschränken die Motten grundsätzlich fernhält. Die hübschen, salzgebrannten Flacons sind ein sinnvolles Mitbringsel für Naturtextilfreunde.

Inzwischen bietet auch Veronika Schwandt, Naturmoden in Esseratsweiler, ähnliche Flacons aus braunem gebranntem Ton an, die unten äußerlich lackiert und als „Scherben" oben diffusionsfähig sind, so daß man einen Untersetzer spart. Sie empfiehlt nur fünfzig Tropfen einzufüllen, was aber wiederholte Kontrollen während der Mottenflugzeit (Mai bis Oktober) voraussetzt.

Zedernholz und Wucherblume
Juliane Endlich empfiehlt in „Mensch und Kleidung" (40/89) Zedernholz, das mit seinem herb-würzigen Duft die Motten drei Jahre lang fernhalten soll, wenn dies als Scheiben innen in die Kleiderschränke geklebt wird.

Auf eine ganz andere Möglichkeit machte mich Rosemarie Jeutter vom Textilhaus Rosa Miller in Augsburg aufmerksam: Wucherblumen-Pulver könne man in Schränke und Truhen und selbst zwischen die Ritzen der Holzböden streuen, was sehr gut gegen Mottenbrut helfen soll. Der Hersteller Seehawer in Tübingen bestätigte mir das ausdrücklich und sandte mir zum Test einen Beutel von dem safrangelben Pulver, das sehr fein gemahlen ist und sich gut streuen läßt.

Bei uns gibt es verschiedene Arten der Wucherblume (Chrysanthemum). Die bekanntesten sind Rainfarn, Margerite und Chrysanthemen. Im Kapitel „Ausrüstung" hatten wir gehört, daß die aus ihnen gewonnenen Pyrethroide auch technologisch als Mottenschutz eingesetzt werden.

Lederpflege

Zur Pflege der Lederbekleidung
Bei den geschliffenen Lederarten wird Absaugen mit kleiner Staubsaugerdüse und ein feuchtes Tuch empfohlen. Spezialsprays (im Fachgeschäft erhältlich – jedoch bisher meist umweltproblematisch?) schützen gegen Fett, Regen und Staub. Natürlichere Mittel sind mir leider nicht bekannt.

Naß gewordene Lederbekleidung lassen Sie am besten in frischer Luft – nicht bei Ofenhitze – trocknen. Entfernen Sie die Wasserflecken mit einem Gummikrepptuch und tupfen Sie die nassen Ledertextilien vor dem Trocknen ab.

Kugelschreiberstriche, verhärtete Flecken und Wachs sind bei Rauhlederarten vorsichtig mit dem Messer zu entfernen. Bestreuen Sie Fett- und Ölflecken sofort mit trockener Kreide oder Magnesia, lassen Sie das Ganze über Nacht liegen und bürsten Sie es dann aus. Zucker- und eiweißhaltige Flecken reiben Sie am besten mit lauwarmem Wasser aus. Wenn sie verhärtet sind, Leder gegen Leder weichreiben und nochmals mit warmem Wasser versuchen. Benzin- oder chemische Fleckentfernungsmittel sind für Leder nicht verwendbar!

Ein Hinweis: Nappaleder sollten Sie vor dem Tragen mit Lederpflegemittel imprägnieren (aber an einer wenig sichtbaren Stelle zunächst die Wirkung erproben) oder gleich in eine Reinigungsanstalt geben. Die Lederbekleidungsindustrie gibt auch ein Pflegekennzeichen „Empfohlene Lederreinigung" heraus.

Leder als Möbelbezug

Der Wohlstandstrend bringt auch mehr Leder ins Haus, zur Inneneinrichtung, zur Möbelbespannung. So kehren uralte Gepflogenheiten neu und „veredelt" in den Wohnalltag zurück. Sattler, Polsterer und Dekorateure arbeiten mit diesem natürlichen Werkstoff Leder, der dafür mottensicher (Eiweißmaterial!), tropenfest, licht- und farbecht und selbst abwaschbar zugerichtet werden kann.

Nappaleder finden wir vor allem im Bereich der Vollpolster und Kissen. Als Bezugsleder für Stühle, Bänke, Wände und exklusive Schreibtische werden die vegetabil fester gegerbten Materialien verwendet.

An die Reiß- und Zugfestigkeit, an Dauerbiegsamkeit, Reibechtheit, Scheuerfestigkeit und Lichtbeständigkeit werden recht hohe Anforderungen gestellt. Gutes Möbelleder muß bei etwas Pflege fast unbegrenzt haltbar sein. Mit Anstand alt gewordenes Leder gewinnt an Wert.

Bei der Möbelleder-Reinigung gilt:

Entfernen Sie den Staub mit einem weichen Tuch. Anilingefärbtes Leder ohne Schutzfilm läßt eingezogene Flecken kaum wieder los.

Schmutz an der Oberfläche kann mit handwarmem Wasser (mit zwei Prozent Spirituszusatz) oft noch entfernt werden. Seifen- und Waschmittel scheiden bei Anilinleder aus. Das trockene Leder kann mit einem Spezialpflegemittel wie Karenol für die Zukunft hauchdünn geschützt werden.

Auch „Hunting-Velour" verträgt bei Vorimprägnierung trotz Oberflächenabperleffekt im Grunde nicht allzu viel flüssige Verunreinigung. Alkoholische und zuckerhaltige Flecken (Cola, Fruchtsäfte) möglichst rasch mit einem aufsaugenden Gummikrepptuch entfernen, bevor sie eintrocknen.

Die bekannten normal vegetabil- oder chromgegerbten Lederbezüge können vorsichtig mit Seifenflocken- oder Feinwaschmittelschaum, warmem Wasser und weichem Schwamm leicht feucht (nicht naß!) gereinigt und sogleich mit einem weichen, saugfähigen Tuch trockengerieben werden; bei hartnäckigen Flecken mehrfach wiederholen. Terpentin pur, Fleckenwasser oder Bohnerwachs sind grundsätzlich keine geeigneten Ledermöbelreinigungsmittel!

Lederpflege allgemein
Das Oberleder von Schuhen und Stiefeln, aber auch Leder ganz allgemein, braucht eine völlig andere Pflege als beispielsweise Textilien aus Fasermaterial. Schuhcreme ist für alle „gedeckten" Lederarten grundsätzlich richtig. Unter gedeckt versteht man abgeschliffenes Leder, das mit einer Deckfarbe aus Kasein, Kollodium oder Kunststoffen versehen wurde.

Schuhcreme ist eine Hartwachspaste, die das Leder, wachsartig überzogen, vor Feuchtigkeit und Schmutz schützen und ihm Glanz verleihen soll. Sie besteht in der Hauptsache aus Hartwachsen wie Carnauba, Candelilla und Montanwachsen, die Härte und Glanz geben, sowie aus Weichwachsen, wie Bienenwachs und Ozokerite (Erdwachse aus Erdöl), und festen Paraffinen aus Erdöl und Braunkohle, die das Leder elastisch halten. Hinzu kommt Terpentinöl aus der Harzdestillation, das reinigende Wirkung hat und die Wachse in das Leder hineinträgt. Meist werden auch Testbenzin (aus Erdöl) und fettlösliche Farbstoffe oder organische Farbpigmente aus Teerprodukten zugesetzt, um die vorgegebene Lederfarbe zu erhalten und auszubessern.

Das narbendeutliche anilingefärbte Leder ohne Deckfarbenauftrag ist zwar durch einen „Finish"-Film einigermaßen geschützt, verträgt jedoch nicht viel Feuchtigkeit – deshalb auch keine Dosencreme-Pflege. Hier hilft nur Emulsionsware aus Wachsen, Lösungsmitteln und Wasser, die durch einen Emulgator gebrauchsfertig präpariert sind. Es gibt auch spezielle Tubencreme dafür. Für sehr empfindliche Leder werden wasseremulgierte Spezialwachse ohne Lösungsmittel angeboten.

Rauhleder wird wie oben beschrieben gepflegt. Für Lackleder gibt es flüssige und Pasten-Pflegemittel, und zwar Öle, Cremes oder Sprays. Bei Reptilleder werden Verunreinigungen mit einem Spezialgummi abradiert und mit einem Wolltuch nachpoliert. Spezielle Pflegemittel führt das Fachgeschäft.

Pelzleder oder Fellschuhe können mit Aversin-Wirkstoffen wasserabweisend imprägniert werden (Handpumpensprüher sind auch hier den Druck-Spraydosen vorzuziehen!). Es ist wohl klar, daß

Mattleder nicht mit Glanzpflegemitteln behandelt werden dürfen – wenn sie matt bleiben sollen.

Für schweres Allwetterschuhwerk
Für besondere Ansprüche gibt es gute Lederöle, Fette und Imprägnierwachse mit Tiefenwirkung. Öle eignen sich dabei besser für eine tiefenwirkende Ledersohlenbehandlung, die aber nur vorzunehmen ist, wenn durch den Gebrauch verlorengegangene Elastizität aufgebessert werden soll. Dauerbehandlung führt zum schnellen Verschleiß der Sohle!

Für dieses Schuhwerk genügt an sich auch eine normale Schuhcreme. Nach stärkerem Gebrauch jedoch, besonders aber nach Durchnässen, muß das der Außenfläche des Oberleders entzogene Fett wieder ersetzt werden. Dann reicht es nicht aus, nur einfach Lederfett aufzutragen, denn dieses zieht nicht schnell genug ein. Es muß vielmehr intensiv eingearbeitet und gegebenenfalls mit dem Handballen eingewalkt werden. Nach der Behandlung darf keine sichtbare Fettschicht auf der Oberfläche mehr erkennbar sein. So wird Beschmutzung der Bekleidung vermieden und das Leder wieder weich, schmiegsam und nässeabweisend (Wasser perlt ab).

Wird Glanz gewünscht, können Sie Glanzfett verwenden. Im Winter, besonders bei starker Kälte, empfiehlt sich die Pflege mit Tran an Stelle des üblichen Lederfetts.

Wachs sollte lediglich auf die Schnitt(Stirn-)fläche des Leders an Sohlen und Absätzen aufgetragen werden, um zu verhüten, daß die Ränder ausfransen und Feuchtigkeit eindringt.

Grundsätzlich muß vor jeder Behandlung des trockenen Schuhwerks eine gründliche Entfernung anhaftender Verschmutzungen erfolgen. Eine beschleunigte Trocknung naß oder feucht gewordener Schuhe wird durch festes Einstopfen von Zeitungspapier in das Schuhinnere erzielt (gegebenenfalls öfters wiederholen), was auch zur Erhaltung der Form beiträgt.

Was tun bei Salz- und Schneerändern?
Die weißen Ausschläge der sogenannten Wasser- oder Schneeränder stellen bei manchem Schuhwerk ein Problem dar. Die Flecken treten nach dem Trocknen stark durchfeuchteter Schuhe an den Randzonen in Erscheinung und sind auf die von innen her ausgeschwemmten

und kristallisierten Schweißabsonderungen und auf Streusalz zurückzuführen. Durch Abwaschen der Oberfläche mit lauwarmem Wasser werden die Kristalle wieder aufgelöst und ausgeschwemmt. Nach erneuter Trocknung kann dann eine tiefergreifende Lederpflege erfolgen, die zugleich als vorbeugender Schutz betrieben werden sollte.

Regen- und Wasserflecke auf anilingefärbtem Schuhleder können Sie dadurch ausgleichen, daß Sie die ganze Fläche in etwa zwanzig Zentimeter Höhe möglichst gleichmäßig einige Sekunden von Wasserdampf leicht durchfeuchten und dann trocknen lassen – danach hellt sich manches wieder auf.

Auch Regenblasen können Sie durch ganzflächigen Dampfausgleich meist gut beseitigen. In allen Zweifelsfällen ist es jedoch sicher richtiger, den versierten Fachmann zu fragen, denn Lederwaren sind zu wertvoll, um leichtfertig verdorben zu werden.

Leitfaden zur biologisch-ökologischen Lederpflege

Mit Lederbalsam, Lederfett und Lederöl auf Naturbasis und in konsequenter ökologischer Ausrichtung machte die Tapir-Wachswaren-Gesellschaft auf vielen Öko-Messen von sich reden.

Glattleder wird biologisch – ohne Chemiezusätze und Ausdünstungen – am sinnvollsten mit Leder-Balsam gepflegt. Lederfette dagegen machen harte, brüchige oder stark dem Wetter (Regen) ausgesetzte Lederbekleidung (Wanderschuhe, Skistiefel usw.) wieder weich und geschmeidig. Auch Motorradkleidung wird damit am besten gepflegt, weil sogleich ein zusätzlicher Nässeschutz mit eingerieben wird. Lederöle sind auch für Lederbekleidung, vor allem aber für Ledermöbel, Taschen und Koffer optimal.

Teil V

Körperfunktionsgerechte Bekleidung

Wenn wir uns bisher mehr dem Material der Kleidung, seiner Herkunft, Zusammensetzung und schließlich seiner Pflege und Erhaltung gewidmet haben, soll uns nun die Funktionsweise der Kleidung und ihre spezielle Wirkung beim Tragen, als Schutzhülle und Bekleidungsmaterial, so auch das Schuhwerk, interessieren. Wieder gibt es manch Neues zu entdecken, manches Gewohnte zu überdenken und dort, wo es erforderlich scheint, zum Wohle des Menschen neue Wege zu gehen. Wir beginnen dabei von unten bei der Fußbekleidung.

Fußbekleidung

Die Füße des Menschen spielen aus verschiedenen Gründen eine besondere Rolle. Zum einen tragen sie das ganze Körpergewicht, zum anderen weiß man, daß die Füße besonders intensive Ausdünstungen absondern, verhältnismäßig mehr als jedes andere Körperteil. „Kalte Füße" sind nicht nur sprichwörtlich unangenehm, sondern haben eine beachtliche Ausstrahlung in den Körper – Sie können sich bei kalten Füßen sicher nicht behaglich fühlen.

Fußleiden durch falsche Schuhe
So haben denn Wissenschaftler sich der Füße besonders angenommen. Auch wenn die Füße nur drei Prozent des Körpergewichts stellen und deren Hautoberfläche zusammengenommen nur sieben Prozent der Gesamthautfläche ausmacht, zeigt die orthopädische Statistik, daß rund 85 Prozent der Bevölkerung der zivilisierten Welt an Fußerkrankungen oder -deformationen wie Knick-, Senk- oder Spreizfuß leiden.

Erworbene Fußabnormitäten sind nach Expertenmeinung eindeutig auf modische Einengungen (zu spitz), auf unverhältnismäßig dicke Plateausohlen und auf überhöhte Absätze zurückzuführen. Ungenügende und naturwidrige Muskel- und Sehnenbelastungen führen schließlich zu Fehlhaltungen und -stellungen der Beine, des Beckens und der Wirbelsäule, bis hinauf zum Kopf.

Schon vor über hundert Jahren klagte der orthopädische Schuhmachermeister R. Knösel: *„An keinem Teil des Körpers hat sich die Mode, jene rücksichtslose Tyrannin des Menschen, so schwer versündigt als gerade an den Füßen. Schon im zartesten Alter werden dem Kind die Füße zusammengepreßt, und es muß sich daran gewöhnen, beengende Fesseln zu tragen.*

Durch die irrige Meinung, nur hohe Absätze könnten den Fuß zieren und nur eine kurze und schmale Sohle verleihe ihm ein schönes Aussehen, ruiniert man sich die Füße fort und fort. Im späteren Alter entwickeln sich aus solcher widernatürlicher Modesucht oftmals Schmerzen und Krankheiten, so daß vielen solcher Unglücklichen das Gehen geradezu unmöglich wird. Über- und untereinandergewach-

sene Zehen, Frostbeulen, Hühneraugen, Schwielen und eingewachsene Nägel sind die Folgen einer unzweckmäßigen Fußbekleidung."

Daran hat sich bis heute kaum etwas geändert – von einigen Lichtblicken abgesehen, auf die ich noch näher eingehen werde.

Kinderschuhe – ein ernstes Problem

Das deutsche Schuhinstitut hat 1985 in 1.700 Schuhgeschäften Messungen an Kinderfüßen durchgeführt und festgestellt, daß nur 38,3 Prozent der getragenen Schuhe paßten. Rund sieben Prozent waren zu groß, 38 Prozent dagegen eine und 14 Prozent zwei Nummern zu klein! Die zarten Kinderfüße passen sich zwar zwangsweise den zu engen Schuhen in etwa an – das hat aber schlimme Folgen für die Fußentwicklung und Körperhaltung des Kindes. Bei Schulanfängern wurden bereits bei rund dreißig Prozent der Kinder Fußschäden festgestellt, die allein auf das Konto „falsches Schuhwerk" zurückzuführen waren.

Fußdruck im Normalfalle

Interessant ist zunächst der Druck, der vom Fuß auf den Boden gebracht wird. Er ist an mehreren Stellen besonders stark: an der Ferse, der mittleren Fußsohle (besonders außen), dem Vorfuß (besonders innen) und an der großen Zehe. Diese Punkte und Flächen starker Belastung werden immer wieder durch schwächere Druck- und Abstützstellen abgelöst, so daß sich beim Gehen (barfuß wohlgemerkt) eine fließende, stützende, ja nachgebend-schwingende Abrollbewegung ergibt.

Wir sollten uns darüber klar sein, daß jede Fußbekleidung diese idealen Bedingungen des nackten Fußes und Barfußgehens nur annähernd erreichen kann. Die meisten bleiben erheblich hinter dem Optimum zurück. Bei vielen modisch geprägten Schuhen kann man von keiner fußgünstigen Bekleidung mehr sprechen, sondern leider nur noch den Grad der Behinderung unterschiedlich einschätzen.

„Extrem hohe und schmale Pfennig-Absätze sind medizinisch bedenklich", erklärte der Hamburger Orthopäde Professor Dr. Wolfram Thomas („Mensch und Kleidung" 25/85). *„Und dies nicht nur, weil man damit leicht umknickt, in Rillen steckenbleibt oder auf holprigem Straßenpflaster stolpert, sondern auch wegen der statischen Veränderungen des Körpers. Zu hohe Absätze zwingen die Trägerin*

dazu, Knie, Hüften und Wirbelsäule widernatürlich zu krümmen. Dadurch kann es zu starken Schmerzen in Knie- und Hüftgelenken, in Rücken und Schultern kommen."

Inzwischen gibt es auf diesem Gebiet neue Ansätze und durchaus ernstzunehmende Alternativen.

Fußreflexzonen – Gesundheitszentren

Es ist längst bekannt, welche Bedeutung die Nervenenden am Kopf, an den Händen, und ganz besonders ausgeprägt und zugriffsfreundlich, an den Fußsohlen haben. Es gibt erfahrene und kundige Fußreflexzonenmasseure, die durch gezielte Massage die Lösung der dort verhärtet abgelagerten Harnsäurekristalle bewirken und damit wahre Wunder von erneuter Durchblutung, Schlackenabbau und Gesundung der korrespondierenden Körper-Organe erzielen. Das ist ein weiterer Grund, den Füßen im allgemeinen und den Fußsohlen im besonderen große Aufmerksamkeit zuzuwenden. Doch nun wieder zum Schuh.

Ge(h)danken rund um den Naturschuh

Es ist erfreulich, daß sich im marktwirtschaftlich-, verkaufsorientierten Schuhgeschäft einige verantwortungsbewußte Hersteller eine Marktstellung erobern konnten und sich selbst als Familienunternehmen behaupten. Sie werden getragen von einem wachsenden Umweltbewußtsein und einer stärker gesundheitsorientierten Käuferschicht.

Hervorragend fällt dabei unter anderen Klaus Linn auf, der Schuhmodelleur und Naturschuhentwickler aus dem Umfeld der „Schlappenflickerstadt" Pirmasens, mit dem ich gerne einmal im Jahr ein vertiefendes Fachgespräch führe, denn keiner lernt aus.

Von der Fachfront kommend und wissend, was gut und gesund ist, hat er es in wenigen Jahren geschafft, für den „Naturschuh" einen Standard zu entwickeln, an dem sich jeder andere Anbieter messen lassen muß. Obendrein kann er den Naturschuh zu einem erschwinglichen Preis in ausreichender Artenvielfalt anbieten, vor allem, seit er den modisch-eleganteren Trend einführte, was sein Sortiment attraktiver werden ließ.

Bei seinen Kreationen handelt es sich um sogenannte „Null-Absatz-Schuhe", die, als Linie der Vernunft, den Naturschuhmarkt erobert haben. Dann verwendet er vorzugsweise für seine Modelle Leder aus vegetabiler Gerbung (Gruben- oder Faßgerbung). Das war und ist nicht leicht, da es nur wenige und kleine Anbieter mit diesem Qualitäts-Standard gibt, die durch ihn hoffentlich neuen Auftrieb erhalten und im Dienste des Menschen weitermachen.

Vegetabil gegerbt bedeutet für ihn, ohne künstliche Chemikalien und ökologisch-umweltschonend in allen Arbeitsgängen erzeugt. Ehrlich räumt er ein, daß die Färbung der Leder – soweit nicht die Naturfarbe bevorzugt wird, die einen hohen Anteil im Sortiment ausmacht – derzeit (noch) mit chemischen Anilinfarben erfolgt, weil die alternativen Pflanzen- und Erdfarben augenblicklich (noch) nicht haltbar genug sind; sein Kommentar dazu klang aber recht zukunftsoptimistisch.

Glücklicherweise begegnete ich in Heinz Bender einem exzellenten Schuhgestaltungsfachmann, der weltweit führende Schuhhersteller mit seinem langjährigen Erfahrungswissen berät. Er gab mir einige grundlegende Hinweise:

Emnid hat durch ein neuartiges Meßgerät nachgewiesen, daß die Kraftlinie beim Gehvorgang gerade von der Ferse bis zur großen Zehe verläuft und nicht im Zick-Zack, wie bisher angenommen und oft dargestellt.

- Einen abgerundeten Nullabsatz, eher weich, quasi mit „Kugel-Ferse", hält Bender für ideal, damit ein angenehmer Abrollvorgang möglich wird.
- Dem Leder-Futter mißt er aus physiologischen Gründen eine hohe Bedeutung bei. Es kann auch mit Textil kombiniert werden, soll aber nicht zu stark mit Chemie und/oder Farbe eingedeckt sein, damit die Atmung der Füße noch möglich bleibt.
- Polyurethan-Futter (Kunstfaser-Textil) ist seiner Meinung nach akzeptabel, da es keine Feuchtigkeit speichert, sondern sie durchläßt (mindestens 1,5 Milligramm Feuchtedurchgang pro Quadratzentimeter und Stunde muß aber möglich sein!).

Verschiedene Absatzphilosophien
Nach dem Studium der barfußgehenden Naturvölker, besonders in Südamerika, hat die dänische Yogalehrerin Anne Kalsø in zwanzigjähriger Versuchsarbeit einen Schuh entworfen, der eine naturgemäße

Gehgrundlage für unsere Klima- und Straßenverhältnisse bieten soll. Die Kraftlinien dieses sogenannten Earth-System-Schuhes entsprechen den eingangs erwähnten Ablauf-Druckverhältnissen beim natürlichen Gehen.

Der „Minus"-Absatz bewirkt, daß die Ferse tiefer auftritt, als der weitere Fuß beim Gehen abrollt. Damit soll das natürliche Barfußgehen auf weichem (Wald-)Boden nachgebildet werden. Laut Anne Kalsø sparen Sie bei diesem System rund dreißig Prozent Ihrer Gehenergie, weil die Bewegungskraft nicht (wie beim erhöhten Absatz) zunächst in den Boden geht, sondern in Laufrichtung „abläuft". Das ganze Fußbett ist dabei leicht nach außen geneigt, so daß der Fuß selbsttätig so abrollen muß, wie es der Natur entspricht. Selbstverständlich ist diesen Schuhen auch, daß die Zehen (endlich!) genügend Platz haben. Dies gilt für alle „Natur"- bzw. „Bequem"-Schuhe.

Anne Kalsø vergleicht allerdings nur ihre Minusabsatz-Schuhe mit den ungünstigsten Plusabsatz-Schuhen und nicht mit dem natürlicher anmutenden Nullabsatz-Schuh!

Fußtraining durch Minusabsatz
Beim Knickfuß ist das Fußgelenk die schwache Stelle, die beim Minusabsatz durch Training (nach einer gewissen Umgewöhnungszeit) langfristig gebessert werden soll. Bei Senkfüßen sind ebenfalls Besserungen zu erwarten, weil die Längsgewölbemuskulatur gekräftigt wird.

Der Minusabsatz-Schuh ist auch bei Krampfadern hilfreich. Durch systematisches Spannen und Entspannen der Wadenmuskulatur wird die Venentätigkeit angeregt, manches reguliert sich wieder von selbst. Hinzu kommt langfristig eine bessere, normale Körperhaltung und mit dem Aufrichten der Wirbelsäule letztlich ein tieferes Atmen.

Es kommt also nicht nur auf das Schuhmaterial und eventuelle Einlagen an, sondern schon auf die Konstruktion. Ich selbst trug einige Zeit Sandalen mit Minusabsatz, wechselte aber öfter und trage inzwischen überwiegend Nullabsatz-Schuhwerk.

Der Vollständigkeit halber muß gesagt werden, daß es neben dem dänischen Earth-Schuhsystem auch das wohl aus Kanada stammende Roots-Minusabsatz-Schuhsystem gibt. Ob das hierbei als Vorteil gepriesene eingearbeitete Stützgewebe für das Längsgewölbe des Fußes und zwischen den Fußballen generell sinnvoll und erforderlich ist oder nur ein Zugeständnis an bereits irreparabel verformte, „pflastermüde" Füße von Stadtmenschen, vermochte ich nicht zu klären.

Ob man die Minusabsatz-Schuhe nur als Therapie für den Übergang von den bisherigen erhöhten, ja oft als Modegag sogar überhöhten Plusabsatz-Schuhen nur eine gewisse Zeit lang oder bis ans Ende dieses Lebens tragen sollte, möchte ich hier offenlassen.

Übrigens, um die Jahrhundertwende war es hierzulande durchaus üblich, zwei gleiche Schuhe zu tragen, der linke und der rechte waren also austauschbar. Bei Naturvölkern soll das heute noch die Regel sein, soweit diese überhaupt Schuhe tragen.

Ohne Absatz geboren

Das Minusabsatz-System kann auch noch unter einem anderen Gesichtspunkt gesehen werden. Die Anbieter der Bequemschuh-Richtung (beispielsweise System Ganter, Jacoform, Linn usw.) verweisen auf die Tatsache, daß wir Menschen ohne Absatz geboren sind, auch ohne Minusabsatz. Diese nun neu empfohlenen „Nullabsatz"-Schuhe lassen sich, wie ich durch Testgänge über Wochen eigenfüßig feststellen konnte, wirklich problemlos und bequem tragen.

Alle diese hier erwähnten Null- und Minusabsatz-Schuhe geben den Zehen viel Spiel- und Gehraum. Ich empfand das sehr wohltuend und angenehm. Allerdings hatten diese Schuhe auch alle (bis auf eine Ausnahme mit Holz-Kautschuk-Zweilagen-Sohle) eine Gummi- bzw. Kautschuk- oder Kunststoffsohle. Die Hersteller verweisen zwar auf die natürliche Herkunft dieser Materialien, wenn ich jedoch die isolierende Wirkung der Kunststoffe überdenke, wie sie eingangs Dr. Werner Kaufmann beschreibt, bin ich nicht so sicher, daß selbst Naturkautschuk-Sohlen die Verbindung des Menschen zur Erde wirklich ausreichend gestatten. Hier gibt es noch einiges zu prüfen und exakt zu messen.

In Abwandlung des indianischen Sprichwortes, das mein Freund Nik Wahl gelegentlich zitierte: *„Urteile nie über einen Menschen, bevor Du nicht in seinen Mokassins gelaufen bist"*, habe ich ein Paar Original-Mokassin-Schuhe mit u-flex-Sohlen während der letzten Arbeiten an diesen Manuskripten „probegelaufen". Auf die Brandsohle wurde bei ihnen nach Herstellerangabe deshalb verzichtet, weil das Oberleder den ganzen Vorderfuß völlig umschließen soll. Das hier verwendete vollnarbige indische Wasserbüffelleder wurde offensichtlich mit viel Handarbeit zu einem eleganten Schuh verarbeitet. Er wird allerdings nur für die schönen Tage vom Frühjahr bis Herbst als geeignet empfohlen.

Daß sie elegant aussehen, leicht, biegsam und relativ weich sind, kann ich bestätigen. Da sich meine Füße aber gerade an die bequemere und mir wesentlich angenehmere Zehenweite der Bequemschuhe gewöhnt hatten und aus leidvoller Fußerfahrung nicht so sehr gern enge Eleganz schätzen, wie edel das Material außenherum auch sein mag, trug ich sie nicht so sehr gern.

Die Sohle dieser Mokassins besteht aus einem Spezial-Kunststoffmaterial undefinierter Herkunft, in der Schuhmitte und unter dem Absatz durch Luftkammern stoßlindernd konstruiert, im Vorderteil durch hochelastisches Schaumpolster aus Naturkautschuk (so der Hersteller) leicht abfedernd.

Man kann aber durch einen einfachen und sinnvollen Schnitt als Vorlage aus einem Stück Leder echte Mokassins selbst herstellen, so wie sie die Indianer und andere hochentwickelte Naturvölker vor langer Zeit bereits selbst gefertigt und getragen haben.

Die beachtlichen Vorteile dieser handgefertigten Natur-Mokassins aus einem Stück liegen spürbar einerseits in der unübertroffenen Bequemlichkeit – weiches und schmiegsames Material vorausgesetzt –, andererseits in dem überraschend guten Bodenkontakt, der diese ideale Fußbekleidung bei Gartenarbeiten besonders angenehm macht; bei kühlerem Wetter eben mit Naturlammfelleinlagen. Das kann auch ein Tip für alle bewußt gehenden Mitläufer sein.

Schuhe mit abgetretenen Absätzen optimal?
Nun habe ich die verschiedenartigen Perspektiven dieses Fuß-Geh-Lauf-Kapitels zu ordnen versucht, da kommen mir zwei Informationen einer ganz anderen Betrachtungsweise auf den Tisch.

Da ist die Notiz, derzufolge ein dänischer Wissenschaftler nach jahrelangen Untersuchungen im Bereich der Kinesiologie (Lehre von den Bewegungsabläufen des Menschen) bekannt gegeben habe, daß „... nur Schuhe mit abgetretenen Absätzen dem natürlichen Abrollvorgang des menschlichen Fußes entsprechen ..."

Ganz so absurd, wie diese Nachricht im ersten Moment erscheint, ist sie eigentlich gar nicht. Denn, warum nutzen wir die Sohlen und

Absätze meist einseitig (nämlich außen) verstärkt ab? Doch wohl, weil unser Fuß das Gewicht des Körpers beim Gehen besonders stark über diese Randflächen zu tragen hat und wahrscheinlich naturgemäß gerade dort am besten tragen kann und demnach wohl auch soll?

Was machen wir mit schief, also einseitig abgelaufenen Sohlen und Absätzen? Wir lassen sie vom nächsterreichbaren Schuster schnellstens wieder gerade besohlen, ausbessern, in die unnatürlich gerade Sohlenlage korrigieren. Daß wir damit das normale Gehen systematisch verhindern, leuchtet eigentlich ein, wird aber allgemein nicht erkannt und schon gar nicht beachtet.

Schuhe mit abgetretenen Absätzen und Sohlen wären also die Lösung und das Optimum, wenn auch sonst alles rundum stimmt. Können wir hier eine Revolution erwarten, müssen wir eine grundsätzliche Reform der Schuhkonstruktion fordern? Dabei müßten aber vermutlich noch je nach Konstitutionstyp erhebliche individuelle Unterschiede zum Tragen kommen – somit wären eigentlich Maßschuhe das letzte Ziel!

Nun, lassen wir diesen Gedanken auf uns wirken und prüfen wir selbst, was sinnvoll sein kann und erstrebenswert ist. Bei dieser „Schief-Sohlen-Absatz-Proklamation" wird allerdings immer noch davon ausgegangen, daß der Fuß beim Gehen von hinten nach vorne, vom Absatz zum Ballen und der großen Zehe hin abrollt. Diesen Abrollvorgang setzen heute wie seit Jahrzehnten fast alle Orthopäden, Schuhhersteller und Laufspezialisten voraus.

Zwischen dem gemächlichen Gehen (Spazierengehen, Schrittgehen) und dem schnelleren Laufen (Trimm-Trab-Lauf usw.) dürfte und sollte eigentlich, für mein Empfinden, kein grundsätzlicher Unterschied bestehen. Ich erinnere mich daran, daß Marathonläufer und Trimmkurs-Trainer Manfred Steffny während der ersten Trimm-Lauf-Seminare im Kneipp-Heilbad Camberg 1978 den Läufern riet, zu laufen wie eine Katze auf dem heißen Blechdach.

Er meinte damit, beim Lauf nicht zuviel Gewicht plump auf die Erde zu stoßen, sondern leichtfüßig auf Ballen und Zehen das Körpergewicht wippend abzufedern. Das galt vor allem auf ebenem Gelände und bergauf. Bergab kommen die Läufer dann doch grundsätzlich mit der Ferse auf, weshalb neuartige Trimm-Lauf-Schuhe hinten bereits einen abrollfreundlich abgerundeten Absatz haben.

Beim langsameren Gehen gehen jedoch alle Theorien und fachspezifischen Empfehlungen vom Ferse-Außenkante-Ballen-Zehen-Abrollvorgang aus. Bisher jedenfalls.

Vom richtigen Sitzen und optimalen Gehen
Mir wurde die kleine Broschüre *Das lebendige Kreuz – Bemerkungen über richtiges Gehen* von Rudolf H. J. Seidel zugesandt. Die darin dargelegten Beobachtungen und Feststellungen stellen das vorher Gesagte praktisch auf den Kopf. Seidel unterscheidet sehr deutlich zwischen dem anerzogenen, verfremdeten, stilisierten Gang eines Zivilisierten einerseits und dem natürlichen und anmutigen Gang eines Naturmenschen. Uns bescheinigt er, daß wir verlernt hätten, richtig zu gehen.

Er führt aus: *„Der Gang soll den Körper in sicherem Gleichgewicht und günstigster Haltung und Lagerung von Wirbelsäule, Organen, Hals und Kopf fortbewegen. Diese Gleichgewichtsbedingungen erfüllen wir sitzend im Fersen- oder japanischen Sitz, im Schneidersitz und in dessen Vollendung, dem indischen Lotussitz. Stehend genügen wir den naturgesetzlichen Erfordernissen nicht etwa im militärischen Stillgestanden, sondern bei parallel bzw. mehr nach innen gesetzten Füßen, lockeren Knien, wie im Natursitz vorgestelltem Becken, lockeren Schultern und erhobenem Haupt.*

Im aufrechten Gang können wir diese Idealhaltung nur beibehalten, wenn der Hüftschwung, der das Gehen einleitet, von der Mitte her, ganz aus dem beweglichen Kreuz kommt. Er nutzt den Aktionsradius, den die Kugelgelenke des Oberschenkels gestatten, voll aus. Daher führt er das Bein um die Endwirbelsäule herum. Nur so kann diese gerade und das Becken ständig aufrecht bleiben, nur so können die Muskeln der Lendenkreuzpartie voll ausgelastet spielend arbeiten. Sie wollen dabei das Bein nicht nur geradeaus vorwärtsbringen, sondern auch leicht einwärts drehen. Im weiteren Verlauf dieser Bewegung berührt der Ballen ein wenig früher den Boden als die Ferse. Dies ist aus mehreren, einem sicheren und rationellen Vorwärtskommen dienlichen Gründen wichtig:
1. *Der Ballen kann sicherer aufsetzen, den Druck des Körpers besser abfedern, die Unebenheiten des Bodens besser fühlen als die Ferse und die Körperlast entsprechend regulieren.*

2. *Der Bewegungsablauf des Aufsetzens in der Reihenfolge Ballen/Zehen – Außenkante – Ferse – Außenkante – Ballen/Zehen ist für die Fortbewegung kraftsparender und technisch wirksamer als das Abrollen von der Ferse zum Ballen, da das Abdrücken in dieser Bewegungsfolge mehr Beförderungsenergie hergibt.*
Wichtig dabei: Der ganze Fuß setzt praktisch gleichzeitig auf!
3. *Abrollen von der Ferse zum Ballen führt durch falsche Belastung zur Dehnung der Fußsohle und zum Durchtreten.*
Brücken werden so gebaut, daß möglichst alle Pfeiler die Belastung gleichmäßig tragen, nicht erst einer und dann nacheinander die anderen, ganz zu schweigen davon, daß so ein Pfeiler nicht von der Seite belastet werden darf, wie dies bei auswärts gehenden Füßen geschieht. Beim Bau der kunstvollen Bögen des Fußgewölbes wurden auch derart weise Anordnungen getroffen, doch das zivilisierte Menschlein ist 'klüger'. Es zerstört die Säulen seines Tempels systematisch ...
Wie wundervoll harmonisch abgestimmt das Zusammenspiel des ganzen Beines von den Zehen bis herauf sogar zu den Lendenwirbeln beim richtigen Laufen ist, zeigt uns dessen wohl wichtigste Funktion, die weit oben direkt unter der Brust eingeleitet, von Fachleuten aber nicht erkannt wird. So steht tatsächlich in Anatomiebüchern zu lesen, der Oberschenkel hätte keinen Innendrehmuskel, Innendrehung wäre nur bei leichter Hüftbeugung möglich. Wie sonderbar, ein so wichtiges Instrument wie das Bein kann nicht einwärts gedreht werden, hat dafür aber zum Auswärtsdrehen gleich sechs Muskeln?"

Diese Betrachtungen erscheinen mir sehr wesentlich für eine optimale Fortbewegung und damit auch für das dauerhafte Wohlbefinden von uns Menschen. Besonders überzeugt mich diese Betrachtung, weil der so beschriebene optimale, wenn auch allgemein noch nicht übliche Bewegungsablauf nahtlos vom gemächlichen Gehen, über den schnelleren Schritt bis zum flotten Lauf und sportlichen Spurt immer die gleiche Rhythmik des federnden Zehenauftritts – des Abrollens nach hinten zur Ferse und des schwingenden Vorlaufs mit Abstoß nach vorne selbstverständlich werden läßt. So spielt sich ein Rhythmus zur Selbstverständlichkeit ein.

Seidel schreibt weiter: „*Einen wesentlichen Beitrag zur Abfederung leistet außerdem das lockere, gebeugte Knie, dessen Durchdrücken nur beim Abstoßen vom Boden sinnvoll ist.*

Schau dir südländische Frauen oder Naturmenschen an, die ihre Lasten auf dem Kopf tragen. Sie zeigen beispielhaft gute Haltung und sind durch das Balancieren ihrer Bürde im Gleichgewicht. Jeder Wirbel, einschließlich des Kopfes, streckt sich schwerkraftüberwindend nach oben, wodurch Beckenhaltung und Gang von selbst einwandfrei funktionieren. Solche Haltung bejaht die zu tragende Last – auch des Schicksals – sie verneint sie nicht durch gebeugten Nacken oder gekrümmten Rücken.

Wenn wir rennen oder springen, schleichen oder bergsteigen und bei vielen anderen sportlichen, auf Leistung bedachten Unternehmen, ist der oben beschriebene Bewegungsablauf der Beine der gleiche, nur etwas schneller und/oder konzentrierter."

Falsches Gehen und widersinniges Schuhwerk
Unphysiologische Schuhe und ein entarteter Gang erscheinen ihm denn auch als Hauptursachen für die Volkskrankheiten Senk-, Spreiz- und Knickfuß. Er verweist schließlich auf das wertvolle Büchlein *Fußleiden* von Professor Werner Zimmermann, auf die traditionellen Sandalen naturverbundener Völker (mit Halterung zwischen großer und zweiter Zehe), auf die Mokassins der Indianer, die dünnhäutig und ohne Absatz sind, und auf die lederstrumpfartige Fußbekleidung unserer Vorfahren. Schließlich bezieht er die Implosions-Technik eines Viktor Schaubergers mit ein, der über siebzig biotechnische Patente entwickelte und dabei grundsätzlich den einwärtsdrehenden Einspulvorgang als lebenskonforme Fortbewegungstechnik hervorhob, nach der Vögel fliegen, Forellen stromaufwärts schwimmen, Wasserstrudel reinigend wirken und schließlich auch der menschliche Fuß, leicht einwärts gedreht, seine günstigste Wirkungsweise entfalten kann.

Erhobenen Hauptes schreiten, im völligen Gleichmaß von Körper und Bewegung, ruhig, verhalten, aber auch zügig und ohne Hast, angemessen und selbstverständlich – so beschreibt Seidel den Gang der Fürsten naturverbundener Volksstämme, von denen wir gehenden Fußes einiges lernen könnten.

Was das Schuhmaterial abgibt

Richtiger wäre es, diesen Abschnitt zu überschreiben: „Was das Schuhmaterial durchläßt". Sie haben eingangs gelesen, daß am Fuß – und dort besonders am Rist – extrem viel Feuchtigkeit abgegeben wird. Nun stellt sich die Frage: Kann diese Feuchte auch ungehindert ablüften, oder wie stark behindert das Fußbekleidungsmaterial diesen Weg nach außen?

Wir haben das Material der Fußbekleidung im Kapitel „Leder" bereits grundsätzlich behandelt. Es wurde dort darauf hingewiesen, daß der Brandsohle, auf welcher der in der Regel bestrumpfte Fuß direkt geht, besondere Bedeutung zukommt, und daß sie möglichst aus weichem, aber durchlässigem, solidem Leder sein sollte.

Das Schuhschaftmaterial müßte vor allem zwei Bedingungen erfüllen.

○ Es sollte eine gute Dehnungsfähigkeit besitzen, weil sich der Fuß tagsüber beim Gehen, aber auch beim Sitzen um rund fünf Prozent ausdehnt. Leder zeigt hier eine ausreichende Nachgiebigkeit – synthetisches Material läßt den Druck auf den Fuß dagegen mangels Elastizität fast um das Dreifache ansteigen!

○ Es sollte ein günstiges Mikroklima um den Fuß erlauben. Die Fußhaut fühlt sich zwischen 30 und 35 Grad Celsius bei einer relativen Luftfeuchte bis 65 Prozent noch wohl, darüber beginnt die unangenehme Schwüle.

Während eines zwölfstündigen Büroalltags sondert der Fuß bis zu siebzig Milliliter Feuchte ab, bei schwerer Belastung und höheren Außentemperaturen zum Teil erheblich mehr. Es zeigte sich bei Trageversuchen, die über sieben Stunden dauerten und mit unterschiedlichen Sockenarten durchgeführt wurden, daß bei Lederobermaterial – auch bei verschiedenen Belastungsphasen – immer relativ kurzfristig ein Feuchteausgleich erreicht werden konnte. Dies vor allem, wenn die verwendeten Socken aus Wolle oder Baumwolle waren. Bei Synthetik-Obermaterial kam es bei Belastung zu einem völligen Durchnässen der Socken, die Feuchtigkeit konnte während des Tragens nicht abgebaut werden, weil manches Material sich als nahezu luftundurchlässig erwies. Vom Unwohlfühlen einmal abgesehen, kann sich jeder ausrechnen, welche Unterkühlungsgefahr während der kälteren Jahreszeit damit einhergeht, und wie sehr die Feuchtigkeit Bakterien und Pilzen als Brutstätte dient.

Wissenschaftler appellieren an Schuhhersteller
Die Wissenschaftler Müller-Limmroth, Diebschlag und Mauderer haben 1975 zum Thema *Behaglichkeit der Fußbekleidung* Untersuchungen veröffentlicht. Darin bescheinigen sie Synthetik-Schuhobermaterialien (Xylée, Ceef, Roy Poreda, Dypor) einen bis zu 700 Prozent höheren Widerstand gegen den Feuchtedurchlaß als Leder (Boxcalf, Hüttenleder, Skiver). Fazit: *„Eine Fußbekleidung ist um so optimaler, je weniger sie die anatomische Formveränderung des Fußes beim Stehen und Gehen beeinträchtigt und je besser die physiologische Forderung nach einem Mikroklima von 33 bis 34 Grad Celsius Hautoberflächentemperatur bei einer relativen Luftfeuchte bis zu 65 Prozent im hautnahen Bereich eingehalten wird ..."* Wieweit ihr Appell an die Schuhhersteller inzwischen genutzt hat, sollten Sie beim Schuheinkauf sehr genau prüfen!

Alternativen im Schuhbereich?
Hier denke ich weniger an neue Formen und Prinzipien als vielmehr an die Rückbesinnung auf althergebrachte Erfahrungen und den zunächst vielleicht laienhaft anmutenden Versuch, was früher nützlich und gut war, auch für Menschen unserer Zeit zu erschließen. Für weitere Anregungen und Hinweise bin ich dankbar!

Zunächst erhebt sich bei tierliebenden Menschen sehr rasch die Frage nach Alternativen für die allgemein üblichen Lederschuhe. Im Sommer und in milden Klimazonen stellt sich das Problem weniger als bei rauhem Wetter, Regen und Schnee.

Für das Oberschuhmaterial kommt man mit Ersatzstoffen wie Naturgeweben, Geflechten und Gestricken aus Naturfasern noch einigermaßen zurecht. Ganze Holz- oder Strohschuhe wirken zwar zur Erde hin auch einigermaßen isolierend, haben aber noch einen Restfeuchtegehalt, so daß die von Dr. Werner Kaufmann geforderte „Erdung" hinreichend gegeben sein dürfte.

Idealer erscheinen aber auch als Fußbekleidung eiweißartige Materialien, genauso wie für den oberen Körperbereich und Hautkontakt. Hier fehlen einfach praktische Erfahrungen beispielsweise mit dicht gestrickten oder gewirkten und dann fachgerecht gewalkten und gefilzten Materialien, wie sie die Germanen wohl seinerzeit vorbildlich hergestellt und benutzt haben. Der hier zu erwartende Einwand, daß solche „Woll-Strick-Walk-Filz-Schuhe" doch kaum wasserdicht sein können, zählt nur bedingt. Wir wissen bereits von der schweißdurchtränkten Wollunterwäsche, daß sie trotzdem wärmt. Ähnliches wird sich also auch im Fußbereich auf andere Art wiederholen lassen. Daß kranke und deformierte Füße ohne Lederschaftstütze möglicherweise zu wenig Halt haben, ist denkbar. Es wäre aber vorurteilsfrei auszuprobieren!

Wer überhaupt noch barfuß gehen kann, müßte auch mit solchen fußumschließenden Vollfilzschuhen zurechtkommen. Zumindest bei Kindern, die anfänglich ja noch gesunde Füße haben, können Versuche so grundsätzlicher Art sehr nützlich und wertvoll sein. Vielleicht sind Waldorfkindergärten am ehesten aufgerufen, durch Probieren und Gespräche mit aufgeschlossenen Eltern zu erkunden, was den Kinderfüßen besser tut als das, was marktgängig heute so angeboten wird.

Schuhe selbstgemacht

Auf der Suche nach wirklich wärme- und feuchtedurchlässigen Schuhsohlen (auch Naturkautschuksohlen lassen dies nicht mehr zu) ging ich weite Wege. Wenn das Material dies zulassen würde, scheiterte es bisher immer am Sohlenklebstoff, der alles wieder „wasserdicht", also auch atmungsundurchlässig werden ließ.

Ein lobenswertes Beispiel fand ich bei einem Schuhmacher, der im Raum Marburg/Kassel wohnt. Mit großer Kenntnis und Kreativität fertigt er Maßschuhe für Individualisten an, die sogar bezahlbar sind.

Nun noch zu den Sport-Laufschuhen

Nachdem ich Mitte der siebziger Jahre mit dem Dauerlauftrainer und Herausgeber der Läuferzeitschrift „Spiridon", Manfred Steffny, eines der ersten Laufseminare in der Bundesrepublik organisiert und durchgeführt hatte, schwebte mir immer vor, auch die Laufschuhe einer kritischen Bewertung zu unterziehen.

Nun, ich habe führende Hersteller wie Adidas, Nike, Puma und viele andere um aktuelle Modelle aus der laufenden Produktion gebeten und erhielt sie auch. Allerdings zeigte sich, daß ein Dauerlauf-Schuhtest so nebenbei nicht exakt genug durchgeführt werden kann, weil die gleichen Läufer und Läuferinnen dann alle Modelle nacheinander und im festgelegten Wechsel tragen und testen müssen. Dabei müßten die verschiedensten Wetter- und Wegsituationen beachtet werden. Das war so einfach nicht machbar.

Spiridon hat jedoch in den Ausgaben 4/83, 1/84, 12/84, 12/85 und 12/86 Laufschuh-Vergleichstests von Prof. Dr. Alexander Weber und anderen veröffentlicht, bei denen sehr strenge und korrekte Vergleichskriterien zugrunde lagen. Deshalb möchte ich darauf verweisen.

Klar ist, daß heute sehr viel Sachwissen und Lauferfahrung in die Laufschuhe „eingeflossen" sind und „laufend" an weiteren Verbesserungen gearbeitet wird.

Aus meiner Sicht und Erfahrung wäre allenfalls kritisch anzumerken, daß so gut wie alle Laufschuhe überwiegend aus Synthetik bestehen, daß heißt für kurze Tragezeiten und härteste Anforderungen zweifellos eine Reihe technischer Vorteile haben, die „alternative Laufschuhe" (gibt es derzeit noch nicht) kaum aufholen könnten. Aber als Dauertrageschuh über Stunden können sie kaum voll befriedigen, weil meist die Schweißbildung eher gefördert wird, ohne daß die Feuchtigkeit auf normale Weise entweichen kann. Wer also Sportschuhe dauernd trägt, mutet seinen Füßen einiges zu – und den Mitmenschen ebenso, durch vermeidbaren unangenehmen Schweißgeruch.

Spezielle Erfahrungen mit Schuhen und Füßen von Läufern konnten bei dem „Deutschlandlauf" 1988 unter Leitung von Professor Jung, Universität Mainz, gewonnen werden, wobei sich eine individuelle Fußregenerationspflege mit dem Schiele-Fußbad (aus Hamburg) hervorragend bewährte.

Rund um die Sportbekleidung

Millionen Menschen treiben heute Sport, die meisten gelegentlich und als Ausgleich zu ihrer bewegungsarmen Lebensweise im Alltag, die kleine Minderheit der Spitzensportler sogar täglich. Welche Kleidung ist für die sportliche Betätigung angemessen?

Für die alten Griechen war diese Frage leicht zu beantworten. Sie trugen ihre Wettkämpfe im „Adamskostüm" aus. Solche freizügigen Bräuche verbieten sich hierzulande – nicht nur aus Witterungsgründen.

In unseren Breitengraden muß die Sportkleidung mehreren Ansprüchen gerecht werden. Sie soll – und das ist keine Rangfolge der Dringlichkeit –
- ○ den Bewegungsablauf möglichst wenig behindern,
- ○ vor Verletzungen und
- ○ vor Kälte schützen,
- ○ ästhetisch schön sein, damit sich der Sportler auch psychologisch wohlfühlt.

Gerade der Kälteschutz ist für den Sportler aus mehreren Gründen wichtig. Unerwünschte Abkühlung vermindert die Durchblutung der Muskulatur durch ungenügende Sauerstoff- und Nährstoffzufuhr; die bei hoher Leistung besonders stark anfallenden Stoffwechselabfallprodukte werden nicht mehr in ausreichendem Maße entfernt. Außerdem haben unterkühlte Muskeln eine geringe Elastizität und sind gefährdet, wenn von ihnen in diesem Zustand überraschend starke Anstrengungen gefordert werden (Muskelrisse und Knochenbrüche können die Folge sein).

Vitalisierungseffekt durch richtige Kleidung
Es wird von einer sogenannten Vitalisierungswirkung nach Professor Dr. Gustav Jaeger (1832 – 1917) berichtet. Dieser hatte schon vor hundert Jahren (!) eine Methode zur Qualitätsmessung von Textilien ersonnen, die als „Nervenreaktionszeitmessung" bekannt wurde. Dabei werden Fingerabdrücke auf verschiedenen Geweben ausgeführt und zugleich die Reaktionsgeschwindigkeit der Nerven gemessen. Daraus soll sich – mit einer Fehlerquote von 0,25 bis maximal

einem Prozent – die Qualität der Textilien bestimmen lassen. Dr. Gaumitz stellt diese Methode in der „Erfahrungsheilkunde" 8/60 ausführlich dar.

Uns interessieren die Ergebnisse: Die tierischen Eiweißfasern (Wolle und Seide) ergaben dabei Beschleunigungswerte von dreißig bis vierzig Prozent im Vergleich zur normalen Geschwindigkeit der Nervenreaktionen. Die Edelwollen von Kaschmirziege, Kamel, Angoraziege und Vikunja lagen sogar noch wesentlich höher als die naturbelassene Schafschurwolle. Auch unbehandelte Naturseide schnitt sehr gut ab.

Nach Jaeger ist die so gemessene Nervenreaktionsbeschleunigung zugleich ein Gradmesser der biologischen Wertigkeit eines Kleidungsstückes. Von dieser medizinischen Seite werden Naturtextilien, vor allem Wolle und Seide, als vorbeugende und heilende Materialien besonders bei Rheuma- und Stoffwechselerkrankungen hervorgehoben. Aber auch beim Hochleistungssport und unter extremen Belastungen (Sportler, Soldaten, Expeditionsreisende) wird diesen Materialien mehr als die übliche schützende und wärmende Wirkung zugeschrieben. Diese Stoffe sollen überdies die Regenerationsfähigkeit des Körpers unterstützen und damit eine größere Ausdauer ermöglichen.

Neben vielen neueren Reaktionstestverfahren über die Wirkung von Textilien auf den Menschen von Müller-Limmroth, Diebschlag und anderen, hat Erich W. Fischer, Mülheim/Ruhr, ein neuartiges, handliches „Textest"-Gerät entwickelt, das er in Zusammenarbeit mit dem Institut für Baubiologie und Ökologie auch als Schulungshilfe bei der Baubiologen-Ausbildung vorstellt und einsetzt. Dabei zeigt das Gerät durch Leuchtanzeige eindeutig an, ob das geprüfte Textilmaterial „biofreundlich", das heißt menschenverträglich ist, oder ob es (bei stärkerem Kunstfaseranteil, also vor allem bei negativer statischer Auflading) weniger empfehlenswert einzustufen ist. Das Gerät kann von jedem Laien bedient werden.

Bekleidung für Expeditionen
Vom Sport ist es nur ein kleiner Schritt zu besonders extremen Belastungen, beispielsweise wochenlangen Hochgebirgsexpeditionen, die über die normalen Bergsteigeranforderungen weit hinausgehen. Diese Erfahrungen sind jedoch um so wertvoller, denn was sich unter

extremen Verhältnissen bewährt hat, muß unter normalen Bedingungen um so eher die Erwartungen erfüllen oder sogar noch übertreffen können.

Die Teilnehmer zweier Himalaya-Expeditionen (der deutschösterreichischen „Willy-Merkel-Gedächtnis-Expedition" zum Nanga Parbat 1953 mit Dr. med. K. Herrligkoffer und der deutsch-österreichischen Himalaya-Karakorum-Expedition 1954 mit M. Rebisch und A. Bitterling) machten im wesentlichen die gleichen Bekleidungserfahrungen:

Bei oft schwerster körperlicher Belastung bis zu Höhen von mehr als 7.000 Metern über Normalnull waren tagsüber Extremtemperaturen von bis zu plus vierzig Grad Celsius oft über Stunden, vereinzelt sogar bis sechzig Grad zu ertragen. Bei starken Stürmen über 6.000 Metern, in Gletscherspalten und nachts sank die Temperatur bis auf minus zwanzig Grad, vereinzelt auf minus 36 Grad Celsius ab.

Es wurde ausschließlich Wollunterwäsche getragen, die ungebleicht, naturbelassen und in keiner Hinsicht behandelt worden war. Diese Wäsche wurde während der zweimonatigen ersten bzw. siebenwöchigen zweiten Expedition nicht gewechselt und auch nicht gewaschen, sondern ununterbrochen am Körper belassen, Tag und Nacht.

Die gemischte Gruppe von Bergsteigern und Wissenschaftlern stellte abschließend übereinstimmend fest, daß nie ein Gefühl des Unbehagens aufgekommen sei, daß die Haut stets warm und gut durchblutet geblieben war. Ein Bedürfnis zum Wäschewechsel wäre nicht aufgekommen, obwohl eine zweite Garnitur mitgenommen wurde, die unbenutzt mit zurückgebracht worden sei und bei einer nächsten Expedition „eingespart" werden soll. Selbst die angeheuerten Hochgebirgsträger des Hunza-Stammes hätten sich um diese strapazierfähigen Wollsachen gerissen.

Erkältungskrankheiten sind trotz der häufig wechselnden Bedingungen und der sehr oft schweißdurchtränkten Unterwäsche nicht aufgetreten – es blieb ein wohlig-wolliges Gefühl.

Bemerkenswert sind die einhelligen Beteuerungen, daß die so lange ungewaschen getragene Wäsche stets geruchlos geblieben und weder unansehnlich noch unappetitlich geworden sei – sehr zum Erstaunen der zurückgebliebenen Ehefrauen, denen diese Wäsche nach Expeditionsende zugesandt worden war. Sie hätten zunächst nicht glauben wollen, daß die wollene Unterwäsche tatsächlich ständig getragen worden sei.

Diese Berichte klingen abenteuerlich. Sie sind aber glaubwürdig und beachtlich, selbst wenn sie nicht repräsentativ sind (weil Vergleichsgruppen fehlten) und auch nicht „wissenschaftlich" exakt durchgeführt und ausgewertet wurden. Sie werden allerdings von den Reihenversuchen Professor Dr. med. Gustav Jaegers eindeutig bestätigt.

Wolle trainiert den Körper
Jaeger betreute zeitweilig auch eine Turnklasse von Gymnasiasten. Beim Dauerlauf und seinen harten Gymnastikübungen fiel ihm auf, daß in baumwollenen Trikots (von synthetischen war Ende des 19. Jahrhunderts noch keine Rede!) häufig Erschöpfungszustände, Herz- und Atembeschwerden, ja sogar rheumatische Beschwerden und Muskelkater auftraten (was er als Mediziner sehr wohl beurteilen konnte!), von den unangenehmen Körpergerüchen verdunsteten Schweißes gar nicht zu reden.

Jaeger probierte es daraufhin mit Wolltrikots und forderte nach langen Versuchsserien und persönlicher Erfahrung naturbelassene Schafschurwolle als grundsätzliche Bedingung für Sportwäsche.

Später stellte er sogar fest, daß Wollunterwäsche auch ohne zusätzliches körperliches Training auf natürliche Weise abhärtend, entfettend, entschlackend und dadurch hautverjüngend, leistungssteigernd und schließlich konditionsaufbauend wirkt. Dieser Effekt beruht wohl auf den Spitzen der Wollfasern, die teilweise die Haut berühren. Diese Anregung wird von empfindlichen (allergischen?) Menschen manchmal schon als kratzend beurteilt, wenn man aber weiß, daß das normal und sogar gesundheitsförderlich ist, findet man sich leichter damit ab.

Noch ein nicht alltägliches sportliches Beispiel will ich hier zitieren, weil es Erfahrungen von extremen Randbedingungen gibt, die sich erfahrene Spezialisten unter der Hand weitergeben, ohne daß der Normalbürger davon jemals etwas erfährt.

Erlebte Wildnis
Karl Theodor Wiek berichtete mir als Teilnehmer eines Überlebenstrainings folgendes:

„*Letzte Vorbereitungen. An einem leicht bewölkten Augusttag des Jahres 1979 bietet sich auf einem Campingplatz in Schwedisch-Lappland nahe dem Polarkreis ein nicht alltägliches Bild: Ausrüstungsgegenstände für eine dreiwöchige Expedition in nördliche Gefilde, aus mehr als 26 Rucksäcken bestehend, bedecken den Boden.*

Dazwischen die Besitzer und einige „Inspektoren", die jedes Stück kritisch werten. Manches für unbedingt wichtig gehaltene Teil des Marschgepäcks muß hierbleiben. Für einen Teilnehmer scheint der Anfang schon das Ende zu sein: Er hat, entgegen den ihm vorab zugegangenen Informationen, nicht die obligatorische rein-wollene Unterwäsche mitgebracht. Woher nun nehmen und nicht stehlen?

Die Erfahrungen des Kursleiters Martin Epp aus 25jähriger Bergführer-Praxis sollten wir am Ende des Überlebenstrainings alle bestätigen: Nur mit Wollunterwäsche waren wir in der Lage, Wärme und Kälte, Regen, Wildwasser und Schnee in diesen Breiten zu überstehen. Wolle wärmte uns, selbst wenn sie naß war."

Auch diese Aussagen sind ernst zu nehmen, auch wenn wiederum keine Vergleichsgruppen mit Unterwäsche aus anderem Material gleichzeitig dabei waren. Ein weites Feld für neutrale Versuchsreihen! Oder fehlt hier die ergebnisorientierte, nahezu alles finanzierende Lobby? Ist es wirklich wichtiger, daß wir im Kosmos herumfliegen, statt daß sich die Experten ernsthaft darum kümmern, was wir Alltagsmenschen buchstäblich auf der Haut tragen, tragen sollten, tragen könnten, ja müßten? Ich für meinen Teil wäre übrigens lieber bei der Wolle- und Seide-Versuchsgruppe. Wenn ich von obigen Erfahrungen ausgehe, komme ich zu dem Schluß, daß Wolle und Seide als körpernächste Unterwäsche bislang unschlagbar sind!

Kompromisse bei der Sportbekleidung?
Es wäre an und für sich wenig dagegen einzuwenden, daß die stark strapazierten Socken und Strümpfe einen Minimalanteil von verstärkenden Beimischungen aufweisen – wenn sie ansonsten aus Schurwolle und nicht aus Reißwolle geschaffen sind. Allerdings sind dann vermutlich die von Dr. Werner Kaufmann in der Einleitung erwähnten Reaktionsverzögerungen zu befürchten, die Sportler den Sieg kosten können. Die Entscheidung liegt bei jedem selbst!

Ähnlich ist es bei der Oberbekleidung. Trainingsanzüge und stark strapazierte Sporttrikots können sicher auch einen geringen Anteil elastischer und formstabiler Fasern vertragen (Gummibänder im Bund usw.), ohne erhebliche Nachteile für den Träger zu bewirken. Bis breit angelegte Dauerversuche unter extremen Belastungen vorliegen, hilft hier vorerst nur die eigene Erfahrung. Was der eine noch spielend ertragen kann, wird einen anderen, je nach Typ und Konstitution, schon merklich behindern.

Tragedauer und Hautnähe
Es ist ein wesentlicher Unterschied, ob ich einmal für einen Trimmlauf von dreißig Minuten Dauer als Oberbekleidung einen Trainingsanzug trage, der besonders strapazierfähig ist, aber vielleicht nicht so wohlig-warm wie meine Unterwäsche – oder ob ich, je nach Sportart, Anlaß und Dauerbelastung, stundenlang die gleichen Sachen anhaben muß, die möglicherweise nicht einmal gewechselt werden können.

Außer der Tragedauer spielt auch die Hautnähe eine sehr wichtige Rolle. Je näher der Haut, um so höhere Anforderungen stelle ich persönlich an die biologische Verträglichkeit und die körpersympathische Ausstrahlung des Materials. Gerade beim hautengen Kontakt wirkt sich dies besonders deutlich auf das Wohlbefinden und auf die Reaktionsgeschwindigkeit aus.

So, nun vergleichen Sie Ihre Idealvorstellungen von einer Sportkleidung und das, was Ihnen in Fachgeschäften angeboten wird. Es weicht in der Regel erheblich vom Optimum ab.

Verständnis für Krawatten-Muffel
Obwohl ich beispielsweise Perlonhemden im Alltag ganz gut tragen konnte und keine wesentlichen Behinderungen verspürte, werde ich mir kein Netzunterhemd aus Synthetik mehr kaufen. Inzwischen habe ich nämlich die Vorteile der Woll- und Seidenunterwäsche im Winter wie im Sommer am eigenen Leibe erfahren dürfen.

Das Tolerieren von Kunstfasern gilt nach meinen persönlichen Erfahrungen, solange der Kragen offen bleiben kann. Bei hochgeschlossenen Synthetik-Pullovern oder Nickis aus Kunstfasern fühlte ich mich eingeengt und beklemmt. Der Privatforscher Dr. Werner Kaufmann – ein zukunftsweisender Umfeldforscher im menschlichen Lebensbereich (Environtologe) – erklärte mir dieses Phänomen durch die elektrostatische Aufladung von Kunstfasern mit Hilfe einer Krawatte in einem augenscheinlichen Test. Ein Halstuch aus reiner

Seide zeigte diese Belastungserscheinungen dagegen nicht mehr, ähnliches gilt auch für Krawatten aus reiner Seide oder Wolle. Kein Wunder, daß man sich die Kunstfasernen so bald wie möglich vom Halse schafft.

Die Natur überspurtet?
Soweit ich es überblicke, haben alle Wissenschaftler, die sich speziell mit den biologischen Wirkungen der Natur-Eiweißfasern Wolle und Seide intensiv beschäftigt haben, abschließend festgestellt, daß diese Naturfasern unübertroffen seien. Alle Bemühungen der erfindungsreichen Chemie-Textilindustrie ergeben lediglich Stoffe mit in mancher Hinsicht vergleichbaren, im technischen Gebrauch vielleicht sogar strapazierfähigeren Eigenschaften, die Gesamtwirkung der Natur-Eiweißfasern konnte jedoch nie erreicht werden.

Nun flattert mir eine Veröffentlichung der „Textilmitteilungen", Ausgabe 73/74, vom Juni 1980 auf den Tisch. Es handelt sich um eine Informationsschrift der Bayer AG für ihre Kunden, die überschrieben ist mit dem aufreizenden Titel: *Die Natur glatt überspurtet.* Übersandt hat mir diese Meldung der Trainingsleiter unserer Laufseminare, Manfred Steffny, der wissen wollte, was ich von der darin angepriesenen „Dunova"-Masche, einem Synthetik-Gewebe mit „wollähnlichen" Eigenschaften, halte.

Nun, die künstlich hergestellte „Kern-Mantel-Faser" des Gewebes enthält angeblich viele kleine Luftröhrchen, die einen stärkeren Wärmeausgleich erwarten lassen und auch einen Schwitzwassertransport nach außen offensichtlich leichter ermöglichen, als dies bei bisherigen Synthetikstoffen möglich war – ohne Kältegefühl, wie die Werbestrategen versichern. Das ist eine ganze Menge mehr, aber mir steht nicht an, von dieser Broschüre ausgehend die absolute Vergleichbarkeit mit Wolle theoretisch festzustellen, ganz abgesehen davon, daß in diesem Gewebe nach Herstellerangabe auch Schurwolle enthalten sein soll. Die Verhältniszahlen des Synthetik-Woll-Mischgewebes verschweigt die Werbebotschaft schamhaft, der Wollanteil dürfte aber unter fünfzig Prozent liegen, weil die cleveren Marktstrategen sonst wohl zumindest das Kombi-Mischwoll-Siegel verwendet hätten. Außerdem ist immer die Frage, was miteinander verglichen wird – Synthetiks unter sich oder Synthetiks mit Wolle oder Seide...

Gute Kinderkleidung ist lebenswichtig

Bereits der neugeborene Säugling braucht eine schützende Umhüllung, zumal in unseren etwas kühleren Breitengraden. Gerade Babys haben ein besonders großes Wärme- und Schutzbedürfnis. Ihre Haut ist sehr empfindlich gegen Kälte und Wärme, bei Hautreinigungs- und Pflegemitteln, ja selbst gegen Farbstoffe und Imprägnierungen aus der Wäsche und den Kleidungsstücken.

Genaugenommen ist die erste Bekleidung des Säuglings die sogenannte „Käseschmiere" bei der Geburt, die nach Dr. med. Wilhelm zur Linden keinesfalls entfernt werden sollte, weil sie wertvolle Substanzen enthält. Die wenigen älteren und erfahrenen Hebammen scheinen das noch zu wissen.

In seinem sehr lesens- und beherzigenswerten Buch *Geburt und Kindheit* macht zur Linden Vorschläge für das Kinderbett: Er empfiehlt eine einteilige, feste Matratze aus Roßhaar, Kapok oder Seegras. Ich würde allerdings reine Schafschurwolle vorziehen und auf das Harte verzichten, wenn es schon die Hirsehäckselsäcke von früher für Kleinkinder nicht mehr gibt. Federkern und Schaumstoff erscheinen problematisch, weil sie eher für einen Hitzestau als für körpergemäße Wärme sorgen. Das Kopfkissen kann wegbleiben. Gerade bei Bauchlage behindert es den freien Spielraum des Neugeborenen.

Baldachin aus Purpurfarben

Einen Wäschekorb mit wolliger Unterlage halte ich in den ersten Wochen für günstiger als ein kaltes größeres Bett.

Der Betthimmel ist beim Kleinkinderbett wesentlich und mehr als ein romantischer Firlefanz. Er spielt eine ähnliche Rolle wie das Dach unserer Behausung, von dem besser informierte Menschen wissen, daß es nicht gleichgültig ist, ob man unter einem Flachdach wohnt und schläft oder unter einem Satteldach/Walmdach. Kritiker der heute gängigen Baustile behaupten sogar, daß ein Haus ohne (schräges) Dach wie ein Mensch ohne Kopf sei.

Jedenfalls hat man festgestellt, daß die Dachneigung der Niedersachsen- und Schwarzwaldhäuser genau dem Neigungswinkel der sakralen Bauten ehrwürdiger Epochen und auch der ägyptischen Pyramiden entspricht; deren anregend harmonisierenden Wirkungen sind heute schon sprichwörtlich. Der Neigungswinkel beträgt übrigens genau 51,8 Grad. Dies für diejenigen, die sich für dieses alte Wissen und die kosmischen Maße interessieren.

Für den auch pyramidenähnlich abfallenden Kinderbetthimmel über dem Babykörbchen empfiehlt Dr. zur Linden Naturseide in hellrot oder rosa als Unterlage und darüber hellblau. Seide ist als Naturstoff etwas Wunderbares. Hellblau und rosa nicht etwa, um Knäblein und Mägdelein farbenprächtig und traditionell gleichberechtigt zu beschützen, sondern allein aus der alten Kenntnis, daß diese Farben zusammen „Purpur-Violett" ergeben – eine kosmische, himmlische Farbe, die auf das Kind beruhigend wirken und auch die Widerstandskraft gegen Rachitis nachhaltig stärken soll. Kinder werden durch Purpur offenbar am besten beruhigt – Erwachsene später mehr durch Blautöne.

Gepunktete und stark gemusterte Stoffe sind zu meiden. Das gesunde Kind bringt immer genügend Phantasie mit und braucht keine Anregungen dieser Art, wohl aber sehr viel wärmende Zuwendung!

Wenn wir schon beim Kinderbett sind: Wollene Zudecken haben den Vorzug vor allen anderen. Leider gibt es anstelle der üblichen Baumwollüberzüge erst selten geeigneten wollenen Ersatz. Auf jeden Fall sollte die Decke an den vier Ecken angebunden werden, damit sich das Kleine nicht etwa die Decke über den Kopf ziehen kann und auch nicht bloßliegt.

Wohlriechende aromatische Duftkissen mit dezenter Füllung natürlicher Kräuter (Lavendel, Thymian, Bienenweide) aus dem eigenen Garten, von der frischen Wiese oder vom Wegrain, sind herrlich – ganz abgesehen davon, daß der gesunde Säugling auch von sich aus eine besonders wohlriechende Haut hat.

Zur Linden plädiert auch für das Wiegen des Säuglings und das Wiegenlied – bis zum Zahnen, dann kommt das Kleine in ein Bettchen, für das allerdings immer noch die gleichen Umhüllungsgrundsätze des Warmhaltens gelten sollten.

Überwärmung kann für Babys tödlich sein!
Hüten sollte man sich aber unbedingt vor zu viel Umhüllungswärme. „Natur & Heilen" brachte 9/87 eine Meldung, wonach *„englische Kinderärzte davor warnen, Babys nicht zu warm zu verpacken. Sie*

sehen darin eine Gefahr, die zur tödlichen Bedrohung werden kann. Dann nämlich, wenn das Kind zusätzlich in eine ungewöhnlich warme Umgebung kommt oder wenn durch eine Infektion unbemerkt die Körpertemperatur steigt. Dieses Fehlverhalten der Eltern erklärt nach Ansicht der Mediziner in erschreckend vielen Fällen den sogenannten plötzlichen Kindstod. Auf Befragen gaben nämlich zahlreiche betroffene Elternpaare zu, daß das Kind in seinen letzten Lebenswochen recht häufig geschwitzt hatte.

Vielfach wird die Gefahr überschätzt, daß Babys sich leicht erkälten. Das Risiko des Überhitzens ist sehr viel größer – und fast immer vermeidbar!"

Wollene Windelhosen

Immer mehr Eltern verwenden wieder Windelhöschen aus Naturwolle. Das Wohlbefinden des Säuglings steht dabei glücklicherweise vor den genormten Hygienevorstellungen unwissender oder irritierter Eltern, die das Beste wollen, mangels Wissen und aus Angst aber von Geburt an bereits oft das Verkehrteste tun.

Inge Neitzel aus Bergheim weist auf ihre sehr guten Erfahrungen mit schafwollenen Windelhosen hin, wenn diese noch einen hohen Wollfettanteil (Lanolin) haben, weil sie weitgehend feuchtigkeits-(urin-)abweisend sind und mehrere Tage nur an der Luft getrocknet werden können und nicht täglich gewaschen zu werden brauchen.

Wenn das Wollfett nach mehreren Wäschen weitgehend ausgelaugt ist, empfiehlt sie ein Nachfetten mit Lanolin, das Naturwarenanbieter in guten (kontrollierten) Qualitäten heute dosenweise anbieten. Kontrolliert deshalb, weil das Wollfett hochgradig mit DDT und anderen Stoffen belastet sein kann. Dies ist für Babypopos sicher keine ideale Beigabe und macht auch den Babycremeherstellern, die viel Lanolin verwenden, seit Jahren erhebliche Probleme.

Das Naturwarenhaus Wüllner aus Coesfeld erklärt das günstige Verhalten ihrer schafwollenen Windelhosen so: „... Durch eine basische Reaktion im Zusammenfluß von Lanolin und Urin (Schweiß) in der Wolle wird dieser verseift. Dadurch bleibt die Wolle, soweit der Fettgehalt reicht, immer hygienisch ... Die Höschen werden, solange sie nur (von Urin/Schweiß) naß sind (und keinen Kot enthalten!), einfach an der Luft getrocknet, um wieder frisch, geruchlos und saugfähig zu sein ..."

Woll-Wohlbefinden ist unbezahlbar
Die Kinder-Leibwäsche soll überhaupt aus reiner Schafschurwolle bestehen; es gibt mittlerweile eine ganze Reihe leistungsfähiger Fachgeschäfte, die eine reichhaltige Auswahl bieten. Das dabei seltener erforderliche Waschen gleicht den etwas höheren Einkaufspreis schon bald wieder aus.

Es sollte überhaupt das Bedürfnis des kleinen Menschen nach gleichbleibender Wärme im Vordergrund stehen und über alle genormten Klischeevorstellungen hinweghelfen können. Bei seltenerem Windel- und Wäschewechsel kommt man auch mit weniger Garnituren aus! Was den Kinderkörper bedecken soll, müßte idealerweise weitgehend aus naturbelassener reiner Schafschurwolle sein.

Die gelegentlichen Bedenken gegen Wolle bei Kleinkindern gehen auf die Beobachtung zurück, daß mittlerweile einige Allergiearten bereits bei Neugeborenen zum Ausbruch kommen. Naturheiltherapeuten weisen allerdings ausdrücklich darauf hin, daß Wolle oder Hausstaubmilben immer nur die „Auslöser", nicht die wahren Ursachen für die Allergie sein können. Allerdings kann das hierbei besonders schwache Immunsystem auch bereits durch Erbschäden vorbelastet sein – „bis ins dritte und vierte Glied" sollen sich nach biblischer Vorhersage die „Sünden" der Eltern auswirken...!

Lediglich das Kopfhäubchen (auch im Sommer!) soll aus naturreiner Seide bestehen. Einmal wegen der dort verstärkten Wärmeabstrahlung, zum anderen, weil die geistigen Fähigkeiten des jungen Menschen durch das leichte Luftgespinst Seide günstig beeinflußt und gefördert werden können.

Synthetik scheidet als direkte Körperbekleidung nach den Erfahrungen naturverbundener kritischer Berater bei Kindern grundsätzlich aus. Selbst Baumwolle hat als Pflanzenfaser lange nicht den Wert der ausgleichenden Eiweißfasern Wolle und Seide. Als Kompromiß bei der Ober- oder Allwetterkleidung sind andere Faseranteile und Mischgewebe von Eiweiß- mit Pflanzenfasern eher vertretbar, wenn die Entlüftung gewährleistet bleibt. Wir dürfen nicht einfach nur den äußeren Regenschutz sehen, sondern müssen wissen, wie es „da drinnen" aussieht – nicht immer zum besten!

Vom Baden und Stillen

Gustav Jaeger war davon überzeugt, daß sich die Kindersterblichkeit wesentlich verringern ließe, wenn die Kinder von Geburt an in Wolle gelegt und gekleidet würden. Bei schafhaltenden Völkerstämmen soll das heute noch – für Kinder wie für Erwachsene – selbstverständlich sein.

Der Woll-Jaeger war für das natürliche Stillen und gegen das zu häufige Baden der Kleinkinder – nach dem Motto: „Der Mensch ist kein Fisch"! Selbst „künstlich ernährte" Kinder gediehen nach seiner Beobachtung verhältnismäßig gut, wenn sie wollen umhüllt waren. Ich möchte es hier deutlich wiederholen: Wollkleidung hat den Vorzug, weitgehend geruchlos und schmutzabweisend zu bleiben. Wo und wenn – lieber seltener als zu häufig! – schließlich gebadet und gewaschen werden muß, helfen anschließend hautsympathische natürliche Fette (lanolinhaltig) oder Öle, die Haut rückzufetten.

Jugendliche in Seide kleiden

Die Wollphase des Kindesalters sollte mit der Pubertät durch Seidenunterwäsche abgelöst werden. Sie kühlt eher ohne zu kälten und vermittelt den in dieser Umstellungsphase oft aufgewühlten und gefühlsschwankenden Trägern ausgleichende und geistig anregende Impulse. Das ist besonders wichtig, weil sich viele Jugendliche während dieser Sturm- und Drangzeit oft in ihrer eigenen Haut nicht wohlfühlen. Dies hat vor allem psychologische Gründe, die ernstgenommen werden sollten. Da ist eine ausgleichende Bekleidung zweckmäßig.

Kleidung als Therapie

Jede Heilung sollte – nach dem Deutsch-Schweizer Paracelsus, aber auch nach dem griechischen Naturheillehrer Hippokrates – vor allem in der Vorbeuge bestehen. So wird Hippokrates der Spruch zugeschrieben: *„Kommt jemand wegen seiner Gebrechen zu Dir, damit Du ihn heilest – frage ihn, ob er bereit ist, die Ursachen seiner Krankheit zukünftig zu meiden. Nur dann darfst Du ihm helfen!"*

Haltungsschäden durch Jeans
Falsche Kleidung kann Krankheiten hervorrufen oder zumindest fördern. So hat der Freiburger Orthopäde Dr. M. Rütten negative Langzeitwirkungen bei so manchem Jeans-Träger festgestellt. Ursache sei der oft sehr körperenge Schnitt, der kein wärmendes und temperaturregelndes Luftpolster zwischen Haut und Gewebe mehr dulde. Dies führe zu verschiedenen Erkrankungen, auch an den ständig zusammengedrückten Geschlechtsteilen. Haltungsschäden seien langfristig ebenso unausweichlich wie bei ständigem Tragen hochhackiger Schuhe.

Auch Kleidungsstoffe können krank machen
Neben zu engem Schnitt kann auch das verwendete Material unsere Gesundheit beeinflussen – zum guten wie zum schlechten. Es ist bekannt, daß synthetische Stoffe im allgemeinen den Feuchtigkeitsaustausch mit der Außenluft behindern, was leicht zu verschwitzter Unterwäsche oder feuchten Hemden führt. Schweißnasse Kleider wiederum stellen den günstigsten Nährboden für Erkältungskrankheiten aller Art dar.

Kleidung aus Pflanzenfaserstoffen (zum Beispiel Baumwolle und Leinen) ist für den menschlichen Körper schon zuträglicher. Von ausgesprochenen Heilwirkungen können wir jedoch erst bei den Eiweißfaserstoffen aus Wolle und Seide ausgehen: Diese Stoffe können nicht nur dazu dienen, unsere Gesundheit zu erhalten, sondern wirken auch bei manchen Leiden lindernd bis heilend.

Pluspunkte für die Schurwolle
Zunächst zu den erwiesenen Vorteilen der naturbelassenen reinen Schurwolle.

○ **Belastendes wird aufgesaugt**
Das chemische Bindungsvermögen der Naturwolle sorgt dafür, daß körperbelastende Hautsekrete aufgesaugt, gebunden und nach außen abgeleitet werden. Dieser chemische Prozeß wirkt sowohl bei sauren als auch bei basischen Substanzen, mit denen komplexe Verbindungen des Wollkeratins entstehen. Farb- und Schadstoffe von Oberbekleidung oder Umwelt können von der Wolle weitgehend absorbiert und damit vom Körper ferngehalten werden, solange eine bestimmte Konzentration nicht überschritten wird. Das ist eine sehr wesentliche Gesundheitsvorbeuge, die Pflanzenfasern und Synthetics grundsätzlich nicht aufweisen.

Das heißt durchaus nicht, daß beispielsweise Leinenwickel bei Kneippanwendungen und ähnlichem ihren besonderen Zweck nicht sehr gut erfüllen und bislang unersetzlich sind. Aber als ständige direkte Umhüllung auf dem Körper getragen, sind sie Wolle und Seide nicht ebenbürtig.

○ **Vitalitäts-Speicher**
Naturreine Wolle bindet nicht nur feste und flüssige Stoffe, sondern auch gasförmige, also Gerüche und Düfte unerwünschter Art. Das können nur Eiweißfasern! Andererseits kann die Wollfaser auch angenehme Duft-, Lust- und Gesundheitsstoffe des Trägers als „stille Reserve" speichern oder von außen aufnehmen und in die Eigenkörperstrahlung (Aura) des Trägers überführen. Es geht hier also nicht um das nur äußerliche und oberflächlich sichtbare „strahlendste Weiß Ihres Lebens", sondern um ein lebensförderliches und vitalisierendes Fluidum. Angenehme Düfte sind auch seelisch gesundheitsfördernd und lösen schließlich innersekretorische, hormonelle und enzymatische Reaktionen aus, die für die Gesunderhaltung und Heilung sehr wichtig sind.

○ **Salbung aus dem eigenen Fett**
Naturreine Wolle enthält reinen Schwefel, Kalium und Aminosäuren, die den Stoffwechsel des Trägers anregen und die Verschlackung abbauen helfen. Die Wolle ist eingenommenen Medikamenten schon dadurch überlegen, daß sie keinen Schaden anrichtet

und praktisch keine Nebenwirkungen auslöst. Die heilenden Stoffe sind vor allem im verbliebenen Wollfett zu finden und in den darin enthaltenen Vitaminen.

○ **„Reizende" Wolle als Schönheitsmittel**
Was die Haut leistet, wissen wir. Naturbelassene Wolle unterstützt sie in ihren natürlichen Funktionen und regt sie durch ihre feine Haarkräuselung und die abstehenden Fäserchen zusätzlich an. Die reizende Wolle wird damit zu einer sanften Massage und schließlich zum indirekten Schönheitsmittel.

○ **Wollene Liebkosung am ganzen Leib**
Ein interessantes Experiment: Ziehen Sie in einem ausgekühlten Zimmer zunächst nur ein nicht angewärmtes Hemd aus Baumwolle, aus Leinen oder Synthetik auf den nackten Leib – Sie werden das Frieren lernen! Ziehen Sie danach unter gleichen Bedingungen ein schurwollenes Hemd oder eines aus Wildseide über – Sie werden sofort die wärmende, liebkosende und in jedem Falle wohltuende Hülle dankbar empfinden und wissen, was Ihnen besser tut.

○ **Wolle als Isolator**
Die biophysikalischen Eigenschaften der Naturwolle ergeben sich aus ihrem enormen Porenvolumen im Gewebe und der geringen Leitfähigkeit der einzelnen Wollfasern. Sie wirkt dadurch isolierend – gegen Kälte wie gegen Wärme. Auch gegenüber dem uns umgebenden Ozean von Strahlungen und Schwingungen, dem ständigen Bombardement wechselnder Strömungen und Impulse, wird diese isolierende Wirkung naturbelassener Wolle zunehmend wichtiger. Sie kann außerdem bei der sogenannten „Klima-Allergie" weitgehend Abhilfe schaffen. Diese Schutzfunktionen gegenüber unserer näheren und weiteren Umwelt können Pflanzenfasern nur bis zu einem gewissen Maße erreichen, Tiereiweißfasern isolieren jedoch weitaus stärker, vermutlich auch gegen Erdstrahlen und atomare Strahlenwirkungen.

An dieser Stelle sei darauf hingewiesen, daß – so die Augenzeugen – nach dem Abwurf der Hiroshima-Atombombe Frauen, die einen Sari aus reiner Seide getragen haben, keine oder kaum Brandwunden erlitten hätten. Da Seide gegenüber Hitze relativ unempfindlich ist, erscheint das einleuchtend. Auf Naturseide als Strahlenschutzkleidung sind die Forscher wohl noch nicht gekommen?

○ **Rheuma-Heilfaktor durch heilmagnetische Strahlungen**
Biologisch geschulte Wollkundler vermuten, daß die Vitalstrahlung des Tieres in seinem Haarkleid gesammelt wird und in naturbelassener Schurwolle noch im wesentlichen enthalten ist. Der aus der Wollkleidung nach innen abstrahlenden „heilmagnetischen Aura" wird die bekannte rheumalindernde oder heilende Wirkung zugeschrieben – dies sowohl der Schafswolle, noch stärker Kamel- oder Angorawolle und auch Katzenfellen (vermutlich mit tierartbedingten Unterschieden).

Aus der Naturheilpraxis
Die Naturheilärztin Heidrun Munsch hat auch mit konsequenter Wollbekleidung dauerhafte Heilerfolge erzielen können: so bei allen Erkrankungen, mit denen ein Körperenergieverlust einherging, speziell bei chronischen Leiden und dauernder Erschöpfung. Sodann bei Erkrankungen und Beschwerden des rheumatischen Formenkreises, einschließlich Gelenkentzündungen und Arthrosen. Ferner bei chronischen wie akuten Nieren- und Blasenleiden, Bandscheibenschäden und -beschwerden, bei Unterkühlungen und bei Neigung zu Erkältungskrankheiten, bei Frauenleiden, zum Teil selbst bei Krebserkrankungen und den damit einhergehenden körperlichen und seelischen Belastungen.

Der Jaeger-Enkel, Dr. med. Walther Kröner, faßte viele der langjährigen Erfahrungen unter dem Motto *Naturreine Wolle als neuraler Gesundheitsfaktor* zusammen. Als Generalrezept empfahl er allen gesundheitlich Belasteten, den Erschöpften wie den verschlackten Stoffwechselkranken, den Nervösen, den Tuberkulösen und den Krebskranken, den Schlaflosen, Depressiven und schließlich sogar noch den Überfütterten und Überfetteten: *„Machen Sie eine Wollkur, tragen Sie zumindest naturbelassene wollene Unterwäsche!"*

Naturwolle immer auf die nackte Haut!
Dietrich Mozen, ein erfahrener Hobby-Schäfer in der Lüneburger Heide, nennt noch weitere Leiden, bei denen Wolle helfen kann: Ischias und Hexenschuß, Hals- und Nackenschmerzen, Verstauchungen, Zerrungen, Wundliegen (hier hilft auch ein kurzgeschorenes Schafsfell, auf dem Kranke wie Gesunde mit der bloßen Haut liegen sollten) und bei allen Muskel- und Nervenschmerzen.

Er empfiehlt – was ich aus mehrmonatiger eigener Erfahrung voll bestätigen kann – die ungewaschene Rohwolle, frisch vom Schaf oder luftfrisch und trocken von der letzten Wollschur aufbewahrt, direkt auf die Haut oder die erkrankte Körperstelle zu legen. Haben Sie ein ganzes Vlies, sollten Sie die beste Wolle (siehe Zeichnung im Kapitel „Wolle") aussuchen und für solche Heilzwecke reservieren. Denn: *„Eine Handvoll Schurwolle ist schon die halbe Hausapotheke!"*

Schurwolle für Ihre Hausapotheke
Dazu gibt Dietrich Mozen von seiner Schaffarm noch praktische Hinweise, wie ich sie sonst nirgends fand: Wolle für Heilzwecke soll zunächst mit der Hand von großen Schmutzteilen gereinigt werden. Dann werden die trockenen Wollspitzen gezupft, damit sie gleichmäßig stehen und locker als Auflage dienen können. Die geschorene Wolle sollten Sie dafür grundsätzlich nicht waschen! Um es auch in diesem Zusammenhang nochmals deutlich zu sagen: Empfehlenswert ist es, das eigene Hausschaf ein bis zwei Wochen vor der Schur leicht temperiert bis handwarm zu baden. Selbstverständlich werden bei diesem Schafbad weder Seife noch irgendwelche anderen Reinigungsmittel verwendet (gießen Sie mit dem „Woll-Waschwasser" später Ihre Blumen und Kräuter in Haus und Garten)! Dadurch können einerseits die gröbsten Verunreinigungen leichter entfernt werden, andererseits bildet sich bis zur Schur wieder genügend tiereigenes Wollfett. Dieses Fett hat die größte Heilwirkung und sollte in der „Heilwolle" ungeschmälert verbleiben.

Rohwolle als Heilmittel kann natürlich nicht die sorgfältige Untersuchung und Behandlung durch den erfahrenen Arzt ersetzen, aber als Unterstützung und zur Mobilisierung der körpereigenen Abwehr- und Selbstheilungskräfte leistet sie uns wertvolle Dienste.

Übrigens, wenn Wolle und Seide hier nicht immer in einem Atemzug genannt werden, so liegt das vor allem daran, daß uns über Seide weniger Meßergebnisse und Erfahrungen vorliegen, vielleicht nur, weil sie weniger verbreitet und seit langem nahezu ausschließlich ein relativ teurer Importartikel war. Außerdem hat nur Wolle das Wollfett.

Seide als Heilmittel?
Interessant ist, daß der keineswegs einseitige „Woll-Jaeger" sich auch intensiv mit der naturbelassenen Seide beschäftigte und sie als grundsätzlich gleichwertige, wenn auch etwas andersartige Textil-Eiweißfaser anerkannte. Die Besonderheiten der Seide gegenüber Wolle umschreibt Dr. W. Körner wie folgt:
○ *Der Seidenfaden besitzt eine größere chemische Verbindungsfähigkeit und ist elastischer. Trotz der früher üblichen „Beschwerungsverfahren" mit Metallsalzen konnte er noch etwa das Achtfache des eigenen Gewichts tragen.*
○ *Selbst durch Färbungen kann nur ein Teil der chemischen Kapazität der Naturseide abgesättigt werden, der wertvolle Rest dient, ähnlich wie bei der Wolle, der Geruchsbindung und biologisch aktivierenden, gesundheitsfördernden Wirkungen.*
○ *Wärmephysikalisch gelten Seide und Wolle als gleichartig.*
○ *Seidengewebe sind, wegen ihrer Faserweichheit und Feinheit, nicht ganz so porös, luftig und aufsaugfähig wie Naturwolle. Mangels abstehender Kräuselhaare können Seidenstoffe nicht den anregenden, streichelnden Hautreiz auslösen wie Wolltrikots.*
○ *Die feinstofflich anregenden elektrischen Reize der Seidentextilien – nicht zu verwechseln mit den grob spürbaren und belastenden elektromagnetischen Auﬂadungen von Synthetics – übertreffen jedoch noch diejenigen der Wolle und gleichen auf diese Weise den dem Seidenfaden mangelnden Massagereiz auf ihre Art wieder weitgehend aus. Sie vermitteln ein angenehmes, leicht anregendes, mehr geistig-seelisch stimulierendes Gefühl.*
○ *Lindernde bis heilende Wirkungen werden der Naturseide bei folgenden Leiden nachgerühmt: Bei Ekzemen und allen allergischen Hautleiden, bei Lymphdrüsenschwellungen, chronischer Bronchitis, Schlafstörungen, übermäßiger Schweißabsonderung ohne entsprechende körperliche oder klimatische Belastung, bei vegetativen Störungen, Gliederschmerzen und Depressionen. Empfohlen wird sie besonders für Frauen in den Wechseljahren (aufsteigende Hitze), Jugendliche in der Pubertät, für Nervöse und schließlich auch für Asthmatiker.*

Bekannte von mir, die sehr viel im Freien arbeiten, haben, seit sie seidene Unterwäsche tragen, keine blau-rot unterkühlten Hände und keine kalten Füße mehr. Ich selbst trage zumindest vom frühen Frühjahr bis in den späten Herbst hinein Unterwäsche aus Wildseide, weil sie mir sehr liegt und weil ich mich ausgesprochen wohl darin fühle, besonders auch bei intensiver, kreativer Geistesarbeit. Dieses Buch wurde praktisch ausschließlich „in Seidenwäsche" geschrieben; plus Oberbekleidung natürlich. Für den Dauerlauf und bei größerer Kälte kommt dann die naturbelassene Schurwoll-Unterwäsche zu Ehren und zur schweißaufsaugenden Wirkung; stets ohne Unterkühlungsgefahr!

Unübertroffene natürliche Regenerierungsfähigkeit
Im Zusammenhang mit den unnachahmlichen und unverwechselbaren Ureigenschaften der Eiweißfasern Wolle und Seide wies mich der Environtologe* Dr. Werner Kaufmann nachdrücklich darauf hin, daß beide Ursprungsmaterialien sich amphoter verhalten. Das heißt, sie können chemisch sowohl als Säuren als auch als Basen wirken und dementsprechend auch auf beide chemischen Formen entsprechend reagieren. Darauf beruht die Fähigkeit, unangenehme Gerüche im Alltagsgebrauch neutralisieren zu können. Das ist auch der Grund für ihre von keinem anderen Textilmaterial erreichbare natürliche Regenerationsfähigkeit, sich durch den Sauerstoff der Luft selbsttätig zu reinigen. Diese Eigenschaft ist für das Wärmehaltevermögen wesentlich, das allerdings durch häufiges falsches Waschen – zu kalt, zu heiß, zu sauer oder zu alkalisch – stark abgeschwächt und schließlich nahezu ganz verlorengehen kann.

Zukunftsweisende Versuche könnten sicher weitere Beweise und neue Anwendungsmöglichkeiten erkunden und erschließen, wenn die maßgeblichen Stellen mit diesem natürlich gewachsenen Stoff auch nur annähernd soviel experimentieren würden, wie dies für Kunststoffe aller Art aus kommerziellen Gründen seit Jahrzehnten schon selbstverständlich getan wird.

Kürzlich hörte ich von einem Zufallsergebnis, bei dem Bakterienkulturen in einer zugegebenen Giftlösung wesentlich länger überleb-

---

* Environtologe – ein mit dem Umfeld des Menschen und seiner menschgemäßen Umfeldgestaltung sich beschäftigender Fachmann, meist Privatforscher, Gesundheitsberater im weitesten Sinne

ten, wenn Schurwollfäden hinzugefügt wurden. Das dürfte völlig neue Möglichkeiten für lebenserhaltende Vorhaben erschließen lassen.

Wolltaschentücher gegen Schnupfen

Bei dem Studium der mir zugänglichen Jaeger-Literatur stieß ich auch auf den lapidaren Hinweis, daß Taschentücher aus Wollstoff das beste Mittel gegen Schnupfen seien. Nähere Einzelheiten sind mir nicht bekannt, ich führe die Wirkung aber auf das bakterien- und pilzwidrige Reaktionsverhalten von Wolle und Seide zurück. Jedenfalls gelang es mir nicht, bei zwei renommierten Wäschegeschäften in Frankfurt am Main solche Wolltaschentücher zu erwerben. Ich wurde befremdlich bis mitleidig angesehen, weil man solche Taschentücher doch nicht kochen könne.

Zunächst resignierte ich, bis ich bei der Naturstoff-Importeurin Anita Pletsch in Linden-Leihgestern Wollmusselin sah (sie führt neuerdings auch originelle Kimono-Schnitte), der mir für meinen empfindlichen Riecher gerade gut genug schien. Nach Hause gebracht, schneiderte allerdings meine Tochter Susanne – ohne mein Wissen und in Unkenntnis meiner heren Testabsicht – daraus eine flauschig-fließende Bluse. Als ich kurz darauf im Schwarzwald überraschend einen deftigen Schnupfen bekam, erinnerte ich mich wehmütig der immer noch nicht greifbaren Wolltaschentücher. Wieder ein vertaner Testfall. Nachts, von triefender Nase aufgewacht, kam mir die rettende und tatsächlich schnupfenblockierende Idee: Ich hatte, wie meist, auch diesmal Rohwolle dabei, um sie an kühlen Abenden beim Sitzen im Freien als Einlage unter der Unterwäsche in der Nierengegend zu tragen (zu Hause ansonsten bei der Gartenarbeit und Unterkühlungsgefahr für die überanstrengten Rückenmuskeln).

Davon nahm ich ein Stück, das noch Wollfett enthielt, hüllte meine Schnupfennase darin ein – ich konnte auch dadurch noch recht gut atmen – und „mißbrauchte" einen Rest als Ersatztaschentuch, leicht mit Olbas (ätherisches Öl) getränkt. Und siehe da, die Nase hörte auf zu laufen, ich schlief erstaunlich gut ein und erwachte am Morgen mit kaum noch wahrnehmbaren Schnupfensymptomen. Der morgendliche Waldlauf und starkes Schwitzen wirkten als verstärkende Anti-Schnupfen-Kur. Hier sind noch Versuche erforderlich, schon um festzustellen, ob maschinell gesponnener und gewebter

Wollstoff – der dann zwangsläufig weitgehend entfettet sein dürfte – die gleichen guten Heildienste tut wie mein Notrezept mit roher Schafschurwolle.

Übrigens, Susanne nähte mir dann doch noch einige Wolltaschentücher, die ich im Alltag nicht mehr missen möchte; sie kälten nie und riechen auch nicht unangenehm.

Neue Handtuch-Hygiene?
Im textilen Hygienebereich lassen sich weitere Einsatzmöglichkeiten finden. Sprichwörtlich ist doch die Bakterienübertragungsgefahr bei den herkömmlichen Handtüchern. Jeder sollte deshalb sein Handtuch haben. Ob das viel nützt, weiß ich nicht, aber das sogenannte Familienhandtuch wird schon lange als Brutstätte für Pilze und Keime angesehen – mit Recht, wenn es aus Baumwolle ist, die als Pflanzenfaser keine bakterientötende Wirkung haben kann.

Wenn aber das, was Wollstoff bei Schnupfen heilend und sicher auch vorbeugend bewirkt, tatsächlich generell zutrifft und bestätigt werden kann, dürfte bei Handtüchern aus ähnlichem Stoff auch ähnlich bakterienabweisende Wirkung zu erreichen sein.

Od förderlich – Od hinderlich
Die Lebenskraft, kosmische Energie und die Aura als individuelles Energiefeld, als Energiefluid oder Energiekörper des einzelnen Menschen, beschäftigen schon Jahrtausende hellsichtige und feinfühlige Menschen, Propheten und Seher. In diesem Bekleidungsbuch kann nicht zusammengefaßt werden, welche Wirkungen alle Materialien auf den Menschen direkt und indirekt haben. Ein Beispiel einer Betrachtung und Bewertung sei hier aus dem Buch *Der Verkehr mit der Geisterwelt Gottes* von Pfarrer Johannes Greber zitiert (Byssus meint ein „feinfädiges, zartes Gewebe aus gesponnener, tierischer Eiweißfaser wie Seide, Muschelseide):

„... *Von den Mineralien sind Gold, Silber und Kupfer Träger der reinsten mineralischen Odmischung. Das siehst du auch daran, daß sie keinen Rost annehmen. Denn Rost entsteht durch Aufnahme von unreinem Od, das zerstörend auf das Od wirkt, in das es eindringt.*"

„*Dasselbe gilt von den Stoffen, die teils zu Kleidungsstücken der Priester, teils zu Vorhängen und Teppichen, teils zur Dachbedeckung des Offenbarungszeltes verwendet wurden. Blauer und roter Purpur,*

Karmesin und Byssus besitzen als Stoffe die reinste Odmischung. Darum mußte das Schulterkleid des Hohen Priesters, der ja in die engste Verbindung mit dem durch die Odwolke redenden Geiste Gottes trat, aus blauem und rotem Purpur, Karmesin und gezwirntem Byssus angefertigt und mit Gold durchwirkt sein."

„In derselben Weise war das zum Schulterkleid gehörige 'Orakelbrustschild' angefertigt. Dazu enthielt es zwölf Edelsteine, weil sie das wertvollste Od in besonders großer Menge enthalten."

„Das Obergewand war ganz aus blauem Purpur und unten am Saum mit Granatäpfeln aus blauem und rotem Purpur und Karmesin und dazwischen mit goldenen Glöckchen versehen. Das alles hatte seine große Bedeutung."

„Die Unterkleider waren aus Byssus. Die Beinkleider aus reiner Leinwand. Auch euch ist bekannt, daß reines Leinen am Körper und auf Betten der Gesundheit besonders zuträglich ist. Das kommt daher, daß dieser Stoff ein eigenartiges und reines Od enthält, das sich eurem Körper mitteilt und dadurch stärkend auf ihn wirkt."

„Von allen Holzarten ist das Akazienholz die reinste. Darum durfte nur dieses Holz beim Offenbarungszelt Verwendung finden."

„Von dem alleinigen Gesichtspunkt der größten Reinheit des Od aus wurden auch alle anderen Vorschriften über Beschaffenheit der Gerätschaften, Vorhänge, Teppiche, Dachbedeckung getroffen, die du im einzelnen in der Bibel nachlesen kannst..."

Mode und Gesundheit

Es wäre sicher maßlos übertrieben und ungerecht, wenn man der Mode in jedem Falle eine vorsätzlich lebensfeindliche und gesundheitsschädigende Rolle unterstellen würde. Der Hauptantrieb, sich modebewußt zu kleiden, entspringt wohl dem allzu menschlichen Bedürfnis nach Anerkennung durch andere. Hinzu kommt der nicht unwichtige, aber schwieriger faßbare Begriff des eigenen Wohlfühlens. Wir fühlen uns in einer Kleidung wohl, die wir mögen – aber mochten wir sie oft mehr, weil sie modebetont aussah, schick war, bewundert wurde – hoffentlich auch zu uns paßte, in Farbe und Schnitt?!

Nur allzu häufig sind es also äußerliche und vordergründige Kriterien, die beim Modekauf Pate stehen. Von der Sache her müßten (und dürften) – bei grundsätzlichem Wissen, das Sie als Leser dieses Buches nun nach und nach erworben haben – die gesundheitlichen, die inneren Werte der Kleidung jedoch keineswegs ausgeschlossen zu sein. Gesundheit und Mode könnten sich vertragen und ergänzen!

Wenn man aber weiß, wie Mode gemacht wird – daß sehr viele Menschen sehr schnell bereit sind, sich kurios und absonderlich zu kleiden, wenn ihnen nur werbepsychologisch geschickt und massiv suggeriert wird, daß dies jetzt gerade „in" sei – ist es um so bedauerlicher, daß die hochdotierten Modeschöpfer nicht auch einmal innere Werte „nach außen kehren".

Wenn schon die große Masse der Menschen Wertloses von Wertvollem nicht zu unterscheiden vermag, so könnten doch wenigstens die Modeschöpfer mit ihren großen Werbemöglichkeiten gesundheitliche Aspekte in ihre Kleiderschöpfung einbauen und damit einen allmählichen Umdenkungsprozeß auslösen. Aber Vernunft scheint in der Mode nicht gefragt, und Gesundheit ist „kein Thema", jedenfalls solange es uns noch gut geht.

Bei der Wahl der Kleidung haben nach Brigitte Beyer und Heilwig Kafka zehn Prozent der befragten Frauen die Absicht geäußert, bewußt auffallen zu wollen, 25 Prozent gaben sich bescheidener und wollten nur bei besonderen Gelegenheiten die Blicke aller – oder ganz bestimmte Blicke! – auf sich ziehen, während sich 65 Prozent sogar ausgesprochen unsicher fühlen, wenn sie auffallen.

Auffallen ist nicht alles
Übrigens, der Wunsch, nicht aufzufallen, nimmt mit Alter und Körpergewicht zu; bei Verheirateten, Geschiedenen und Verwitweten ist er größer als bei Ledigen. Dagegen setzen vor allem jüngere Frauen modische Kleidung bewußt als Mittel zur Kontaktaufnahme ein.

Als Beweggründe für das modisch-kleidsame „Sich-schön-machen" gaben Frauen an:
- andere Frauen ausstechen   6 %   aktiv
- imponieren wollen   11 %
- Erfolg anstreben   17 %
- den Männern gefallen   22 %
- das Selbstbewußtsein stärken   43 %
- allgemein gut ankommen   56 %
- sich selbst besser gefallen   60 %
- sich wohlfühlen   66 %   passiv

Mehrfachnennungen waren dabei möglich.

Die Männerwelt ist bisher in Modedingen eher zurückhaltend gewesen – sehr zum Leidwesen der Modestrategen. Ob sie vernünftiger oder nur bequemer, weniger reizempfänglich (Modereiz!) oder allgemein so selbstbewußt sind, daß sie mit jeder Kleidung so wirken und das erreichen, was sie bewußt oder unbewußt wollen – ich weiß es nicht. Die Bekleidungspsychologen lassen diese Fragen weitgehend unbeantwortet. Frauen sind für sie offenbar bisher dankbarere und motivierbarere Objekte, obwohl ich persönlich gerade bei jungen Männern kaum noch einen Unterschied zu Frauen sehen kann.

Mitte der siebziger Jahre stellten die Kleidungsmeinungsforscher noch fest, daß eine Durchschnittsfrau ein Kleidungsstück mindestens zwei Jahre tragen können möchte. Viele Frauen akzeptierten damals Hosen als Frauenkleidung nicht, allenfalls in der Freizeit wollten sie sie gelten lassen. Andererseits erwartet die „Frau von heute" (falls es sie überhaupt gibt) ein zukünftig bunteres Straßenbild und daß „man tragen kann, was man will".

In den Umfragen ist dann viel die Rede von gesellschaftlichem Wettbewerb durch modische Attribute, von beabsichtigter sexueller Anziehung, von Selbstbestätigung und Selbstverwirklichung – nur nicht von dem Wert einer biologisch wirkungsvollen und lebenserhaltenden Kleidung für den Menschen schlechthin und dem dadurch beachtlich stimulierbaren Wohlbefinden.

Teil IV

Wie man sich bettet, so liegt man

Unsere bisherigen Betrachtungen gingen jeweils vom Menschen aus und kreisten mehr oder weniger eng um die Bekleidung selbst. Dabei ist immer wieder angeklungen, welche Wirkungen das auslöst, was der Mensch mit Essen und Trinken direkt in sich aufnimmt, was atmosphärisch an Energiefeldern und Schwingungen auf ihn einströmt, was ihn fördern und was ihn belasten kann ... Aber auch, was ihm helfen wird, wenn er die Zusammenhänge kennt und Ursachen wie Wirkungen einzuschätzen und zu nutzen lernt.

Also gehört auch die sogenannte „dritte Haut", sein weiteres Umfeld, in diesen Bannkreis. Die Übergänge sind fließend, und eine strikte Einteilung über „den Schweregrad" der jeweiligen Einwirkung wäre reine Willkür und dem Wohlbefinden des Menschen nicht zuträglich.

Von der dritten Haut ist dem Menschen nichts so nah wie sein Bett. Betrachten wir deshalb in diesem Buch noch das Nachtlager und unsere Schlafgewohnheiten, und was sich in dieser Hinsicht verbessern läßt.

Im Schlaf sind wir passiv
Wach- und Schlafzustand unterscheiden sich in einem wesentlichen Punkt. Im wachen Zustand sind wir überwiegend aktiv, eher abwehrbereit und fähig, Umwelteinflüsse und Belastungen, die von außen auf uns zukommen, durch entsprechende Reaktionen oder durch bewußte Veränderungen der Verhältnisse (z.B. durch Lüftung, Regulierung der Heizung usw.) rasch anders zu gestalten. Nicht so im Schlaf und tiefer Entspannung. In ruhender Lage sind wir überwiegend passiv. Beim Schlafen, und noch mehr im Tiefschlaf, hören, sehen und riechen wir direkt relativ wenig – wenn wir uns wirklich erholen wollen. Zwar wechseln die Phasen des flacheren und tieferen Schlafes häufig miteinander ab, aber wir wissen doch, daß der schlafende Mensch im Grunde wehrlos ist und sich hilflos fühlt (sonst würden nicht so viele Menschen ihre Fenster dicht verschließen). Wir sind im Schlaf auf Regeneration, auf Verarbeitung des Tagesgeschehens oder dieser und jener Erfahrung und Belastung, aber auch auf Aufnahme neuer Kräfte und geistig-seelischer Impulse eingestimmt – auf jeden Fall sind wir ihnen ausgesetzt.

„Den Seinen gibt's der Herr im Schlaf ..."
Dieses bekannte Sprichwort hat einen sehr ernstzunehmenden Hintergrund. Es vermittelt uns die wertvollen Erfahrungen von Menschen, die entweder noch naturbegnadet waren oder schon wieder bewußter gelernt hatten, sich den geistigen Sphären im guten Sinne zu öffnen.

Wir sind schlafend tatsächlich offen und empfangsfähig. Das heißt aber auch, daß wir für alle möglichen, für alle guten und alle unguten Einflüsse und Einwirkungen empfänglich sein können. Deshalb spielt die nächtliche Schutzhülle nicht nur wärmeregulatorisch eine so entscheidende Rolle, sondern gerade auch seelisch und geistig, insgesamt atmosphärisch!

Was alles während der passiven Schlafenszeit negativ auf uns wirken kann, machte mir das Buch *Der Körper lügt nicht* von Dr. John Diamond klar. Darin wird unter anderem auf die Wirkung von Armbanduhren (mit Quarzkristallen), synthetischen Fasern in Textilien und Bettwäsche, Toilettenartikeln, Metallen, Beleuchtungskörpern, Medikamenten im Schlafbereich und auf Radio wie Fernsehgeräte eingegangen. Inwieweit der oder die einzelne dadurch betroffen ist, läßt sich mit einer Hilfsperson unkompliziert feststellen. Der Muskeltest zeigt genau an, was lebensförderlich ist, was energiezehrend und das Immunsystem schwächend. Auch die Baubiologen weisen warnend auf die noch nächtlich anhaltende unterschwellige Reizüberflutung unserer Sinne und unseres natürlichen Abwehrsystems hin. Professor Dr. Anton Schneider spricht bzw. schreibt von „Elektrosmog" im Wohn- und Schlafbereich.

Warum schläft man überhaupt nachts?
Zu dieser Frage gibt Dr. Josef Oberbach folgende Erklärung:
„... Natürlich weil es dunkel ist. Aber das ist keine energetische Begründung. Nachts haben wir den Kontakt mit der Sonne verloren, der durch die 'Photone', die Boten des Himmels, nur auf geraderLinie hergestellt wird. Dann empfängt die Epiphyse (Zirbeldrüse) keine Impulse mehr, und es setzt ihre Tätigkeit aus. Über dieSchaltzentrale der Epiphyse (Thalamus) und den Hypothalamus (Schaltzentrale der Hypophyse) wird der elektrische Stromkreis abgeschaltet. Die Lichter im Körper werden nach und nach ausgelöscht, das sind Geist und Verstand. Es tritt somit Ruhe ein und damit Müdigkeit und Schlaf.

In der horizontalen Schlaflage berühren und verkreuzen sich Arme und Beine. So entsteht der bioenergetische Kurzschluß, durch den die Notaggregate eingeschaltet werden. Nun kreist die Bioenergie allein im Körper und hält den Kreislauf auf niedrigen Touren. Auch die Atmung ist verlangsamt, aber gedehnt, so wie sie eigentlich immer sein sollte. Da man gottlob im Schlaf nicht raucht, kann sich nun der Sauerstoff ungehindert an die roten Blutkörperchen anhaften und gelangt jetzt überall hin. Da der Sauerstoff nicht mehr für Muskelarbeit, Denkprozesse und Tätigkeiten der Abwehr eingesetzt werden muß, steht er allein für gründliche Entschlackung zur Verfügung.

Dieser nächtliche Verbrennungsprozeß erzeugt die notwendige Wärme. Diese Wärme muß aber geschützt werden, indem man sich gut zudeckt, weil die ebenfalls Wärme erzeugende Abwehrenergie in der Haut ausgeschaltet ist. Infolge der intensivierten Entschlackung fallen mehr Abfallprodukte an, die durch die Haut und mit dem Ausatmen abgegeben werden, daher dauert das Ausatmen in der Nacht zeitlich länger an. Die Abgabe der gasförmigen Abfallprodukte an das Bettzeug ist sehr groß und kann bei verschiedenen Krankheiten vollauf den Sättigungsgrad erreichen.

Auf nächtliche Kälte, Zugluft, Luftdruckveränderungen und übermächtige kosmische Pluspolaritäten (Fülle bei Vollmond, wodurch der pH-Wert in den Säurebereich fällt) reagiert das biologische Warnsystem automatisch. Das ist der Grund, weswegen man dann gegen fünf Uhr morgens wach wird (Temperatur-Tiefpunkt). Da Kälte minuspolig ist, stört sie grundsätzlich im Kreuzungspunkt aller minuspoligen Energieleitungen (Meridiane), in der Brust, die Lungen- und Herztätigkeiten. Wir haben erfahren, daß eine Balancestörung sich in Schmerzen, Schlafbeschwerden, Angst, Alpträumen, Depressionen und vor allem in Kreislaufschwächeerscheinungen (Steißbeinschmerzen verbunden mit kaltem Po) äußert. Somit ist Schlaf kein Selbstzweck, wie so mancher glaubt. Er ist zur Regeneration der Bioenergie da, und zwar durch einen ungestörten Atmungsablauf."

Der „Naturzeitschlaf"

Ingrid und Richart Kuhn machten mich auf den „Naturzeitschlaf" aufmerksam, den sie schon oft praktiziert haben und der von Hermann Schlumpberger in „Natur & Heilen" (3/87) ausführlich beschrieben wird. Demnach genügt ein Schlafpensum von etwa vier Stunden, wenn man sich ungefähr um 19 Uhr zu Bett begibt und um 23 Uhr ausgeschlafen wach wird – so wie es in den zwanziger Jahren Prof. Th. Stöckmann bereits öffentlich empfohlen hat. Er hat wohl wenige Nachahmer gefunden, obwohl viele über die scheinbar „nutzlose" Schlafenszeit stöhnen. Jede Stunde Schlaf vor Mitternacht scheint tatsächlich doppelt zu zählen!

Dr. med. Heinz Fidelsberger verweist in den „Kneipp-Blättern" unter dem Motto *Damit Sie besser schlafen können* auf die Nachwirkungen des Nachtmahles und empfiehlt, abends möglichst wenig Eiweißprodukte und eher eine knappe, kohlenhydratreiche Kost zu sich zu nehmen.

Eine generelle Orientierungshilfe bietet Kurt Wienberg vom Geobiologischen Arbeitskreis in Kassel mit seinen 18 Kriterien für einen gesunden Bettplatz, die der Diplom-Physiker Dr. Paul Schweitzer, Sindelfingen, sachverständig vertiefte.

Grundsätzliches zum Thema *Der gesunde Schlafbereich* ist in dem sehr weitgespannten und fundierten Buch gleichen Namens von Dipl.-Ing. Walter Pistulka, Institut für Baubiologie, Wien, zu finden, einschließlich einer sehr sinnigen Übersicht der stimulierenden (sympathicotropen) und beruhigenden (vagotropen) Farben unter Einbeziehung der vier Naturelemente Luft, Feuer, Erde, Wasser.

Mit dem Kopf nach Norden

Von den alten Weisen rührt die traditionelle Ansicht über Schlaf:

Das magnetische Feld des Menschen soll das magnetische Kraftfeld der Erde nicht kreuzen. Das ist der Fall in der W-O-Horizontallage (Kopf nach Westen) und entsprechenden leichten Diagonalrichtungen. Dadurch wird der Schlaf sensibler Menschen ruhelos, was auch in anderen Ländern als bekannte Tatsache gilt.

Mit dem Kopf vorzugsweise nach Norden (notfalls nach Osten) zu schlafen, ist entsprechend der Erdrotation in aller Regel richtig (Dr. Manfred Köhnlechner *Man stirbt nicht im August*). Nur wenige Menschen können offenbar besser mit dem Kopf nach Süden schlafen, sehr selten auch nach Westen. Das hängt – nach Wilhelm Meseck – sehr mit der Polung (Polarität) des einzelnen Menschen zusammen. Freiherr von Reichenbach ermittelte 1840 zwei Polungstypen, die Russen vor rund vierzig Jahren vier, W. Meseck 1980 bereits acht Variationen, die, so vermute ich, auf die zunehmend elektrisch-wechselstromverseuchte Umwelt und die Beton-Eisen-Bauweisen zurückzuführen sein dürften...

Nach einer alten Architektenregel werden die Schlafzimmerfenster zwar bevorzugt nach Osten ausgerichtet – wegen der dort aufgehenden Sonne, aber über die Bettstellrichtung ist kaum etwas bekannt. Ausprobieren!

So instinktiv wie Tiere finden auch kleine Kinder noch die richtige Schlafrichtung, wenn man sie gewähren läßt und sie sich ihr Plätzchen im Bett oder im Zimmer selbst suchen können. Hunde sind offenbar Erdstrahlenflieher. Wo sich ein Hund hinlegt, kann deshalb auch der Mensch unbeschadet ruhen (Das gilt wohl für alle Säugetiere außer Katzen.)!

Spielwiese und Allerheiligstes
Unter diesem Tenor brachte die Zeitschrift „Wohnen im eigenen Heim" (1/87) einen geschichtlichen Überblick über die Bettypen und Schlafgewohnheiten vom 16. bis ins 18. Jahrhundert. Die Bett-Palette reichte damals vom riesigen Wirtshausbett bis zum Funeralbett, auf dem noch im Tode repräsentiert wurde. Das Ehebett – zwischen Liebe und Gardinenpredigt – das Prunkbett mit „Hofhalten im Liegen", wie das Krankenbett standen in dieser Zeitschrift bildlich und textlich zur Betrachtung an, obwohl sie damals sicher nur für wenige Menschen aktuell waren.

1778 soll ein Doktor Graham ein „Himmlisches Doppelbett" präsentiert haben, bei dem für fünfzig Englische Pfund per Magnetkraft süße, wallende, kitzelnde, vibrierende, seelenlösende, ja sogar markschmelzende Bewegungen geliefert worden sein sollen.

Der Höhepunkt war damals ein aus dem heißen Süden Frankreichs kommendes „Pneumatisches Bett", auch Luftbett genannt, bei dem dreihundert aufgeblasene Schweinsblasen ein unvergleichlich „kühles Schlafgefühl" vermittelten.

Nur der Freie lag
Ein eigenes Bett war aber bis in die jüngste Zeit hinein keineswegs selbstverständlich. Standesunterschiede setzten hier deutliche Grenzen: der Freie lag, wenn er nicht ritt, zum Essen wie zum Schlafen. Der Leibeigene oder Sklave saß, selbst während des Schlafes. Noch

um die Jahrhundertwende hatten Lehrbuben oder Hütejungen grundsätzlich kein Bett – die einen kauerten zur Nachtzeit unter den Treppenwinkeln in des Meisters Haus, die anderen verbrachten auch die kühlen Nächte in der Regel im Freien beim Vieh (was noch nicht einmal das Schlechteste gewesen zu sein brauchte).

Felle und grobe Sack- oder Leinentücher waren als Nachtlager bereits ein Fortschritt, Wollaken oder ein Platz auf der Ofenbank ein wahrer Luxus.

Jedem Menschen sein Bett

Zum Glück (?) sind hierzulande die Zeiten vorbei, in denen halbe Familien gemeinsam ein Bett hüteten. Das erscheint schon wegen der unterschiedlichen Körperausdünstungen und Individualdüfte nur dort begrenzt vertretbar, wo große Harmonie herrscht und die Polarität stimmt. Wir müssen schon damit rechnen, daß Ausscheidungs- und Belastungsstoffe unter der Bettdecke hin und her wandern; diese wirken auf Kleinkinder sicher nachteiliger als auf ausgewachsene, gesunde Menschen mit mehr Abwehrkraft und höherem Energie-Potential. Andererseits suchen und brauchen Kleinkinder nachts offensichtlich phasenweise die elterliche Nestwärme, vor allem während der hoffentlich lange währenden Stillzeit, und diese ist nach Liedloff durch nichts zu ersetzen. Sie ist das Fundament für seelische Ausgeglichenheit und angstfreie Lebensentfaltung, was auf keine andere Weise erreicht und auch später nur sehr bedingt und mangelhaft nachgeholt werden kann. Der Körperkontakt tagsüber ist natürlich genauso wesentlich!

Unter keinen Umständen sollten gesunde Menschen oder gar Kinder in ein Bett gelegt werden, in dem lange chronisch Kranke – zumal bei Krebs – gelegen haben und gestorben sind. Auch Holz – wie alle Pflanzenstoffe – nimmt solche negativen Strahlungen an und hält sie sie offenbar noch lange weitgehend fest.

Schlaf gut – in modernem Bettkomfort?

Man kann wirklich nicht behaupten, daß die supermodernen Bandscheibenstudios – wie sie einige clevere Bettenanbieter heute selbstbewußt nennen – ein dem Menschen und seinen biologischen Bedürfnissen wirklich entsprechendes Angebot bereithalten; geschweige denn, über die nachfolgend geschilderten Zusammenhänge auch nur annähernd Bescheid wüßten.

Untersuchungen haben ergeben, daß sich ein rundes Drittel unserer Mitbürger häufig oder dauernd übermüdet fühlt. Gewiß ist dafür nicht ausschließlich das Bett verantwortlich, denn auch seelische Belastungen und nicht abgebauter Streß behindern eine nächtliche Regeneration unter Umständen erheblich. Immerhin gab etwa jeder achte Befragte an, grundsätzlich schlecht zu schlafen.

Interessant sind in einer der nachfolgend beschriebenen Studien die Aspekte zur „Phänomenologie des Schlafes". Wachen und Schlafen werden dort als Ausdruck biorhythmischen Geschehens gedeutet. Das Bewußtsein des Menschen sei im Schlaf nicht völlig aufgehoben, die unterschwellige Bewertung der einströmenden Informationen (und Reize, zum Beispiel ein anhaltend hoher Geräuschpegel von der nahen Straße!) sei selbst im Tiefschlaf noch erstaunlich gut erhalten. Das erklärt auch, warum als bedeutungsvoll eingeschätzte und erwartete äußere Reize schon bei relativ geringer Intensität einen Schläfer jederzeit wecken können – zumal, wenn er sich innerlich darauf eingestellt zur Ruhe begibt, etwa eine stillende Mutter, die im Grunde auf ein Hungersignal des Säuglings nebenan wartet.

Unsere Bettumhüllungen

Wie in Amerika sind auch hierzulande – soweit bekannt – bisher erst drei Versuchsreihen durchgeführt worden, bei denen unsere Bettmaterialien eingehend untersucht wurden: einmal die Matratzen[1], dann Bettwäsche und Bettausstattungen[2] und schließlich auch die Oberbetten[3].

Mit drei Bettdecken aus unterschiedlichem Material haben zwölf organisch gesunde Schüler und Studenten – Durchschnittsalter 22 Jahre – als Versuchspersonen „probegeschlafen". Die Oberbetten mußten alle um siebenhundert Gramm pro Quadratmeter schwer bzw. leicht sein und hatten die Maße 150 mal 220 Zentimeter. Sie hatten entweder eine Füllung aus Polyester-Stapelfasern, eine aus Daunen oder bestanden aus einem Gewebe von Acrylflor/Baumwollkette. Das vierte, mit Schafschurwolle gefüllte Oberbett konnte nur von vier Personen getestet werden. Aus angeblich finanziellen und zeitlichen Gründen wurden gerade diese Ergebnisse leider nicht ausgewertet (vermutlich fehlte hier die zahlungskräftige Lobby?).

Es wurden drei verschiedene Klimasituationen simuliert: „Nordklima" mit 18 Grad Celsius Raumtemperatur bei 50 Prozent relativer Feuchte, anschließend „Kaltklima", (12 Grad bei 62 Prozent Feuchte) und schließlich „Heißklima" (28 Grad bei 58 Prozent Feuchte).

An den Grenzen der Meßtechnik

In 168 Versuchsnächten ergab sich eine Fülle von einzelnen Meßdaten, die jedoch nur eine relative Aussagekraft haben. Empfohlen wurde abschließend einerseits die kombinierte Polyester-/Wolldecke

---

1 Kinkel, H.J.; Maxion, H.: „Schlafphysiologische Untersuchungen zur Beurteilung verschiedener Matratzen"
2 Nesswetha, W.: „Vergleichende Untersuchungen von Bettwäsche und Bettausstattung aus herkömmlichen und synthet. Fasern"
3 Müller-Limmroth, Prof. Dr. med. W., und Mitarbeiter: „Untersuchungen über den Einfluß unterschiedlicher Obermaterialien auf das Schlafverhalten und das Bettklima."

als Oberbett für die übliche Schlafraumtemperatur von etwa 16 Grad Celsius, andererseits die Daunenzudecke bei offenem Fenster im Winter (11 bis 13 Grad Celsius) und schließlich die Acryldecke allenfalls für einen kurzen Mittagschlaf.

Die Abmessungen der Zudecken sollen reichlich bemessen sein, weil das von allen Schläfern als günstig empfunden wurde und weniger kalte Zuglöcher in der Betthöhle befürchten läßt!

Die Versuchsfrauen mochten es unter der Bettdecke in der Regel um einiges wärmer als die Versuchsmänner. Offen blieb allerdings, welche Art Schlafanzüge benutzt wurden, wie die Matratzen beschaffen waren und welches Bettzeug das Institut sonst stellte. Ansonsten waren die Bedingungen für alle Versuchspersonen gleich.

Genaugenommen bringen solche meßtechnisch und statistisch abgesicherten Werte letztlich keine für uns wirklich verwertbaren Aussagen. Das um so weniger, wenn die dem Menschen am stärksten verwandten Naturmaterialien Wolle und Seide nicht konsequent mit einbezogen werden. Hier sind die Woll- (IWS) und Seidenwerbestellen schon lange gefordert! Mit großformatigen Werbeanzeigen in der Publikumspresse allein ist es wirklich nicht getan!

Das Nachtlager des Woll-Jaegers

Deshalb habe ich nachgeforscht, was ältere Erfahrungen uns lehren und was neuzeitliche Baubiologen an Erkenntnissen und Empfehlungen vermitteln können. Dabei stieß ich zunächst wieder auf den „Woll-Jaeger", der das ganze Nachtlager von unten bis oben gründlich durchgewühlt hat und daraus sehr verständliche Schlußfolgerungen zog – und das bereits vor rund drei Generationen, kurz nach der Jahrhundertwende!

Er meinte danach noch, daß die Körperschlacken und Ermüdungsstoffe nach seinen Feststellungen im passiven Ruhezustand weit weniger leicht ausgeschieden werden als zum Beispiel bei schweißtreibenden Tagesaktivitäten. In jedem Falle ist es wichtig, daß die Nachtruhe im denkbar gesündesten Umfeld stattfindet, einem Milieu, das keine Ausscheidungsstoffe festhält oder gar noch von außen anzieht und sammelt.

Das Ideal: nackt in Wolle oder Seide

Bevor wir aber nun in das Bett steigen, müssen wir uns kurz mit dem Nachtgewand befassen. Hier spielt die Gewohnheit eine große Rolle. Die einen sind für wehende Nachthemden, andere für den zweiteiligen Pyjama; gegen letzteren ist dann weniger zu sagen, wenn die Zudecke so reichlich bemessen ist, daß kalte Löcher an der Seite ausgeschlossen werden können. Ich selbst schlafe seit Sommer 1979 die meiste Zeit des Jahres am liebsten unbekleidet – und fühle mich so am wenigsten eingeengt und rundum wohl. Dabei kommt es aber noch mehr darauf an, was einen als Ober- und Unterbett umgibt, denn das ist ja dann die zweite Haut, die uns am nächsten liegt.

Ob als nächtliche Umhüllung oder als Betthöhle: Wolle, vor allem im Winter, und Seide, eher im Sommer, sollten auch hier immer den Vorzug erhalten. Das gilt auch für Bettlaken und Bezüge! Ich selbst komme in einem Seidenbett mit prall gefüllter Seidenwatte allerdings genauso wenig zum anhaltenden Tiefschlaf wie in klaren Vollmondnächten. Was tagsüber als Seidenunterwäsche Schwung, Energie und Inspiration bringt, kann nächtens zu viel und zu stark wirken. Es scheint also doch sogenannte „Woll-" und „Seidentypen" zu geben!

Eine echte Alternative wäre nur noch das Fell, wobei relativ kurz geschorene Schafsfelle sich sehr gut bewährt haben. Allerdings: Immer direkt mit der nackten Haut daraufliegen, ohne Nachtzeug, weil sich sonst nicht die volle Wirkung entfalten kann.

Wie angedeutet, kuschele ich mich in meinen kamel-lamahaar-merino-schafschurwollenen, zweiseitig flauschigen Webpelz (Tölle, Schiltberg) von 150 Zentimeter Breite (dürfte manchmal noch fünfzig Zentimeter breiter sein) und 250 Zentimeter (Über-) Länge, was bei einer Körpergröße von 193 Zentimetern gerade richtig ist! Als Matratzenauflage und Schlafunterlage dient ebenfalls ein zweiseitiger flauschiger Webpelz.

Nacktschlaf-Hygiene

Nahezu alle Deutschen reagieren auf solche Vorstellungen entsetzt. Dabei kann die wollene oder seidene Umhüllung tagsüber im Schatten, bei Nebel oder im Winter bei trockenem Pulverschnee wunderbar regenerieren; die nächtlichen Ausdünstungen läßt sie ja ohnehin gleich abziehen. Wer seinen Körper rein hält, kann das Wollbett leicht sauber halten (in Sonderfällen schützt ein kleiner Seidenslip das Bett).

Auch nach zehn Jahren Webpelzschlaf roch er, selbst ungewaschen, tatsächlich immer noch nur nach Kamel. Nebenbei, im elften Jahr habe ich ihn während warmer Sommertage in der Badewanne über Nacht eingeweicht und erstmals gewaschen. Er brauchte drei Tage bis er wieder trocken war, ist „leichter", aber noch benutzbar.

Naturfarben auch nachts ideal
Gustav Jaeger plädierte bei allem, was den ruhenden Körper zur Nachtzeit umhüllt, für Gewebe aus naturfarbenen Tiereiweißfasern. Lediglich als Tagesüberwurfdecke gestattete er seinerzeit gefärbte Textilien.

Schlaftips am Rande: Stecken Sie einmal Heilkräuter (in einem gesonderten Säckchen) in Ihr Kopfkissen. Ein wohlriechender Duft begleitet so Ihre Träume. Kamelhaardecken werden bevorzugt gerade als Schlafdecken empfohlen. Sie sind auch in guter Mischung mit Schafschurwolle und Lamahaar zu erhalten. Frieren im Bett bringt keine Abhärtung, sondern Verkrampfung statt Entspannung. So decke ich bei strengem Frost und stets offener Terrassentür über meinen Wollwebpelz eine zusätzliche Wollsteppdecke, die allerdings noch die kleine Sünde eines Baumwollbezuges um sich hat. Aber je weiter von unserem Körper entfernt, um so eher sind gewisse Kompromisse notfalls noch zu vertreten. Ein Wolle- oder Seidenbezug wäre natürlich noch besser!

Nachts: Kamelhaar vor Schafwolle
Nach G. Jaeger hat das Kamelhaar-Schurwollbett gegenüber dem reinen Schafwollbett folgende Vorteile:
○ Kamelhaar ist grundsätzlich unempfindlicher gegenüber Hautausdünstungen und läßt sie rascher entweichen.
○ Kamelhaarbetten bleiben länger rein.
○ Der dezente arteigene Kamelwollgeruch wird bald als einschläferndes Mittel empfunden und verhilft dann zu einem tieferen und ruhigeren Schlaf.
○ Das Kamelhaarbett ist im Sommer kühler und im Winter wärmer, wohl weil diese Wolle etwas gröber und lufthaltiger ausfällt.

Auf Reisen kann ein Seiden- oder Wollschlafsack, eventuell auch als knöpfbare Kombination Decke/Sack, ein wertvoller Gefährte sein. Er schützt vor kalten und feuchten Hotelbetten und gibt einem die gewohnte heimelig-zarte Wollmassage und kuschelige Wollwärme. Es gibt bis jetzt (1990) allerdings kein entsprechendes Marktangebot, so daß man sich das Optimale zusammensuchen und selbst nähen muß.

Wolfgang Beigang, Wollwebpelzbesitzer: „Man wird des Nachts bei jeder Körperbewegung gestreichelt" (für Junggesellen und -gesellinnen deshalb besonders empfehlenswert)!

Statt Tierfäden – Tierfedern?
Hier sagen die biologischen Berater grundsätzlich nein! Federn sind zwar auch Tiereiweißmaterial und aufgrund ihres hohen Luftgehalts sehr leicht, eine regelrechte Luftzirkulation im Federbett selbst findet aber offenbar so gut wie nicht statt, weil das Inlett sehr, sehr dicht gewebt sein muß (wegen der sonst durchkommenden spitzen Federkiele). Die Körperausdünstungen ziehen aber offenbar trotzdem über Nacht nach und nach hinein (Löschblatteffekt), ohne daß sie von selbst durch Lüften wieder von dannen duften könnten (wie beim offenen Wollwebpelz!)

Wer kennt nicht das glatte Federkleid der Wasser- und Luftvögel und hat nicht schon gesehen, wie sie sich aufplustern und nach Lust und Laune lüften können? Das glatte Federkleid schützt gegenüber Wasserkälte, Sturmwind und Regen. Das aufgeplusterte Federkleid gestattet jede gewünschte Zirkulation – solange es am Körper ist und vom Tier bewegt werden kann – blitzschnell, automatisch, instinktiv, nach Belieben.

Die gerupften Federn jedoch rutschen dicht zusammen und geben ein nahezu luftdichtes Polster, eine schützende Hülle. Das ist der Grund, warum die menschliche Haut darunter so „schön warm" gehalten wird. Inzwischen wissen wir aber, daß Luftzirkulation und Feuchtedurchgang für unser Wohlbefinden sehr wichtig sind. Deshalb schneiden Bettfedern und selbst die teuersten Daunen bei Vergleichstests in diesem Punkt meist sehr schlecht ab. Als Bettfüllung können sie deshalb grundsätzlich nicht empfohlen werden.

Hinzu kommt, daß die sonst so reinlichkeitsbewußten Deutschen laut Statistik ihre Federbetten nur alle 15 Jahre einmal reinigen lassen – aber sie meist wöchentlich von außen frisch beziehen. Gehen Sie doch einmal in eine Bettfederreinigung ... „doch wie es drinnen aussieht, geht keinen was an."

Die richtige Matratze

Einer der stärksten Verfechter einer gesunden Baubiologie ist Dr. med. Hubert Palm, der in seinem Buch *Das gesunde Haus* sehr grundlegende Zusammenhänge dargestellt hat, die unser nächstes Umfeld und damit auch Bett, Raum und Haus voll mit einbeziehen. Er bestätigt darin die starke Entgiftungswirkung von tierischen Fasern (Haare, Wolle, Seide) und warnt vor Eisen und Metall an Betten, erst recht vor Sprungfedern – die nach verschiedenen Aussagen auch noch „den falschen Drall" haben, und deshalb belastende Erdstrahlen noch verstärken können.

Vorsicht Erdstrahlen!
Erdstrahlen können nach meiner eigenen Erfahrung einen Schlafplatz enorm belasten und zumindest zu andauernder Schlafstörung führen. Bei Entstörungsgeräten ist jedoch Vorsicht geboten. Es gibt zwar störungsableitende, aber auch solche, die nach einer gewissen Aufladungszeit sogar wieder als Verstärker abstrahlen können. Glattes Holz (auch Holz- oder Pflanzenfasern) ab einer gewissen Stärke (zum Beispiel Scheitholz unterm Bett) kann eine sehr solide Strahlenschutzwirkung ohne Nebeneffekte ausüben. Auch Kalkstein (Marmor) soll günstig sein!

Nach neutralen Messungen von Wolfgang Maes, Neuß (vgl. „Wohnung und Gesundheit" 3/91 *Radiästheten im Test*) werden skandalöse Widersprüche und unseriöse Abschirmpraktiken bei der heute üblichen, sehr subjektiven „Wald- und Wiesen-Rutengängerei" angeprangert. Maes selbst – Mitarbeiter des Institutes für Baubiologie und Oekologie Neubeuern – geht konsequent meßtechnisch mit Apparaten vor.

Meinen Erfahrungen nach, messen die meisten, teils geprüften, teils selbsternannten Rutengänger überwiegend von sich selbst ausgehend. Sie sind auf sich und ihren Erfolgszwang fixiert, statt neutral für den Kunden zu arbeiten, das heißt ohne Ehrgeiz und bestimmte Vorstellungen auf das Grundstück/Haus und dessen Bewohner orientiert. Entsprechend „schief" werden die Ergebnisse ausfallen. Leider ist es meist so, daß man von drei Rutengängern teils völlig entgegengesetzte Aussagen erhält, die der Laie verkraften muß und kaum in einen sinnvollen Zusammenhang für eine Entscheidungsfindung bringen kann. Hilflosigkeit und Ängste sind dann das Gesamtergebnis.

Das soll nicht heißen, daß seriöse und wirklich fähige Rutengänger nicht verbindliche und zutreffende Aussagen machen könnten. Ich bin sogar überzeugt, daß der übersensible Mensch (überwiegend auch Frauen mit ihren Empfangsantennen für das Feinstoffliche!) bei hohem Kenntnisstand, sorgfältiger Schulung und bescheidenem Anspruch noch wesentlich differenzierter, eben feinfühliger messen kann als jede Apparatur. Aber wo und wie diesen idealen Rutengänger finden?

Der Rutenmeister Wilhelm Meseck (verstorben 1989) hat mir viel Erfahrungswissen aus seiner fünfzigjährigen Praxis vermittelt. Ihn ließ ich auch mein Baugrundstück für das Öko-Modellhaus am Bodensee untersuchen. Es genügte ihm, den Lageplan zugesandt zu bekommen, und per „Fernmutung" hat er mehr und differenzierter analysiert und kartiert, als alle Rutengänger zusammengenommen, die inzwischen dort waren.

Die mesecksche Tradition führt Günter Martin im sauerländischen Menden in kleinem Umfange weiter. Ansonsten ist mir nur noch Christian Pabel aus Wörnitz bei Feuchtwangen begegnet, der ähnliche Fähigkeiten hatte und ohne Rute und jedes Hilfswerkzeug mit den bloßen Händen mutete und ortete, Brunnenbohrungen in Afghanistan ebenso wie Wasseradern hierzulande.

Antworten auch ohne Rute

Ich selbst, oft darauf angesprochen, verwende keine Rute und auch kein Pendel, nicht weil es etwa „nicht funktioniert", auch nicht, weil ich es für „Teufelswerk" halte, sondern schlicht und einfach, weil ich (für meinen persönlichen Hausgebrauch allerdings und nicht für beruflich-gewerbliche Fremdmessungen!) ohne Instrumente immer durchlässiger, also „fühliger", werden möchte und jede Antwort von innen heraus und von oben inspiriert, direkt und ohne Medium und Hilfsmittel erhalten möchte; und siehe da, es funktioniert immer besser und sicherer, je offener ich für jede Antwort werde.

Schlafplatz nach Maß
Bioberater Schmutzler, der mittlerweile bei Soest/Westf. wohnt, hat sich in seiner langjährigen Praxis sehr intensiv mit dem Thema „gesunder Schlaf" befaßt und zahllose Menschen über ihre Schlaf- und Ruhebedürfnisse befragt und persönlich differenziert beraten. Nach vielen individuellen Messungen und Nachforschungen, worauf und worin sie sich am wohlsten fühlen, rät Schmutzler zur konsequenten Matratzen-Einzelanfertigung. Bei seiner, auf den einzelnen Menschen abgestimmten Matratzen-Rezeptur werden folgende Gesichtspunkte beachtet:
○ Lebensalter (ein älterer Mensch schätzt mehr Wärme, auch wenn es ihm selbst nicht bewußt ist)
○ Körpergewicht, absolut und im Verhältnis zur Körpergröße (Stoffwechselumsatz, Körpertemperatur, Regulativ)
○ Allgemeiner Gesundheitszustand oder häufig wiederkehrende Erkrankungen, Leiden, Beschwerden; auch Invalidität, Wetterfühligkeit usw.
○ Wohnverhältnisse im allgemeinen, wie Höhenlage des Hauses, Hochhaus/Einfamilienhaus, Beton-/Holzhaus, Heizungsart, Wohnung, Arbeits- und Schlafplatz
○ In unserer Klimazone sollen Matratzen eine Sommer- und eine Winterseite haben (hängt aber sehr von der Art und Qualität der Matratzenauflage bzw. den Bezügen ab; Anm. des Verfassers).
○ Schlafgewohnheiten (Frühaufsteher, Spätschläfer) und
○ Schlafmöbel (Bettgestell statt mit Sprungfederrost nur mit genau abgestimmten, elastischen Holzleisten, möglichst keine durchgehenden bzw. umlaufenden Metallteile, usw.)
○ Die Eßgewohnheiten (Fleischesser/Vegetarier) und die Konstitutionstypen werden zusätzlich beachtet.

Matratze aus Roßhaar?
Nun kaufen sich die meisten Menschen eine fertige Matratze von der Stange. Eine Roßhaarmatratze (in der bis zu siebzig Prozent Kuh- oder Ochsenhaare verarbeitet werden dürfen, wenn sich nicht als „Roßschweifhaar-Vollpolster-Matratze", der höchsten Qualitätsstufe, angeboten wird), gilt sozusagen als der „Mercedes" unter den Matratzen, hat sich aber bei überdurchschnittlich sensiblen Menschen gelegentlich als sehr stark energieaufladend erwiesen, was die Schlaf-

tiefe beeinträchtigen kann. Es wird allgemein auf die Springlebendigkeit des künstlich gedreht und gedrallten, von Natur aus meist glatten, starken Roßschweifhaares verwiesen.

Wieweit Seidenwatte aus Kokonresten, für Decken und Kissenfüllungen beliebt, und Wolle als Matratzenfüllung einsetzbar sind, bleibt auszuprobieren. Es stellt sich das Problem, daß diese Materialien durch den festen Matratzenbezug nur eingeschränkt ausdünsten können und sich deshalb zwischen den Schlafzeiten kaum so regenerieren wie offene Webware! Sie müssen laut Schmutzler nach sechs bie sieben Jahren ausgetauscht werden.

Alle anderen Materialien stammen aus dem Pflanzenreich – „Holzfasern", würde der Woll-Jaeger auch heute noch nachdrücklich feststellen – und können deshalb einige erwünschte Eigenschaften eben nicht aufweisen, von Synthetik ganz abgesehen.

Strohkernmatratzen statt Strohsack?
Schmutzler verarbeitet – je nach Menschentyp – vorwiegend Palmfaser, Kokosfaser und etwas Roßhaar. Früher war Kapok (Samenhaare, auch als Pflanzen-Daunen umschrieben) üblich, der sehr feuchteresistent und relativ leicht ist, sich aber – zumal ohne federnden Lattenrost – gerne verschiebt, Kuhlen bildet und unbequem wird.

Vor einigen Jahren lebte der gute alte Strohsack in einer neuartigen Strohkernmatratze wieder auf. Ich schaffte mir zwei davon an, mußte aber feststellen, daß Stroh doch problematisch sein kann, weil es die Körperfeuchtigkeit leicht aufnehmen, aber nur unvollkommen wieder abgeben kann. Daraufhin erinnerte ich mich, daß der Strohsack, auf dem ich bei meinem Onkel auf dem Lande in den Ferien schlief, genaugenommen ein Spreusack war. Und niemand hätte die Spreu länger als ein Jahr dringelassen, sie wurde vielmehr nach der nächsten Getreideernte sofort gegen neue ausgetauscht.

Heute wird bei der Strohkernmatratze für „fünf Jahre garantiert". Das mag sie bei geringer Beanspruchung gerade überstehen. Sie ist aber relativ hart, was nicht jedermanns/-fraus Sache ist. „*Frauen ab Vierzig*", so der Handmatratzenmacher Wolfgang Schmutzler, „*wollen sie generell etwas weicher.*" Außerdem warnt Prof. Dr. Anton Schneider in „Natur & Heilen" (9/87), daß solche Pflanzenmaterialien, und zumal Stroh, gegen Pilze, Sporen, Milben und Keime grundsätzlich nicht gefeit sind.

Vielleicht billig – aber preiswert?
Hinzu kommt, daß solche Billig-Kompromisse überwiegend von jungen, wenig verdienenden Menschen in Anspruch genommen werden, die sich oft nicht einmal ein Bettgestell leisten können. Hier wird es besonders problematisch, wenn die Strohmatratze beispielsweise auf einen noch jahrelang feuchten Betonboden eines neuerbauten Studentenwohnhauses gelegt wird, nicht ahnend, was sich zur Körperausdünstung von oben dann zusätzlich auch noch von unten im Inneren der Matratze ansammeln und die Bakterienvermehrung erheblich verstärken kann.

Selbst wenn die Matratze aus Stroh die garantierte Dauer durchhält, muß man in zwanzig Jahren fünfmal eine neue anschaffen – während Naturmatratzenmacher Schmutzler und andere gute Anbieter – wie der Polstermeister Erich Zick aus Immenstadt im Allgäu – diese Gesamtbenutzungsdauer schon beim ersten Modell garantieren. Das Stroh rechnete sich also per Saldo nicht so preiswert, wie ich anfangs meinte.

Dinkelspreumatratzen – mit abgenähten Kammern und Leinenbezug – sind auch ein Kompromiß, da sie sehr der Strohmatratze ähneln. Sie müssen auch jährlich ausgetauscht werden, was in der Regel meistens unterbleibt.

Vergiftung durch billige Matratzen
Nun gibt es allerdings noch weitaus gefährlichere Billig-Matratzen. Unter der Überschrift *Gasvergiftung nachts* berichtete das „Vita-Sana-Magazin" (5/86): *„Warum sind die meisten Atembeschwerden nachts? Sehr oft wird Geld gespart und dadurch kommen Billigprodukte ins Schlafzimmer. Beispiel: Eine Schaumstoffmatratze besteht aus einer chemischen Zusammensetzung. Die Luftion AG, Basel, die auf Messungen dieser Art spezialisiert ist, konnte schon verschiedentlich Formaldehyd aus Schaumstoffen bis 2,5 ppm (Teile auf eine Million) feststellen, die ungeahnt in der Schlafphase vom Körper aufgenommen werden. Formaldehyd ist ein giftiges Reizgas, das in der BRD als krebserzeugender Stoff deklariert wird. Die Maximalgrenze liegt bei 0,1 ppm für Wohnräume. Daß Meßwerte, die das 25fache dieser Toleranzgrenze ausmachen, zu Atembeschwerden und vielen anderen Leiden führen können, ist offensichtlich..."*

Baumwollfutons – der neueste Hit?
Der allerneueste Trend sind Baumwollfutons, die nach japanischer Schlafsitte auf dem Boden ausgebreitet werden. Im Ursprungsland lagern diese anfangs recht bauschigen Futons obligatorisch auf luftdurchlässigen Reisstrohmatten, werden tagsüber zusammengerollt (dabei automatisch gelüftet), kommen in den Schrank und werden abends wieder ausgebreitet. Nichts von all dem Zeremoniell wurde mit dieser Bettkultur des Ostens hierher übernommen. Die Futons liegen meist einige Jahre auf dem Boden (was bei Holzböden noch angehen dürfte, wobei die Baumwolle auch nicht ganz so feuchtigkeitsempfindlich ist wie etwa Roggenstroh) und werden irgendwann beseitigt, wenn sie „wie eine Flunder" plattgelegen sind und kaum noch elastischen Liegekomfort bieten.

Alles in allem erscheint mir eine gut gestaltete Naturmatratze mit hochwertigen, dauerhaften Materialien meist doch die sinnvollere Lösung zu sein, die ihren Preis auch wert ist.

Naturlatex – sind Träume Schäume?
Auch die echte Latex-Schaumgummi-Matratze wird häufig mit gutem Ergebnis genutzt und empfohlen. Der Ausfluß des Latex-Gummibaumes dürfte dem Menschen allerdings, physiologisch gesehen, genauso fern oder nah stehen wie die Pflanzenfasern als solche. Will man es richtig machen, muß man auf alle Pflanzenfaser-Nachtlager eine gute dicke Wollauflage legen, die wärmt und reguliert, die Ausscheidungsstoffe weiterleitet, kurz: für die richtige Bett-Luft-Kanalisation sorgt!

Kritisch setzt sich „Gesünder Wohnen" in seiner Ausgabe 3/86 mit sogenannten Naturlatex-Kautschukmatratzen auseinander und stellt dar, daß der wirkliche Naturlatexanteil oft nur dreißig Prozent beträgt. Dagegen garantieren Markenfirmen wie Liform siebzig bis achtzig Prozent, Wittmann 92 Prozent und Pirelli (Modell Sade) hundert Prozent. Wieweit das stark erhitzte und geformte Latexmaterial überhaupt als Naturprodukt gelten kann, möchte ich offenlassen. Wenn zwei Latexblöcke aufeinandergeklebt wurden, wirkt dies auf jeden Fall lüftungshemmend. Die Firmen weisen auch darauf hin, daß die Löcher in diesen Matratzen produktionsbedingt seien und nicht in erster Linie der Durchlüftung dienen. Diese sei angeblich durch die unzähligen miteinander verbundenen Mikrozellen gewährleistet...

Neuste Trends
In der Frühjahrsausgabe von „Gesünder Wohnen", 14/91, erschien unter dem Titel *Naturmatratzen – Lattenroste – Futons* ein umfassender Naturmatratzen-Report. Leider sind darin keine Preise genannt, und es wird auch kaum eine Aussage über die Nutzungsdauer gemacht. Vermutlich wurden keine Dauerversuche durchgeführt. Trotzdem enthält er viele tiefergehende und umfassendere Informationen als viele andere Berichte zu diesem Thema. Die einzelnen Matratzen-Materialien sind im Detail vorgestellt und in ihrem praktischen Gebrauchswert umschrieben. Lattenroste mit Metall sind aufgeführt. Baumwoll-Futons werden nur „jungen Schläfern mit gesunder Wirbelsäule" empfohlen.

Auf der Pro Sanita-Naturmesse in Stuttgart stieß ich im April 1991 auf eine originelle Kapokmatratze alter Machart in neuem Gewand. Sie ist dreiteilig klappbar und kann dadurch leicht verstaut und als Gästebett schnell hervorgeholt werden. Die Komfort-Version von Seehawer, Tübingen, dagegen ist einteilig, dafür 14 Zentimeter dick. Sie ist unterteilt in einzelne Stoffkanäle, die mit kleinen kapokgefüllten Kissen gestopft sind. Hat durch das Körpergewicht an verschiedenen Stellen eine Kuhlenbildung stattgefunden, können die Kissen untereinander ausgetauscht werden und sich so gegebenenfalls regenerieren und wohl wieder etwas aufbauschen.

Neu war in Stuttgart auch eine Matratzen-Auflage, die von Handwerksmeister Hermann Single aus Unterensingen bei Stuttgart entwickelt wurde und bereits seit 1988 patentiert ist. Ungebleichter Baumwolldrell ist in Längskammern abgenäht und mit Korkschrot gefüllt. Single empfiehlt diese Auflage als „gleichmäßig wirksame, lüftbare Wärmeauflage" nicht nur für die normale Matratze, sondern auch in Kinderbetten, als Autokissen (bei Kunststoffbezügen), Stuhlkissen, als Gelenkbandage und als Kuschelkissen.

Das richtige Bettgestell

Als sehr wichtig für den Schlafkomfort einerseits und als elastischfeste Unterlage andererseits hat sich ein Lattenrost mit querfedernden Holzleisten bewährt, die auf Gummiauflagen relativ beweglich sind und nachgeben. Es quietscht nichts. Die so gelagerte Matratze paßt sich dem Körper und seinen unwillkürlichen Bewegungen im Schlafe genügend an, läßt ihn aber nicht „durchhängen". Bandscheibenproblemen können Sie so gut begegnen, allerdings andere Ursachen (Ernährungsfehler, Unterkühlung usw.) damit allein natürlich nicht ausgleichen.

Wenn man bedenkt, daß der Mensch wenigstens ein Drittel seines Lebens im Bett zubringt, sollten Sie etwas mehr in Ihre Ruhestätte stecken als meist üblich – aber das Richtige! Es ist besser, am Auto zu sparen, in dem die meisten noch nicht einmal ein Prozent der Dauer ihres irdischen Lebens sitzen.

Lattenroste als Komfortträger

Die Lattenroste wurden erheblich verbessert und sind heute meist formstabiler als vor zehn Jahren. Die Stiftung Warentest veröffentlichte in 2/86 einen Test, der aber nur die technischen Kriterien berücksichtigte. Wichtig ist, daß gute Lattenroste aus genau dimensioniertem Massivholz gestaltet sind und offenporig (wenn überhaupt) behandelt wurden. Vielfach gibt es schichtverleimte und lackierte Versionen, die weniger geeignet erscheinen, aber billiger sind.

In „test" (7/90) prüfte die Stiftung Warentest erneut fünfzehn Typen Bettlattenroste, von denen vierzehn mit „gut" bewertet wurden, wobei dieses Mal Gesundheit, Schlafkomfort und leichte Handhabung und Wartung beurteilt wurden.

Der individuelle Matratzenbauer Wolfgang Schmutzler, Betten-Vogel, Poldec und andere bieten einen soliden „Lattenrost für unterwegs" an, der zusammenrollbar ist und jedes Körpergewicht tragen kann.

Die Spitze an Komfort und wirbelsäulengerechter Lattenrost-Matratzen-Kombination scheint wohl das Hüsler-Nest mit der Liform-Konstruktion aus der Schweiz, dessen Prinzip der ideenreiche Polstermeister Erich Zick von Poldec aus Immenstadt weiter optimierte, indem er seinen doppelseitigen Rost (mit insgesamt 84 naturbelassenen Eichenholzlamellen) in ein ganzheitliches Naturschlafsystem integrierte (Samina-Modell). Er war es auch, der durch sein Pyramiden-Bett auf einigen Öko-Messen die Aufmerksamkeit der Wissenden auf sich zog. Er stellte einen Bourettseiden-Himmel mit solidem Naturholzrahmen in den klassischen Pyramidenmaßen über eines seiner Bio-Betten.

Das Pyramiden-Bett
Da ich mich seit 1979 intensiver mit der praktischen Nutzung auch der Pyramidenenergie beschäftige und seither Trocknungs-, Kühlschrank- und Meditations-Pyramiden in Gebrauch habe, werde ich oft gefragt, ob es ratsam und sinnvoll sei, auf Dauer in einem Pyramidenhaus oder -zelt usw. zu schlafen.

Ich empfehle fast immer – da ich den Zustand und die Sensibilität der künftigen Benutzer nicht absolut einschätzen kann –, eine Lösung zu suchen, bei der man die Pyramidenkraft nutzen kann, aber diesen feinstofflichen Schwingungen nicht zwangsweise (keine Ausweichmöglichkeit) ausgesetzt bleiben muß.

Thermalbett – Traumbett der Zukunft?
Gewiß ist, daß in unseren Breitengraden der Durchschnittsmensch insgesamt eher ein Wärmedefizit hat, wie das der Wiener Arzt Dr. Ledwina und der Schweizer Dr. Holger Lueder nachgewiesen haben. Für Frauen scheint das in besonderem Maße zuzutreffen, denn – abgesehen von den in der Minderheit befindlichen Heißblüterinnen, die sommers wie winters kurzärmelig herumlaufen – höre ich landauf, landab über nichts mehr klagen, als über die Kälte beziehungsweise die fehlende Wärme, die meist als mangelnde Sonnenwärme ausgemacht wird. Was am Tage typisch ist, dürfte für die Nacht noch mehr zutreffen, und hier hat Josef Steiner mit seinem Thermalbett sicher einen kühlen Punkt der wärmeunterversorgten Lebensphase erkannt und wissenschaftlich untermauert angegangen.

„Warm zudecken" ist eine Lösungsmöglichkeit. Aber nicht alle Schläfer und schon gar nicht jede Schläferin möchten so eingepackt sein, damit sie es „warm genug" hätten. Das Thermalbett strahlt trockene, sanfte Wärme auf den Schlafenden (auch für zwei Personen sind Thermalbetten geplant) und enthält außerdem vom Guten nur das Beste, wie Liform-Wirbelsäulen-Lattenrost als Unterfederung und Tölle-Kamelhaarset als direkte Unterlage. Es wird unbekleidet benutzt, damit die Wärmestrahlen die Haut sowohl seitlich als auch von oben voll erreichen und so die angekündigte Entschlackung und Entgiftung in entspannter und entkrampfter Lage einleiten und bewirken können.

Daß dieses Superschlafmöbel aus Vollholz ästhetisch schön gestaltet und mit Naturholzmitteln mild behandelt ist, versteht sich von selbst. Die Wärme wird aus dem Warmwasserkreislauf des Hauses oder durch ein separates Aggregat gespeist und soll, obwohl Warmwasserführung in den Holzwänden des Bettes erfolgt, in der feinstoff-

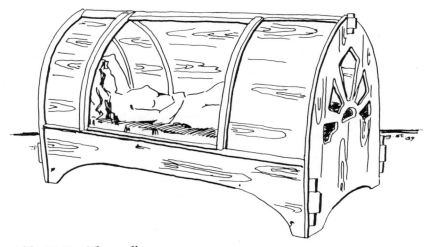

Abb. 37: Das Thermalbett
Mit sanfter Wärmestrahlung umhüllt das Thermalbett (nach Josef Steiner, Ybby) den unbekleideten Menschen. Es erfüllt die anspruchsvollsten Wünsche nach Entschlackung und Entgiftung bis hin zur therapeutischen Regeneration; auf Wunsch kann es bis in Sauna-Temperaturhöhe aufgeheizt werden und ist selbst für kreislaufschwache Menschen und Kranke nutzbar, da das Liegen Kräfte schont.

lichen Strahlung so minimiert dosiert sein, daß keine negativen Wirkungen auf den Schläfer oder die Schläferin festgestellt werden konnten.

Die Spitze ist – wörtlich genommen – das Holzbettdach in klassisch gotischer Form, das von dem Geosophen und Architekten J. P. Dillenseger aus Frankreich so als das geometrische Optimum ausgetestet und empfohlen wurde.

Ganzheitliches Körpertraining: Trampolin-Effekt

Auch wenn es eigentlich den thematischen Rahmen dieses Buches zu überschreiten droht, möchte ich zum guten Schluß auf ein ganzheitliches Körpertraining eingehen. Auf der Hochzeit meines Freundes lernte ich das Trimilin-Trampolin kennen, das den Kindern der Hochzeitsgäste zur Gaudi und den verkaterten Ausgefeierten am nächsten Morgen wieder „auf die Sprünge" und zu einem guten Kreislauf verhelfen sollte. Ich probierte es nur etwa fünf Minuten ganz bewußt und wußte: Das ist es, was mir zum Ausgleich bei einseitig sitzender Büroarbeit, zur Kreislaufanregung, als Muskeltraining usw. in kürzester Zeit den größten Wirkungsgrad vermitteln kann – und dies hat sich inzwischen voll bestätigt.

Seit rund fünfzehn Jahren mache ich Trimmlauf ohne Ehrgeiz, Kneippanwendungen, bewußte Vollwerternährung mit systematischer Entsäuerung, Saftfasten, Tretmaschine und Überkopfliege – nichts wirkt so sanft und intensiv-nachhaltig wie diese Minuten auf dem Trimilin. Die Erklärung dafür lieferte die Schrift *Trimilin Rebounding* von Joachim Heymans. Die Wirkung läßt sich offenbar vor allem zurückführen auf den Wechsel zwischen leichtem Hochschwingen, das die Schwerkraft der Erde vorübergehend aufhebt, und dem Unten-Auftreten, das genau die gegenteilige Wirkung hat. Diesem Turnus von sanfter Entspannung (quasi aller Muskeln – wo und wann wird das noch erreicht?) und dem Druck mit dem gesamten Körpergewicht auf die Schwingmatte ist die lymph- und kreislaufstimulierende Wirkung zu verdanken. Man sollte allerdings langsam beginnen, täglich steigern und jeden falschen Ehrgeiz von Hochleistung in kurzer Zeit beiseite lassen. Es ist wichtig, täglich möglichst oft, also regelmäßig und steigernd zu üben. Dann kann die positive, entschlackende, anregende und verjüngende (auch stark gewichtsreduzierende) Wirkung nicht lange auf sich warten lassen. Für Laien und Bewegungsmuffel ist dies ein leichter Einstieg, für Sportler und Profis eine sinnvolle Trainingsergänzung zu Hause; besser noch als (wieder) sitzend Tretrad fahren.

Übrigens, für Bürogemeinschaften ist es wesentlich gesundheits- und nachhaltig kreislauffördernder, wenn der Chef statt einer Kaffeemaschine mehrere Trimilins anschafft, wobei es sich bei uns bewährt hat, verschiedene Variationen aufzustellen: vom sanften, weichen medizinischen Modell über das härtere Sport-Modell bis zum Profi-Modell für Übergewichtige (bis zweihundert Kilogramm Körpergewicht). Gemeinsam „trimilieren" macht noch mehr Spaß, und jeder kann sich sein Trainingsgerät je nach Belastungsstufe aussuchen. Wichtig ist auch, daß die Trimilingeräte einen schönen, laufend und spielerisch benutzbaren Platz haben, vielleicht mit Ausblick nach draußen (weniger gut ist es im Keller); Frischluft ist dabei auch wichtig!

Nachwort

Ich hoffe, Ihnen mit diesem Buch gegeben zu haben, wonach Sie suchten. Ich wünsche mir, daß das viele neue Wissen Sie von nun an beim Einkauf leitet – und Sie mit viel Freude eine menschen- und umweltfreundliche Kleidung tragen können.
Wir bestimmen unsere Umwelt und diese bestimmt wieder uns.
Es ist an uns, alles zum Besseren zu wenden.
Für Anregungen und Erfahrungen bin ich dankbar. Anfragen sollte bitte immer ein frankierter Rückumschlag beigefügt werden.

Paulus Johannes Lehmann, Hohbuchweg 10, D-8991 Achberg-Liebenweiler, Telefon 0 83 80 – 677 (7.30 – 9.00 und 17.00 – 19.00 Uhr).

Betrachtungen und Ausblick aus ganzheitlicher Sicht

Unsere nächste Umwelt besteht aus drei Hüllen. Man bezeichnet sie auch als erste, zweite und dritte Haut. Gesundheit und Wohlbefinden sind entscheidend davon abhängig. Damit aber ist es schlechter denn je bestellt. Die Ursachen für dieses Dilemma liegen in hohem Maße darin, daß unsere fremdbestimmte Umwelt nicht mehr in Ordnung, nicht mehr naturgemäß ist. Das wissen oder ahnen allmählich alle.

In diesem Labyrinth des kompliziert gewordenen Daseins kennen wir uns nicht mehr aus. Früher konnte man da nicht viele Fehler machen, aber in einer synthetischen, chemisierten und von Marktmächten manipulierten Welt haben wir kaum noch Chancen, mit heiler Haut davonzukommen. Wir sind Opfer von „geheimen Verführern", von Irrlehrern sowie des Fortschrittwahns geworden.

Die eigentlichen Impulse für eine Wende kommen zum Glück aus dem Volk, von verantwortungsbewußten, ganzheitlich denkenden Menschen, die ein ökologisches Bewußtsein entwickelt haben. Häufig geben sie ihre berufliche Karriere auf und opfern sich für notwendige Aufgaben.

Paulus Johannes Lehmann gehört zu den Volkslehrern eines New Age. Für ihn ist die Sorge und die Arbeit auch um unsere zweite Haut zu einem Teil seiner Lebensaufgabe geworden. Sein sehr verdienstvolles Standardwerk erscheint nun umfassend überarbeitet mit aktuellem Bezugsquellen- und Seminarverzeichnis.

Lehmann, ein Pionier und Idealist, der selbst lebt, was er schreibt, versteht es, die Spreu vom Weizen zu trennen; er klärt über das Wesentliche der zweiten Haut auf, und zwar praxisnah, verständlich, detailliert! Er überzeugt uns nicht nur von naturgemäßer Kleidung, er begeistert uns sogar dafür. Nach der – überhaupt nie langweiligen – Lektüre dieses Werkes folgt man dankbar den zahlreichen Ratschlägen.

Man hat ihn mit dem Wollprofessor Jaeger verglichen. Aber Lehmann ist kein schmalspuriger Spezialist, der sich mit einer Stoffart begnügt. Lebens- und volksnah, wie er ist, befaßt er sich mit dem Ganzen und den wechselseitigen Beziehungen in allem.

Der Autor geht dabei auch auf einen Aspekt der dritten Haut des Menschen ein, das Bett, um die ganzheitlichen Zusammenhänge darzustellen. Wie mit seiner Bekleidung, so ist er selbst auch für den Bereich der dritten Haut ein lebendes Beispiel, denn er baut mit Freunden und Helfern, die das Leben praktisch lernen wollen, gerade ein baubiologisches, ja ökologisches Haus – und zwar grundsätzlich ohne zweifelhafte Kompromisse.

Er versteht seine Leser so zu sensibilisieren, daß sie fähig und bereit sind, ihr Leben kritisch in die Hand zu nehmen und hoffnungsvoll einen neuen Anlauf zu machen.

Prof. Dr. Anton Schneider
Wissenschaftl. Leiter des Instituts für Baubiologie und Oekologie
Neubeuern 1991

Anhang

Literaturquellen

Adebahr-Dörel, Lisa: **Von der Faser zum Stoff.** Verlag Handwerk und Technik, Hamburg, 1975.
Altendorf, Irmelie: **Wie man Seife selbst kocht.** Mensch und Kleidung 4/85, Traub-Verlag, 7065 Winterbach.
André, E.: „**Elevage des vers a soie sauvages**". Gustav Ficker. Paris, 1907.
Arbeitsgemeinschaft der Verbraucher: Verbraucher-Rundschau 6/7 1979, AGV, Bonn.
Autorengruppe: **Handbuch für Textilingenieure und Textilpraktiker.** Verlag Dr. Oskar Spohr, Dresden, 1940.
Autorenkollektiv: **Textile Faserstoffe.** VEB Fachbuchverlag, Leipzig, 1967.
Balzer, Monika: **Edle Extras – zwischen Nutzen und Risiko für Verbraucher.** UGB-Forum 2/89, Keplerstr. 1, 6300 Gießen.
Bayer Farben Revue, Kapitel **Wolle**, Sonderheft 8, Bayer AG, Leverkusen.
Behmann, Dipl.-Ing. Friedrich Wilhelm: **Untersuchungen zur Beurteilung des kleidungsphysiologischen Verhaltens von filzfrei ausgerüsteter Wolle.** Kerckhoff-Institut, Bad Nauheim, 1971.
Behmann, F. W.: **Untersuchungen über Bekleidungsphysiologie und verwandte Gebiete.** Kerckhoff-Institut, Bad Nauheim, 1954-66.
Behrens, Heinrich; Scheelje, Reinhard; Waßmuth, Rudolf: **Lehrbuch der Schafzucht.** 6. Aufl., Paul Parey Verlag, Hamburg-Berlin, 1983.
Beyer, Brigitte; Kafka, Heilwig: **Textilarbeit, Kleidung und Wohnen.** Verlag Julius Klinkhardt, Bad Heilbrunn.
Bitterling, A.: **Deutsche Himalaya-Expedition 1954.** Fa. Berger- Ribana, Bad Rappenau/Sinsheim.
Boor, Lisa de: **Hemd, Hut und Hose.** Ilmgau Verlag, Pfaffenhofen/Ilm, 1968.
Bragg, Dr. Paul und Patricia: **Wasser, das größte Gesundheitsgeheimnis.** Waldthausen Verlag, Ritterhude, 1987.
Claessen, Marlie: **Filzen – eine Anleitung zum Filzen von Wolle.** 282 louet b. v. holland, Spinn- & Webstube, Im Eschle 14, 7938 Oberdischingen, 1981.
Crockett, Candace: **Das komplette Spinnbuch.** Hörnemann Verlag, Bonn, 1980.
Deutscher Tierschutzbund e.V.: **Wir informieren über Tierversuche in der Kosmetik.** Info 1, Stand 9/86, Baumschulallee 15, 5300 Bonn 1.
Diamond, Harvey und Marilyn: **Fit für's Leben.** Waldthausenverlag, Ritterhude 1986 oder als Goldmann-Taschenbuch.
Diamond, Dr. John: **Der Körper lügt nicht.** Verlag für angewandte Kinesiologie, 7800 Freiburg, 1988.

Diamond, J.: **Die heilende Kraft der Emotionen.** Verlag für angewandte Kinesiologie, 7800 Freiburg, 1990.
Diamond, J.: **Lebensenergie in der Musik.** Verlag Bruno Martin, 2121 Südergellersen, 1981,83.
Dicke, Christa: **Schönfärberei ohne Chemie.** UGB-Forum 2/89, Keplerstr. 1, 6300 Gießen.
Diebschlag, Prof. Dr. Wilfried: **Das Hautanhangsgebilde Haar.** Kosmetik Journal 10/85.
Diebschlag, W.: **Ernährungsberatung – Bestandteil der guten Nagelbehandlung.** Nails-Report, Terra-Verlag, 7760 Radolfzell.
Diebschlag, W.; Kurz, B.: **Gesunde Füße und angepaßtes Schuhwerk.** Gfa-Kongreß 1983, Dortmund. Institut für Arbeitsphysiologie, München.
Diebschlag, W.; Nocker, W.: **Thermophysiologische Aspekte der Sportbekleidung.** Arbeitsmedizin 12/79, A.W. Gentner Verlag, Stuttgart.
Diebschlag; Mauderer; Beierlein; Wachsmann: **Der Einfluß von Socken auf das klimatische Trageverhalten von Schuhen mit Leder- und Synthetikschaft.** Institut für Arbeitsphysiologie, München.
Doehner; Reumuth: **Wollkunde.** Verlag Paul Parey, Berlin, 1964.
Doering: **Weiterverarbeitung und Pflege von Textilien.** Verlag Handwerk und Technik, Hamburg, 1976.
Dogs, Dr. med. W.: **Ich kann ihn nicht riechen.** Kneipp-Blätter 1979, 8939 Bad Wörishofen.
Eberhard, Prof. Lilly: **Heilkräfte der Farben.** Drei Eichen Verlag AG, München, 1977.
Ehret, Prof. Arnold: **Vom Kranken zum gesunden Menschen durch Fasten.** Waldthausen Verlag, Ritterhude 1989.
Endlich, Dr. Bruno: **Der Hautsäuremantel.** Mensch und Kleidung 4/85, Verein für ein erweitertes Heilwesen e.V., Bad Liebenzell- Unterlengenhardt.
Endlich, Juliane: **Was tun gegen Motten.** Mensch und Kleidung 40/89, Traub-Verlag, 7065 Winterbach.
Engel KG: **Die Bekleidung – unsere zweite Haut.** Die fünfte Jahreszeit, Engel KG, 7410 Reutlingen, 1988.
Fahl, Dr. J.: **Textilwaren im Verkauf.** Winkler-Verlag, Darmstadt, 1979.
Feddersen-Fieler, Gretel: **Farben aus der Natur.** Verlag M. & H. Schaper, Hannover 1988.
Fischer, Dr. Hermann: **Seife – ein fast vergessenes Produkt der sanften Chemie.** Mensch und Kleidung 40/89, Traub-Verlag, 7065 Winterbach.
Fischer, Erich W.: **Erfahrungen aus der elektrobiologischen Praxis.** Wohnung und Gesundheit 3/91, Verlag Institut für Baubiologie und Oekologie, Neubeuern.
Fontaine, Arthur: **Textilien: beurteilen – kaufen – pflegen.** Südwest Verlag, München, 1973.

Geiss, Heide-Marie Karin: **So schlafen Sie selig ein.** (Wie man seelische Schlafstörungen beseitigt). Natürlich 1/90, AT- Fachverlag GmbH, Stuttgart.
Gesamtverband Textil e. V.: **Körper, Klima, Kleidung.** Frankfurt 1975/76.
Gesünder Wohnen (14/1991). Verlag Biologisch wohnen und leben, Heilig-Geist-Str. 54, 8200 Rosenheim.
Gibbons, Boyd: **Macht der Gerüche.** Zeitschrift Bio 3/90.
Goethe, Johann Wolfgang von: **Schriften zur Naturwissenschaft.** Verlag Philipp Reclam jun., Stuttgart, 1977.
Greber, Johannes: **Der Verkehr mit der Geisterwelt Gottes.** In Deutschland zu beziehen über Bauer-Verlag, Freiburg.
Gritzky, Arnold: **Der gesunde Schlaf.** Der Naturarzt 12/87, Feldbergstr. 2, 6240 Königstein 2.
Grusdew-Wroblewski, Doris: **Modifiziertes Heilfasten zum Entgiften, Entsäuern, Entschlacken.** Eigenverlag, 7214 Zimmern, 1990.
Günter, Ernst: **Lebendige Nahrung.** 20. Aufl., Verlag Ernst Günter, CH-3367 Thöringen, 1990.
Hartl, Brigitte: **Fast nix ohne Synthetiks.** UGB-Forum 2/89, Keplerstr. 1, 6300 Gießen.
Heermann, Prof. Dr. P.: **Die Wasch- und Bleichmittel und ihre Wirkung auf Gewebe und Garne.** Verlag des Deutschen Wäschereiverbandes e.V., Berlin-Lichterfelde-West, 1925 (Nachdruck: Fa. Geibel-Sonett, Tengen/Siegen).
Hegenauer, Hans: **Fachkunde für lederverarbeitende Berufe.** Ernst-Heyer-Verlag, Essen.
Heller, Eva: **Wie Farben wirken** (Farbpsychologie, Farbsymbolik, Farbgestaltung). Rowohlt Verlag GmbH, Reinbek, 1989.
Herfeld, Dr.-Ing. Hans: **Die Qualitätsbeurteilung von Leder...** Akademie Verlag, Berlin, 1950.
Herrmannstorfer, Udo: **Kontrolle ist gut – Vertrauen ist besser.** Eine handfeste Anleitung, wie man aktiv wirtschaftliche Prozesse mitgestalten kann. Hrsg.: Arbeitsgruppe für Verbraucherfragen, Schützenstr. 18, 7000 Stuttgart.
Hess, Heinz: **Des Kaisers neue Kleider.** UGB-Forum 2/89, Keplerstr. 1, 6300 Gießen.
Heymans, Joachim: **Trimilin Rebounding.** 3. Aufl., Verlag Joachim Heymanns, Schöngeising, 1989.
Himmel-Lehnhoff, Margrit: **Durch Krankheit zum Selbst** – Wege zu einem neuen Leben. Econ-Taschenbuch-Verlag, Düsseldorf, 1988.
Hingst, Wolfgang: **Zeitbombe Kosmetik.** Goldmann Verlag, München.
Hofer, Alfons: **Textil- und Mode-Lexikon.** Deutscher Fachverlag, Frankfurt, 1979.
Hoffmann, Ot: **Kleidung statt Mode.** Fischer Taschenbuch Verlag, Frankfurt/M., 1983.

Hunlich, R. u. H.: **Textil-Fachwörterbuch.** Fachverlag Schiele & Schön, Berlin.
Jaeger, G.: **Gesundheitspflege.** Kommissionsverlag von W. Kohlhammer, Stuttgart, 1912.
Jaeger, Prof. Dr. Gustav: **Wollenes.** Kohlhammer Verlag, Stuttgart, 1977.
Jentschura, Eva: **Färbungen ohne Gift.** Anleitung zum natürlichen Färben mit pflanzlichen, mineralischen und tierischen Substanzen – ohne Chemiegifte. Mensch und Kleidung 43/90, Traub-Verlag, 7065 Winterbach.
Jeutter, Rosemarie: **Das Wäschefachgeschäft im Wandel der Zeiten.** Textilhaus Rosa Miller, 7320 Göppingen.
Joho, Heinz: **Zurück zum besseren Schlaf.** Midena Verlag, CH-5022 Robach/Aarau, 1990.
Kinkel, H.J.; Maxion,H.: **Schlafphysiologische Untersuchungen zur Beurteilung verschiedener Matratzen.** Intern. Zeitschrift f. angew. Physiologie, 3/70.
Klaes, Elge: **Seelen-Fenster.** Eigenverlag, 7706 Eigeltingen, 1990.
Kloss, Johannes: **Kleidung aus Hochmoortorf.** Erde und Kosmos 3/79.
Koch, P. A.: **Faserstoff-Tabelle,** Mönchengladbach, 1956-68.
Könlechner, Dr. Manfred: **Man stirbt nicht im August.** Knaur.
Kost, Dr. H.: **Die Physiologie der Haut und ihre Bedeutung für die Bekleidung.** Melliand Textilberichte, Heidelberg, 1960.
Kröner, Dr. med. Walther: **Wolle als Heilmittel.** aus „Die Vollgesundheit", Baden-Baden, 1954.
Kröner, W.: **Gesundheitsprimat der Wolle.** Aus „Arzneipflanzen- Therapie und Ernährungshygiene", 1960.
Kröner, W.: **In Wolle lebt sich's gesünder.** Verlag Schwabe & Co., Bad Homburg, 1958.
Kröner, W.: **Naturreine Wolle als neuraler Gesundheitsfaktor.** Erfahrungsheilkunde 7/55, Karl. F. Haug Verlag, Heidelberg.
Kühne, Dr. Petra: **Waschmittel – Feinwaschmittel – Seife in der Kosmetik.** Arbeitsgruppe für Verbraucherfragen, Schützenstr. 18, 7000 Stuttgart.
Kulvinskas, Viktoras: **Leben und Überleben**- Kursbuch ins 21. Jahrhundert. F. Hirthammer Verlag, München, 1980.
Langreder, Wilhelm: **Von der biologischen zur biophysikalischen Medizin.** Haug Verlag, Heidelberg.
Langreder, W.: **Die Hautwiderstandsmessung.** Haug Verlag, Heidelberg.
Lehmann, Paulus Johannes: **Kleidung und Gesundheit – sich wohlfühlen in der zweiten Haut.** UGB-Forum 2/89, Keplerstr. 1, 6300 Gießen.
Lehmann, P. J.: **Gesunde Kleidung.** Schriftenreihe des Instituts für Baubiologie & Ökologie, 8201 Neubeuern, 1985.
Lehmann, P. J.: **Naturkleidung.** Enthüllungen über Stoffliches und Feinstoffliches, Schangrilla Verlag, 8968 Durach, 1987.
Leibold, Gerhard: **Gesund und lebenswichtig: Schwitzen.** Natur & Heilen 7/87, München.

Lever's Mondfahrt. LZ-Journal 24/16.6.89, Verlag der Lebensmittel- Zeitung.
Lexikon der Alten Welt. Artenus Verlag, Zürich, 1965.
Liedloff, Jean: **Auf der Suche nach dem verlorenen Glück.** Beck'sche Verlagsbuchhandlung, München, 1990.
Linden, Dr. med. Wilhelm: **Geburt und Kindheit.** Verlag Vittorio Klostermann, Frankfurt, 1978.
Logona: **Leitfaden für den Gebrauch von Natur-Kosmetik.** Logona Naturkosmetik, 3216 Salzhemmendorf, 1987.
Longert, Wilhelm: **So lebten die Camberger.** Camberger Verlag Ulrich Lange, 6277 Bad Camberg, 1978.
Lorber: **Die Heilkraft des Sonnenlichts.** Lorber-Verlag, 7129 Bietigheim.
Lösch, Josef: **Fachwörterbuch Textil.** Verlag J. Lösch, Frankfurt, 1975.
Lübke, Anton: **Weltmacht Textil.** Veria Verlag, Stuttgart 1953.
LZ-Journal siehe Lever's Mondfahrt.
Maas, Klaus: **Thesen zur Chemie der Fasern und Textilien.** Dr. Alfred Hütling Verlag, Heidelberg, 1975.
Maier, Hans Peter: **HPM-Color-Test.** Verlag Otto Maier, Ravensburg, 1991.
Mensch und Kleidung. Hrsg.: Traub, Siegfried und Ulla, Traub- Verlag, 7065 Winterbach
Merritt-Matthews: **Die Textilfasern.** Verlag Julius Springer, 1928.
Metzger, Edith K.: **Wasch- und Reinigungsmittel im Haushalt.** Der Gesundheitsberater 10/88, Emu-Verlag, 5420 Lahnstein.
Meyer-Larsen, Werner: **Chemiefasern.** Rowohlt, Reinbek, 1972.
Montagu, Ashley: **Körperkontakt.** Klett-Cotta Verlag, Stuttgart, 1988.
Moos, Gerd-Dieter: **Über unsere Kleidung.** Hirschgraben Verlag, Frankfurt, 1975.
Müller-Limmroth, Prof. Dr. med. W.: **Einfluß der Struktur und der Rohstoffzusammensetzung bei Schuhen und Strümpfen auf die Hauttemperatur und Hautfeuchte am Fuß.** Institut für Arbeitsphysiologie, München, 1973/4.
Müller-Limmroth, W.: **Die Topographie der Temperatur- und Schweißbildungsverteilung an Männern mittleren Alters aus Experiment und thermodynamischer Berechnung in Abhängigkeit von Wärmeproduktion (Arbeit), Mikroklima und der lokal ungleichmäßigen Bekleidungsisolation.** Inst. f. Arbeitsphysiologie, München, 1980.
Müller-Limmroth, W.: **Thermoregulatorische Untersuchungen am Menschen als Grundlage physiologisch relevanter Textilparameter für eine optimale Bekleidung.** Institut für Arbeitsphysiologie, München, 1975.
Müller-Limmroth; Diebschlag; Mauderer: **Behaglichkeit in der Fußbekleidung.** Gesamttextil e.V., Frankfurt, 1975.

Müller-Limmroth; Diebschlag; Mauderer; Nocker: **Der Fuß im Schuh - Beurteilung der Materialeigenschaften.** Inst. f. Arbeitsphysiologie, München, 1978.

Müller-Limmroth; Ehrenstein; Kachel; Gilch; Baungart: **Untersuchungen über den Einfluß unterschiedlicher Oberbettmaterialien auf das Schlafverhalten und das Bettklima.** Institut für Arbeitsphysiologie, München, 1976.

Müller-Limmroth; Carrié; Reploh: **Einfluß der Struktur und der Rohstoffzusammensetzung bei Schuhen und Strümpfen auf die Hautfeuchte am Fuß und die sich daraus möglicherweise ergebenden dermatologischen Folgeerscheinungen.** Forschungskuratorium Gesamttextil e.V., Frankfurt, 1980.

Nencki, Lydie: **Die Kunst des Färbens mit natürlichen Stoffen.** Verlag Paul Haupt, CH-Bern, 1986.

Nesswetha, W.: **Vergleichende Untersuchung von Bettwäsche und Bettausstattung aus herkömmlichen und synthetischen Fasern.** Melliand Textilberichte 53/72.

Nowak, Martin; Forkel, Gislinde: **Wolle vom Schaf.** Verlag Eugen Ulmer, Stuttgart, 1989.

Opitz, Hans: **Faserkunde.** Franck'sche Verlagsbuchhandlung, Stuttgart, 1940.

Ostrander, Sheila; Schroeder, Lynn: **PSI**, Die wissenschaftlichen Erforschungen und praktische Nutzung übersinnlicher Kräfte des Geistes und der Seele im Ostblock. Scherz Verlag, München, 1976.

Palm, Dr. med. Hubert: **Das gesunde Haus.** Ordo-Verlag, Konstanz, 1977.

Peiter, Jamila: **Die Heilkraft der Vital-Ernährung.** 2. Aufl., Access Verlag, Königstein/Ts., 1990.

Pistulka, Walter: **Der gesunde Schlafbereich.** Österr. Inst. für Baubiologie, A-1030 Wien, 1983.

Pletsch, Anita: **Stoff & Gewand.** Eigenverlag, Linden-Leihgestern, 1988.

Popp, Prof. Dr. Fritz Albert: **Biologie des Lichts.** Grundlagen der ultraschwachen Zellstrahlung. Verlag Paul Parey, Hamburg, 1984.

Puchtal; Grünewälder: **Textilpflege – Waschen und Chemischreinigen.** Fachverlag Schiele & Schön, Berlin, 1973.

Ramsauer, Andrea: **Textiles in Form und Farbe.** Verlag Form und Farbe, A. Ramsauer, 7778 Markdorf, 1991.

Ried, Meike: **Chemie im Kleiderschrank.** Rowohlt Verlag, Reinbek, 1989.

Rosenkranz, Bernhard; Castelló, Edda: **Leitfaden für gesunde Textilien.** (Kritische Warenkunde und Rechtsratgeber), Rowohlt Taschenbuchverlag, Reinbek, 1989.

Rossbach, Sarah: **Wohnen ist Leben.** Knaur Verlag, München, 1989.

Rulffs, Dr. med. W.: **Moderne Aspekte der Bürstenmassage.** Sonderdruck aus „Der deutsche Badebetrieb", 1980.

Sandler, Martin und Thomas: **Der Weberknecht.** 1984, Vertrieb: Andrea Ranzinger, Allgäuer Spinnwebe, 7981 Waldburg-Ried 11.

Scheider, A.: **Milben in Strohkernmatratzen**. Natur & Heilen 9/87.
Schenk, Judith: **Gift im Gesicht**. Verlag die Schulpraxis, Oberstr. 31, 4330 Mühlheim.
Schiecke, Hans Erich: **Wolle als textiler Rohstoff**. Verlag Schiele & Schön, Berlin, 1979.
Schlemmer, Andrée: **Farben für Seele, Geist und Körper**. Hallwag Verlag, Bern und Stuttgart, 1990.
Schmidt, Dr. med. Hans-Gottfried: **Schlafstörungen im Alter**. Der Naturarzt 3/89, Feldbergstr. 2, 6240 Königstein 2.
Schneider, A.: **Was verursacht Schimmelpilzbildung in Wohnungen?** Der Naturarzt 12/87.
Schneider, Prof. Dr. Anton: **Oberflächenbehandlung und Pflege im Haus**. Inst. für Baubiologie & Ökologie, 8201 Neubeuern.
Schnorr, Johannes: **Seife**. Mensch und Kleidung 9/10/1981.
Scholz, Heinz: **So schlafen Sie gut**. Kneipp-Blätter, 8939 Bad Wörishofen.
Schwarz, Barbara und Rolf: **Natürliche Kleidung**. Verlag Zweitausendeins, Frankfurt, 1988.
Schwede: **Flachs – eine ökologisch sinnvolle Alternative zur Baumwolle**. UGB-Forum 2/89, Keplerstr. 1, 6300 Gießen.
Schweitzer, Dr. Paul; Kraft, Margot: **Grundlagen der Geopathie**. 3. Aufl., Karl F. Haug Verlag, Heidelberg, 1988.
Senger, Gerti: **Transpirieren Sie auch?** Kneipp-Blätter, 8939 Bad Wörishofen.
Schnorr, Johannes: **Seife**. Mensch und Kleidung, 9/10/1981.
Silbermann, Henri: **Die Seide**. Verlag Gerhard Kühtmann, Dresden, 1897.
Simonis, Werner Christian: **Wolle und Seide**. Verlag Freies Geistesleben, 1977.
Sommer, Carlo Michael; Wind, Thomas: **Kinderkleidung: Kleine Erwachsene oder erwachsende Kinder**. Mensch und Kleidung 37/88, Traub-Verlag, 7065 Winterbach.
Spränger, Emil: **Färbbuch**. Eugen Reutsch Verlag, Erlenbach- Zürich.
Steen, B.: **Hygiene bei Niedrigtemperaturwäsche in der Waschmaschine**. Heidelberg 1986, Mensch und Kleidung 34/88, Traub- Verlag, 7065 Winterbach.
Steffny, Manfred: **Laufschuhtests**. (in mehreren Ausgaben, u.a.:) Spiridon-Laufmagazin 12/86, Linienstr. 12, 4000 Düsseldorf.
Steiner, Josef: **Harmonie und Gesundheit durch Wärmetherapie und Bioklimatologie**. Vita Sana Magazin 2/89, CH-Breganzona-Lugano.
Stöckmann, Prof. Theodor; Tienes, Dr. med. G. A.: **Schlafe vor Mitternacht (Der Naturzeit-Schlaf)**. 1. Aufl. 1940, 9. Aufl. 1974, Nachdruck 1984, Hippokrates Verlag GmbH, Stuttgart.
Svinicki, Eunice: **Spinnen und Färben**. Ravensburger Taschenbuch Nr. 33, Verlag Otto Maier, Ravensburg.
Textil-Kennzeichnungs-Gesetz (TKG), Kommentar zum TKG. Carl Heymanns Verlag, Köln, 1972.

Textilforum 2/90: Schwerpunktheft über Flachs und Leinen.
The Silkworm: an important laboratory tool. Kodansha Ltd., Tokio, 1978.
Tholey, Prof. Dr. Paul; Utecht, Kaleb: **Schöpferisch Träumen**. (Wie Sie im Schlaf das Leben meistern – der Klar-Traum als Lebenshilfe). Falken-Verlag, Niedernhausen, 1987.
Thomas, Prof. Dr. Wolfram: **Hohe Absätze können schädlich sein**. Mensch und Kleidung 25/85, Traub-Verlag, 7065 Winterbach.
Titze, Dr. med. Olaf: **Wachen und Schlafen**. Weleda-Nachrichten 168/87, Weldeda AG, 707 Schwäbisch Gmünd.
Wagner, E.: **Die textilen Rohstoffe**. Dr. Spohr-Verlag, Wuppertal, 1969.
Weber, Paul: **Schuhe – Drei Jahrtausende in Bildern**. AT Verlag Aarau, Stuttgart.
Wegmann, Dr. med. Ita: **Erfahrungen mit kupferhaltigen Therapie-Materialien**. Mensch und Kleidung 35/88, Traub-Verlag, 7065 Winterbach.
Wehrmann, Brigitte: **Ist die Natur gut und Chemie schlecht?** Bio-Report Bekleidung.
Weilmünster, Rudi Ph.: **Praxis der Pyramidenenergie**. Verlag Staphanie Naglschmid, Stuttgart, 1990.
Wie man sich bettet – Spielwiese und Allerheiligstes. Wohne im eigenen Heim 1/87.
Witt, Maria de: **Kinderkleidung natürlich und gesund**. Verlag Freies Geistesleben, Stuttgart, 1989.
Wollsiegel-Dienst; **Endlich Klarheit bei Hausstaubmilben?** Wohnung und Gesundheit 3/90.
Zahn, Joachim: **Am Anfang war das Feigenblatt**. Econ, Düsseldorf, 1965.
Zimmermann, Werner: **Fußleiden vorbeugen und heilen**. Drei Eichen Verlag, München, 1979.

Bildquellenverzeichnis

Titelbild: Carmen Janusch, Nürnberg 10
Portrait: Jörg Pfäffinger, 7983 Zußdorf
Bernd Lehmann, Bad Camberg
Kronmüller-Prenzel, Gröbenzell/München
Gottschalk-Prenzel, Gröbenzell/München
Ostgathe-Prenzel, Gröbenzell/München
Prenzel, Gröbenzell/München
Reinhard Neumann, Bad Camberg-Erbach
dpa, Ernst Lober
Groebild, Wickert
Groebild, Ernst Müller
Johann Rendenbach, Lederfabrik, Trier
Hans Peter Maier, Hachenburg

Bezugsquellen / Veranstalter / Infostellen

(Stand: Frühjahr 1991) Sämtliche Angaben nach bestem Wissen zusammengestellt, jedoch ohne Gewähr – Infos direkt anfordern.

Abkürzungen: (E) = Einzelhändler; (G) = Großhändler; (H) = Hersteller; (I) = Info- und Beratungsstelle; (N) = Naturwaren/Naturtextilien; (S) = Seminarveranstalter; (VH) = Versandhandel

Bundesrepublik Deutschland

Achberg: Institut für ganzheitliche Weiterbildung und Persönlichkeitsfindung (GWP), Dipl. Ing. Paulus Johannes Lehmann, Hohbuchweg 10, 8991 Achberg-Liebenweiler, Tel. 08380/677 (Beratung und Seminare: Bekleidung, Öko-Hausbau, Lehmbau, Naturvorratshaltung, Sonnenofeneinsatz, ökologische Hausheizung, Humustoilette, Kräuter-Spiralenbau u.a.m.; Öko-Haus-Führungen (monatlich) auf Anfrage; Naturleben-Versandhandel (Sonnenöfen, Sonnendarren), Trimilin-Trampolin in vier Variationen u.a.m.; Geschäftsführung Verein Gesundheitskasse e.V. (bei allen Anfragen nach Infos Rückporto beilegen) (S/I)

Ahrensburg: Naturwarenversand Walter Sommer, Inh. Emmy Schuster, Postfach 1286, 2070 Ahrensburg, Tel. 04102/52541 und 31958 (Kamelhaarbetten und Holzspielwaren) (VH)

Aitern-Multen: „Haus Sonne", Fam. Leppert, 7869 Aitern-Multen, Tel. 07673/7492 (Seminare und naturkundliche Studienreisen) (S)

Arnach: Schäfereigenossenschaft Finkhof e.G., St. Ulrich 1, 7954 Arnach/Bad Wurzach (Wollverarbeitung und Wollwarenversand inkl. Natursocken) (N/H/VH/G/E)

Arolsen: Vita Zen, Elisabeth Weiling, Remmecker Ring 64, 3548 Arolsen, Tel. 05691/7313 und 7314 (ganzheitl. Seminare, Naturtextilien inkl. Modellkleidung) (N/E)

Augsburg: Bios e.V., Alpenstraße 13, 8900 Augsburg, Tel. 0821/572630 (ganzheitl. Seminare: Mensch – Umfeld – Ökologie – Kleidung – Wohnen) (S/I)

Bad Camberg: „Naturstubb", Lisztstraße 27, 6277 Bad Camberg, Tel. 06434/1517 u. 1980 u. 5659 (Holzhäuser, Biomöbel, Naturfarben, baubiol. Beratung) (E)

Bad Dürkheim: Bi,o-Baumarkt (Biofarben, Naturwaren u.a.m.) (N/G/E)

Bad Homburg: Hess-Naturtextilien, Umwelt-Galerie, Hessenring 82, 6380 Bad Homburg, Tel. 06172/121444 (auch Wollnest-Betten, Naturkosmetik) (N/E/VH)

Bad Honnef: Familien- und Gesundheitszentrum, Villa Schaaffhausen, Tel. 02224/3051 (S)
Veronika Kerschbaum, Bleiweg 4, 5340 Bad Honnef 6, Tel. 02224/81456 (Wäsche und Kleidung aus Naturfasern, speziell auch für Kinder)
Thaba Wollwaren GmbH, Linzer Straße 17, 5340 Bad Honnef 1, Tel. 02224/6575 (handgestrickte Wollwaren aus afrikanischem Import) (E/VH)
Bad Säckingen: Naturtextilien für die atmende Haut, Birgit Lederle, Fischergasse 31, 7880 Bad Säckingen (N/E/S)
Bad Teinach: „Sonnenschlößchen", Poststraße 27, 7264 Bad Teinach, Tel. 07053/8366 (S)
Baden-Baden: Goldvlies-Wollmanufaktur Stritzel, Stefaniestr. 23, 7570 Baden-Baden, Tel. 07221/26840 (Wollwaren und Naturfelle) (H/VH)
Bergisch-Gladbach: „ingrids bio-treff", Schloßstraße 87, 5060 Bergisch-Gladbach-Bensberg, Tel. 02204/52154 (Naturtextilien „Gesunde Kleidung von Anfang an") (VH)
Berlin-West: Peace Food I, Pallasstraße 10, 1000 Berlin 30, Tel. 030/2162101 (Naturtextilien)
„Naturinchen", B. Kersten, Selmaplatz 3, 1000 Berlin 37, Tel. 030/8133863 (Textilien aus Naturfasern) (E)
Betzdorf: Schäfer GmbH & Co., Industriestraße, 5240 Betzdorf (Gesundheits-Shop) (E)
Bielefeld: Schlaf und Raum, Helga Teubert, Bündener Straße 21, 4800 Bielefeld, Tel. 0521/8833 u. 8832 (biol. Betten und Sitzmöbelprogramm) (E/HV)
Billerbeck: Wüllner, Textile Naturprodukte, Aulendorfer Weg 18, 4425 Billerbeck, Tel. 02543/8058 (E/VH)
Birkenfeld: Ursula Kopp, Gründlestraße 18 (Speier), 7534 Birkenfeld (Naturtextilien) (E)
Bischofswiesen: Biolog. Kurhotel, Christl Kurz, Schulstraße 1, 8242 Bischofswiesen/Berchtesgaden, Tel. 08652/7799 (ganzheitl. Seminare – Bekleidungsvorträge) (S)
Bonn: Bio-Möbel, Joh. Genske, Am Stadttheater, 5300 Bonn 1 (Naturmöbelprogramm) (E)
Bramsche: „Die Wollscheune", Balkumer Grenzweg 29, 4550 Bramsche (Spinnausrüstung)
Braunschweig: Auro GmbH, Postfach 1820, 3300 Braunschweig, Tel. 0531/82840 (Auro-Naturfarben) (H)
Abax-Naturwaren, Postfach 1220, Tel. 0531/802840 (Awalan-Wasch- und Pflegemittel) (H)
Bremen: E. Willen, Hornerstraße 71, 2800 Bremen, Tel. 0421/76387 (Handweberei)
Burgsteinfurt: Joh. Hinnemann, An der Hohen Schule 28, 4430 Burgsteinfurt, Tel. 02551/82255 und 82628 (Naturtextilien und Wasserreinigungssysteme durch Umkehrosmose) (H/VH/E)

Coesfeld: Naturwaren-Wüllner, Postfach 1867, 4420 Coesfeld, Tel. 02545/1495 (G/E)
Kurt Weiling GmbH, Erlenweg 134, 4420 Coesfeld, Tel. 02541/5211 (N/VH/E/S)
Dassel-Amelsen: Tapir-Wachswaren, Allerbachstraße 28, 3354 Dassel-Amelsen, Tel. 05562/6109 (biol. Schuh- und Lederpflegemittel u.a.m.) (H/G/VH)
Deggenhausertal: Camphill-Werkstätten Lehenhof, 7774 Deggenhausertal, Tel. 07555/251 (Wollwäsche-Werkstatt) (H)
Delmenhorst: „Die Seidenraupe", Postfach 25, 2870 Delmenhorst (Wolle – Seide – Farben) (E/VH)
Detmold: W. Schafmeister OHG, Hornsche Straße 250, 4930 Detmold-Remminghausen (Spinnausrüstung) (E)
Deizisau: Angora-Wolle, Plochinger Straße 30, U. Bauer, Postfach 1104, 7301 Deizisau, Tel. 07153/23072 (Angorawäsche) (H/VH)
Donzdorf: „Lämmli", Gertrud Büngener, Schwarzhornstraße 27, 7322 Donzdorf, Tel. 07162/27443 (N/VH)
Dreieich: Webstube, Christel Diekmann, Spitalgasse 4, 6072 Dreieichenhain (Webstube, Webrahmen aus der Schachtel, textile Kunst) (H/G/VH/E)
Düsseldorf: W. Steinmetz KG, Blumenstraße 14, 4000 Düsseldorf 1 (Schuhe)
IWS-Pressedienst, Internationales Woll-Sekretariat, Hohenzollernstraße 11, 4000 Düsseldorf 1, Te. 0211/16050 (I)
Eckwälden: Sickinger, Aichelbergweg 2, 7325 Eckwälden, Tel. 07164/2567 (Spinnkurse, Spinnausrüstungen, Weberei) (H/VH/S)
Emmerich: Rens & Smits OHG, Postfach 1129, 4240 Emmerich/Rhein (Spinnausrüstungen) (H/VH)
Engelskirchen: HWG, Dr. H. Pabst/W. Reuschel, Hauptstraße 31, 5250 Engelskirchen 2 (Rohwolle, Natur-/Pflanzenfarben) (VH/E)
Engetried: „Haus der Gesundheit", Herta Hansen, Hochreuthe, 8947 Engetried-Markt Rettenbach, Tel. 08392/277 (S)
Erkrath: Terra-Zentrale, Schildheider Straße 136, 4006 Erkrath 2, Tel. 02104/41700 (Gesundheitsschuhe und Naturkleidung) (H/VH)
Erlangen: Kurt Greiner, Hauptstraße 65, 8520 Erlangen, Tel. 09131/16001 (Wäschestampfer aus Aluminium und Messing) (VH)
Christa Peters, Bayreuther Straße 4, 8520 Erlangen, Tel. 09131/20327 (Rohwolle, Webstube, Spinnräder, handgedrechselte Handspindeln) (H/VH/E/S)
Eschborn: Gesamtverband der Textilindustrie e.V., Frankfurter Str. 10-14, 6236 Eschborn, Tel. 06196/9660
Esseratsweiler: Humboldt-Haus, Int. Kulturzentrum, 8991 Esseratsweiler-Achberg, Tel. 08380/335 (S)

"Naturmoden", Veronika Schwandt, Liebenbergstraße 3, 8991 Esseratsweiler-Achberg, Tel. 08380/649 (Naturmoden- Maßschneiderei u.a.m.) (N/H/VH)
Ettlingen: Island-Bazar, Sylvia Juliusson, Luitfriedstraße 50, 7505 Ettlingen 5, Tel. 07243/91296 (Island-Wollwaren, unbehandelt, Schaffelle (H/VH)
Thomas Werner, Pforzheimer Straße 176, 7505 Ettlingen, Tel. 07243/102272 (N/E/VH)
Euskirchen: "Naturlaube", Kessenicher Straße 54, 5350 Euskirchen (N/GH/E)
Fallingbostel: Jutta Fischer, Am hinteren Feld 13, 3032 Fallingbostel 1, Tel. 05162/2437 (Vertrieb biotechn. Systeme inkl. Wasserwirbelgeräte) (H/VH)
Filderstadt: J. Endlich, Wiesenstraße 17, 7024 Filderstadt 1, Tel. 0711/70377 (Spinnkurse)
Frankfurt/Main: VWO-Techneia, Ring & Simon GbR, Alt-Fechenheim 87, 6000 Frankfurt 61, Tel. 069/413837 (Meta-Produkte) (H)
Freckenhorst: Kath. Landvolkshochschule "Schorlemer-Alst", Am Hagen 1, 4410 Warendorf 2, Tel. 02581/44441 (S)
Freiburg: Oda Heidemann KG, Inh. Ries, Pochgasse 52, 7800 Freiburg, Tel. 0761/54454 (positive Spiele für Kinder und Erwachsene) (VH/E)
"Unterm Regenbogen", Marlies Zähringer, Herrenstraße, 7800 Freiburg (N/E)
"Bio-Gartenmarkt Keller", Konradstraße 17, 7800 Freiburg (N/G/VH/E)
P. Palme, Ensisheimer Straße 26, 7800 Freiburg (Spinnausrüstung)
Freudenstadt: Bio-Dienst Weiß, Brandströmstraße 5/3, 7290 Freudenstadt (biol. Waschmittel) (H/VH/E)
Fritzlar: "Bundschuh-Werkstatt", G. Locker, Dorlarer Straße 4, 3580 Fritzlar-Wehren, Tel. 05622/1871 (handgefertigte Schuhe nach Maß aus Naturmaterialien) (H)
Ganderkese: "Der Eichenhof", Schönemooren, Landstraße 74, 2875 Ganderkese-Heide II (Ausbildungszentrum für Spinnen, Färben, Weben) (S)
Garham: Gesundheitszentrum A. Frisch, Garham-Gsteinöd 23, 8359 Hofkirchen, Tel. 08541/8786 und 7027 (S)
Gersheim: "Haus Sonne e.V.", 6657 Gersheim-Walsheim, Tel. 06843/653 (Weberei) (H/S)
Greifenberg: O. Yasumi, Alexa Ahrens, Am Bühl 16, 8919 Greifenberg, Tel. 08192/7678 (Schurwoll-Futon u.a.m.) (H/VH/E)
Göppingen: Textilhaus Rosa Miller, Inh. Rosemarie Jeutter, Grabenstraße 7, 7320 Göppingen, Tel. 07161/72182 (Naturtextilien in Wäsche, Betten, Ausstattungen) (VH/E)
Hachenburg: HP. Maier, Restaurator, Architekt, Innenarchitekt, Friedrichstr. 18, 5238 Hachenburg (Farbtest) (I)

Haltern: Grim Kamban, W.-D. Griebenow, Am Mühlenberg 5, 4358 Haltern-Lavesum, Tel. 02364/2685 (rustikale Wollwaren- Importe) (G/VH)

Hamburg: „Caruso" Harald Niedergesäß, Am Blumenacker 14, 2000 Hamburg 63, Tel. 040/5702710 und 5702720 (Info-Stelle Nord des Vereins Gesundheitskasse e.V.)

„Davidswagen", Isestraße 81, 2000 Hamburg 13 (Naturtextilien) (E)

„juga futon", Piehl/Kneisner-Kaechele, Goldene Wiege 6, 2100 Hamburg 90, Tel. 040/778988 und 7927991 (Baumwoll-Futons u.a.m.) (H/VH/E)

Fritz Schiele, Arzneibäder-Fabrik GmbH, Baseler Weg 14, 2000 Hamburg 67, Tel. 040/6034262 und 6034290 (H)

Sprenger, Fuhlsbütteler Straße 273f, 2000 Hamburg (Wildseide) (E)

„Mumkin", Schulterblatt 58, 2000 Hamburg 6, Tel. 040/436888 (Baby-Strick-Strampelwindel aus Baumwolle)

„twenty fingers" U. Mordek, Lehmweg 49, 2000 Hamburg 20 (Spinnausrüstung) (N/VH/E)

Karl Abben Nachf., Bekassinenau 129, 2000 Hamburg-Rahlstedt (Rohwolle und Naturfarben) (E)

Hannover: Textilwerkstatt B. Sterk, Friedensstraße 5, 3000 Hannover (Spinnausrüstung, Zeitschrift „textilforum") (H/S)

Schmelz KG, Karmarschstraße 40, 3000 Hannover (Schuhe, Naturtextilien) (E)

Heidelberg: „Neander" Mode in Natur, 6900 Heidelberg-Altstadt, Tel. 06221/24435 (G/E)

Heidenheim: Werkstätte für Behinderte (Lebenshilfe), Waldstraße 7, 7920 Heidenheim-Brenz, Tel. 07321/51001 (Naturtextilien-Versand) (VH)

Herrischried: Stiftung Lebensreform, Ludwig Schoen, Schellenbergstraße 10, 7881 Herrischried, Tel. 07764/6161 (S/I)

Hilzingen: Werner Geibel, Storzler Straße 18, 7709 Hilzingen 6 (biolog. Waschmittel) (H/G/VH)

Immenstadt: Berghotel Almagmach, Steigbachtal 13, 8970 Immenstadt, Tel. 08323/7001 (S)

Poldec, Erich Zick, Sonthofener Straße 33, 8970 Immenstadt, Tel. 08323/2727 (Naturtextil- Polster, Dekoration, Vollholzmöbel, Biobetten u.a.m.) (H/E/VH)

Ingersheim: Menschengerechte Wertanlagen-Vermittlung (MWV), Ewald Laiß, Burgweg 4, 7121 Ingersheim 2, Tel. 07142/64744 (Info-Stelle Süd des Vereins Gesundheitskasse e.V.)

R. + U. Aßmus, Forststraße 35, 7121 Ingersheim, Tel. 07142/51550 (Gesundheitstextilien) (VH)

Jakobneuharting: Luffa-Vertrieb, Reißinger-Kalay, Am Anger 6, 8091 Jakobneuharting, Tel. 08092/31559 (Massageartikel aus Naturfasern) (H/VH)

Kaiserslautern: Bio-Baumarkt, Zollamtsstraße 2b, 6750 Kaiserslautern, Tel. 0631/21568 (Naturfarben, Lehmbauten, Naturbaumaterialien, Holzspielzeug) (G/E/S)
Karben: WKS-Spezialversand GmbH, Bornwiesenweg 32, 6367 Karben (Angorawäsche)
Karlsruhe: Eckhard Sültemeyer, Graf-Rhea-Straße 4, 7500 Karlsruhe, Tel. 0721/814406 und 817595 (S)
Dipl.-Ing. und Heilpraktiker Ochsenreiter, Parkstraße 5, Tel. 0721/607475 (Schadstoffausleitungen, Amalgam-Sanierungs-Therapie) (S/I)
Kassel: „holomed", Kurfürstenstraße 10, 3500 Kassel, Tel. 0561/774055 (N/E/S)
Kempen: H. E. Förster KG, Postfach 100331, 4152 Kempen, Tel. 02152/5740 (Chamois- und Bekleidungsleder, Naturfelle) (H/G)
Köln: Bio-Möbel, Johannes Genske, Subbelratherstr. 26a, Tel. 0221/512018 (biol. Betten- und Möbelprogramm, Holzspielzeug) (E)
Kollnburg: Anna und Xaver, Rechertsried 14, 8371 Kollnburg (handgesponnene Schafswolle) (HV)
Krefeld: Verband der Seiden- und Samtindustrie e.v., Von-Beckrath- Straße 11, Tel. 02151/63260 (I)
Laer: M. Kloppenburg GmbH, Postfach 80, 4419 Laer, Tel. 02554/317 und 8518 (Strumpf- und Strickwarenfabrikation, Naturhaarsocken) (H)
Laichingen: ALB-natur, Postfach 1213, 7903 Laichingen, Tel. 07333/7500 (Naturtextilien und Biobettwaren) (H/VH/E)
Leihgestern: Pletsch, Gut Neuhof 36, 6301 Linden, Tel. 06403/1651 (Stoffe aus Naturfasern, Kimonoschnitte) (H/G/E/VH)
Leitenberg: S. Hepfinger, 8201 Leitenberg, Frasdorf (Webstudio) (H)
Lindau: Naturata, Fischergasse, 8990 Lindau, Tel. 08382/21485 (E)
Reform-Service Koeppel, Rotmoosstraße 9, 8990 Lindau, Tel. 08382/7172 und 3870 (Naturtextilien inkl. Bettenprogramm) (E/VH)
Woll- und Seidenkontor Machandelboom, Fischergasse 9, Tel. 08382/24190 (pflanzengefärbte Textilien und Literatur) (G/E)
Lörrach: G. Roßkopf, Postfach 2169, 7850 Lörrach (Spinn- und Stopfwolle) (H/VH)
Ludwigsburg: Erika Hoffmann, Uferstraße 30, 7140 Ludwigsburg- Hoheneck, Tel. 07141/52115 (Didymos-Baby-Tragetücher) (H/VH)
Lübeck: H. Osten, Königstraße 9, 2400 Lübeck 1 (Werkstatt für Gewerbe)
Maierhöfen: Haus Säntisblick, Wasserberg/Unrath, Happach 9 1/2, 8998 Maierhöfen, Tel. 08383/7430 und 7616 (S)
Mannheim: Werkladen Textil, S. Jeromin-Gerdts, A3 / 5, 6800 Mannheim, (Naturfarben, Rohwolle, Spinnausrüstungen) (H/E)
Marburg: W. Kircher KG, Postfach 1608, 3550 Marburg (Naturfarben, Rohwolle, Spinnausrüstung) (H/VH)
Schmidt & Bleicher, Wehrdarerweg 1 (Elisabethmühle), 3550 Marburg, Tel. 06421/66783 (Stoffe aus Naturfasern) (H/VH)
Markdorf: Andrea Ramsauer, Gallusstr., 7778 Markdorf (H)

Meckesheim: Wolke, Bernd Roth, Schubertstraße 31, 6922 Meckesheim, Tel. 06226/7381 (Naturschuhe) (VH/E)
Meerbusch: Monika Wieck-Schmidt, Posener Straße 2, 4005 Meerbusch-Osterrath, Tel. 02159/3536 (Naturtextilien) (VH/E)
Menden: „Kernhäuschen", Eva und Günter Martin, Papenhausenstraße 2a, 5750 Menden, Tel. 02373/12725 und 12727 (Naturtextilien u.a.m., Radiästhesist) (N/E/S)
Merzen: P. W. Stein, 4553 Merzen-Plaggenschale 18 (Kunsthandwerk) (E)
Vogelflug, Feld 2, 4553 Merzen 3, Tel. 05466/642 (reine Seidenstoffe) (E)
Mindelheim: Naturkost Sießmeir, Reichenwallerstraße 14, 8949 Mindelheim, Tel. 08261/6499 (Naturwaren, auch baubiol. Beratung) (N/E/S)
Mindersdorf: Luckscheiter & Rink GbR, Tannenbergstraße 1, 7769 Mindersdorf, Tel. 07775/1363 (Stoffe aus Naturfasern, pflanzengefärbt) (H/VH)
Möglingen: Dietmar Vogel, gesundes Sitzen, Liegen, Wohnen, Ludwigsburger Straße 1, 7141 Möglingen (H/VH/E)
Mönchengladbach: Intervall Textilpflegemittel GmbH, Postfach 277, 4050 Mönchengladbach 1 (Spezialwaschmittel separat für Wolle, für Seide und für Baumwolle/Leinen/Ramie) (H/VH)
Mörfelden: Naturpfad, Langgasse 16, 6082 Mörfelden, Tel. 06105/24779 (Bio-Massiv-Möbel, Natur-Matratzen u.a.m.) (G/VH/E)
Mühlingen: Levannah-Naturwaren-Werkgemeinschaft am Beerenberg, 7769 Mühlingen/Bahnhof, Tel. 07775/644, (pflanzengefärbte Naturtextilien) (E, VH)
Mülheim/Ruhr: Erich W. Fischer, Biophysikalische Geräte, Wasserstraße 23, 4330 Mülheim/Ruhr
München: Ingenieurbüro für Baubiologie und Bioklimatik München, Bio-Rondom-Handels-Gesellschaft mbH, Dills-Straße 1, 8000 München 40, Tel. 089/394322 (Beratung, Projektion, Bauplatzuntersuchung, biolog. Wohnen und Schlafen) (H/G/E/I)
M. Peter, Leopldstraße 48, 8000 München 40, Tel. 089/396505 (Kinderbekleidung/Naturtextilien) (E)
Tacaps, Rankestraße 6a, 8000 München 40, Tel. 089/3084377 (N/E/S)
Münster: „Projekt Gesundheit", Achtermannstraße 24, 4400 Münster/Westf. (S)
„Kinderkram", Wolbecker Straße 4, 4400 Münster (alles für's Kind aus Natur) (E)
Neubeuern: Institut für Baubiologie und Oekologie, Holzham 25, 8201 Neubeuern, Tel. 08035/2039
Neuravensburg: Living Crafts, Kirchstraße 1, 7988 Neuravensburg, Tel. 07528/7005 (Naturtextilien, Wasch- und Pflegemittel) (H/G/VH)
Neuss: Baubiologie Wolfgang Maes, Schorlemmerstr. 87, 4040 Neuss, Tel. 02101/43741 (Haus- und Schlafplatzuntersuchungen)
Neustadt: Wollagentur Beckler, Von-Gluck-Straße 29, 8482 Neustadt (Rohwolle/Naturfarben) (G/VH)

Neu-Ulm: Deutsche Wollverwertung GmbH, Finninger Straße 60, 7910 Neu-Ulm (Rohwolle) (H/VH)
Nürnberg: „Die Barbakane am weißen Turm", Ludwigsplatz 19, 8500 Nürnberg, Tel. 0911/221533 (Naturtextilien) (E)
Adler Kunst und Handwerk, Pirckheimer Straße 24, 8500 Nürnberg, Tel. 0911/358135 (Naturtextilien) (E)
Frese und Kleindienst, Roritzerstraße 8, 8500 Nürnberg, Tel. 0911/337688 (Vollholzsitze, Meditationshocker und handgesägte Holzkämme) (H/VH)
Oberhausen: Hannelore Stein, Aachener Straße 56, 4200 Oberhausen 14, Tel. 0208/683933 (Natürliche Kinderkleidung) (E/VH)
Oberstenfeld: Rebholz & Aßmus, Pommernweg 5, 7141 Oberstenfeld, Tel. 07062/5535 (biolog. Waschmittel, Holzkämme, Naturtextilien) (H/VH)
Obersulm: Natur & Co., A. Stürmer, 7104 Obersulm 4, Tel. 07134/10928 (Naturtextilien div.) (E)
Oberursel: Naturwolle Christoph Fritzsch GmbH, Tabaksmühlenweg, 6370 Oberursel, Tel. 06171/51321 und 55186 (G/VH)
Planta-Therm, H. Krispin, Danziger Straße 5, 6370 Oberursel, Tel. 06171/74459 (Schurwollprodukte) (H/VH)
Ohmden/Teck: elo-Steppdecken- und Matratzenfabrik, Fabrikstraße 3, 7311 Ohmden, Tel. 07023/2033 (Bettwaren) (G)
Osnabrück: Team-Versand GmbH, Postfach 4006, 4500 Osnabrück
Tebaron-Partner-Systeme, Postfach 3609, 4500 Osnabrück, Tel. 0541/52322 (Strickwaren aus naturbelassener Schurwolle und Baumwolle) (H)
Owen: Majos Wollknoll, Majo Xandra Döring, Fabrikstraße 14, 7311 Owen, Tel. 07021/82366 (Schurwollen, Seiden, Garne, Sisal-, Agave- und Jutefasern-Bündel, Pflanzenfärbmaterialien, Spinnräder u.a.m.) (H/VH/G)
Paderborn: G. Dieckhoff, H.-Löns-Straße 6, 4790 Paderborn (Naturfarben, Rohwolle) (E)
Pforzheim: Erika Dahrendorf, Landhausstraße 4, 7530 Pforzheim (Kinder-Naturmoden) (VH/E)
Günther Hufnagel, Rinstraße 17, 7530 Pforzheim (Wolle/Naturschuhe)
P. Golderer, Wolfsbergallee 55, 7530 Pforzheim (Schäferei/Rohwolle) (VH)
Schelmentürmchen, Schelmenturmstraße 5, 7530 Pforzheim, Tel. 07231/66669 (Naturtextilien) (VH)
Pirmasens: Linn Naturschuh GmbH, Sangstraße 5, 6786 Lemberg, Tel. 06331/40021 (Naturschuhe mit vegetabil gegerbtem Leder) (H/VH)
G. E. O. Naturwaren, Schuh-Produktions GmbH, Luisenstr. 51, 6780 Pirmasens, Tel. 06331/76125 (H)
Prinzhöfte: Zentrum für ökolog. Fragen und ganzheitl. Lernen, Simmerhauser Straße 1, 2833 Prinzhöfte, Tel. 04244/644 (S/I)
Remseck: Bioladen Barbara Heuberger, Wasenstraße 1, 7148 Remseck 5, Tel. 07146/7567 (Naturtextilien, Panamarinde, Bio-net- Wollwascher, Matratzen) (E/VH)

Rettenberg: "Haus am Grünten", Clara und Berhard Ruhland-Rehle, Wagneritz 28, 8977 Rettenberg/Sonthofen, Tel. 08327/7000 (S)
Reutlingen: Engel KG, Seestraße 9, 7410 Reutlingen 1, Tel. 07121/36321 (Baby- und Kinderkleidung aus Naturfasern) (H)
Susannes Holzstricknadeln, Postfach 152, 7410 Reutlingen 1 (H/E)
Inge Altmann, Lerchenstraße 21, 7410 Reutlingen, Tel. 07121/81397 (Wolle und Seide) (VH/E)
Rheine: Lonsberg-Naturbetten, Salzbergener Straße 9, 4440 Rheine, Tel. 05971/12341 (Naturbetten und Naturmatratzen) (H)
Rösrath: Spinnweber-Werkstätte, Ralf Weber, Schreibershove 24, 5064 Rösrath-Hoffnungsthal, Tel. 02205/7674 (N/H/E/VH)
Rüber: Alternativ-Verlag, Dieter Eidens-Holl, Polcher 16, 5401 Rüber-Maifeld, Tel. 02654/2726 (Naturschuhe) (VH)
Salem: Hans Kugel, 7777 Salem-Tüfingen (Schafsmilch und -wolle)
Salzhemmendorf: Logona-Naturkosmetik und Heilmittel, Hans Hansel GmbH, Zur Kräuterwiese, 3216 Salzhemmendorf 5, Tel. 05153/80901 (Naturkosmetik und Heilmittel, Tees usw.) (H)
Schiltberg: Anton Karl Tölle GmbH, Untere Ortsstraße 1, 8896 Schiltberg, Tel. 08259/426 (Kamelhaar-/Schafschurwolle-Webpelz und Hirse-Kopfkissen); Katalog 252 anfordern (H/VH)
Schnega: Dietrich Mozen, Hobbyschäferei und Spinnstube, Breitestraße 73, 3133 Schnega-Billerbeck, Tel. 05842/275 (Spinn-, Web- und Pflanzenfärbkurse) (H/G/VH/S)
Schobüll: I. Stegemann, Bornweg 4, 2251 Schobüll (Schafschurwolle) (H/VH)
Schwäbisch Gmünd: Origo-Natursachen, Olle & Manz GmbH, Imhofstraße 13, 7070 Schwäbisch Gmünd, Tel. 07171/65851 und 68270 (Natur-Schlafsachen u.a.m.) (H/G/VH)
Schwäbisch Hall: Ertfried Hufnagel, Neue Straße 23, 7170 Schwäb. Hall (Naturformschuhe) (VH)
Siberatsweiler: Alfred Hornig, Am Königsbühl 25, 8991 Achberg-Silberatsweiler, Tel. 08380/558 (Luft-Ionisations- und Computerentstörgeräte) (H/VH)
Siegen: Altgerber-Verband e.V., Achenbachstr. 4, 5900 Siegen (I)
Simbach/Inn: Grüne Erde, Dr.-Gülden-Apfelring 11, 8346 Simbach/Inn, Tel. 08571/6393 (N/H/G/VH)
Sindelfingen: Annerose Wald, Kurze Gasse 12, 7032 Sindelfingen, Tel. 07031/875774 (Seminare für Spinnen, Färben und Weben mit Wolle) (S)
Soest: Wolfgang Schmutzler, Tel. 02921/82689 (individuelle Naturmaterial-Matratzen nach Maß, -Decken, Lattenroste) (H/VH)
Solingen: Bildungs- und Gesundheitszentrum Waldhof-Krüdersheide, 5650 Solingen 11, Tel. 02122/73316 (N/VH/S)
Sonthofen: Ulf Tausch, Hermann-von-Barth-Straße 12, 8972 Sonthofen, Tel. 08321/1692 (N/H/G/VH)

St. Johann: Inge Altmann, Bäumlestraße 23, 7411 St. Johann- Bleichstetten, Tel. 07121/21405 (N/VH/E)
Staufen: Eubiona GmbH, Wolfgang Zähringer, Gerbergasse, 7813 Staufen im Brg., Tel. 07633/82480 und 7060 (Naturtextilien, Holzspielzeug, Literatur, Waschmittel und Naturkosmetik) (H/VH/E)
Steyerberg: Lebensgarten, 3074 Steyerberg, Tel. 05764/2158 (ganzheitl. Seminare und Permakultur) (S)
Stockach/Baden: Metall- & Textil-Kunsthandwerk „Stahlwolle", Friedhofstr. 1, 7768 Stockach 14, Tel. 07771/7338 (Wollunterwäsche, Wollfilzwaren (insbes. f. Kinder), Biegepuppen, Kunsthandwerk) (E/VH)
Stuttgart: Arbeitsgruppe für Verbraucherfragen, Schützenstraße 18, 7000 Stuttgart 1, Tel. 0711/247046 (I)
Heidehofbuchhandlung W. Militz & Co., Gerokstraße 10, 7000 Stuttgart 1, Tel. 0711/246401 (Strickwolle und Sisalgarne) (H)
Naturprodukte-Vertrieb, Helga Jäkel, Elsässer Straße 31, 7000 Stuttgart-Zuffenhausen, Tel. 0711/879621 (N/H/VH/E)
Taunusstein: Werkhof Seitzenhahn, Wendling-Edler, Eltviller Straße 42, 6204 Taunusstein 4, Tel. 06128/41250 (Rohwolle- Wandbehänge) (H/VH)
Tengen: Sonett, Werner Geibel & Co. KG, Postfach 1180, 7708 Tengen, Tel. 07736/7780 und 530 und 0161/2712403 (biol. Waschmittel und Wasserenthärter) (H)
Tübingen: Axel Seehawer, Sonnhalde 9, 7400 Tübingen (Naturfarben/Rohwolle, Wucherblumenpulver) (H/G)
„Webstuhl", Ammergasse 14, 7400 Tübingen (Seide, Kokons u.ä.m.) (E)
„Naturata", Äulestraße 2, 7400 Tübingen (Naturtextilien) (E)
„Werkstatt für Naturtextilien", Am Gänseacker 12, 7400 Tübingen 1 (H/S)
Überlingen: „Kornmühlenladen", 7770 Überlingen, am Ostbahnhof (N/E)
„Die Wollstube" Hauptstraße 52, 7770 Überlingen 12 (Handspinnen)
„Naturata", Gewerbegebiet Nord 3, 7770 Überlingen-Rengoldshausen, Tel. 07551/64524 (N/E)
Ulm: Almaca-Bioprodukte GmbH, Neue Gasse 2, 7900 Ulm-Söflingen, Tel. 0731/383078 (biol. Wasch- und Reinigungsmittel) (H)
Unterensingen: HSB-Vertrieb Hermann Single, Bachstr. 64, 7441 Unterensingen, Tel. 07022/6621
Unterthingau: Bildungsstätte für gesundes Leben und Lehrküche für Vollwerternährung, Erika Petri, Heuwand 9, 8957 Unterthingau/Ostallgäu, Tel. 08377/1466 (S)
Vellmar: „Birkenhofs Woll- und Seidenstube", Friederike Blackert, Frommershäuser Straße 103, 3502 Vellmar-Frommershausen bei Kassel, Tel. 0561/821478 (Naturtextilmoden u.a.m. (H/VH/E)
Waldburg: Allgäuer Spinnwebe, Andrea Ranzinger, Im Ried 11, 7981 Waldburg, Tel. 07529/3041 (Webrechen, Naturwolle, Buch „Der Weberknecht" u.a.m.) (H/G/VH)

Waldems: Alpaca-Studio, Ute Gumz, Camberger Straße 9, 6273 Waldems-Steinfischbach, Tel. 06087/527 (handgearbeitete Strickbekleidung aus Alpaka u.a.m.) (G/VH/E)
Weingarten: Kornblume-Naturkostladen, Gartenstraße 15, 7987 Weingarten, Tel. 0751/46030 (N/E)
Wiesbaden: „Giselas Kreativwerkstatt", G. Lochbühler, Moritzstraße 12, 6200 Wiesbaden (Naturfarben, Rohwolle, Spinnausrüstungen) (E)
Alpaca-Studio, Ute Gumz, Saalgasse 1, 6200 Wiesbaden (Alpaka- Direktimporte vom Hersteller) (G/E)
Winterbach: Friedrich Traub KG, 7065 Winterbach-Manolzweiler (Vertrieb der Zeitschrift „Mensch und Kleidung") (N/H/HV/Verlag)
Würzburg: „Naturwinkel", Jochen Robrand, Virchowstraße 5, 8500 Würzburg, Tel. 0931/883322 (Naturtextilien, Naturstoffe, Natur-Allwetterkleidung, Schuhe) (H/E/VH)
Zellerberg: Gehr und Wohlfeil, Saalfeldstr. 21, 8951 Zellerberg, Tel. 08346/1047 (Haus- und Schlafplatzuntersuchungen)

Italien/Südtirol

Meran: Bios-Bildungs- und Informationszentrum für ganzheitliches Leben und Forschen, Reinhold Holzer, Morter-Straße 128, I-39012 Meran-Morter, Tel. 0039 437/72242 (Naturtextilien, biologische Betten, Torfmull-Matratzen, Seminare)

Niederlande

Amsterdam: Wolwikkel Amsterdam, A. Schelfhoutstraat 65, NL-1058 HT Amsterdam, Tel. 0031 20/173797 (Wollwickel-Windelhosen und Wollkur-Waschmittel) (H/Import)
Ermelo: Kristal Products BV, Postbus 236, NL-3850 Ermelo, Tel. 0031 3417/62767 (biol. angebaute Baumwoll-Importe aus der Türkei)

Österreich

Hörbranz: Walter Moosburger, Ziegelbachstraße 54, A-6912 Hörbranz (Roßhaar-Vollpolstermatratzen) (H/G/E)
Klagenfurt: „Der Lebensbaum", Alter Platz 31, A-9020 Klagenfurt, Tel. 0043 4222/511224 (Naturtextilien und Spielzeug) (G/E/VH)
Kufstein: Natürliche Produkte, Engelbert Perlinger, A-6330 Kufstein (N/E)
Linz: „Mode in Seide", Carolina Pöstinger, Volksgartenstraße 21, A-4020 Linz, Tel. 0043 732/667034 (E)

Oberhofen: Zentrum Oberhofen, A-4894 Oberhofen/Irrsee, Tel. 0043 6213/270 (S/I)
Salzburg: Info-Zentrum für natürliches und gesundes Leben, Franz-Josef-Straße 3, A-5020 Salzburg, Tel. 0043 662/738280 (N/S/I)
Scharnstein: Grüne Erde, A-4644 Scharnstein (N/H/E/VH)
Wien: Institut für Baubiologie, Hautstraßer Landstraße 67/2, A-1030 Wien, Tel. 0043 1222/7133793 (Literatur, Beratung, ganzheitl. Seminare)
VHS-Margareten, Stöbergasse 11, A-1050 Wien, Tel. 0043 1222/555605-07 (S)
Wörgl: Natürliche Produkte, Engelbert Perlinger, A-6300 Wörgl (N/I/S)
Ybbs: Hypotherm Heiz- und Umwelt-Systeme, Josef Steiner, Stauwerkstraße 23, A-3370 Ybbs/Donau, Tel. 0043 7412/2695 und 2540 und 2710 (ökolog. Heizsysteme, energiesparende Bedarfsheizung, Thermal-Bett) (H/G/E)

Schweiz

Basel: Rohwolle, Spinnzubehör, J. Strübin, Dornacher Straße 93, CH-4000 Basel (H/E)
Brittnau: Rohwolle, Wollkarderei Bunch, Liebigen 314, CH-4805 Brittnau (H)
Biglen: Rohwolle, Arm-AG, CH-3507 Biglen (H/VH)
Cavigliano: Rheumadecken, Naturseide, L. Wullschleger, CH-6654 Cavigliano (H/VH)
Cortébert: Rohwolle, Wollkarderei Hodel, CH-2607 Cortébert (H)
Dornach: Naturtextilien, Alfred Neumann, Herzentalstraße 40, CH-4143 Dornach (E)
Herzogenbuchsee: Rohwolle, Schweizerische Inlandwollzentrale, Postfach 100, CH-3360 Herzogenbuchsee (H/VH)
Hallar: „Färberhüsli", Wolf'-Reinigungsmittel, CH-8215 Hallar (H/VH)
Huttwil: Naturtextilien, P. Krähenbühl, Oberdorfstraße 7, CH-4950 Huttwil (H/VH)
Neuchatel: Rohwolle, SACO SA, Chémin des Valangines, CH-2006 Neuchatel (H/VH)
Rütti: Reform-Service Josef Köppel, Im Försch, CH-9464 Rütti/Rheintal (Naturtextilien (H/VH)
Wollerau: Rohwolle, Webatelier, Ursina Arn und Vreni Menti, Wilenstraße 968, CH-8832 Wollerau (H/VH)
Zürich: Edwin Heller, Schwarzenbachweg 16, CH-8049 Zürich, Tel. 0041 1/3418847 (Hrsg. „regeneration – Zeitschrift für praktische Lebensreform") (I)
Spinn- und Färbkurse, Erna Bächi-Nussbaumer, Heliosstraße 18, CH-8032 Zürich (S)
„Chörnilade", Reitergasse (Wolfs Waschmittel und Shampoo) (H/VH)

Verzeichnis der Tabellen und Abbildungen

Tabellen		Seite
1	Einteilung der Fasermaterialien: Naturfasern	53
2	Einteilung der Fasermaterialien: Chemiefasern	54
3	Faserdicke der verschiedenen Wollqualitäten	69
4	Eigenschaften der Textilfasern	132
5	Merkmale der Gewebe verschiedener Bindungsarten	158
6	Verwendungsmöglichkeiten der Gewebe verschiedener Bindungsarten	159
7	Dosierung von Seifenflocken	250

Abbildungen		Seite
1	Aufbau des Wollhaares	57
2	Der Wollfollikel im Längsschnitt	58
3	Zwei Zellarten der Wollfaser	59
4	Die Wollqualitätsfelder des Schafes	60
5	Anteile von Schmutz, Schweiß, Fett und Faser im Vlies des australischen Merinos	63
6	Anteile von Schmutz, Schweiß, Fett und Faser im Vlies des australischen Crossbred-Schafes	64
7	Die Seidenstraße	82
8	Flachspflanze mit Blüten	98
9	Querschnitt durch einen Flachsstengel	99
10	Baumwollfaser	110
11	Hanfpflanze	113
12	Ramiepflanze	114
13	Jutepflanze	115
14	Faserbanane	116
15	Sisalagave	116
16	Europäische Nachbildung eines ostasiatischen Spinnrads	141
17	Wollspinnrad	143
18	S- und Z-Drall des Garnes	146
19	Baumwoll-Verarbeitung	148
20	Vom Garn zum Flächengebilde Textil	151
21	Der Webrechen	153
22	Schema eines Webstuhles	156
23	Die Leinwandbindung	157
24	Patronen verschiedener Bindungsarten	160
25	Maschenbildung	162
26	Textilangebot im Zeichen der sieben Wandelsterne	204
27	Symbol „Echt Pelz"	208
28	Gütezeichen des Altgerber-Verbandes	213

29	Plazierung der Textilkennzeichnungsschilder	224
30	Wollsiegel	228
31	Einteilung der Reißfaserstoffe	229
32	Symbol „Reine Seide"	233
33	Symbol „Reine Baumwolle"	236
34	Leinenauszeichnung der deutschen Industrie	239
35	Alte Schwurhand-Zeichen	239
36	Internationale Symbole für die Pflegebehandlung von Textilien	255
37	Das Thermalbett	343

Farbtafeln	Seite
Rohwolle	I
Merino-Wollschaf	I
Kamel und Dromedar	II
Lamas	II
Guanaco	III
Vikunja	III
Angorakaninchen	IV
Maulbeerseidenspinner	V
Kokons verschiedener Maulbeerspinnerarten	V
Indischer Flaggenfalter	VI
Japanischer Eichenseidenspinner	VI
Atlas-Seidenspinner	VII
Bühender Flachs	VIII
Flachsraufmaschine	VIII
Baumwollblüte	IX
Fruchtknochten der Baumwollpflanze	X
Reife Baumwollkapsel mit Samenhaaren	X
Baumwollernte von Hand	XI
Baumwollpflückmaschine	XI
Baumwollsamen mit Haaren	XII
Baumwollsaat mit Linters und ohne	XII
Polykondensation	XIII
Polymerisation	XIII
Prinzip und Schemata der Kunstfaserherstellung	XIV
Das Farbatom	XV
Valoneafrüchte für pflanzliche Ledergerbung	XVI
Grubengerbung	XVI

Stichwortverzeichnis

à-jour-Gewebe	231
Abendessen	322
Abrollvorgang	283
Absatzformen	279
Acetat	124
Acetatfarbstoffe	176
Acryldecke	328
Affenhaut	231
AFICE	236
Agave	116
Akon	112
Alaun	179
Alfa	117
Alizarin	176
Alpaka	73, 228
Altgerbervache	213
Altgerberverband	213
Aluminiumgerbung	214
Amphoter	311
Ananasfasern	117
Anaphefasern	91
Angora	72, IV
Anilin-Farbstoffe	176
Anilin-Oberleder	217
Antheraea-Falter	90
Anti-Filz-Ausrüstung	169
Appretur	166
Arbeitstempo	200
Ariranha	209
Arkal	66
Arthrose	308
Arvenöl	265
Asbest	134
Äschern	79
Asthma	310
Astralleib und Farben	183
Atem	18
Atemgift	171
Atlas	234
Atlasbindung	158
Atocha	117
Ätzkalk	79
Aura	24, 30, 313
Aura und Pflanzenfarben	183
Ausrüsten	165
Aversin	268
Awalan	252
Babycreme	301
Baden	41
Baden von Kindern	303
Bakterienbefall	171
Baldachin	299
Bananenhanf	116
Bandala	116
Bandscheibenschäden	308
Barchem	236
Barchentweberei	100
Bastfasern	113
Bastseide	234
Bastzellen	99
Batikseide	234
Batist	109, 234, 236
Baukastensysteme	252
Baumfasern	117
Baumwoll-Edict	101
Baumwoll-Zeichen	236
Baumwollanbau	104, XI
Baumwollblüte	IX
Baumwolle	100
Baumwolle, Pestizide	106
Baumwollfaser	109
Baumwollfuton	338
Baumwollgürtel	103
Baumwollkapsel	103, X
Baumwollpflege	261
Baumwollpflückmaschine	XI
Baumwollplantagen	104
Baumwollsamen	108, XII
Baumwollverarbeitung	148
Beiderwand	231
Bengaline	234
Bergsteigen	292
Berliner Blau	177
Beruhigung	197
Berührung	33
Beschäftigungstherapie	144
Bettdecken	327
Bettgeschichte	323
Bettypen	323
Bewegungsablauf	283
Biber	209
Bindungsmuster	157
Biologische Uhr	22
Biomagnetismus	18
Biophotonen	192
Birke	176
Blasenleiden	308
Blattläuse	198
Blau	197
Blauholz	176, 177
Blausäure	171
Bleichen	175
Blindheit	192
Blutdruck	196
Bobinetware	151
Borkenkrepp	231, 234

373

Bouclé	231
Bouretteseide	88, 234
Boxcalf	217
Brandsohlenleder	215
Brechreiz	196
Breitschwanz	209
Brokat	94, 234
Bronchialkatarrh	197
Bruchfestigkeit	134
Brustkrebs	246
Brynje-Weste	47
Buch	92
Buenos	209
Bügelfalten	61
Bügelfrei	167
Bukskin	231
Bündener Tuch	142
Buntware	163
Bürstenmassage	39
Byssus	85, 313
Calcium-Cyanamid	105
Calciumoxid	248
Calgon	251
Caloyos	209
Candelilla	268
Carnauba	268
Catechu	176
Celler Weiß-Spinner	84
Cellulosics	51, 122
Chargieren	93
Chemiefasern	51, 121
Chemische Reinigung	254
Cheviot	231
Chevreau	217
Chiffon	234
China-Jute	115
Chinagras	114
Chinchilla	209
Chloren	255
Cholera	242
Chromgelb	177
Chromkali	179
Chromsalzgerbung	214
Chromsohlenleder	215
Chrysanthemen	174, 265
Cochenille	176
Cord	231
Covercoat	231
Craquelé	234
Crêpe Charmeuse	234
Crêpe de Chine	234
Crêpe Georgette	234
Crêpe Marocain	234
Crêpe Satin	235
Cretonne	236
Croisé	231

Crossbred-Wolle	68
Crushleder	217
Cuproverfahren	122
Dacron	125
Damassé	235
Damast	94, 235
Damastkaro	159
Daunendecke	328, 331
DDT	172
Deckhaar	60
Dehnbarkeit der Fasern	131
Dekoplus-Ausrüstung	168
Denier	87, 147
Depression	196, 310
Derris-Präparate	172
Detergentien	244
Deutsche Härte	248
Diolen	125
Diskothek	193
Dolan	125
Dorlastan	125
Doupion	88
Drall	145
Dralon	125
Drell	237
Drillen	146
Drillich	237
Dromedar	73, II
Druckerholungsfähigkeit	134
Drüsensystem	196
Duft	29
Duftdrüsen	36
Duftkissen	300
Dunova	125, 297
Earth-System	279
Echt-Pelz-Symbol	208
Ecossais	235
Ecossé	231
Egrenieren	108
Eichenlohe	214
Eichenspinner	88, VI
Eintrag	155
Eisensalzgerbung	214
Eisensulfat	180
Eiter	197
Eiweißfaser	56
Elastan	125
Elastisches Arbeitsvermögen	134
Elchleder	218
Elektrosmog	320
Elektrostatik verhindern	171
Elektrostatische Aufladung	125
Energie, elektrische	18
Energie-Sparlampen	201
Entbasten	91

Entkörnungsmaschine	102, 108
Entlaubung	104
Entstörungsgeräte	333
Enzyme	246
Eolienne	235
Epidermis	32
Erdfarben	177
Erdstrahlen	323, 333
Eriafaserstoffe	90
Erlenrinde	176
Esparto-Gras	117
Etamine	237
Eulan	172
Expeditionen	292
Fach	156
Fadenkreuz	85
Fahlleder	217
Flanell	237
Farb-Rhythmik	188
Farbatom	XV
Farbe, Definition	191
Farbechtheit	175
Färben	175
Farben und Umwelt	181
Farbenergie	188
Farbheilwirkung	184, 194
Farbenlehre	185
Färbermaulbeerbaum	176
Färberwaid	176
Färberwau	179
Farbmittel	191
Farbschwingung	194
Farbsubstanzwirkung	176
Farbtest	187
Farbtherapeut	189
Farbwirkung	18
Faserbanane	116
Faserband	137
Fasereigenschaften	131
Fasern, sonstige	223
Faßgerbung	214
Faulheit	195
Federdecken	331
Feh	209
Feinwaschmittel	247
Fell	205
Fettflecken	266
Fettgerbung	214
Fettschweiß	62
Feuchtetransport	44
Feuchtigkeitsaufnahme	134
Feuchtigkeitshaltungsvermögen	134
Fibrillen	57
Fibroin	92
Fibrolan	123
Filzen	61
Filzen-Gegenausrüstung	169

Filzschuhe	287
Fischgrat	159
Fisetin	176
Flachgewebe	166
Flachs	97, VIII
Flachsrad	142
Flachsstengel	99
Flammenhemmende Ausrüstung	171
Flammenzwirn	150
Flanell	232
Flausch	232
Flechte	176
Flechten	153
Flechtware	151
Fleckentfernung	262
Fleischschafe	68
Fliege	198
Flockenhanf	113
Flohpelzchen	208
Flor	137
Fluoride	172
Formaldehyd	337
Fraßgift	172
Frottée	237
Füchse	209
Fuchsin	176
Fußbekleidung	275
Fußbewegung	276
Fußbodenbelag	222
Fußbodenheizung	32
Fußdruck	276
Fußleiden	275
Fußpilz	45
Fußreflexzonen	18, 277
Fußschweiß	286
Fußspinnrad	140
Futon	338
Futterseide	234
Gabardine	232
Gambo	115
Garn	147
Garn-Numerierung	147
Geburtsfarben	190
Gefühle	30
Gehen	283
Gelb	196
Gelbholz	176
Gerberwolle	78
Gerbung	213
Gerstenkorn	237
Geruch	28
Geschirrspülen	253
Geschwulst	197
Gestricke	161
Gewirke	161
Giftbindungsvermögen	306
Gins	108

Ginster	115	Hydrophobierung	168
Glasfasern	51	Hydrosulfit	180
Glühbirne	201	Hygiene	41, 242
Goethes Farbenlehre	185		
Gold-Spinner	87	Immunssystem	41
Gossypium	103	Imprägnieren	168
Grannenhaar	60	Indanthren	176
Green Cotton	107	Indianerseife	244
Grège	84, 233	Indigo	176
Grenadine	233	Indigofärbung	180
Griffigkeit	168	Indisch-Breitschwanz	210
Grubengerbung	214, XVI	Indisch-Lamm	210
Grün	197	Inlett	237
Guanaco	73, III, 209	Ionenaustauscher	250
Gummistiefel	45	Ischias	308
		IWS	230
Haar	76		
Haarausfall	38	Jägerleinen	237
Haarbalg	57	Japanseide	84, 235
Haare und Wollen	70	Jaquard-Stuhl	155
Haarfarbe	58	Jaspé	150
Haarfollikel	35	Java-Jute	115
Hadern	113	Juchtenleder	217
Halbleinen	225, 238	Jugendkleidung	303
Haltung	285	Jute	115
Hammerschlag	232		
Hämorrhoiden	197	Kalander	165
Hamster	209	Kalbfutterleder	216
Handspinnen	139	Kalkseife	247
Handspinnrad	140	Kalkwolle	79
Hanf	113	Kälteempfinden	31
Haschisch	113	Kamele	73, II
Haus	30	Kamelhaar	74
Hausstaubmilben	40	Kamelhaardecken	330
Haut	31	Kämmen	137
Haut statt Pelz	205	Kammgarn	137
Hautallergie	33	Kammgarnzugband	137
Hautatmung	35, 45, 126	Kampfer	171
Hautkrankheiten	33, 197, 310	Kanevas	237
Hautpflege	42	Kanin	210
Hautwiderstandsmessung	32	Kapok	112
Hautwolle	78	Kapokmatratze	339
Heidschnucken	66	Karakul	210
Heileurythmie	145	Karminsäure	176
Heilfarben	194	Kaschmir	70
Henequén	116	Käseschmiere	299
Hermelin	209	Kattun	101
Herzkrankheiten	144, 197	Keder	215
Holographie	191	Kenaf	115
Holz	333	Kennzeichnungspflicht	221
Holzschuhe	287	Keratin	32, 56
Honanseide	91	Kernseife	249
Hormonstoffwechsel	18	Kerzenlicht	202
Horn	38	Kette	155
Hornblende	134	Kettenwaren	163
HPM-Color-Test	187	Kettenwirkmaschine	161
Huminstoffe	118	Kettgarn	150
Hüsler-Nest	341		

Keuchhusten	197
Kinderbett	299
Kinderkleidung	299
Kinderschuhe	276
Kinesiologie	320
Kleiderschnitt	45
Kleidung und Gesundheit	305
Klima	47
Knickfuß	275
Knitter-Erholungsfähigkeit	134
Knitterfrei-Ausrüstung	167
Kochwäsche	243
Kohlendioxidabgabe	35
Kohlenfarbstoffe	175
Kokon	87, 91, V
Komplexfarbstoffe	94
Kontaktaufnahme	316
Kontaktdermatitis	185
Kontaktgift	172
Köperbindung	158
Kordulanleder	217
Körperkontakt	33
Körpermassage	39
Kosmetik	42, 242
Kosmofaser	115
Krankheit	194
Krapp	176
Krawatten	296
Kreislaufanregung	345
Krempeln	137
Kreuzspinne	85, 152
Kristallspeicher	191
Kulierware	163
Kunkel	139
Kunstfasern	51, XIV
Kunstharz	166
Kunstseide	121
Kunststoff	17
Küpenfarbstoff	176
Kupfergaze	18
Kupfersalze	179
Kürschner	206
Lackleder	218
Lama	74, II
Lamé	235
Lanital	123
Lanolin	65
Lanolin und Urin	301
Latexmatratzen	338
Lattenrost	341
Laufschuhe	288
Laufsohle	215
Lavexan	251
Leder	212
Lederöl	270
Lederpflege	266

Leinen	97, 238
Leinen-Zeichen	238
Leinsamen	98
Leinwandbindung	157
Leuchtstoffröhren	201
Leviathan	137
Lichtechtheit	93
Linon	237
Linters	108
Lochkarten-Webstuhl	155
Loden	61, 232
Luchs	210
Luffa	40
Luftzirkulation	44
Lumpen	80
Lupis	116
Luteolin	176
Lycra	125
Lymphstimulierung	345
Madras-Hanf	115
Magenta	189
Magnetisches Feld	322
Manilafaser	116
Marengo	232
Martiusgelb	172
Maschenware	163
Maschinenspinnen	141
Maschinenstricken	161
Massage	39
Matratze	335
Matratzen-Auflage	339
Maulbeerbäume	83
Maulbeerseidenspinner	86, V
Mauritius-Hanf	117
Mauvein	176
Mazamet-Wolle	79
Meditation	199
Melancholie	199
Melangestoffe	232
Melanin	58, 118
Meliertes Garn	150
Menschenhaar	76
Merino-Wollschafe	67, I
Merveilleux	235
Merzerisieren	166
Meta	252
Metallsalze	179
Metrische Feinheitsnummer	149
Migräne	37, 197
Mikromagnetismus	32
Milben	40
Mineralfarben	177
Mineralfasern	51
Minus-Absatz	279
Mischgarne	126
Mitin	172

Möbellederreinigung	267	Od	313
Mocha	218	Ombré	232
Modal	123	Opossum	210
Mode	315	Optische Aufheller	246
Mohair	71	Orange	195
Mokassin	280	Organdy	237
Molton	237	Organsin	233
Morgenmuffel	195	Organza	235
Morphium	199	Otter	210
Motten	263	Ozelot	210
Mottenecht-Ausrüstung	171	Ozokerite	268
Mottenklee	264		
Mottenschutz	263	Panama	237
Mouliné	150	Papier	113
Muffon	66	Paraffine	268
Mugaseide	90	Patrone	157
Mull	237	Pektin	99
Mungo	228	Pelz	205
Muscheln	85	Pelzfutterleder	216
Musik	193	Pelzpflege	211
Musiktherapie	145	Pelzvelour	216
Muskeltest	320	Pelzwaren	209
Musselin	232, 237	Pendel	334
Musterweben	155	Per (-chlorethylen)	256
Nachthemd	329	Perborat	244
Nachtschlaf	321	Persianer	210
Nahrungsmittelfarben	190	Persil	244
Naphtalin	171	Pessimismus	196
Nappaleder	218	Pestizide	106
Narbenleder	217	Pflanzenfarbstoffe	176
Naßspinnverfahren	146	Pflanzenfasern	97
Natrium-Aluminium-Silikate	249	Pflanzenhaare	112
Naturfasern	51	Pflanzenleim	99
Naturlatex	338	Pflegeleicht-Ausrüstung	167
Naturschuhe	277	Pflegesymbole	254
Naturzeitschlaf	321	Phosphate	244
Nervenreaktionszeit	291	Phosporsäureester	168
Nervensystem	199	Photone	192, 320
Nervosität	199	Piassave	117
Nerz	210	Pigment	191
Nessel	114	Pinna	85
Nesterseide	91	Polarität	18, 322
Nettotextilgewicht	223	Polgewebe	167
Neurose	199	Polyacryl	125
Nierenleiden	308	Polyaddition	52
Nitriersäure	121	Polyamid	125
Nitrobenzol	214	Polychlorid	125
Nitrozellulose	218	Polyester	125
Nm	149	Polyester-Wolldecke	328
Noppenzwirn	150	Polykondensation	52, XIII
Nubukleder	218	Polymere	52
Nullabsatz	280	Polymerisation	52, XIII
Numerierung	147	Pongé-Seide	234
Nutria	210	Popeline	232, 237
Nylon	125	Primärfarben	189
		Prisma	175
Oberleder	217	Psychosen	196

Psychosomatik	144	Saturniden	88
Pulsfrequenz	197	Sauerstoff	18
Purpur	176, 300	Sauerstoffaufnahme	35
Pyramiden-Bett	342	Sauna	37
Pyramidenwinkel	300	Schafe	66
Pyrethroide	172, 174, 264	Schafleder	216
		Schafschur	77
Quellwert	167	Schaft	156
		Schappe	235
Ramie	114	Schappegarn	233
Raphia	117	Schappeseide	88
Rauchwaren	207	Schaumentwicklung	249
Rauhen	166	Schaumstoffmatratzen	337
Rauhleder	218	Schiebefest-Ausrüstung	169
Reaktionsverzögerungen	18	Schießbaumwolle	121
Reaktivfarbstoffe	176	Schilfleinen	237
Regenkleidung	45	Schimmel, Ausrüstung gegen	171
Regenwasser	250	Schlacken	37
Reinigen	241	Schlaf	319
Reisstrohmatten	338	Schlafanzug	329
Reißfaserstoffe	229	Schlaflosigkeit	197
Reißwolle	80	Schlafrichtung	322
Reptilienleder	217	Schmälzen	137
Reseda	179	Schmelzspinnverfahren	146
Resonanzgesetz	184	Schmierseife	249
Rhea	114	Schneeränder	269
Rheuma	308	Schnupfen	312
Riet	156	Schuhcreme	268
Rindbox	217	Schuhe	275
Rindfutterleder	216	Schurwolle	77, 222, 228
Rips	232	Schurwollsiegel	173, 228
Ripsbindung	159	Schurwollteppichboden	230
Rizinusspinner	90	Schurwollvorteile	306
Rohbaumwolle	109	Schußfaden	155
Rohrkolben	117	Schußgarn	150
Rohseide	92	Schußspule	155
Rohstoffgehaltsangabe	222	Schützen	156
Rohwolle	62, 1	Schwalbenwurzgewächse	112
Rohwollöffner	137	Schwarz	200
Röntgenstrahlen	246	Schwefelfarbstoffe	176
Roßhaar	75	Schwefelkohlenstoff	171
Roßhaarmatratze	75, 335	Schweinsfutterleder	216
Rot	195	Schweiß	18
Rutengänger	333	Schweißdrüsen	35
		Schweißgeruch	37
S-Drall	146	Schweißwolle	62
Saffianleder	217	Schwingungspotential	184
Salz	35	Schwitzen	34
Salzränder	269	Schwitzen im Übermaß	197
Samenhaare	112	Schwöde	79
Sämischgerbung	214	Schwurhand-Zeichen	239
Sammelkennzeichnung	224	Scotgard	168
Samt	94	SE	233
Sanitizing	171	Seal	210
Satin	232, 235	Seide	81
Satinbindung	159	Seide als Heilmittel	310
Satinella	237	Seide für Jugendliche	303

379

Seiden-Zeichen	233
Seidenbast	88
Seidenleim	84
Seidenpflege	257
Seidenraupenzucht	83
Seidenstraße	82
Seidentherapie	202
Seidenwollbaum	112
Seife	244
Seifenflocken	249
Sengen	166
Senkfuß	275
Serecin	92
Serge	232, 237
Serpentin	134
Shantung	235
Shirting	237
Silikone	168
Sisal	116
Sivolan	169
Sohlenleder	214
Sonet	252
Sonnenauf- und untergang	201
Sonnenenergie	201
Sonnenlicht	18
Sonnenverträglichkeit	190
Sortieren der Fasern	137
Spaltsohlenleder	215
Spektralfarben	175
Spezifisches Gewicht	131
Spindel	139
Spinne	85, 152
Spinnen	139
Spinnennetz	152
Spinner	85
Spinning Jenny	102
Spinnmaschine	102
Spinnrad	140
Spinnrocken	139
Spinnwarzen	150
Spitzgrat	159
Spitzkaro	160
Sportbekleidung	291
Sportschuhe	288
Spreizfuß	275
Stapel	109
Steinklee	264
Stengelfasern	113
Sternzeichen	190
Stillen	303
Stockflecken	37, 111
Stoff	51
Stoffwechselschwäche	196
Störfelder	320
Streichgarn	137
Stricken	161
Strickware	163
Strohkernmatratzen	336
Strohschuhe	287
Stuhlware	163
Substanzfestigkeit	131
Sunn	115
Symbol „Echt Pelz"	208
Symbol „Reine Baumwolle"	236
Symbol „Reine Seide"	233
Symbol „Reines Leinen"	238
Synthetics	51, 122
Taft	235
Talg	38, 58
Tebaron	170
Teerfarbstoffe	175
Teflon	168
Temperaturausgleich	43
Tenside	244
Teppichkäfer	263
Terpentinöl	268
Textil-Kennzeichnungs-Gesetz	70, 221
Textilerzeugnis	221
Textilkennzeichnungsschilder	224
Textilpflege	241
Thermalbett	342
Tibet	228
Tibet-Lamm	210
Tierische Farbstoffe	176
Titer	147
TKG	70, 221
Torffaser	118
Toscana-Lamm	210
Tragekomfort	44
Trame	233, 235
Trampolin	345
Trauerkleidung	200
Trevira	125
Trimilin	345
Trockenspinnverfahren	146
Trocknungszeit	134
Tropenklima	47
True-Light	201
Tucum-Palme	117
Tupoz	116
Türkenspindel	139
Türkischrot	176
Tussahseide	89
Tweed	232
Twill	235
Typha-Faser	117
Überlebenstraining	295
Überwärmung	300
Ulster	232
Unterleder	215
Urena	115
UV-Strahlung	23

Valonea	XVI
Velourleder	218
Velours	233
Velvet	218
Velveton	237
Verbrennungen	39
Verdauungssystemschwäche	196
Veredeln	165
Vicara	123
Vigoureuxgarn	150
Vikunja	73, III
Violett	199
Viskose	108, 123
Viskoseverfahren	122
Vitamin D	23
Vivanell	233
Vlies	60, 78
Voile	109, 235, 237
Volleder	218
Vollwaschmittel	247
Vorwaschmittel	247
Wachs-Farbentherapie	202
Wald	193
Walker	140
Walnuß	176
Wandelsterne	213
Warenbaum	156
Wärmeabgabe	34
Wärmeabgabe der Fasern	134
Warzen	197
Waschbär	210
Waschmittelgesetz	248
Waschnetz	260
Wasserabstoßend	168
Wasserenthärter	250
Wasserflecken auf Leder	270
Wasserglas	93, 244
Wasserhärte	247
Waterproof-Leder	217
Webeblatt	156
Weben	153
Webpelz	329
Webrechen	153
Webstuhl	155
Webware	151
Weichmacher	168
Weichspüler	247
Weide	116
Weinsteinrahm	179
Werft	155
Werg	113
Wichsleder	217
Wiesel	211
Wildseide	235
Wildseidenspinner	88, VI
Wildvache	214
Windelhosen	301
Wirken	161
Wirkware	151
Wirtel	139
Wocken	139
Wolf	211
Wolfen	137
Wollallergie	302
Wolldecke	329
Wolle	55
Wolle gegen Krankheiten	307
Wollfaser	57
Wollfett	62, 65
Wollfollikel (Abb.)	58
Wollgeorgette	233
Wollgras	112
Wollpflege	257
Wollqualität	60
Wollsiegel	228
Wollsiegel-Verband e.V.	229
Wollspinnrad	142
Wolltaschentücher	312
Wolltrikot	294
Wollunterwäsche	293
Wollvlies	60
Wucherblume	265
Wüstenklima	46
Yak	75
Yamamaiseide	90
Z-Drall	146
Zahmvache	214
Zahnschmerzen	197
Zanella	238
Zedernholz	265
Zellulose-Acetat-Verfahren	122
Zellulosefasern	97, 121
Zeolith A	249
Zepel	168
Zephir	238
Zephirgarn	150
Ziegenleder	216
Zirbelkiefer	265
Zitz	138
Zobel	211
Zugfestigkeit	100
Zurichten	206
Zwettel	155
Zwiebel	176
Zwirn	149
Zwirnen	146
Zwischensohle	216

Ortrun Brodt-Weinlich

Mein kleines Wunderbuch

Hardcover, 27 Seiten
10 Farbzeichnungen
2. Auflage 1990
DM 22,80

„Mutti, es juckt doch aber so!" – Wieviele Eltern kennen solche und ähnliche Ausrufe von ihren Neurodermitis-geplagten Kindern. Medikamente helfen in der Regel nicht, belasten aber den Körper zusätzlich, wie beispielsweise Cortisoncreme, die scheinbar heilt, aber aufgeklärten Patienten nur eine dicke Sorgenfalte auf der Stirn verursacht.

Ortrun Brodt-Weinlich ist Mutter und wurde durch ihre erstgeborene, kranke Tochter Inja zu einer Kursleiterin in Fragen Allergie, Neurodermitis und Asthma. Den Anstoß zu diesem Bilderbuch gab Inja selbst. Sie ließ sich mit kleinen Erzählungen und Zeichnungen über ihre Juckanfälle hinwegtrösten und fand dabei ihre eigene Geschichte immer am spannendsten. Sie gilt heute als geheilt. Davon sollen nun andere kranke Kinder profitieren. Injas Kasper begleitet die kleinen Leser durch alle Lebensbereiche und gibt mit Inja Empfehlungen und Hilfestellungen.

Ein Therapiebuch für Eltern und ihre Kinder ab drei Jahren.

Access Verlag · 6240 Königstein/Ts. 2 · Feldbergstraße 2

 gegründet 1861

Der Ratgeber für
bewußtes Leben,
gesunde Ernährung
und natürliche Heilweisen

Der Ratgeber für Gesundheit und Lebensfreude

Die Ratgeber-Zeitschrift *Der Naturarzt* informiert Sie, wie man bis ins hohe Alter natürlich gesund bleiben oder die verlorene Gesundheit zurückgewinnen kann.
Praxiserfahrene Ärzte und Therapeuten schreiben für Sie.
Was bietet Ihnen *Der Naturarzt* noch?

- Praktische Hinweise für naturgemäße Heilungs- und Besserungsmaßnahmen zur Aktivierung Ihrer Selbstheilungskräfte
- Berichte über Heilungen, die zeigen, daß in aussichtslos erscheinenden Fällen oft noch Hilfe möglich ist.
- Briefliche Beratung, für Abonnenten kostenlos
- Rubrik „Naturheilärztlicher Rat", in der Fragen zur Gesundheit und Ernährung beantwortet werden
- Jedes Heft gibt Ihnen Hilfe zur Selbsthilfe

Unsere erfahrenen Autoren nennen die Dinge beim Namen, ohne Rücksicht auf Interessengruppen. Die Themen umfassen bewußtes Leben, gesunde Ernährung, natürliches Heilen, biologisches Gärtnern, Bauen, Wohnen, Umweltschutz u. a.
Der Naturarzt bringt Ihnen all das Wissen ins Haus, das für Ihr und Ihrer Familie Wohlergehen wichtig ist. Sie erhalten *Der Naturarzt* zum Vorzugspreis von nur DM 4,– (statt 4,50 im Einzelkauf), also 12 Hefte im Jahresabonnement für nur DM 48,– per Post frei Haus.
Sichern Sie sich und Ihrer Familie diese wichtige Informationsquelle. Bitte fordern Sie telefonisch (06174/7039) oder schriftlich (Adresse am Fuß der Seite) ein kostenloses Probeheft bei uns an.

Mit freundlichen Grüßen

Ingo F. Rittmeyer
Chefredakteur

Access Verlag · 6240 Königstein/Ts. 2 · Feldbergstraße 2

Jamila Peiter

Die Heilkraft der Vital-Ernährung

Hardcover, 322 Seiten
8 Farbbildseiten
2. Auflage 1990
DM 38,–

Immer mehr Menschen sind von der Chemo- und Apparatemedizin enttäuscht und suchen neue, einfache Wege, um sich selbst zu helfen.

Jamila Peiter ist Mutter, Ernährungs-, Lebensberaterin und Seminarleiterin. Sie stellt zu Beginn des Buches ihr eigenes, von Krankheiten gezeichnetes Leben vor. Mit verschiedensten Leiden wanderte sie ohne Erfolg von Arzt zu Arzt. Die Wende kam durch eine radikale Nahrungsumstellung, die natürlich auch eine Lebensumstellung nach sich zog.

Jamila Peiter hat alles Sektiererische vermieden und bindet die von ihr kreierte Vital-Ernährung in die universelle Lebensharmonie ein. Sie sieht den Mensch als natürliche Ganzheit und kann auf erstaunliche Heilerfolge verweisen, ohne Rohkost als allein seligmachende Therapie zu bezeichnen.

Prof. Dr. med. M. L. Moeller schreibt im Vorwort: „Wer dieses Buch liest, wird sein tägliches Essen nicht mehr so ahnungslos zu sich nehmen können wie bisher. Die Botschaft dieses Buches reicht viel weiter als die pure Ernährung."

Access Verlag · 6240 Königstein/Ts. 2 · Feldbergstraße 2